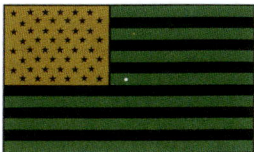

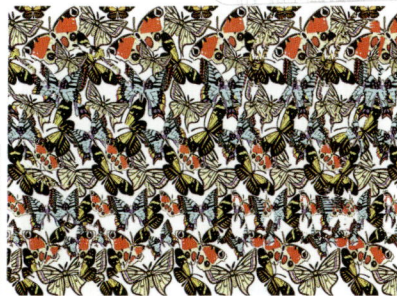

尝试·负后像

图 3.14　双眼视差和立体图

插入
当一个物体挡住了你的部分视线时，你就会觉得被挡住的物体更远。

线条透视
平行线越伸向远方，看起来就靠得越近，最后在远方辐合在一起。

相对大小
大的物体被觉知为离得比较近，小的物体被觉知为离得比较远。

纹理梯度
较近的物体的纹理特征看上去更清楚，物体越远，纹理特征看上去就越模糊不清。

大（或空）气透视
远处的物体显蓝色，而且比近处的物体看上去更模糊。

阴影
当光线落在物体上时，物体就会投射出阴影，这会增加深度知觉的效果。

运动视差
当你坐在飞奔的车上向窗外看时，你看到的物体似乎正在以不同的速度朝相反的方向运动。

图 3.15　单眼深度线索

RED　　RED

GREEN　GREEN

BLUE　　BLUE

图 6.6　斯特鲁普测验

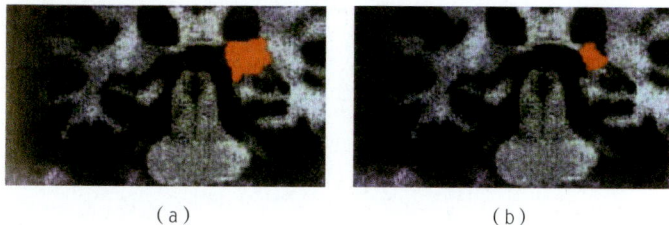

（a）　　　　（b）

图 6.8　磁共振成像扫描显示，有经验的出租车司机大脑的后海马区域更大

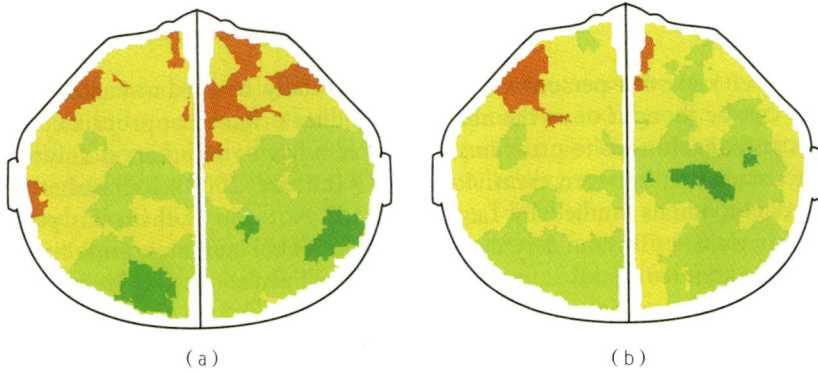

（a） （b）

图 7.10 局部脑血流量图

悲伤 生气 高兴 害怕

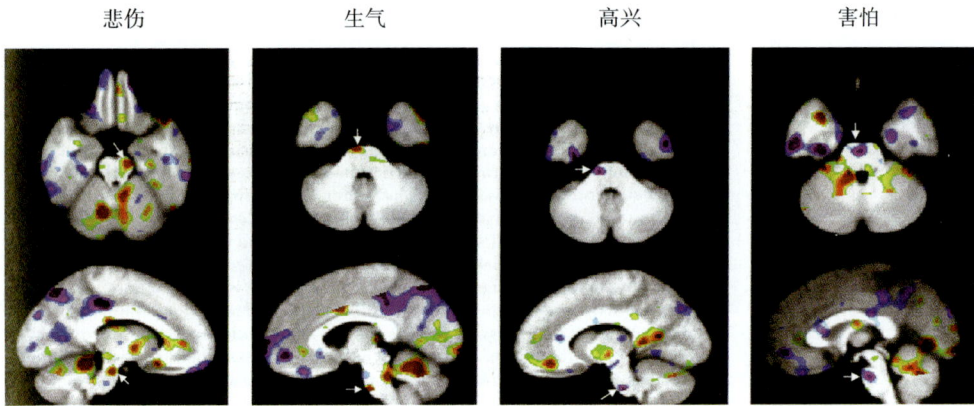

图 9.6 情感的神经成像

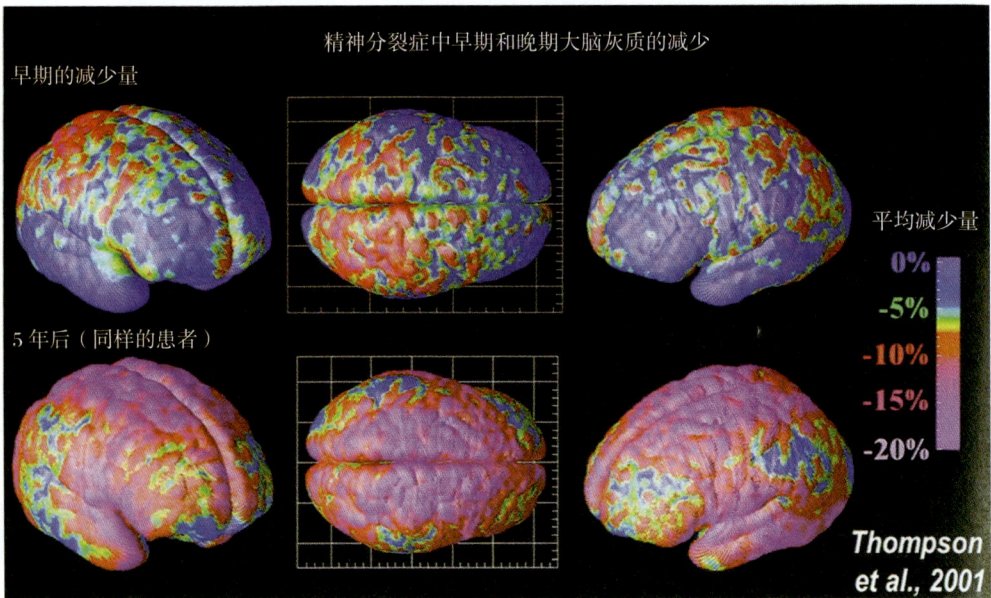

图 12.6 患有精神分裂症的青少年大脑中灰质的减少

心理学的世界

【美】塞缪尔·E. 伍德（Samuel E. Wood）

【美】艾伦·格林·伍德（Ellen Green Wood）

【美】丹尼斯·博伊德（Denise Boyd） 著

赵　晴　译

席仲恩　审校

重庆大学出版社

致　谢

我们非常感谢培生教育集团对本书的支持。编辑 Stephen Frail 全程监控本书的撰写,确保最后的成品是入门性质的,而且还要全面透彻、浅显易懂地介绍心理学。我们还要感谢专业编辑 Deb Hanlon 的帮助,他的建议和鼓励对我们有很大作用。

我们要感谢以下审稿人对本书提出的宝贵意见。他们为本书的成形奠定了坚实基础:

Carol Anderson, Bellevue College

Bakhmwar Bhadha, Pasadena City College

Dr. Ken Callis, Southeast Missouri State University

Evelyn N. Doody, College of Southern Nevada

Mary Christina Evans, Pierce College

Cecilia Erlund, University of Mary Hardin-Baylor

Hallie Feil, Western Nebraska Community College

Jamie S. Hughes, New Mexico State University

Yasmine Kalkstein, North Hennepin Community College

Eric Kim, Lane Community College

Sreve Kittrell, North Metro Technical College

Holly Schofield, Central Carolina Community College

David Shepard, South Texas College

Staci Simmelink-Johnson, Walla Walla Community College

Debra M. Yoder, Mountain View College

我们还要感谢以下审稿人参与本书附录的调查：

Gayle Abbon, New Mexico Junior College

Chrisran Amundsen, North Lake College

Julie Hanauer, Suffolk County Community College

Annette Jankiewicz, Iowa Western Community College

Warren Lambert, Somerset Community College

Amy Overman, Elon University

Sandra Todaro, Bossier Parish Community College

我们还要感谢本书前三版审稿人的意见和鼓励：

Elaine P. Adams, Houston Community College

David W. Alfano, Community College of Rhode Island

Jill Barton, Keiser College

Kenneth Benson, Hinds Community College

John Brennecke, Mount San Antonio College

Robin Campbell, Brevard Community College

Berry J. Daughenbaugh, Wor-Wic Community College

Wayne Dixon, Southeastern Oklahoma Sate University

Wendy Domjan, University of Texas

Jim Dorman, St. Charles Community College

Laura Duvall, Heartland Community College

Darlene Earley-Hereford, Southern Union State Community College

Hallie Feil, Western Nebraska Community College

Joseph Feldman, Phoenix College

Colleen L. Gift, Highland Community College

Paula Goolkasian, UNC Charlotte

Chuck Hallock, University of Arizona

Julie Hanauer, Suffolk Community College

Brett Heintz, Delgado Community College

Carmon Weaver Hicks, Ivy Tech Community College

Alan Hughes, Nazareth College (New York)

Carolyn Kaufman, Columbus State Community College

Norman E. Kinney, Southeast Missouri State University

Leslee Koritzke, Los Angeles Trade Technical College

Leslie Minor-Evans, Central Oregon Community College

Paulina Multhaupt, Macomb Community College

Enrique Otero, North Lake College

Debra Parish, North Harris Montgomery Community College

Jeffrey Pedroza, Santa Anna College

Ralph Pifer, Sauk Valley College

Michelle Pilati, Rio Hondo College

Cynthia Reed, Tarrant County College Northeast

Vicki Ritts, St. Louis Community College, Meramec

Amy Shapiro, University of Massachusetts, Amherst

David Shepard, South Texas College

Jason Spiegelman, Community College of Baltimore County

Robert B. Stennett, Gainesville State College

Robert Stickgold, Harvard University

Lisa Valentino, Seminole Community College

Edie Woods, Macomb County Community College

最后,我们要感谢所有的老师和同学,他们抽出宝贵的时间把他们教授和学习本书的心得发给我们。

简明目录

目　录

【第 1 章】

心理学导论

进入心理学的世界

乌干达有句俗语："捕象的猎人不会停下来朝鸟扔石头。"换句话说,为了实现目标(包括学好心理学),一个人必须保持专注。我们在本书中介绍的学习策略将帮助你专注于你的目标——成功完成心理学导论这门课程。下面介绍本书的特色。

学习心理学：一些学习窍门　　1.1 如何使用"略提细转复"方法学习心理学?

为了取得最好的学习效果,本书介绍了一种叫"略提细转复"的学习方略。这是一套经过实践反复检验的好方法。"略"就是略读(Survey),"提"就是提问(Question),"细"就是仔细阅读(Read),"转"就是转述(Recite),"复"就是复习(Review)。这套方法最早由罗宾森于 1970 年提出。下面详细介绍如何用这套方法学习本书。

第一步:略读。这么做的目的是在宏观上了解一章的内容结构,即在大脑中形成一幅概念图。这也是为什么很多书在每章开头会设置提纲。提纲给你提供了一张蓝图,指导你阅读本章的内容,并告诉你在每一节你将学到些什么。因此,一定要仔细阅读每章开头的提纲。下面我们就来看看这一章的主要部分。这些部分包括每一节的小标题和"应用""尝试""解释""总结"等栏目。你还要略读每一节中所提出的学习问题。

第二步:提问。本书每一节都提出了一个学习问题,你可以先看一下这个问题。例如,这一节提出的学习问题就是"如何使用'略提细转复'方法学习心理学?"然后,自己可以再提出与这个问题相关的其他问题。

第三步:仔细阅读。要仔细阅读并理解每一节的内容。在阅读的时候,要思考每一节所提出的学习问题和自己提出的问题。尽可能使用"应用""尝试""解释"和"总结"等栏目帮助自己理解一节的内容。

第四步:转述。当你读完每一节时,要用自己的话口头回答每一节提出的学习问题和你自己所提出的问题。

第五步:复习。读完一章之后,你需要复习整章,以确保理解了本章的全部内容。

现在,你已经知道如何高效地学习了。那我们就更细致地想一想心理学家的工作对我们的日常生活有什么影响。现在想一下心理学以及心理学语言与我们生活的紧密关系。

应用　　　　　　　　　**有效学习的方法**

几十年来,对学习和记忆的研究已经发现了一些"略提细转复"方法之外的学习策略,使用这些策略可以进一步强化你的学习效果。

1. 找一个安静的、没有干扰的地方。在这儿,你能做的就只是学习。你可以把这个环境与学习联系起来。这样,来到这个地方就提示你:开始学习啦。

2. 制订一张学习时间表。对记忆的研究证明,分散学习比集中学习更有效。不要连续学5个小时,而要把学习分成5个时间段,每个小时为1个时间段。

3. 每节课前都做好预习;每周设立一个具体的目标,为每个学习环节也设立一个具体的目标。目标对你来说应该有一定的挑战性,但不应该太难实现。如果每个学习环节的任务都比较可控,那么完成起来就比较容易。完成自己设定的任务会给你一种成就感。

4. 在学习过程中,你越积极,记住的东西就越多。不要机械地反复阅读,要花时间用自己的语言转述所读过的内容。一个有效的方法就是用卡片。在每张卡片的正面写上关键术语或学习问题,在背面写上从课本和课堂上摘抄的相关信息。用这些卡片来帮助自己准备考试。

5. 学习要过度。意思是学习不能满足于刚好记下。要反复复习,直到你已经完全记住所学的内容。如果你有考前焦虑症,过度学习对你会有所帮助。

6. 在学习后的第一个 24 小时内遗忘最快。不管你学了多少,在考试之前一定要再复习一次。巩固记忆能提高你的分数。

7. 学完之后立即睡觉会帮助你记住更多的内容。如果你睡觉前无法学习,至少要复习一下白天学过的东西。此外,睡前回顾一下卡片上的内容效果也很好。

掌握了这些学习策略之后,那就请使用它们来助你成功吧。

心理学是科学吗?　　1.2 为什么心理学家使用科学方法?

心理学是一门对行为和心理过程进行研究的科学。你可能和大多数人一样对这两个方面都有所了解,或许,你还形成了一些理论来阐释自己的观察。从电视、广播或互联网上,你可能已经了解了专家对行为和心理过程的一些看法。

许多人认为,一个领域之所以成为科学,是因为它具有系统化的知识。例如,很少有人会质疑物理学是真正的科学。但是,科学之所以成为科学,并不是因为它的学科内容。如果一个研究领域使用了科学的方法来获取知识,那它就是科学。科学方法是由有序、系统的步骤组成的。遵循这套步骤,研究者找出研究问题,设计研究方法,收集和分析数据,得出结论并公布他们的研究结果。这样获取的知识就是可靠的,因为获得它的方法是科学的。科学方法包括这些步骤(图1.1):

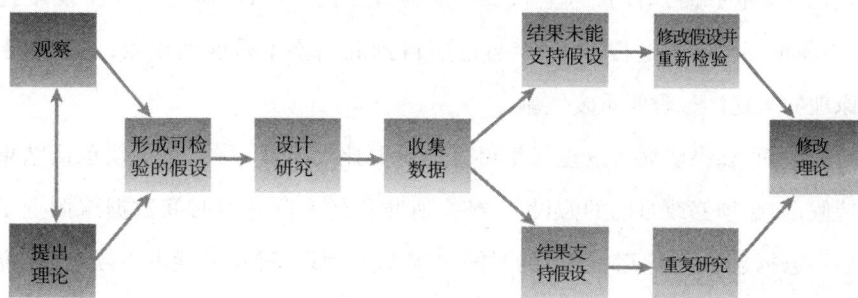

图 1.1　科学方法

这些是科学方法的步骤。

观察和提出理论　科学方法的第一步是交互性的。在这一步，研究者观察某些现象并提出一定的理论或猜测，说明可能导致这些现象的原因。例如，一位心理学家观察学生打电子游戏，并注意到男生的得分往往高于女生。于是他可能猜想，这种性别差异是由男生和女生花在打游戏上时间的不同造成的。他的猜测是：总的来说，男生在电子游戏上得分更高，因为他们比女生练习的时间更多。这样的猜测往往来自某个心理学理论（用来说明不同事物之间关系的普遍原则）。在这个例子中，研究者的猜测似乎基于这样的理论，它强调经验对于行为塑造的作用。根据这个理论，一个人越有经验，相关事情就做得越好。

形成假设　基于对得分上性别差异原因的猜测，研究者就会提出一个假设，一个可以经过验证也就是数据检验的具体预测。尽管研究者的理论暗示了许多可能的假设，但只有一个假设对我们理解练习与得分之间的关系至关重要。这个假设是：如果男生和女生打游戏的时间相同，他们的得分就会相同。

设计研究　接下来，研究者会设计一项研究来检验这一假设。在这项研究中，研究者用同样的方法教男生和女生学一款新的电子游戏。然后，给他们30分钟的时间练习。最后，研究者让参与者再打一次这款游戏，并尽可能取得最高分数。

收集数据　一旦研究者开始研究，他就会收集与假设相关的数据。首先，研究者会计算男女生的平均得分以及他们的实际练习时间。这些信息在解释数据的时候非常重要。因为，即使每个参与者都有30分钟时间练习，但研究者不能因此就断定，他们每个人用在实际练习上的时间都是一样的。

检验假设　如果男生和女生的得分相同，研究者就能得出结论：数据支持了假设，即给予相同的练习时间，男生和女生的得分相同。不过，研究者还不能就此止步，还必须重复同样的过程，以确定自己所得到的结果不是偶然现象，而是基于心理学原理的。这个过程叫重复实验。

另一方面，如果研究者发现男生得分仍然要比女生高，那么就必须承认结果不能支持假设，必须修改自己的假设。这时，所收集的实际练习时间数据就派上了用场。如果数据显示男生实际练习的时间多于女生，那么研究者就可以断定，研究结果还是支持了假设。在这种情况下，他还是要对假设加以修改，加上一条为什么男生比女生更愿意练习的说明。如果假设这种练习的差异是由研究所用的游戏类型造成的,那么在接下来的研究中,研究者将继续实验,以考察游戏类型是如何影响练习时间的。

<hr>

心理学的目标　　1.3 心理学的目标是什么?

在计划和实施研究时,心理学家所追求的目标是什么呢? 简单地说,有以下四大类:

- 描述:尽可能准确地找出行为和心理过程,并将它们分类。
- 说明:提出行为和心理过程的理由。
- 预测:提出关于特定条件如何影响行为和心理过程的预测(或假设)。
- 影响:用研究结果解决涉及行为和心理过程的实际问题。

有两类研究可以帮助心理学家实现这个四个目标:基础研究和应用研究。基础研究的目的是寻求新的知识,探索和推进一般性的科学认识。基础研究探索的领域有:记忆的本质、大脑功能、动机以及情感表现。应用研究的目的是解决实际问题和改善生活质量。例如,如何改进记忆或增加动机、治疗心理疾病、减少压力等。这类研究主要实现的是第四类目标——影响,因为这类目标寻找的是行为改变的方式和方法。

科学方法使得心理学家积累了大量关于行为和心理过程的知识。然而,知识本身并不一定会推进我们对心理学现象的理解。如前所述,通过科学方法获取的知识建立连贯的理论,才有助于我们理解现象。现在我们把注意力转向早期的理论建设过程以及在这个过程中各种争论所引发的种种思想和心理学观点。

下面的"总结"是对心理学目标的小结,并以前面讲过的电子游戏为例。

总结　　　　　　　　　　　**心理学的目标**

目标	定　义	举例说明
描述	尽可能准确地阐述行为和心理过程	计算男生和女生打游戏的平均分
说明	指出有关行为和心理过程的原因	提出男生的得分更高是因为他们练习的时间更长
预测	确定行为和心理过程可能发生的条件	假如男生和女生练习的时间相同,那么他们的得分也相同
影响	根据研究结果改变一个条件以产生所期望得到的结果,或者阻止不期望得到结果的发生	用这个研究结果来研发游戏,以提升女生的数学和科学成绩

心理学的过去和现在

　　如果要追溯心理学的渊源,那么就得从人类有文字记载的历史之前开始,甚至需要从古希腊哲学家(亚里士多德和柏拉图)之前开始。在研究者开始用科学方法研究行为和心理过程的时候,心理学就和哲学分离开了。到 20 世纪 20 年代时,心理学领域的先驱们就已经奠定了当今心理学主要思想流派和观点的基础。随着心理学领域的发展和研究成果的不断积累,心理学的不同研究方向开始沿着清晰可见的轨迹衍生出来。

探寻心理学的根基　　1.4 早期的心理学家对这一领域作出了什么贡献?

　　在 19 世纪,当人们开始用科学方法探究行为和心理过程的时候,心理学就成为一个科学门类和学术领域了。不过在那个时候,这个领域还只是白人男性的天下。几位研究者克服了 19 世纪末和 20 世纪初盛行的性别和种族偏见,为心理学领域作出了巨大的贡献。

　　构造主义和机能主义　谁是心理学的"奠基人"？历史学家承认，三位德国人是最早系统研究行为和心理过程的科学家，他们分别是欧内斯特·韦伯、古斯塔夫·费希纳以及赫尔曼·冯·赫尔姆赫兹。但是，大家普遍认为威廉·冯特（1832—1920）是"心理学之父"。冯特还预见到，心理学这门新的学科能够研究社会和文化对人类思维的影响。

　　1879 年，冯特在德国的莱比锡大学建立了一个心理学实验室。这标志着心理学成为一个正式的学术领域。冯特和他的同事用内省法研究了对各种视觉、触觉和听觉刺激的知觉问题，其中包括对不同速度节拍器产生的节奏模式的知觉。作为一种研究方法，内省法是对自己意识经历的审视以及对审视结果的报告。

　　冯特的学生爱德华·布拉德福特·铁钦纳（1867—1927）把心理学这个崭新的领域带到美国，在康奈尔大学建立了心理学实验室。他把这一领域命名为构造主义。构造主义是心理学的第一个思想流派，其目标是分析所意识到的心理体验的基本元素或结构。和冯特一样，铁钦纳也认为可以把意识分解成基本元素，就像把水（H_2O）分解成氢原子（H）和氧原子（O）一样。冯特认为，纯粹的感觉（如甜、冷或红）是意识的基本元素。这些纯粹的感觉合在一起就构成知觉。

　　冯特和铁钦纳的研究由于使用了内省法而受到批评。因为内省法并不客观，即使它包括观察、测量和实验。当不同的内省者面对同样的刺激（如节拍器的敲击）时，他们通常报告出不同的体验。所以，构造主义不久就失了宠。铁钦纳逝世后，构造主义也随之消退，紧接着其他的思想流派陆续也建立起来，它们是对构造主义的反驳。尽管如此，奠定心理学科学地位的是构造主义者，因为他们坚持认为，心理过程可以用在其他科学领域常用的方法来测量和研究。

　　20 世纪初，构造主义的影响力在美国开始消退，一个新的流派逐渐形成。它就是机能主义。机能主义关注的不是意识的结构，而是心理过程的机能，即人类和动物在适应环境过程中是如何使用心理过程的。查尔斯·达尔文（1809—1882）的研究，尤其是他关于物种进化和延续的观点，直接导致越来越多的心理学实验以动物为研究对象。虽然达尔文的思想是机能主义的重要思想火种，并对它的诞生有所帮助，但机能主义主要是美国人创立的，它带有浓厚的美国精神和气质。

　　著名的美国心理学家威廉·詹姆斯（1842—1910）就是机能主义的倡导者，尽管他的大部分著述都先于机能主义出现。出版于 1890 年的《心理学原理》

（*Principles of Psychology*）是詹姆斯最著名的心理学论著。这本书的学术地位很高，常被引用，已经成为心理学的经典教科书。詹姆斯认为，心理是流动、连续的过程，并不是结构主义者所认为的那种，固定、一成不变的结构。詹姆斯谈到了"意识流"，并认为"意识流"能帮助人类适应环境。

那么，机能主义是如何改变心理学的呢？机能主义扩展了心理学的范围，把行为和心理过程都包括在心理学研究之内。它还允许研究儿童、动物以及精神受损人群。构造主义者不会研究这些群体，因为他们不会使用内省法。机能主义还关注心理学的应用层面，鼓励研究教育实践、个体差异以及对工作场所的适应（工业心理学）。

心理学家的改变　如前所述，在心理学早期，大多数人认为学术和科学追求是白人男性的领域。然而，很多女性和其他种族的人拒绝让这一偏见挡住他们探索行为和心理过程的道路。他们打破壁垒，为这一领域作出了重要贡献。下面仅举几个例子。

• 克莉丝汀·莱德-富兰克林（1847—1930）：她在 19 世纪 80 年代中期就达到了约翰·霍普金斯大学博士学位的要求，但不得不等 40 年才拿到自己的博士学位。她提出了关于色觉的进化理论。

• 玛丽·卡尔金斯（1863—1930）：在 1895 年的时候，玛丽就达到了哈佛大学博士学位的要求，但哈佛大学当时却因为她是女性而拒绝给她授予博士学位；玛丽在卫斯理学院建立了心理学实验室；她还发展了研究记忆的方法；1905 年，她成为美国心理协会的第一位女性主席。

• 玛格丽特·沃什博恩（1871—1939）：在康奈尔大学获得心理学博士学位；曾任教于瓦萨尔学院；撰写了大量的关于动物行为和心象的著作。

• 弗朗西斯·塞西尔·萨姆纳（1895—1954）：第一位获得心理学博士学位的非裔美国人；他翻译了 3000 多篇德语、法语和西班牙语的研究论文；他担任过霍华德大学心理学系主任，也被称为"非裔美国人心理学之父"。

• 艾伯特·西德尼·贝克汉姆（1897—1964）：建立了霍华德大学（一所非裔美国人大学）的第一个心理学实验室；对智力与职业成功之间的关系进行了研究。

• 肯尼斯·克拉克（1914—2005）和玛米·菲普斯·克拉克（1917—1983）：他们研究了种族隔离对非裔美国儿童自尊的危害问题。美国最高法院根据他们的研究结果,宣布种族隔离在美国学校是违宪的。

●乔治·桑切斯(1906—1972):早在 20 世纪 30 年代,他就研究了智力测验中的文化和语言偏见问题。

今天,获得心理学学位的女性已经多于男性,而且获得心理学学位的其他种族的人数也在不断增加。不过,其他种族学者在心理学家中所占的比例仍然很低。目前,美国心理协会和一些其他机构正在采取措施,鼓励其他种族的学生攻读心理学硕士和博士学位。

心理学的思想流派　1.5 心理学主要有哪些思想流派?

我们今天为什么见不到构造主义和机能主义了呢? 在 20 世纪早期,这两派观点的争论引发了大量的理论讨论和对心理过程的研究。也就是在这个时期,心理学的主要思想流派逐渐确立,它们对心理学的影响一直延续至今。

行为主义　心理学家约翰·B. 华生(1878—1958)审视了构造主义者和机能主义者的研究,不喜欢他们的所作所为。在 1913 年发表的那篇《行为主义者眼中的心理学》(*Psychology as the Behaviorist View It*)的文章中,华生摒弃了构造主义和机能主义的主观性,提出了一个全新的心理学研究方法。这一新的流派将心理学重新定义为“行为的科学”。华生将这一流派命名为行为主义,它专门致力于对行为的研究。在华生看来,行为是可观察和可测量的,因此通过行为研究心理也是客观的、科学的。行为主义强调,行为主要是由各种环境因素确定的。

20 世纪 60 年代以前,行为主义是美国心理学中最有影响力的流派。至今,行为主义仍在现代心理学中占有一席之地。这主要是 B. F. 斯金纳(1904—1990)的功劳。斯金纳同意华生的说法,也认为精神、意识和感觉既不客观,也不能测量,因此它们不适合作为心理学的研究对象。另外,斯金纳还提出,也不需要用精神、意识和感觉之类的概念来说明行为。他认为,可以通过分析行为发生之前的条件和行为发生之后的结果来对行为进行说明。

斯金纳对操作条件反射的研究强调强化在学习以及行为塑造和保持中的重要性。他认为,被强化(受到奖励)的行为更有可能再次出现。斯金纳的工作对现代心理学有着重要的影响。关于操作条件反射,我们将在第 5 章中详细介绍。

精神分析　我们将在第 11 章中详细介绍西格蒙德·弗洛伊德(1856—1939)的研究。基于对自己病人的研究,弗洛伊德创建了一套关于人类行为的理论。这套理论(即精神分析)认为:人类的心理生活就像冰山,水上的一小部分代表了个体有意识的心理体验,水下看不见的部分代表了大量的无意识冲动、愿望和欲望。弗洛伊德认为,个体不会有意识地控制自己的思想、感觉和行为,控制这些行为的都是无意识的力量。

弗洛伊德对性和攻击性冲动的过度强调使得他的理论在心理学领域内外都受到了质疑。卡尔·荣格、阿尔弗雷德·阿德勒以及卡伦·霍妮是弗洛伊德的得意门生,他们都跟自己的导师决裂,并创建了各自的人格理论。他们三位以及后来的追随者被合称为"新弗洛伊德学派"。精神分析今天仍然具有影响力,只不过它已经被这些"新弗洛伊德学派"改造得面目全非。

人本主义心理学　人本主义心理学家既反对行为主义的观点(即行为是由环境因素决定的观点),也反对精神分析的观点(即人类行为主要受无意识力量的控制)。人本主义心理学关注的是,人类的独特性以及人们选择、成长和获得心理健康的能力。

亚伯拉罕·马斯洛和早期的人本主义者如卡尔·罗杰斯(1902—1987)指出,弗洛伊德的理论主要建立在对精神病人的研究基础之上,而人本主义者则强调人性积极的一面。人本主义学者认为,人性本善,而且人拥有自由意志。他们还认为,人能作出有意识、理性的选择,这会带来个人的成长和心理健康。马斯洛提出了动机理论,由需求的不同层次构成(详见第 9 章)。他认为,自我实现的需求(发展自己的全部潜能)是最高层次的需求。罗杰斯创建了来访者中心治疗法,这是一个以来访者的看法而不是治疗师的分析为中心的治疗方法。罗杰斯和其他人本主义学者还大力推广集体治疗法。人本主义观点在研究人类动机和实施心理治疗中仍然起着重要的作用。

认知心理学　认知心理学的发展在一定程度上是针对行为主义的,尤其是在美国。认知心理学不把人视为被动的、受环境因素支配的接受者,而是把人看作积极的参与者,他们寻找体验,改变和塑造这些体验,并在认知发展过程中用心理过程对信息进行转换。认知心理学研究诸如记忆、解决问题、推理、决策、知觉、语言和其他认知方式的心理过程。就渊源而言,现代认知心理学源自两个思想流派:一个是德国科学家在 20 世纪初对人类知觉的研究;另一个是 20 世纪后半叶计算机科学的发展。

格式塔心理学于 1912 年在德国出现。格式塔心理学家(特别是马克思·惠特海默、库尔特·卡夫卡、沃尔夫冈·科勒)强调,个体是把物体和图形作为一个整体单位而感知的,而且这个整体要大于部分之和。德语中"格式塔"的意思是"整体、形式或图形"。

为了证明格式塔理论,惠特海默做了一个表明似动现象的著名实验。在这个实验中,两个灯泡以一定距离被置于一个黑暗的房间里。第一个灯泡先闪亮,接着第二个灯泡闪亮;在第二个灯泡闪亮的同时,第一个灯泡熄灭。一段时间之后,观察者看到的似乎是一盏灯来回移动,而不是两盏灯相继亮灭。在格式塔心理学家看来,这个实验证明了人们以整体或模式感知事物,而不是以分离体感知事物。

20 世纪 30 年代纳粹在德国掌权之后,格式塔学派被迫解散,它的主要研究者也移居到了美国。今天,格式塔心理学的基本概念——大脑以能够预测的方式说明体验而不是简单地对体验作出反应——已经成为认知心理学家认识学习、记忆、问题解决,甚至心理治疗的核心。

计算机的出现为认知心理学家提供了一个新的方法,来建立关于心理结构和心理过程的概念体系。这种方法就是信息加工理论。根据信息加工理论,大脑以序列的方式加工信息,就像计算机做串行处理一样,每次只完成一个步骤。就像现代技术改变了计算机和计算机程序一样,认知心理学家也改变了他们的模型。例如,许多当代研究者正在考察人类记忆系统的并行加工能力,即同时处理多个信息的能力。这种信息处理方式已普遍地用于今天的计算机中。

在过去的 100 年中,认知心理学进行的研究极大地拓展了我们对人类记忆系统和问题解决心理过程的认识。而且,这些实验中所发现的原理已被用来解释和研究各种心理学问题,包括性别角色发展和个体智力差异的一系列问题。目前,认知心理学被认为是最重要的心理学流派。

进化心理学 为什么你认为所有健康的婴儿会依恋他们的第一个抚养者?为什么你认为大多数男性喜欢比自己年轻的伴侣?这些都是进化心理学家感兴趣的问题。进化心理学关注的是,在长期的进化过程中,面对环境压力,人类如何改变自身的行为以适应生存的需要。因此,进化心理学在很大程度上借鉴了达尔文的自然选择理论。达尔文的理论断定,任何一个物种,都很可能把帮助自身生存下来的基因传递给自己的下一代。于是,这种帮助个体生存下来的特质就成了这一物种的共同特质。也就是说,每个个体都拥有这种特质。例如,每个人都有习得语言的能力。自然选择理论就可以用语言习得这一共性来说明,人类所获得的生存优势是因为人类普遍拥有用语言高效沟通信息的能力。

进化心理学被认为是进化生物学和认知心理学的结合。勒达·科斯米德斯和约翰·托比这两位进化心理学倡导者认为,这一观点使进化心理学融合了进化生物学、人类学、认知心理学和神经科学的力量。他们认为,进化的观点可以用于心理学领域的任何一个课题。例如,大卫·巴斯这位最著名的进化心理学家之一和他的同事就做了很多有趣的研究,考察恋爱中男女的行为模式。有关巴斯的研究及其批评,详见第9章。

生物(生理)心理学 有时,学生会把进化心理学与生物心理学(有时也称为生理心理学)搞混。毕竟,很多人认为,进化本质上就是生物进化。这当然没错。但是,进化心理学所研究的是,为什么某些基于生物的行为成了整个种群的共同行为。因此,进化心理学所关注的是共性,是一个种群中所有成员都具有的特质。例如,语言就是人类的共性。

相比之下,生物心理学家所寻找的则是具体行为和特定生物因素之间的联系。这些生物因素有助于说明个体之间的差异。生物心理学家研究大脑和中枢神经系统的结构、神经元的功能、神经递质和激素之间的平衡以及遗传的作用,其目的是找到这些生物因素和行为之间的联系。例如,儿童在一岁之前耳朵受感染的次数(生物个体的差异)与他上小学后的学习障碍(行为个体差异)有关。

很多生物心理学家都是在神经科学这个跨学科领域之中工作的。神经科学集合了心理学家、生物学家、生物化学家、医学家和其他研究神经系统结构和功能的研究者的研究成果。这项工作为心理学带来了很多重要发现。例如,研究者发现,神经细胞膜的缺陷会妨碍细胞利用大脑化学物质协调机体动作的能力。这些发现揭示了严重神经功能障碍(如帕金森症)背后的生理过程,这有助于药理学家研发更有效的药物来治疗这些疾病。

社会文化法 背景和文化经历是如何影响行为和心理加工过程的呢?社会文化法强调的是,社会和文化对人类行为的影响以及这些影响对解释他人行为的重要性。例如,几位心理学家(如特威德和莱曼)就研究了亚洲和西方文化的哲学差异,这有助于说明不同民族成就之间的差异。同样,莱斯利·兰布赖特对那些帮助越南人在几百年的战争中生存下来的文化特征做了探索研究。在对24~68岁的越南人的深度访谈中兰布赖特发现,越南人的多元文化背景,他们对不同文化的容忍,牢固的家庭体系,乐观、耐心和灵活性,塑造了这一民族的韧性。另一个因素是越南人的宽恕心和务实性都超过了他们对敌人的复仇心。后续的研究用兰布赖特的访谈问题调查了越南的大学生。调查结果显示,这些年轻人对传统文化某些方面(如牢固的家庭纽带)的感知正在发生变化。可见,沿着社会文化法的路径来理解各种心理因素(如韧性)能揭示文化和文化改变塑造个体体验的方式。

社会和文化对行为的影响往往被置于更广阔的系统观的视野下进行研究。系统法的主要观点是:多种因素共同发挥作用,也就是说,多种因素合在一起对行为产生的影响要大于系统中每个因素对行为产生的影响之和。一个典型的例子是心理学家杰拉尔德·帕特森及其同事提出的理论。这个理论说明各个因素如何相互作用造成青少年反社会倾向。例如,系统法认为,贫穷(一个社会文化因素)是一个可预测少年犯罪的因素,尽管贫穷本身并不足以导致犯罪行为。事实上,大多数来自贫穷家庭的青少年并没有参与反社会活动。然而,贫穷可能是诸多系统因素中的一个,其他系统因素还包括辍学、与不良少年混在一起、缺少父母监管等。这些因素合在一起增加了青少年犯罪的可能性。同时,这些因素相互作用、相互巩固,在某些情况下,形成一个迭代循环。例如,辍学增加了青少年成年后生活贫穷的可能性;贫穷又增加了他们工作的时间,没有时间监管孩子的可能性增大;这种可能性又增加了他们下一代犯罪的可能性。

当代心理学的视角　　1.6 当代心理学的七个视角是什么?

现代心理学家的观点常常难以归入传统的思想流派中。因此,我们通常把这些观点称作视角,而不是流派。视角,就是一种用来说明人类(常态或非常态)行为和思维的一般性观点。例如,一位心理学家可能会采用行为主义的视角,但不一定就同意华生或斯金纳的思想。重要的是,心理学家能够沿这个视角,用环境的影响力来说明行为。

下面是当今心理学中的几个主要视角以及每个视角在说明行为时所强调的因素：

- 行为主义视角：环境因素
- 精神分析视角：情感、无意识动机、早期童年经历
- 人本主义视角：主观体验、自我实现的内在动机
- 认知视角：心理过程
- 进化视角：增强适应性的遗传特质
- 生物视角：生物结构、过程、遗传
- 社会文化视角：社会和文化因素

下表简要介绍了这些视角，并举例说明了各个视角是如何说明学生考试成绩不好这一现象的。

总结　　　　　　　　　　**当代心理学视角**

视角	所强调的内容	对学生考试成绩不好的解释
行为主义	环境在塑造和控制行为中的作用	学生过去取得好成绩未曾受到过强化
精神分析	无意识动机和早期童年经历对决定行为和思维的作用	未得到解决的早期童年情感创伤使学生不能集中精力学习
人本主义	个体的主观体验是理解其行为的关键	为考试而学习不符合学生对"有意义生活"的定义
认知	知觉、思维和记忆这些心理过程在行为中的作用	学生没有用到有效的学习策略，如"略提细转复"方法
进化	人类有效适应性遗传倾向的作用	学生认为学习不重要，因为他的同伴更在意他的外表和社交能力，而不是他的学习成绩
生物	生物过程和结构以及遗传在说明行为方面的作用	不恰当的情感水平(如考试焦虑)妨碍了学生发挥最佳水平
社会文化	社会和文化对于行为的影响	学生不想被视为"书呆子"，因此，他只想及格而已

作为心理学家，我们不需要把自己局限于某一个视角或路径。许多心理学家

都采取折中的态度,在解释行为时,综合选择多种方法。例如,一位心理学家可能同时从环境因素和心理过程的角度来说明行为。孩子在学校的不良行为可能是为了得到老师的关注(从行为主义角度解释),但这种行为最初是由孩子对家庭事件(如离婚)的情感反应而造成的(从精神分析的角度解释)。采用多个视角,心理学家就能够提出更复杂的理论,设计出更复杂的研究,从而改进治疗策略。这样,心理学理论和研究就能够更准确地反映出真实情景下人的行为。

心理学的学科方向　　1.7 心理学都有哪些学科方向?

我们回想一下心理学的定义:研究行为和心理过程的科学。很明显,这个定义的涵盖面很广。经过这么多年,心理学发展成了一个高度专业化的领域,这一点并不令人惊讶。例如,有些心理学家只研究精神疾病(如精神分裂症)及相关问题,这些问题只与一小部分人有关;而另一些则研究与所有人都相关的问题(如压力如何影响健康)。同样,一些心理学家关注研究,而另一些则关注如何应用心理学原理来解决实际问题。不管他们从事的是哪一个领域,几乎所有心理学家都获得了该领域的博士学位。下面介绍心理学的几个主要专业领域:

● 临床心理学家　专门从事对心理和行为疾病的诊断和治疗,如焦虑、恐惧症和精神分裂症。有些也从事这些领域的研究工作。

● 学校心理学家　也是临床心理学家中的一种。他们专门从事对妨碍学习的行为问题的诊断和治疗。

● 法律心理学家　用临床心理学的知识来解决心理学和法律方面的问题。

● 咨询心理学家　帮助那些在适应方面有问题(婚姻、社会或行为问题)的人。一般来说,这些人的问题都不太严重。

● 生理心理学家　有时也称为生物心理学家或神经心理学家,这些人研究的是生理过程与行为的关系。

● 实验心理学家　在心理学的大多数领域(如学习、记忆、感觉、知觉、动机、情感等)从事实验研究。

● 发展心理学家　研究人在一生中是如何成长、发展和改变的。

● 教育心理学家　专门研究教和学。(注意:不要把教育心理学与学校心理学搞混。学校心理学是临床心理学的分支,它关注学习问题的诊断和治疗。教育心理学家研究人的学习。他们所受的训练主要是理论和研究方法方面的,而不是诊断和治疗方法方面的。)

- 社会心理学家 调查个体在社会环境中(即在他人面前)是如何感觉、思考和表现的。
- 工业/组织心理学家 研究人和工作环境之间的关系。

此时此刻,你也许会想,心理学的不同视角与心理学的各个学科会有什么样的关系。每一个学科方向的心理学家都可以用任何一个视角的理论观点来阐述自己领域中的行为或心理过程。例如,上表中所说明的行为(学生考试成绩不好)就属于教育心理学领域。与之相比,临床心理学家可能用各种不同的视角来解释像抑郁症这样的心理障碍。咨询心理学家可能用它们来说明人是如何应对重大生活变故(如离婚)的。工业/组织心理学家可能用它们来解释个体在工作满意程度上的差异。换一种说法就是,心理学的任何学科方向,都可以使用上述任何一个心理学视角分析问题。另外,不管要用哪个视角分析问题,也不管所分析的问题属于哪个学科方向,所有心理学家在研究行为和心理过程时都要用到一套研究工具,而且使用这套工具需要一定的训练。

理论和研究问题思考

至此,你已经了解了心理学的各种理论视角。这时你可能很想知道,它们中哪些是"真的",哪些是"假的"。不过,心理学家是不会这样来思考理论。他们要做的是,根据有用性来对理论进行评价。

同样,你也可能很想知道,学习研究方法对那些不想成为专业研究者的人是否有用。接下来你会看到,研究方法对于日常生活也是非常有用的。

评价理论 1.8 心理学家是如何评价理论的?

如前所述,有用的理论能帮助心理学家提出可以检验的假设,从而实现预测的目的。如果用这条标准来评价,行为主义和认知心理学的理论似乎要比精神分析和人本主义的理论更为有用。例如,斯金纳的预测(即强化增强了行为)就比马斯洛的理论(自我实现是人类的最高需求)更容易检验。

有用的理论也能解决现实问题。例如,基于信息加工模型的研究提出了改善记忆的策略。虽然精神分析和人本主义理论由于缺乏可检验性而备受批评,但它们同样也生产了很多有益的心理治疗方法。

诚然,假设和实际应用很重要。但是,一个具有启发价值的理论,即使不能根据它提出可检验的假设,也不能设计出解决实际问题的方法,它照样是有用的理论。因为,具有启发价值的心理学理论能激发心理学家之间的辩论,进而促使其反对者和支持者同时开展与之相关的研究。换一句话说,具有启发价值的理论能促使人们思考,激发人们的好奇心和创造性。

前面我们讨论过的所有理论都拥有极高的启发价值。事实上,即使一个理论没有得到足够的经验支持,但只要它有启发价值,教师就完全有理由向学生介绍这个理论。这就是为什么我们今天仍然要讲构造主义和机能主义,以及为什么我们仍然将弗洛伊德的理论视为最重要的心理学理论之一的缘由。而且,这些理论不光影响心理学家,它们也同样会影响学生。我们的意思是,学习这些理论能激发学生对行为和心理过程进行思考。因此,介绍这些理论有助于教师实现他们的一个最重要的教学目标:激发学生的批判性思维。

评价研究 1.9 批判性思维能如何帮助你评价理论?

对于大多数教师来说,教授心理学导论课的另一个重要目的,就是为学生提供一套求知工具,从而使学生能够用这些工具来评价各种基于心理学研究的观点。生活在这个信息时代中的我们,每天都要面对海量的统计结果和各种各样的观点。例如,几年前,媒体曾有一系列的报道,告诫年轻的父母亲们,儿童看太多的电视会导致注意缺陷多动症。据称,这些报道是基于发表在权威期刊《儿科学》(*Pediatrics*)上的一项科学研究成果。对于这样的观点,一个缺乏相关专业知识的普通人又能如何评价呢?

心理学家和其他科学家所使用的思考问题的策略,能够帮助我们对这类信息进行筛选。批判性思维作为科学方法的根基,能帮助我们客观地评价各种观点、命题以及结论,看它们是否符合逻辑,得到证据的支持。在我们批判性地思考问题时,我们会表现出下面这些特征:

- 独立思考　当我们批判性地思考问题时,我们对自己所看到或听到的东西是不会自动接受和相信的。

- 暂不下判断　批判性思维要求我们,在表明立场之前,要从各方面全面收集有关的最新信息。

- 愿意修改或放弃之前的判断　批判性思维包括对新证据的评判,即使新证据与现存观念相互矛盾。

现在,我们就把这三个特征一一用于那项看电视导致注意缺陷多动症的研究之中。第一个特征要求我们认识到,任何研究的有效性不是由其来源的权威性决定的。权威学刊(或心理学教科书)不应该成为固定的、一成不变的真理之源。事实上,学会质疑广为接受的"真理"是科学方法中的重要内容。

第二和第三个特征要求我们摒弃某些旧习惯,对问题不急于下结论,并愿意改变。如果你和大多数人一样,那么你就会根据个人的体验对媒体的报道作出反应。科学家把个人体验这种证据称为"轶事证据"。例如,面对媒体对电视导致注意缺陷多动症的报道,有的人可能会说,"我不同意,因为我小时候看了很多电视,但我没有得注意缺陷多动症。"

不急于下结论要求你不要马上就接受或反对某项研究发现,而是等到你收集到了更多的证据之后再说。就这个例子而言,更多的证据包括查找其他研究者对看电视与注意缺陷多动症之间联系的研究。对于这些相关研究的分析有助于你全面了解这个问题。最终,在收集到足够的证据后,批判性思维者还必须愿意摒弃与证据相冲突的先入之见。

证据的质量和数量一样重要。因此,批判性思维者会通过考察获取证据所用的方法来评价电视导致注意缺陷多动症的研究发现。研究者是不是随机地把花不同时间看电视的儿童分配到实验组和控制组?几年之后,实验组和控制组在注意缺陷多动症的表现上是否有差异?如果是,那么这个研究就是一项实验,媒体所报道的看电视会导致注意缺陷多动症就是有根据的。如果研究者只是测量儿童看电视的时间,然后把这个因素与几年后的注意缺陷多动症关联起来,那么,这两个变量之间的因果关系就不能成立。正确的做法应该是,寻找诸如父母的干预之类的基础变量,或许这些基础变量还可以说明这两种现象之间的联系。事实上,这些报道中所引用的研究,本质上是相关性的研究,并不存在很多报道所强烈暗示的那种因果关系。

描述性研究方法

心理学研究的目标常常要分阶段来实现。在研究的早期阶段,最合适的方法通常是描述性的研究方法。用描述性研究方法能获得对于行为的描述。常用的方法包括自然观察、实验室观察、案例研究以及调查。

观察研究和案例研究　1.10 观察研究和个案研究各有哪些优缺点?

在机场或商场的时候,你有没有坐在那儿观察他人在做什么? 这个活动类似于自然观察这种描述性的研究方法。使用这种方法的研究者只在自然的场景中观察并记录行为,而不去影响或控制行为。自然观察法的主要优点是,能够在正常环境下研究行为。这要比在人造环境和实验室环境下观察到的行为更为自然。有些时候,自然观察是唯一可行的方法。例如,要研究人面对诸如地震和火灾之类的灾难作何反应时,就没有其他的办法可用。

然而,自然观察法也有它的局限性。那就是,研究者必须等待事件的发生,他们既不能加快也不能减慢这一发生过程。由于不能控制环境,所以研究者不能得出因果关系的结论。自然观察法的另一个潜在问题是观察员偏差,这是研究者观察结果的失真。当研究者的预期使自己看到自己想看到的现象或者作出错误的推断时,观察员偏差就可能产生。例如,假设你是一位心理学家,正在研究学前班儿童的攻击行为。每次一个小孩打或推另一个小孩时,你就把它记录下来并当作一次攻击行为。你对攻击行为的定义(小孩间的身体接触)使你观察到更多的这类行为(这是你随意看一群小孩玩耍时所无法观察到的),并给这些行为贴上"攻击行为"的标签。当两个或更多的观察员独立观察同一个现象时,就可以有效降低观察员偏差。如果你和另一个观察员都在一个小时里独立记录了 23 次攻击行为,那么就可以说这个结果没有偏差。如果你观察到 30 次攻击行为,而另一个观察员只观察到 15 次,那么这个观察就是有偏差的。在这种情况下,观察员会修改行为分类的标准并重复观察。采用录像法也能有效消除观察员偏差,因为这样就可以对行为进行反复观察。

另一种观察行为的方法不是发生在自然环境之中,而是发生在实验室里。这种方法称为实验室观察法。在实验室里,研究者能施加更多的控制,并能使用更精密的仪器对反应进行测量。例如,关于睡眠和人类性反应的很多知识都是通过实验室观察法获得的。然而,和其他研究方法一样,实验室观察法也有局限性。首先,实验室行为不一定能准确反映真实行为。例如,在睡眠研究中,人在实验室里表现出的行为就可能与在家里表现出的行为不一样。因此,根据实验室观察所得出的结论,在实验室之外就可能不适用。其次,建造实验室、配备人员和设备,以及维护设备的费用都是很昂贵的。

案例研究是对一个人或一小群人进行的长期且深入的研究。案例研究会用到观察、访谈和心理测试等方法。和观察研究一样,案例研究本质上也是探索性的。案例研究的目的是详细描述一些行为或失常。这种方法尤其适合研究患有不常见的心理、生理疾病或大脑损伤的人。很多案例研究都是对病人接受治疗情况的记录。在一些情况下,详细案例研究的结果为心理学理论奠定了基础。弗洛伊德的理论主要就是建立在对他自己的病人进行案例研究的基础之上。

尽管案例研究加深了我们对心理学诸多领域的了解,但它也有局限性。其一是,研究者无法确定造成这种行为的原因,而且观察员偏差也是一个潜在的问题。其二是,由于研究的个体极少,研究者不知道自己的研究结果是否能推广到更大的群体或不同的文化之中。

调查研究　　1.11 研究者是如何设计有用的调查的?

你有没有被人问过你的选举行为或你所青睐的牙膏类型? 如果有,那么,你就有可能以被试的身份参与了一种叫作调查的研究。调查是一种描述性的研究方法。使用这种方法时,研究者以访谈和/或问卷的方式来获得某一群体的态度、信仰、期望或行为的信息。调查研究已为药品使用、性行为和各种心理失常行为提供了宝贵信息。

心理学研究者很少将一个群体的所有成员作为研究对象。例如,对美国女性性行为感兴趣的研究者不会调查所有美国女性。(试想,采访1.4亿人会是什么样子!)研究者不会去研究总体(即所感兴趣的整个群体),但却希望自己的研究结果能适用于总体。于是,他们便选择一个总体的样本来研究。样本是从总体中抽取的一个部分,根据这部分的研究得出关于总体的结论。

也许你看到一个装着三种不同口味(巧克力、草莓和香草)冰激凌的纸箱。为了正确取样,你需要得到一部分包含这三种口味的冰激凌,它们的比例与总体的比例一致。这样的样本称为代表性样本。代表性样本反映了总体的性质——它所包含的子群体的比例与总体所包含的子群体的比例相同。而有偏样本就不能反映总体的情况。做一下"尝试",看样本是不是一定要非常大才具有代表性?

获得代表性样本的最好方法是从总体中随机抽样。这样,每个个体被抽中的机会就是均等的。用随机样本,民调机构对1000人的调查就能足以反映出美国民众的观点。

用一套标准问题访谈民众,这似乎是收集调查数据的最好方法。但事情并不这么简单。被试对问题回答的真实性会受到访谈者的性别、年龄、种族、族裔、宗教以及社会阶层等特征的影响。因此,为了有效访谈,调查者还必须选择适合某一特定受访群体的访谈者。

跟访谈法相比,问卷法更加快捷、经济,尤其是当受访者能够在家或网上填写问卷时更是如此。互联网为心理学家提供了一个既快捷又经济的选择被试和获取问卷调查数据的渠道。而且,通过互联网调查还常常能获得大量的回应。例如,研究者在网上发布的一项对自杀感想的调查吸引了全世界38000多人次的回应。不过,使用网络调查的研究者一定要注意研究结果的适用范围。因为,被调查者仅仅代表了参与调查的网民,而不能代表所有网民或大众。另外,研究者还必须采取措施,以确保每个被调查者只能参与一次网上调查。

如果使用恰当,调查能提供高度准确的信息,还能追踪态度或行为的变化。例如,约翰斯顿等人在2010年发表的研究就追踪了1975年以来中学生的吸毒情况。然而,大规模的调查会耗费大量的人力、物力和时间。另外,被调查者还可能提供不准确的信息。错误的记忆或取悦调查者的想法都可能导致错误信息。被调查者会希望展现自己最好的一面(这个现象叫作"社会赞许反应"),有时他们甚至会误导调查者。最后,当被问及一些敏感问题(如性行为)时,被调查者在调查者面前的回答就没有在电脑面前独立作答那么坦白。

相关法　1.12 相关法的优缺点分别是什么?

目前,最有效的描述方法可能就是相关法了。相关法是用来确立两个特征、事件或行为之间关系程度(相关性)的方法。使用相关法时,研究者首先选用一个群体作为研究对象,然后选取所感兴趣的因素进行测量。例如,一位研究者研究大学学位与收入之间的关系,而另一位研究者则可能寻找学生的学习时间与成绩之间的关系。

相关性不仅对科学家重要,而且在我们的日常思考中也很常见。例如,一款新车的价格与拥有它后所获得的社会地位有什么关系? 随着价格的上涨,地位是否也相应提高? 地位是否是很多人买车时所考虑的因素? 这些例子都表明,相关性是我们日常生活的一个部分,我们作决定的时候常常用到它。

尝试　　　　　　　　　小样本真的具有代表性吗?

有时,学生很难相信1000人就能代表所有美国人。这个活动将帮助你看到,小样本的确具有代表性。你可能知道,在掷硬币的时候,正面朝上的概率是50%。这个概率是基于无数次掷硬币实践的。但是,掷2次硬币能代表掷无数次硬币(总体)吗? 如果掷2次硬币($n=2$)不能代表总体,那么掷5次、10次、15次、20次呢? 为了回答这个问题,你就必须反复用同样大小的样本做实验。掷2次硬币($n=2$),数一数正面朝上和背面朝上的次数,并把结果填写在下表中的"样本1"栏中。再重复同样的活动4次,分别将结果登记在"样本2""样本3""样本4"和"样本5"中。填完后,算出正面朝上和背面朝上的总比例。接下来,以样本大小 $n=5$、$n=10$、$n=15$ 和 $n=20$ 进行同样的数据收集和填表过程。

你可以发现,随着 n 增大,正面朝上和背面朝上的总体比例趋于一个平衡点(接近50/50)。然而,你还会注意到,$n=20$ 并不比 $n=15$ 的结果好,而且掷20次花的时间要更长。换句话说,多花的时间和精力并没有带来更好的结果。因此小样本的确具有代表性,而且增大样本并不一定就能带来更多的回报。

样本大小	样本 1		样本 2		样本 3		样本 4		样本 5		总体比例	
	正	背	正	背	正	背	正	背	正	背	正	背
$n=2$												
$n=5$												
$n=10$												
$n=15$												

科学家在研究相关性的时候,要用到一个统计计算公式,以得出代表两个或多个因素的数据之间的相关系数。相关系数是体现两个变量之间关系强弱和方向的数值,它的取值在+1.00(完全正相关)到 0.00(没有关系)再到−1.00(完全负相关)之间。相关系数的数值表示两个变量之间关系的相对强弱程度,数值越大,表示两者之间的关系越强。因此,−0.85 的关系要强于+0.64 的关系。

相关系数前的符号(+或−)代表两个变量是否以同样的方向变化。正相关表示两个变量以同样的方向变化,就像车的价格和它代表的社会地位一样。压力和疾病之间也存在正相关,虽然这种相关性很弱。当压力增大时,疾病发生率有可能增加;当压力降低时,疾病发生率往往也减少(图 1.2)。

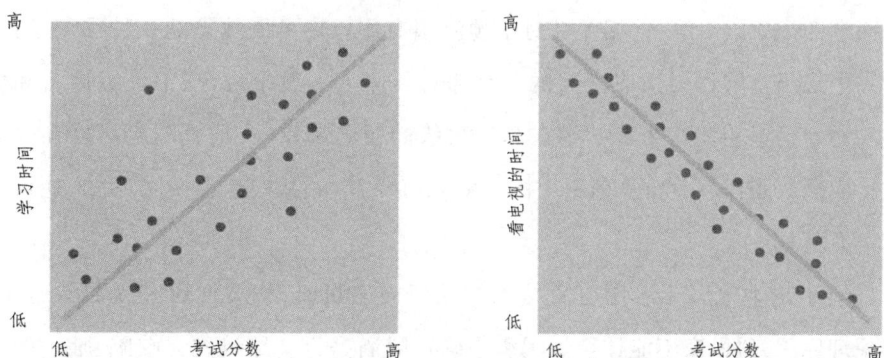

(a) 当两个变量上的分数呈正相关时,这些分数都分布在一条从左到右上升的直线两边。这张图代表了两个变量:学习时间和考试分数。随着学习时间的上升,考试分数也在上升。

(b) 当两个变量上的分数呈负相关时,这些分数都分布在一条从左到右下降的直线两边。这张图代表了两个变量:看电视的时间和考试分数。随着看电视时间的上升,考试分数在下降。

图 1.2　正相关和负相关这两张图分别表现了正相关和负相关的情况。

负相关的意思是,一个变量数值的增大却伴随着另一个变量数值的减小。例如,随着汽车里程表所显示数值的增大,汽车的可靠性就减小;人们吸烟的次数与他们的寿命也呈负相关。

两个变量之间的相关性是否能说明一个变量导致另一个变量呢？不能。例如，压力和疾病这两个变量相关，但我们不能说压力使人生病。有可能是疾病导致压力，或第三个因素（如贫穷或身体差）导致生病和压力（图1.3）。

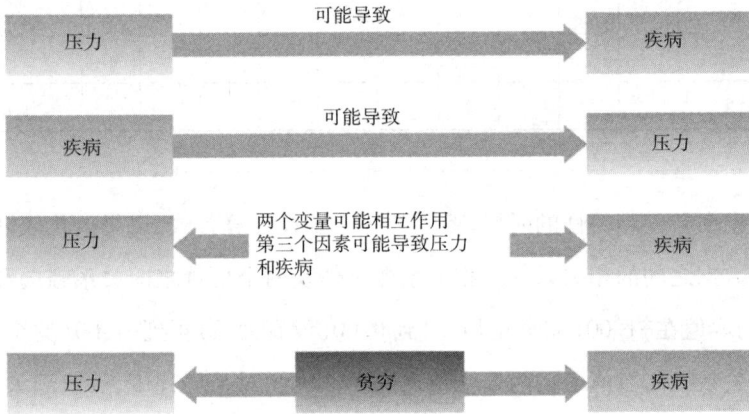

图1.3　相关性不能证明因果关系

两个变量之间的相关性不能证明它们之间存在因果关系。压力和疾病之间存在相关性，但这并不意味着压力一定会导致疾病。压力和疾病可能都是由第三个因素（如贫穷或身体差）造成的。

如果研究者不能得出因果关系的结论，那他们为什么还要做相关性研究呢？这里面有四个原因。第一，相关性对于预测很有用。你可能熟悉的一种预测是：大学把高中班级排名作为录取学生的一个考虑因素。一般来说，高中班级排名和大学成功之间的正相关意味着学生在高中班级的排名越靠前，他就越有可能在大学里取得成功。同样，你将在"解释"中了解到，几个相关性决定了一个人是否能得到信用卡或贷款。

当出于伦理原因无法用更直接的方法研究变量时，相关性研究就非常有用。出于伦理原因，科学家不能让孕妇喝酒来确定喝酒是否会导致先天缺陷，唯一的办法就是用相关性研究。研究中，研究者仅询问母亲们的饮酒习惯，并注意这种习惯是否与她们婴儿的先天缺陷有关。了解产前饮酒和先天缺陷之间的关系有助于科学家预测，孕妇饮酒会导致什么样的后果。

使用相关性研究的另一个原因是：心理学家对自己所感兴趣的很多变量都无法操控。人人都想知道，是不是生理性别（不论男女）导致男女的行为差异。但我们无法控制性别。在这种情况下,唯一的办法就是研究生理性别与特定变量(如认知功能和人格)之间的相关性。

最后,做相关性研究很快,而做实验既费时又复杂。关于这一点,你将在下一节中了解到。

解释　　　　　　　　　　什么是信用分?

你是否曾看到电视广告或弹出式广告问你,"你的信用分是多少?"如果是,你就可能会根据这些广告推测,信用分与你的经济状况有某种关系。没错。但是,你真的知道信用分是什么吗? 你可以用刚才学到的相关性知识来帮助你了解一下什么是信用分,信用分是如何确定的。

信用分是一个人的财务历史的数值总结,它预测着一个人在未来会拖欠债务的可能性。拖欠债务是指没有偿还贷款、宣告破产或任何在贷款或信用卡付款日 90 天后还没有还款的事件。一个人的信用分越高,他未来拖欠债务的可能性就越低。因此,信用分与拖欠债务之间存在相关关系。这种关系能使金融机构预测申请人日后履行债务责任的可能性。你能判断信用分与拖欠债务之间的相关性是正还是负吗? 图 1.4 能直观地帮助你作出判断。

比较一下图 1.4 和图 1.2,你就能发现信用分与拖欠债务之间的相关性是负的。也就是说,你的信用分越高,你拖欠债务的可能性就越低。依据信用分,放贷人就能把到期不还款的可能性降到最低。

信用分本身是建立在多个相关性的基础之上的。这些相关性中,有些是正的,有些是负的。试一试,看你自己能否确定下面三个信用评分因素哪些是正相关,哪些是负相关。

1. 你的信用历史越长,你的得分就越高。

2. 你的信用卡越多,你的得分就越低。

3. 你的信用报告上的逾期付款次数越多,你的得分就越低。

正确答案是:第一个是正相关,后两个是负相关。

由于信用历史和信用分之间的关系,年轻人的信用分,往往在他们获得第一笔贷款或第一张信用卡后的头几年会自动上升。当然,年轻的消费者不会从这个因素中受益,除非他们能按时还款,不去大额透支,也不去过度借钱。一旦年轻的消费者抓住了信用分数背后的相关性本质,他们就有可能操纵这些相关性,增加自己的信用分。

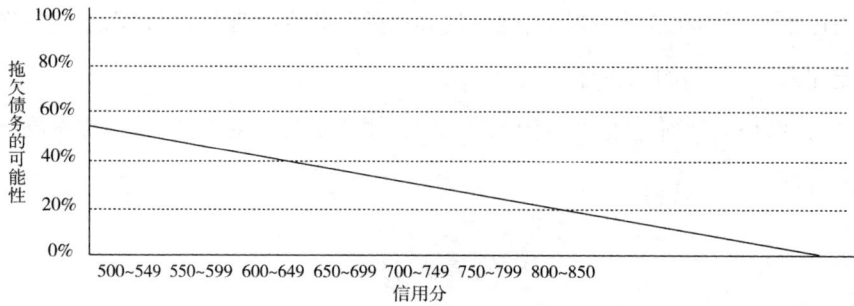

图 1.4　信贷拖欠预测

实验法

当你听到"实验"这个词时,你会想到什么?很多人用这个词指各种各样的研究。但是,心理学家用这个词时仅指一种研究,即寻找行为原因的研究。

实验与假设检验　　1.13 研究者是如何用实验来检验因果假设的呢?

实验法,或实验,是唯一可以用来确定因果关系的研究方法。设计一项实验的目的就是检验一个因果假设,一个对两个或多个变量之间因果关系的预测。变量就是任何可以操纵、控制或测量的因素或条件。例如,你感兴趣的一个变量可能是你在心理学这门课上的分数,另一个变量可能是你花在这门课上的时间。你觉得学生所用的学习时间和他们学习成绩之间是否存在因果关系?再考虑两个变量:饮酒和攻击的行为。我们常常看到,饮酒和攻击行为是同时出现的。可我们因此就能假定饮酒会导致攻击行为吗?

　　一个实验研究的例子　　1975 年,艾伦·朗等人做了一项经典实验研究,目的是确定到底是饮酒本身增加了攻击行为,还是人们对饮酒效应的看法和期望导致攻击行为。参加这项实验的被试是 96 名男性大学生。一半学生喝的是补品;另一半学生喝的是伏特加兑补品,其量足以将他们血液中的酒精含量增加到 0.10,高于 0.08(美国大多数州规定,血液中的酒精含量不能超过 0.08,否则就视为醉酒)。

实验把被试分成四个组:

第一组:他们以为自己喝的是酒,实际上喝的是补品;

第二组:他们以为自己喝的是酒,实际上喝的是伏特加兑补品;

第三组:他们以为自己喝的是补品,实际上喝的是伏特加兑补品;

第四组:他们以为自己喝的是补品,实际上喝的是补品。

在学生喝完规定的量之后,研究者让一名假扮被试的助手故意贬低一半学生在一个复杂任务中的表现,以激怒这些学生。然后,研究者让所有的学生都参与一个学习实验。在这个实验中,这名助手又假扮成学习者。研究者告诉被试,只要这名助手在解码任务中犯了一个错误,其他人就可以对他实施一次电击。每个被试都可以决定"电击"(学生都认为自己进行了电击,但实际上这个电击是假的)的强度和持续时间。根据学生选择"电击"的强度和持续时间,研究者测定了学生的攻击倾向。

实验的结果是怎么样的呢? 正如你所预料的那样,与没有被激怒的学生相比,那些被激怒的学生对这名助手进行了更强的电击。但饮酒的学生不一定是最具攻击性的。不管他们到底喝的是什么,以为自己喝的是酒的被试比以为自己喝的是补品的被试进行了更强的电击,无论他们有没有被激怒(图1.5)。于是研究者得出结论:对饮酒的期望而非饮酒本身造成学生的攻击行为。

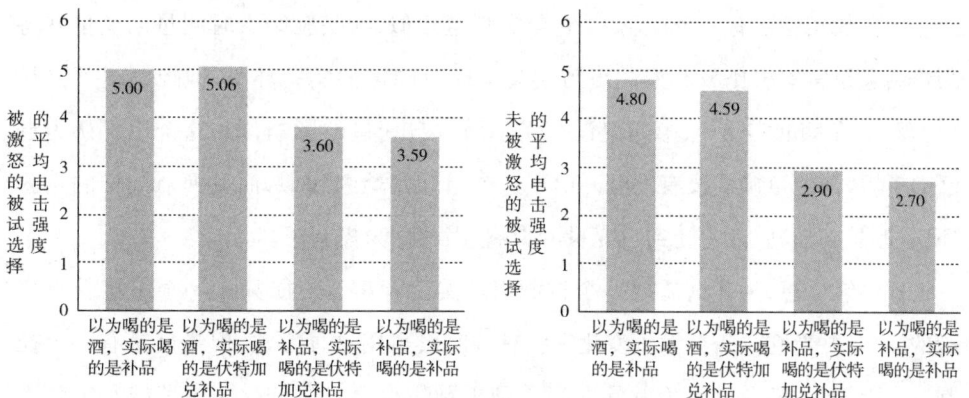

图 1.5 被激怒和未被激怒被试选择的平均电击强度

在朗的实验中,认为自己喝的是酒的被试比认为自己喝的是补品的被试选择了更强的电击,不管他们有没有被激怒。来源:数据来自朗等 1995 年的研究。

自变量和因变量 让我们回忆一下检验因果假设的实验。这些假设包括:学习导致好成绩;服用阿司匹林治好头痛。注意:每一个假设都有两个变量:一个是原因(学习、服用阿司匹林);另一个受到原因的影响。所有实验中都有这两类变量。一个实验至少要有一个自变量,这是研究者认为导致其他变量发生变化的变量。研究者有意操纵自变量(假设的原因)来确定它是否会造成另一个行为或条件的变化。有时,自变量被称为"处理"。朗的实验有两个自变量:饮品的内容和对饮酒的期望。

第二类变量也出现在所有的实验之中。这个变量是假设受到自变量影响的变量,我们称为因变量。因变量是在实验结束时才测量的,它是受自变量的影响而发生变化(增加或减少)的变量。对实验中所有的变量,研究者都必须下一个操作性的定义。也就是说,研究者必须明确规定如何观察和测量这些变量。在朗的实验中,对因变量"攻击"的操作性定义是:被试所选择的对助手进行"电击"的强度和持续时间。

实验组和控制组　　大多数的实验都要用到两组或多组被试。其中,必须有一个实验组要暴露在自变量的影响或"处理"之下。朗的实验用到了三个实验组:

第一组:以为自己喝的是酒,实际上喝的是补品;

第二组:以为自己喝的是酒,实际上喝的是伏特加兑补品;

第三组:以为自己喝的是补品,实际上喝的是伏特加兑补品。

大多数实验还有一个控制组,它与实验组相似,在实验结束时测量因变量并将测量结果与实验组比较。控制组与实验组面对同样的实验环境,但控制组不接受"处理"。在朗的实验中,第四组没有受到两个自变量的影响,即,这个组不认为自己喝了酒,他们也确实没有喝酒。由于这个组和实验组相似,而且面对同样的实验环境,但受到控制,以免受到自变量的影响,因此称为控制组。

你可能会想,为什么需要一个控制组。实验者难道不能只让一个组接受自变量的影响,并看它是否会发生变化吗?有些时候也用这种方法,但最好是有一个控制组。因为,人们及其行为常常在未受到干预时也会发生变化。用了控制组就不仅可以揭示什么样的变化是"自然"发生的,而且还能把自变量的影响从这些自发的变化中分离出来。假如你想确定某种药是否能减轻头痛,你可能会找一些头痛的人,给他们服药,一个小时后看还有多少人仍然头痛。但是,一些头痛是可以不治而愈的。因此,如果服药后头痛消失,我们无法判断这是药物的功效,还是头痛自己消失的缘故。用了控制组我们就可以知道,这种药是不是真的有效。

<h2>实验法的局限性　　1.14 实验法有哪些局限性?</h2>

你现在知道了,实验提供了因果关系的信息。那实验法又有什么局限性呢?显然,实验法的优点之一是:它能使研究者对环境施加严格的控制。但是,施加的控制越多,研究环境就会变得越不自然。研究环境越不自然,研究结果也就越不可能应用到真实世界中去。这是实验法的第一个局限。另一个重要的局限性是:在心理学的很多领域,用实验法是不道德的,或者是不可能的。有些处理不可能施加在人身上,因为人的身体或精神健康可能会因此而受到伤害,或者他们的权利可能因此而受侵犯。实验法最大的局限性是,即使研究者严格遵循实验步骤,但混淆变量这类自变量之外、对各组影响不均等的因素,仍然能阻碍研究者得出自变量导致因变量发生变化的结论。混淆变量的三个主要来源是:选择性偏差、安慰剂效应、实验者偏见。

选择性偏差是,当把被试指派到实验组和控制组的时候,组间的系统差异在实验开始之前就已经存在。如果出现了选择性偏差,那么,实验结束时所测出的差异就不能反映自变量引起的变化,而可能是各组之间存在的先前差异造成的。为了控制选择性偏差,研究者必须把被试完全随机地分配到不同组中(例如,以任意抽取被试名字的方式),以确保每个被试被分配到实验组或控制组的机会均等。随机分配被试,能使各组在实验开始之前的相似程度增大。在朗的实验中,如果学生的攻击行为在实验开始之前就存在差异,那么,随机分配就会消除各组之间的这种差异。

被试的期望能影响实验的结果吗? 能。当被试对处理的反应是基于他们对处理的期望而不是基于处理本身时,安慰剂效应就出现了。假设为病人开了一剂药,而且病人服用之后说感觉好些了。这种好转既可能是药物的疗效,也可能是病人对药效期望的结果。研究发现,有时病人的显著好转可能完全是暗示(安慰剂效应)的功劳。

在药物实验中,给控制组经常吃的是安慰剂这种既无效也无害的物质,如吃糖丸或注射生理盐水。为了控制安慰剂效应,研究者不让被试知道自己到底属于实验组(接受治疗)还是控制组(接受安慰剂)。如果服用真药或接受治疗的被试比服用安慰剂的被试表现出更显著的好转,那么,这一好转就可以归因于药物,而不是被试对药效的期望。在朗的实验中,一些认为自己喝了酒的学生实际上喝的是补品,这里的补品就是安慰剂。这样,研究者就能够确定期望对于产生攻击行为的作用。

实验者偏见是,研究者先入为主的观念或期望成为自我实现之预言,从而使他们能够发现自己想要发现的东西。研究者的期望可能是通过语气、手势或面部表情在无意中传达给被试的。这种传达可能会影响被试的行为。即使在实验过程中没有产生影响,期望还可能影响研究者对实验结果的解释。为了控制实验者偏见,在数据收集完之前,研究者必须不能知道哪个是实验组,哪个是控制组。当然,研究者的助手是知道的。如果被试和研究者都不知道哪个是实验组,哪个是控制组,那么,这样的实验就是双盲实验。

在下表中,我们总结了前面讨论过的各种研究方法。

总结　　　　　　　　　　　　**心理学研究方法**

方法	描　述	优　点	局限性
自然观察和实验室观察	在自然环境或实验室中观察并记录行为	在日常环境中研究行为更加自然。在实验室环境中可以更精确地测量变量。实验室观察法能提供假设的基础,以便日后检验	研究者的期望能扭曲观察结果(因为观察员偏见)。在自然环境中,研究者几乎不能控制条件。实验室观察的结果可能不能推广到真实世界中去,而且建设实验室非常昂贵
案例研究	用观察、访谈和/或心理测试的方法深入研究一个或几个个体	这种方法能让我们了解罕见或不常见的疾病或事件。它能提供假设的基础,以便日后检验	结果可能不能推广到所有人身上;无法确定行为的原因;有可能受到研究者错误解释的影响

续表

方法	描 述	优 点	局限性
调查	用访谈和/或问卷收集一个群体关于态度、信仰、经验或行为的信息	这种方法能提供关于群体的准确信息,还能追踪态度和行为的变化	被调查者的回答可能不准确;样本可能不具代表性;被调查者的特征可能影响他们的回答;费时、费力又费钱
相关法	确定两个事件、特征或行为之间的关系(相关性)	这种方法能评估变量之间关系的强弱。能快速完成研究,并为预测奠定基础	无法确定因果关系
实验法	把被试随机地指派到实验组或控制组。操纵自变量并测量它对因变量的影响	这种方法能发现因果关系	实验室环境可能会妨碍被试的真实行为。研究结果可能不能推广到真实世界中。有些情况下,实验不道德且不可能实施

被试

你已经了解了研究中的观察员偏见和实验者偏差,但你是否意识到研究结果也可能受到被试自身偏见的影响?另外,研究者还要受到伦理准则(它规定了人类被试和动物被试应该受到怎样的对待)的约束。

心理学研究中与被试相关的偏差　1.15 被试的特征如何影响一项研究的有用性?

心理学研究中与被试相关的偏差　你是否记得前面我们讲过,调查研究中样本具有代表性是很重要的?当心理学家想把他们的研究结果推广到其他人身上的时候,样本的代表性就成为一个重要问题。在 20 世纪 90 年代,一些心理学家就曾对心理学研究中被试缺乏代表性这一问题进行了批评。这些批评使心理学家意识到他们选取的样本对结果的影响。于是,美国心理协会和其他专业组织开始要求,研究者要努力确保自己的被试能够代表某一群体。这些组织也要求研究者在公开发表的研究成果中包括被试特征(如年龄、族裔)等详细信息。

1992 年,研究者桑德拉·格雷厄姆曾对被试问题提出了两个重要的批评意见。她指出,白人被试在心理学实验中占的比例过高,因为大多数实验被试都是从大学生中招募的,而大学生中白人的比例远远多于其他种族的比例。另外,大学生(包括其他种族的学生)是一个经过挑选的群体。他们的年龄、社会经济地位和教育背景都比较相似。因此,他们不能代表人口总体。研究样本缺乏代表性被称为与被试相关的偏差。格雷厄姆还指出了一个方法方面的缺陷:在大多数比较白人和非裔美国人的研究文献中,社会经济地位没有包括进来。格雷厄姆指出,在经济地位较低的人群中,非裔美国人占大多数。她认为,社会经济地位应该包含在这些研究的设计之中,以便分析种族与社会阶层之间的关系。

性别偏差是与被试有关的另一种偏差。例如,阿德和约翰逊 1994 年的研究发现,如果被试全是女性,研究者往往会在报告中明确指出;而如果被试全是男性,研究者就不会明确指出。阿德和约翰逊认为这种做法体现了一种倾向:以男性被试为标准的,从他们身上得出的结论就可以推广到所有人身上;而女性被试则被视为特别的,从她们身上得出的结论就只能适用于女性人群。可喜的是,这些研究者都指出,近几十年来,取样和被试选择中存在的性别偏差在逐渐减少。

年龄歧视是另一个与被试相关的偏差,这在心理学研究的用语中表现得尤为明显。例如,在有关老龄化的研究题目中常常包括"丧失""恶化""下降"和"依赖"之类的措辞。另外,研究者还可能低估所研究的老年人的多样性。事实上,大多数对成年人的研究表明,60 岁和 80 岁的老年人之间的差异要远远大于 20 岁和 60 岁人之间的差异。在描写被试特征或得出结论时,如果涉及特定年龄阶段的所有成员,研究者应该避免使用负面词汇。

保护好人类被试和动物被试的权利

1.16 研究者要如何保护人类被试和动物被试的权利?

2002 年,美国心理协会(APA)采用了一套新的伦理准则,既保护人类被试的权利,同时也支持科学探究的目标。下面是准则中的一些主要条款。

- 合法性：所有研究必须遵守联邦、州和地方的法律法规。
- 机构批准：研究者必须获得研究所涉及的所有机构的批准。例如,研究者未经学校批准不能在该学校开展研究。
- 知情同意：被试必须被告知研究的目的以及可能对他们造成的伤害。
- 欺骗：必要的时候可以欺骗被试。但伦理准则提醒研究者,如果可以用其他方法验证假设,就不要欺骗被试。
- 情况说明：如果研究者欺骗了被试(包括使用了安慰剂),他们应该在研究结束时立即告知被试真相。
- 委托人、病人、学生和下属：当被试与他人处于委托或上下级关系时(例如,治疗师的委托人、医院的病人、学习心理学的学生、员工),研究者必须采取措施以确保被试不会因为参与了这个实验而受到影响。例如,如果学生不愿意参加实验,教师也不能降低他们的分数。
- 付酬：可以付给被试酬劳。但伦理准则要求,研究者要告知被试研究中需要他们做些什么。
- 出版发表：心理学研究者必须通过合适的途径(如学术刊物)报告自己的研究结果。如果有人想验证这些结果,研究者必须向他们提供必要的数据。

在美国心理协会的这套伦理准则中,还包括了一些关于心理学研究中如何使用动物的规定。

- 合法性：所有关于动物的研究,都必须遵守联邦、州和地方的法律法规。
- 受到专业人员的监督：用动物进行研究,必须受到专业人员的监督。专业人员必须告诉研究者(包括研究助手)如何喂养和照顾动物,以及如何识别动物生病或精神不振的迹象。
- 将不舒适感降到最低：研究者必须将动物的不舒适感降到最低。例如,研究者不能不打麻药就给动物做手术。当研究者必须结束动物的生命时,他们必须采用人道的方式。

尽管有这些保护措施,研究中使用动物仍然备受争议。许多动物权利保护者希望立即停止用动物做研究。因此,研究者需要认真思考动物研究是否真的必要。

几乎所有的现代医学成果都至少部分地用到了动物实验。这一事实支持了

"动物研究的确必要"的观点。这类研究也增加了我们关于学习、动机、压力、记忆以及怀孕期间服用各种药物对胎儿影响方面的知识。同样,动物研究也有助于精神药理学家了解缓解精神病症状(如精神分裂症)药物的副作用。可见,可以用动物来做那些出于伦理原因不能用人做的实验。

然而,一项仅仅在物质利益上行得通的行动不足以作为在伦理上行得通的理由。决定使用动物做研究时,还必须权衡这项研究的潜在利益与动物可能遭受的痛苦之间的关系。例如,研究癌症的治疗方法可以有意让动物患上癌症,但研究秃顶的治疗方法就不必要用到动物。对动物研究中伦理的强调使得很多研究者寻求其他的方法,这有效地降低了对动物的需求。

回顾

通过这一章,你了解了很多心理学家以及他们所用的方法,还有"略提细转复"的学习方法。如果一个学习方法非常有效,那么,它就必须适合每个学习者的学习风格和学习能力。回顾这一章时,想想"略提细转复"方法的每个部分对你有多少用处。在下表中给每个部分打分:2=非常有用,1=有点有用,0=没有用。在读每一章的时候,你都要尽量采取"略提细转复"的学习方法,并注意你打2分和1分的部分。这种方法会使你更有效地利用学习时间,从而避免临时抱佛脚。

学习工具	有用性		
学习问题	0	1	2
说明	0	1	2
应用	0	1	2
尝试	0	1	2
总结	0	1	2

【第2章】

行为的生物学基础

发现神经系统的奥秘

我们是如何了解神经系统的呢？时至今日，研究者能直接研究神经系统的技术并不多。科学家通过研究因神经系统受损而出现行为异常的人来确定神经系统各部分的功能。例如，由于发现后脑勺的严重受损会导致视力减弱，研究者推断，后脑勺与视力有关。到了19世纪中期，由于有了更强大的显微镜，研究者才能够直接观察死者和动物的神经系统组织。这时，研究者才对神经系统有了更多的了解。今天，科学家继续用案例研究和显微镜观察这两种方法来探索神经系统。但从20世纪初开始，研究者就能观察大脑的活动了。

脑电图与微电极　　2.1 脑电图能揭示大脑的什么秘密？

1924年，奥地利心理学家汉斯·贝格尔发明了脑电图仪这种记录脑电活动的仪器。通过安放在头皮不同位置的电极，人们就能够探测到脑电活动并将其放大。这样，脑电活动就能带动笔在纸上画出波纹，形成脑电图。β波是与心理或身体活动相联系的脑电波；α波是与深度放松相联系的脑电波；δ波是与深度睡眠相联系的脑电波（第4章将详细介绍这些脑电波图）。

计算机脑电图成像技术能显示每毫秒发生在大脑皮层的脑电活动，能显示癫病发作时的脑电活动,还可以用来研究精神分裂症、老年痴呆症、睡眠障碍以及其他神经疾病的神经活动。

虽然脑电图能探测大脑不同区域的脑电活动,但它却不能揭示发生在每个神经元中的活动。微电极就能做到这一点。微电极是一根非常细的电线,它能插入神经元里面或周围,而不对其造成损害。微电极能用来监测或刺激每个神经元的脑电活动。

成像技术　　2.2 研究者如何利用成像技术来研究神经系统?

自 20 世纪 70 年代初以来,陆续出现了多种研究大脑结构的成像技术。例如,电脑断层扫描(CTscan),人被置于一个巨大的环形机器中,整个头部由 X 射线管环绕。X 射线管围绕大脑旋转,并发射 X 射线。一系列的电脑断层成像能揭示大脑的内部结构以及异常或损伤情况(包括肿瘤和中风)。

核磁共振成像(MRI)在 20 世纪 80 年代出现。这种技术能产生更清晰的图像,还不会让人受到 X 射线的伤害。MRI 能用来发现中枢神经系统和身体其他系统的异常。虽然 CT 和 MRI 都能够显示大脑的内部结构,但它们却不能揭示大脑的功能。不过,其他一些技术能够做到这一点。

有几种技术都既能显示大脑的结构,又能显示大脑的功能。这些技术中,最老的当数正电子发射层析扫描(PET)。从 20 世纪 70 年代中期开始,人们就用这一技术来发现造成生理和心理疾病的机能障碍。这种技术还被用来研究正常的大脑活动。PET 扫描图能显示血流量、用氧量以及葡萄糖的消耗量(葡萄糖是大脑的食物),还能显示药物作用以及大脑和其他器官的生化作用。

出现于 20 世纪 90 年代的功能磁共振成像(fMRI)技术,在很多方面都要优于PET。(1)fMRI 能提供大脑结构和大脑活动的图像;(2)它不需要注射(放射性或其他物质);(3)它能比 PET 更精确地找到活动的位置;(4)它能探测到 1 秒钟之内发生的变化,而 PET 只能探测到 1 分钟之内发生的变化。

现在还有其他成像技术。超导量子干涉仪(SQUID)能测量神经元放电时所导致的磁场变化,从而显示大脑活动。另一个技术是脑磁图(MEG)技术,它也能测量磁场变化,显示大脑瞬间的神经活动,而且比 PET 和 fMRI 的速度都要快。一种新的核磁共振成像技术叫弥散张量成像(DTI),这种技术能使研究者考察每个神经元束。

大脑成像技术已经帮助神经学家积累了大量关于大脑功能(如记忆)的知识。成像技术显示,与正常人相比,患有严重心理疾病的人的大脑结构和功能存在不同程度的差异。此外,成像技术还揭示了药物作用于大脑的位置和方式。一些神经学家将 fMRI 与虚拟现实结合起来做实验,研究大脑是如何对外界环境作出反应的。这是用传统的成像技术无法实现的。

神经元和神经递质

在前面我们提到,19 世纪的研究者用显微镜研究死者和动物的神经系统组织。这些研究发现了一种特别的、能通过神经系统传导脉冲的细胞,这种细胞就是神经元。在 20 世纪初期,微电极的发明使得研究者能够研究神经元之间的联系。这些研究揭示了一种化学物质的存在。这种化学物质就是神经递质,它是神经系统正常运转必不可少的要素。神经递质能促进或阻止脉冲从一个神经元传递到下一个神经元。神经元和神经递质在神经系统内以及神经系统与其他身体部位之间传递信息。

神经元的结构　　2.3 神经元的每个部分都有些什么功能?

我们所有的想法、感觉和行为,归根结底都是由神经元的活动引起的。传入(感觉)神经元将信息从感觉器官(眼睛、耳朵、鼻子、嘴巴、皮肤)传递到大脑或脊髓。传出(运动)神经元将信号从中枢神经系统传递到腺体和肌肉,使身体能够活动。中间神经元(其数量是运动或感觉神经元的数千倍)在大脑的神经元之间和脊髓中的神经元之间传递信息。

尽管没有两个神经元完全相同,但几乎所有的神经元都由三个重要部分组成:细胞体、树突和轴突。细胞体包含细胞核,能开展神经元的代谢和维持生命活动。

从细胞体伸出的部分叫树突,看上去像一根光秃秃的树枝。树突的主要功能是接收其他神经元发出的信号。不过,细胞体也能直接接收信号。

轴突是神经元的延伸。它又细又长,像一条尾巴。轴突又生出许多分支,每个分支的末尾是球状的轴突末梢。信号从轴突末梢传递到其他神经元的树突或细胞体,进而又传递到肌肉、腺体以及身体的其他部位。在人体中,有些轴突很短,只有千分之一英寸;有些轴突很长,足有一米,能够从大脑延伸到脊髓末端,或从脊髓末端延伸到身体的最远部位。图2.1描绘了神经元的结构。

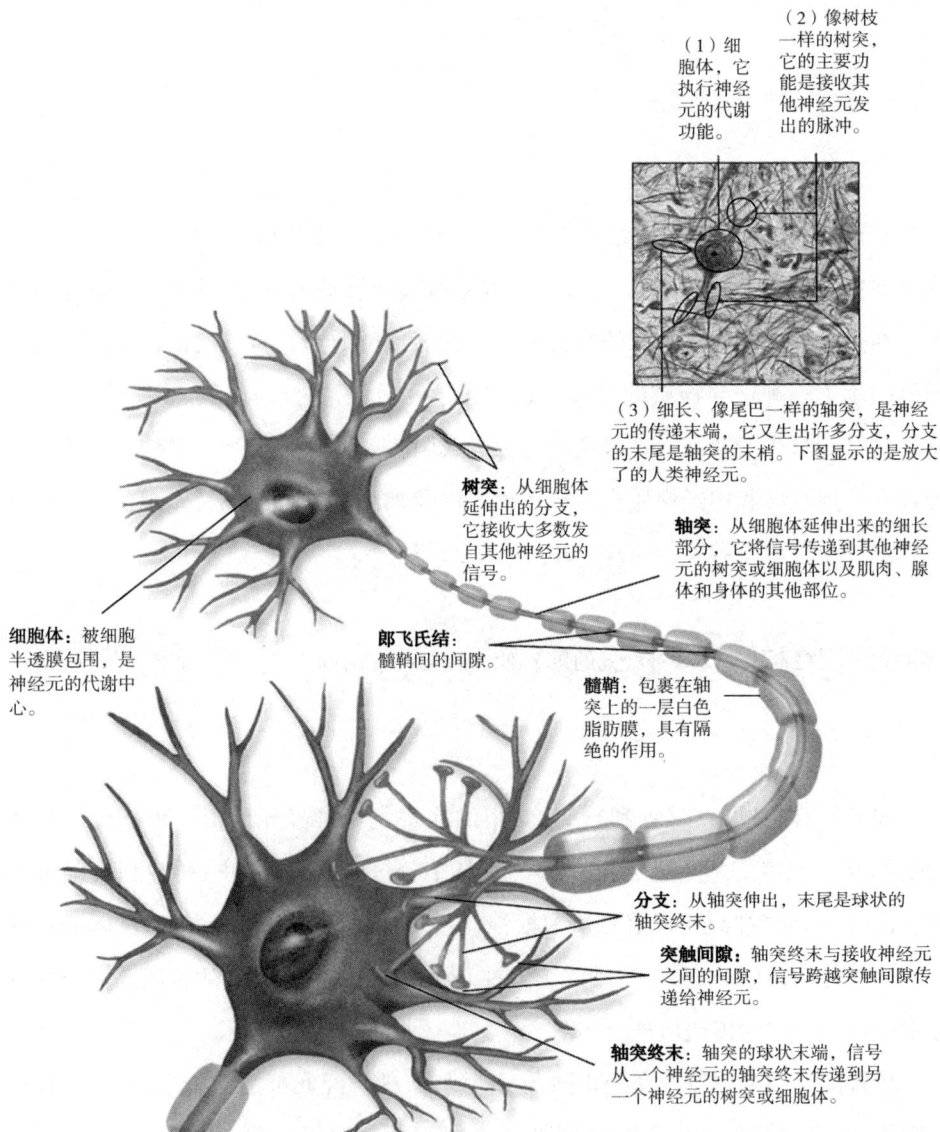

（1）细胞体,它执行神经元的代谢功能。

（2）像树枝一样的树突,它的主要功能是接收其他神经元发出的脉冲。

（3）细长、像尾巴一样的轴突,是神经元的传递末端,它又生出许多分支,分支的末尾是轴突的末梢。下图显示的是放大了的人类神经元。

树突:从细胞体延伸出的分支,它接收大多数发自其他神经元的信号。

轴突:从细胞体延伸出来的细长部分,它将信号传递到其他神经元的树突或细胞体以及肌肉、腺体和身体的其他部位。

细胞体:被细胞半透膜包围,是神经元的代谢中心。

郎飞氏结:髓鞘间的间隙。

髓鞘:包裹在轴突上的一层白色脂肪膜,具有隔绝的作用。

分支:从轴突伸出,末尾是球状的轴突终末。

突触间隙:轴突终末与接收神经元之间的间隙,信号跨越突触间隙传递给神经元。

轴突终末:轴突的球状末端,信号从一个神经元的轴突终末传递到另一个神经元的树突或细胞体。

图2.1　神经元的结构

神经胶质细胞是大脑和脊髓中专门支持和滋养神经元的细胞。它们比神经元小,占大脑容量的一大半。神经胶质细胞通过吞食和消化的方式,把大脑中的废物(如死神经元)清除干净。它们还从事制造、滋养和清除工作。脊髓中的神经胶质细胞还负责将身体各部位的疼痛感觉传递到大脑。

神经元之间的信息传递　2.4 神经元是如何通过神经系统传递信息的?

神奇的是,发送和接收信号的数亿神经元之间并没有连接。突触间隙将轴突终末与接收神经元分隔开。突触就像一根纽带,通过这根纽带,发送神经元(突触前神经元)的轴突终末将信息传递给接收神经元(突触后神经元)。在人类的神经系统中,大约有100万亿个突触。一个神经元和成千上万的其他神经元也可以形成突触。如果神经元之间没有相互连接,那么,它们之间是如何相互传递信息的呢?

你每次运动或思考的时候,大脑都会发出一个很微弱但可以测量到的电脉冲。虽然这个穿过轴突的脉冲是带电的,但轴突并不是像电线传导电流一样传递脉冲。实际发生变化的是细胞膜的渗透性,这是一种能够被穿透或穿过的本领。换句话说,细胞膜的这种性质使得分子能轻而易举地穿过它而进入细胞。这个过程使得离子(带电的原子或分子)通过细胞膜中的离子通道进入并穿过轴突。

体液中包含着带正电和负电的离子。在轴突中,带负电的离子通常要多于带正电的离子。当神经元处于静息(即非放电)状态时,轴突膜上带有大约70毫伏的负电位。这个负电位被称为神经元的静息电位。

当神经元受到一定强度的刺激后,离细胞体最近的轴突细胞膜中的离子通道就开始打开(图2.2)。正电离子的进入立即改变了膜电位,使电位从-70毫伏变到+50毫伏。静息电位的突然逆转称为动作电位,它通常要持续约1毫秒的时间。接下来,允许正电离子进入的通道关闭,其他离子通道打开,迫使一些正电离子离开轴突。从而使轴突恢复到原来的负电位(静息电位)状态。离子通道的开闭在持续进行,使得动作电位一点一点通过轴突。动作电位遵循"全—无"定律,即神经元要么完全放电,要么不放电。神经元放电后,它就立即进入不应期——在1~2毫秒内不能再次放电。即使有这些短暂的静息期,神经元每秒钟都能放电几百次。

如果神经元只有放电和不放电这两种状态,那么,我们又如何判断刺激的强弱

（1）静息电位：细胞带负电

（2）动作电位：神经元收到脉冲，离子通道打开，正离子进入

（3）静息电位恢复：正离子离开

动作电位的运动方向

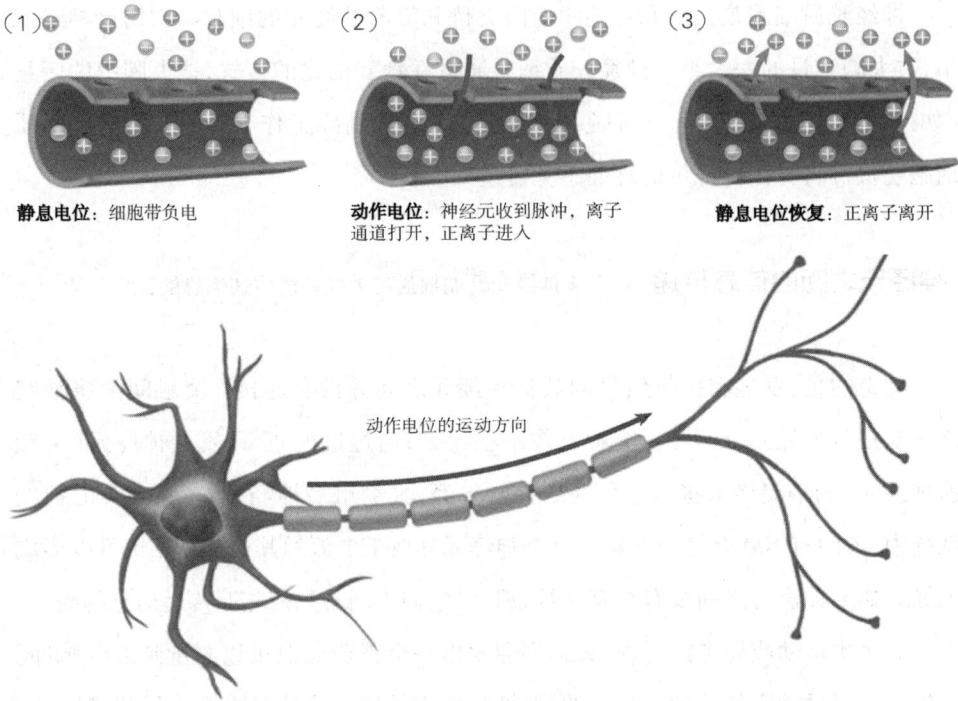

图 2.2　动作电位

动作电位顺着轴突移动到轴突终末。

呢？换句话说，由于害怕迟到被领导批评而拼命奔跑和为避免受到犯罪分子的伤害而拼命奔跑，这两种情况你都会感到焦虑，可这两种焦虑在神经学上有什么区别呢？区别就在于同时放电的神经元的数量以及放电的频率。弱刺激导致较少的神经元放电，而强刺激会导致几千个神经元一起放电。另外，弱刺激导致神经元缓慢放电，而强刺激会导致神经元每秒钟放几百次电。

脉冲的速度从 1 米/秒到 100 米/秒不等。使脉冲加速的一个最重要因素是髓鞘（包裹在大多数轴突外面的一层白色脂肪膜）髓鞘具有绝缘的作用。如果你再看图 2.1 就会发现，这层膜有很多间隙，这些间隙就是郎飞氏结。在每个郎飞氏结上，电脉冲都被再次激发或再生。这种激发能使脉冲的速度达到原来速度的 100 倍。髓鞘损伤会导致神经元的信息传递受阻。事实上，多发性硬化症就是由髓鞘损伤引起的，造成了平衡丧失、抖动、肌无力以及言语障碍。

神经递质　2.5 神经递质如何工作?

　　神经元一旦放电,它如何将信息传递给另一个神经元呢? 在轴突末梢里面,有很多小球状的容器,外面包裹着一层叫作突触小泡的薄膜,里面装着神经递质。当动作电位到达轴突末梢时,突触小泡就向细胞膜靠近,与细胞膜融合,并释放出里面的神经递质分子。这个过程如图 2.3 所示。

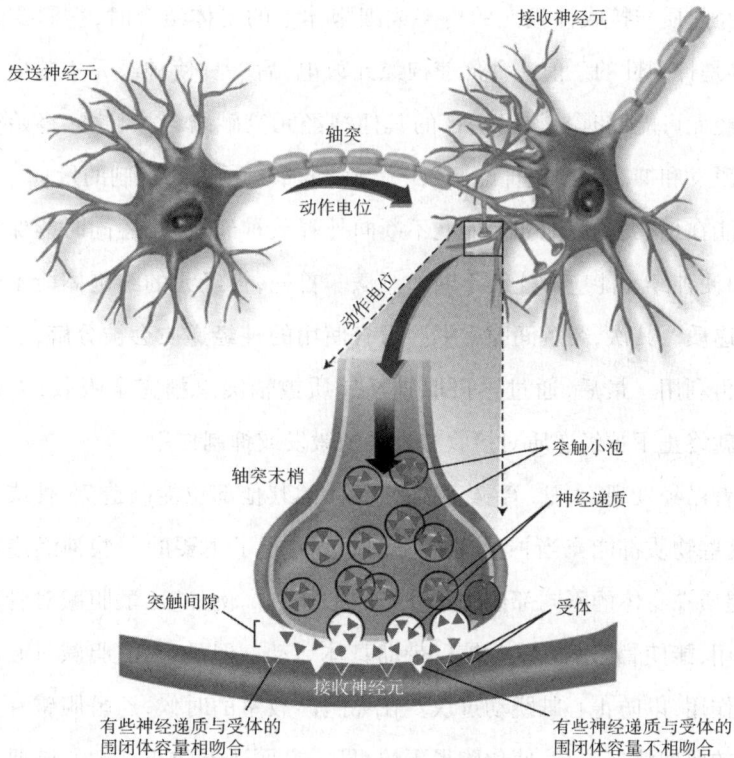

图 2.3　突触传递

　　通过电化学作用,发送神经元将信息传递给接收神经元。当神经元放电时,动作电位就到达轴突末梢,并将神经递质从突触小泡中释放出来。神经递质流进突触间隙,朝着接收神经元移动。接收神经元有很多受体,这些受体只跟那些分子结构与其围闭体容量相吻合的神经递质相结合。神经递质影响接收神经元是否放电。

　　一旦被释放,神经递质就不是简单地流进突触间隙并刺激所有临近的神经元。每个神经递质就像受体(树突和细胞体表面的蛋白质分子)一样,都有自己独特的分子形状。换句话说,每个受体就像一把特殊的锁,只有特定神经递质这把钥匙才能打开它。然而,神经递质与受体的结合不像钥匙插在锁孔里或把拼图嵌入图形中那么牢固。神经元上的受体比较灵活,它们能放大和缩小自己所形成的围闭体的容积。而且,不同种类的神经递质可能有着相似的形状。因此,两个不同的神经递质可能会争夺同一个受体。但受体只会接纳一个神经递质,就是最适合它的神经递质。受体有时可能会接受某一个神经递质,但如果有更适合的递质存在受体就不会接受它。

当神经递质与接收神经元的树突或细胞体上的受体结合时,它们要么是激发性的,要么是抑制性的。前一种促使神经元放电,后一种使神经元不放电。由于一个接收神经元可能同时与数以千计的其他神经元突触结合,因此它将始终受到神经递质的激发和抑制。要使神经元放电,激发的量必须超过抑制的量。

你可能在想,突触小泡如何能既不断向外释放神经递质,还同时能保持充足的供应,从而使神经元能应对连续不断的刺激。首先,神经元的细胞体能不断制造更多的神经递质。其次,突触间隙中那些没有使用的神经递质会被分解,然后被轴突末梢回收再利用。最后,通过再摄取神经递质被轴突末梢完全吸收,以备随时使用。这样就终止了神经递质对接收神经元的激发或抑制作用。

研究者已经发现,大脑、脊髓、腺体和身体的其他部位能制造 75 种或更多的化学物质,这些物质都能充当神经递质。表 2.1 列举了主要的一些神经递质。要切记,神经递质在身体的不同部位发挥着不同的作用。例如,乙酰胆碱对骨骼肌纤维有激发作用,能使骨骼肌纤维收缩以带动身体活动。但是,乙酰胆碱对心脏肌纤维却有抑制作用,以防止心脏跳动过快。在你跑向教室的时候,乙酰胆碱一方面能帮助你腿部的肌肉快速收缩,使你跑得更快;另一方面还能防止你的心脏肌肉跳动过快,以免你晕过去。这两种肌肉中接收神经元上不同性质的受体造成了这两种完全相反的结果。对与学习有关的神经元,乙酰胆碱还能起激发刺激的作用。在你读书的时候,乙酰胆碱就会帮你理解并记住新的信息。

表 2.1　主要神经递质及其功能

神经递质	功　能
乙酰胆碱	影响活动、学习、记忆、快速眼动睡眠
多巴胺	影响活动、注意、学习、强化、愉悦
去甲肾上腺素	影响吃饭、警觉、不眠
肾上腺素	影响葡萄糖的新陈代谢以及运动过程中的能量释放
5-羟色胺	影响情感、睡眠、胃口、冲动性、进攻性
谷氨酸盐	在大脑的学习、思考及情感区域非常活跃
γ-氨基丁酸	促进中枢神经系统中的神经抑制
内啡肽	减轻疼痛,提供快乐感和幸福感

在第 4 章你将了解到,药物对神经系统的影响是通过它们对神经递质的作用实现的。例如,可卡因对神经系统的影响就是通过它对多巴胺和谷氨酸盐的作用实现的。在第 11 章你还将进一步了解到,研究者已经发现神经递质的功能与多种心理障碍之间的关系。例如,研究者猜测,多巴胺与注意力缺陷多动障碍有一定的关系。

人类的神经系统

现在你已经了解了神经系统中细胞的作用,下面,你将了解神经系统的结构。如图 2.4 所示,神经系统有两大分支。这两大分支的区别很容易记住。周围神经系统包括所有没有包裹在骨骼里的神经(即神经元束),也就是分布在你头盖骨和脊柱之外的所有神经组织。这些组织的功能是在身体和大脑之间传递信息。中枢神经系统包括头盖骨和脊柱之内的所有神经组织。也就是说,中枢神经系统由脊髓和大脑构成。

周围神经系统　　2.6 周围神经系统的结构和功能是什么?

看恐怖片的时候,是什么使你的心跳加快,手心出汗? 这些反应是由从大脑边缘系统和其他调节情感的结构中所发出的信号造成的。周围神经系统由连接中枢神经系统和身体其余部位的所有神经组成,包括躯体神经系统和自主神经系统两个分支。

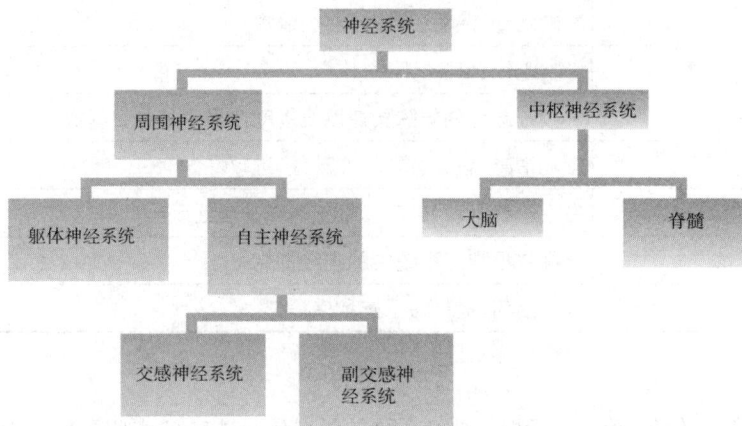

图 2.4 人类神经系统

　　神经系统分为两个部分:周围神经系统和中枢神经系统。这幅图显示了神经系统各部分的关系,并简要描述了各部分的功能。

　　躯体神经系统包括两部分:①所有的感觉神经,它们将信息从眼睛、耳朵、鼻子、舌头和皮肤这些感受器传递到中枢神经系统;②所有的运动神经,它们将信息从中枢神经系统传递到身体的所有骨骼肌。简单地说就是,躯体神经系统的神经主要受意识的控制,它们能使你感觉到环境和运动。

　　自主神经系统不受任何意识的控制。它在中枢神经系统与腺体、心肌和平滑肌(如大动脉血管和肠胃系统中的肌肉)之间传递信息。这些信息一般自主控制。自主神经系统又可分为交感神经系统和副交感神经系统这两个部分。

　　当你处于压力之下或面对紧急情况时,交感神经系统会自动调遣身体的各种资源,使你作好行动的准备。早在20世纪二三十年代,沃尔特·加农就将交感神经系统产生的这种生理激发称为"战—逃"反应。如果一个陌生人在黑暗的巷子里跟踪你,你的交感神经系统就会自动工作起来。于是,你的心跳加速、脉搏加快、呼吸急促、消化系统几乎停止工作。这时,你骨骼肌里的血流量就会增加,你身体的所有资源将进入紧急状态。

　　一旦危机解除,副交感神经系统就会把这些高度紧张的机体反应恢复到正常状态。这时,你的心跳减慢、脉搏和呼吸减缓、消化系统恢复工作。如图 2.5 所示,交感神经系统和副交感神经系统在自主神经系统中起着相反但又互补的作用。它们的平衡对生命和健康至关重要。

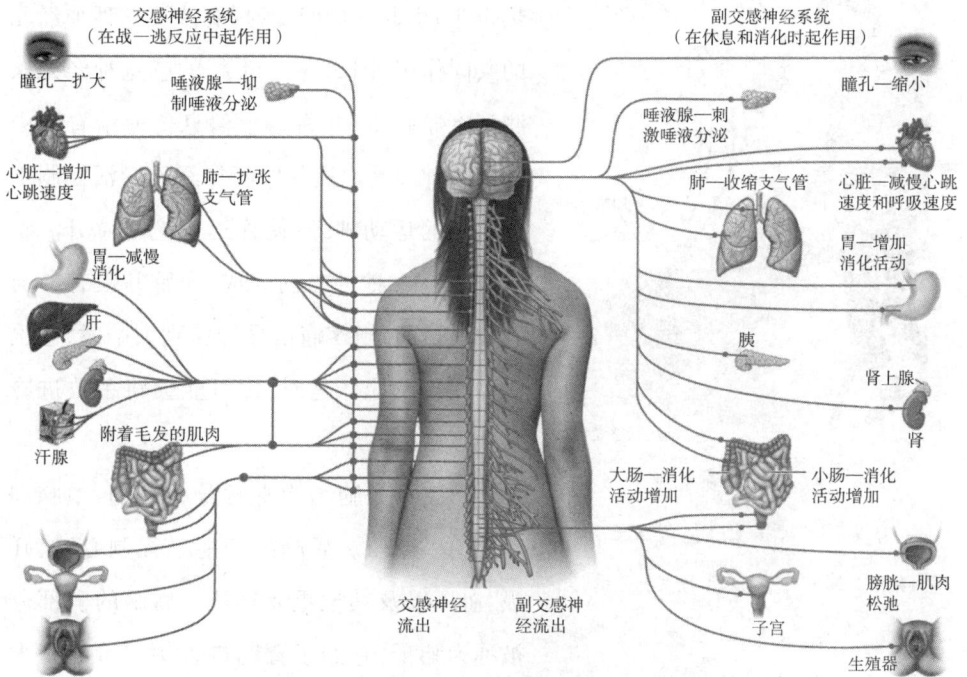

图 2.5　自主神经系统

　　自主神经系统由交感神经系统和副交感神经系统两个部分组成。在压力和紧急情况下,交感神经系统能调动身体的各种资源;副交感神经系统能使高度紧张的机体反应恢复正常。这幅图显示了交感神经系统和副交感神经系统对身体各个部位的相反作用。

中枢神经系统　2.7 中枢神经系统的结构和功能是什么?

　　如前所述,中枢神经系统包括脊髓和大脑。脊髓是周围神经系统和大脑之间的纽带。大脑由不同的部分组成,每个部分都有独特的功能。

　　脊髓　可以认为脊髓是大脑的延伸。脊髓大概有你的小指那么粗,它从大脑底部穿过颈部再到达脊柱的空心部分。脊髓受到骨骼和脊髓液(起减震器的作用)的保护。脊髓连接身体和大脑,在大脑和身体各部位神经之间传递信息。因此,感觉信息能到达大脑,大脑发出的信息也可以到达肌肉、腺体和身体的其他部位。

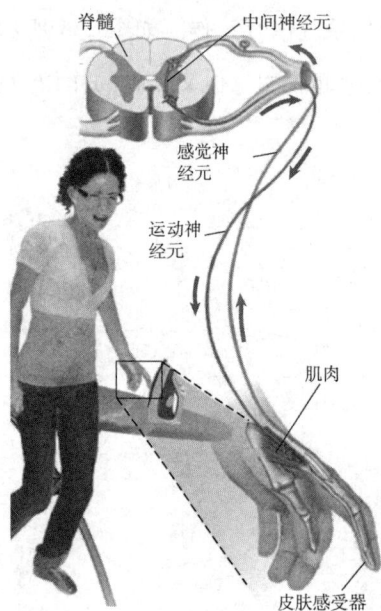

图 2.6　脊髓反射

脊髓反射过程从感觉刺激开始(如触碰很烫的东西),以行为反应(迅速把手抽回)结束。这个过程涉及感觉神经元、中间神经元以及运动神经元。

虽然脊髓和大脑同时在起作用,但脊髓在没有大脑的帮助时也能独立起作用,以保护身体,使其免受伤害。由疼痛刺激(如碰到热熨斗)引起的撤回反射,要涉及三种神经元的共同作用(图 2.6)。手指的感觉神经元探测到疼痛刺激,并将这个信息传递给脊髓中的中间神经元。这些中间神经元激活控制手臂肌肉的运动神经,使你迅速把手拿开。整个过程在 1 秒钟之内完成,大脑并没有参与其中。然而,当疼痛信号传递到大脑时,它也立即作出反应。这时,你可能会将手放进冷水中以减轻疼痛。

后脑　大脑结构常常分为后脑、中脑和前脑(图 2.7)。后脑的功能是控制心跳、呼吸、血压以及其他重要功能。后脑的一部分被称为脑干,它始于脊髓进入头盖骨后扩大的那部分。脑干对生命至关重要,如果它遭到损伤,生命将岌岌可危。脑干的一个部分叫髓质,它控制心跳、呼吸、血压、咳嗽以及吞咽。幸运的是,髓质能够自主实施这些功能。这样,你就不必有意识地提醒自己保持呼吸或心脏跳动。

从脑干中心延伸到脑桥的结构叫网状结构,有时也叫网状激活系统。网状结构在唤起和注意方面起着重要的作用。例如,一名司机正在专心收听广播节目,突然,一辆汽车插到他前面。这时,网状结构会阻断来自广播的感觉信息,使这位司机把注意力放到这辆飞来之车可能带来的危险上。一旦行车恢复正常,网状结构又使他的注意力转回到广播节目上来,同时继续监视着交通情况。

网状结构还决定着我们的警觉程度。当它放慢工作节奏时,我们就会打盹或打瞌睡。多亏网状结构,在我们睡觉时,重要的信息也能传递进来。这就是为什么在打雷的时候父母能照样睡觉,但宝宝最微弱的哭声却能把他们唤醒。

在髓质上面、脑干的顶端,有一个桥状的结构,这就是脑桥。脑桥横跨在脑干

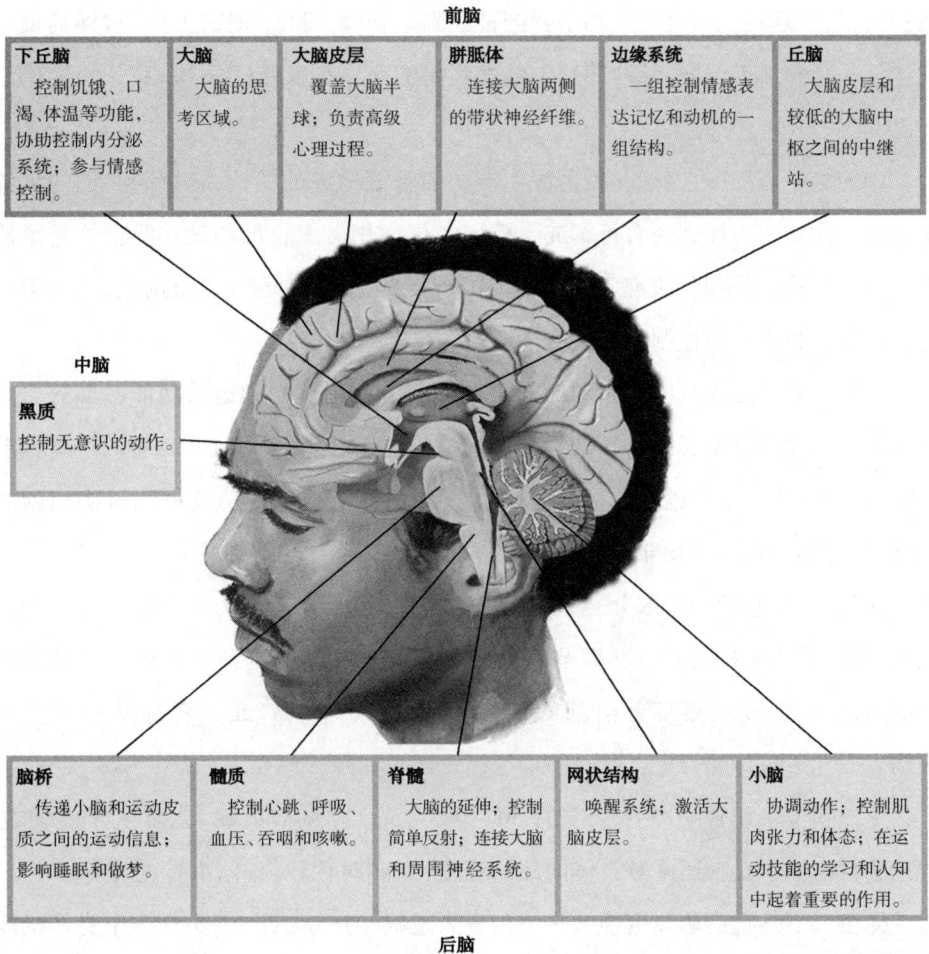

前脑					
下丘脑 控制饥饿、口渴、体温等功能，协助控制内分泌系统；参与情感控制。	**大脑** 大脑的思考区域。	**大脑皮层** 覆盖大脑半球；负责高级心理过程。	**胼胝体** 连接大脑两侧的带状神经纤维。	**边缘系统** 一组控制情感表达记忆和动机的一组结构。	**丘脑** 大脑皮层和较低的大脑中枢之间的中继站。

中脑

黑质 控制无意识的动作。

后脑				
脑桥 传递小脑和运动皮质之间的运动信息；影响睡眠和做梦。	**髓质** 控制心跳、呼吸、血压、吞咽和咳嗽。	**脊髓** 大脑的延伸；控制简单反射；连接大脑和周围神经系统。	**网状结构** 唤醒系统；激活大脑皮层。	**小脑** 协调动作；控制肌肉张力和体态；在运动技能的学习和认知中起着重要的作用。

图 2.7　人脑的主要结构

这幅图描绘了大脑的主要结构，并简要介绍了各部分的功能。脑干包括髓质、网状结构和脑桥。

前上部并且连接到小脑的两半球。脑桥在身体运动中起着重要作用，也会对睡眠和做梦产生影响。

小脑对身体的平衡和协调能力至关重要，它还控制肌肉的张力和体态。另外，有研究者发现，小脑在运动技能的学习中也起着重要的作用。小脑能协调一系列的动作，使人不做任何有意识的努力也能完成很多简单活动，如走直线或指鼻尖。对于那些小脑受损伤或喝醉酒的人来说，这些简单的动作会很难或无法完成。

中脑　如图 2.7 所示，中脑在前脑和后脑之间。中脑主要充当中继站，通过这个中继站，后脑的基本生理功能与前脑的认知功能联系了起来。例如，当你烫着手指的时候,生理感觉通过手掌和手臂的神经到达脊髓,发出"把锅丢掉"这样的反射动作。从脊髓那里,神经脉冲通过中脑送到前脑来进行解释("下次,我一定要用防烫手套")。

中脑之中有黑质,这是一种由深色神经细胞核构成的结构,它控制我们的无意识动作。你知道为什么骑自行车或上楼梯时你不用考虑自己的动作吗?这是黑质中的细胞核在起作用。研究发现,黑质中产生多巴胺的神经元上的缺陷能说明为什么帕金森患者不能控制自己的身体活动。

前脑　前脑是大脑中最大的部分。这是大脑控制认知和运动功能的部分。丘脑和下丘脑这两个重要的前脑结构都位于脑干之上(图2.7)。丘脑(有两个鸡蛋形状的部分)几乎是所有信息(包括除嗅觉之外的所有感觉信息)流进和流出前脑的中继站。(第3章将详细介绍嗅觉。)

丘脑(至少它的一小部分)影响我们学习新语言信息的能力。丘脑的另一个功能是,与脑桥和网状结构一起调节睡眠周期。大多数脑部受到重创而处于植物状态的人,是丘脑或连接部分前脑的神经组织受到了损伤,或二者都受到了严重损伤。

下丘脑位于丘脑的正下方,只有50～60克重。它调节饥饿、口渴、性行为和各种情感行为。下丘脑还调节身体内部的温度:太热时让你流汗;太冷时让你打颤以保存体温。下丘脑还调节生物钟——负责为睡眠/清醒周期以及100多个身体机能定时。一旦你的身体适应了在某一特定时间醒来之后,你常常每天都会在那个时间醒来,即使你忘了上闹钟。这就是生物钟的作用。伴随强烈情感的生理变化(如手心出汗、心跳加速、肚子咕咕叫)都主要是由集中在下丘脑的神经元发起的。

如图2.8所示,边缘系统是大脑中的一组结构,包括杏仁核和海马。这些结构控制情感表达、记忆和动机。杏仁核在管理情感方面,尤其是在对不愉快和惩罚刺激进行反应中起重要作用。由于杏仁核在恐惧反应的习得过程中起重要作用,所以它能帮助人们对情感形成生动的记忆,从而使人和动物能够避免危险情境。杏仁核的损伤,使人无法识别与害怕和生气有关的面部表情和声音语调。

海马是边缘系统的重要脑结构,位于室内颞叶中(图2.8)。如果你的海马区域(即海马及其下面的大脑皮层)受到损伤,你就无法储存任何新的个人或认知信息,如某天的棒球比赛结果或某个人的电话号码。然而,在海马区域受到损伤之前储

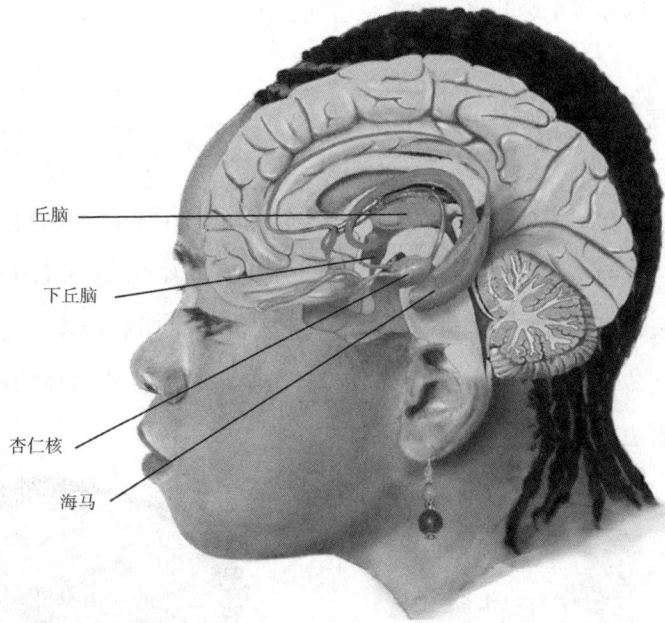

丘脑

下丘脑

杏仁核

海马

图 2.8　边缘系统的主要结构

杏仁核在情感管理中起着重要作用;海马对形成新的记忆至关重要。

存的信息会完好无损。在第 6 章,你将进一步了解海马区域在记忆形成中的作用。

海马还能在大脑中以神经"地图"的形式表征空间。这种神经地图既能帮助我们在新的环境中熟悉道路,又能帮助我们记住曾经去过的地方。对伦敦出租车司机的调查显示,他们的后海马区域比其他人的海马区域大很多。事实上,出租车司机越有经验,他的后海马区域就越大。这项研究表明,后海马区域对导航能力非常重要。最后,大脑皮层是前脑结构,它的功能就是我们通常认为的大脑功能。大脑皮层就是覆盖在大脑上面的灰色皱褶,是大脑中思维发生的地方。下面,你将详细了解大脑的情况。

脑中思维发生的部分

早在一个多世纪前研究者就知道,人类与其他物种的大部分功能(如语言)差异都是由前脑引起的。利用现代技术(脑电图仪、电脑断层扫描和核磁共振成像),研究者能够把很多重要的功能(如计划和逻辑)定位于大脑的特定区域。研究者还了解了大脑两侧和四个脑叶之间的信息传递情况。

大脑的构成　2.8 大脑是由什么构成的?

打开头盖骨你就会发现,人脑就像一颗剥开的硕大核桃。与核桃一样,人脑也由两个连在一起的半球组成,一个叫左半球,另一个叫右半球(图2.9)。两个半球的底部由一根很粗的神经纤维带连接,这个神经纤维带叫胼胝体。这种连接使两个半球能够互传信息,协调活动。总的来说,右半球控制左边身体的动作和感觉,左半球控制右边的身体。

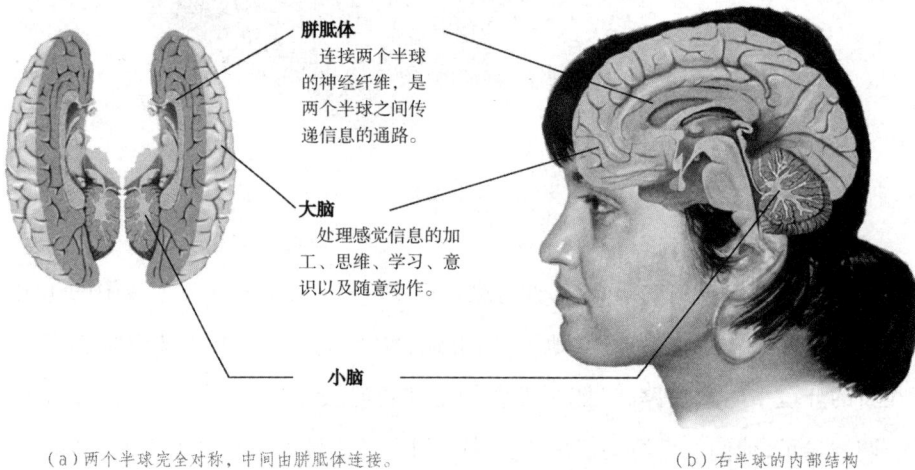

胼胝体
连接两个半球的神经纤维,是两个半球之间传递信息的通路。

大脑
处理感觉信息的加工、思维、学习、意识以及随意动作。

小脑

(a)两个半球完全对称,中间由胼胝体连接。　　　　　(b)右半球的内部结构

图2.9　大脑半球的两幅视图

大脑半球覆盖有一层大约3毫米的薄层,这就是大脑皮层。大脑皮层主要负责高级心理过程,如语言、记忆和思维。亿万个神经元细胞体的颜色使得大脑皮层呈现灰色。因此,也经常把大脑皮层称为灰质。大脑皮层下面是白色的、有髓鞘的轴突(称为白质),它将大脑皮层的神经元与大脑其他区域的神经元连接起来。研究发现,灰质的数量与人的智力呈正相关。

大脑皮层的面积很大,展开大约有半个多平方米。由于大脑皮层大约是大脑面积的三倍,因此,它不会平整地覆盖在大脑上,而是形成很多褶皱的沟回。大脑皮层大约三分之二的面积都是藏在这些褶皱里面的。智力较低等动物的大脑皮层较小,因此褶皱也较少。大脑皮层包括三类区域:①感觉输入区,视觉、听觉、触觉、压力和温度通过这个区域传入;②运动区,自主运动受这个区域的控制;③联系区,

这是储存记忆、控制思维、知觉及语言的区域。

最后，大脑皮层可以划分为不同的功能区。第一个功能区是大脑的左右两侧。第二个功能区是脑叶，有额叶、顶叶、颞叶和枕叶。在下面两节你将读到关于神经学的分工。请记住：大脑的所有区域一直都在相互传递信息；我们所做的每一件事，都涉及大脑多个区域神经活动的协调。

大脑的两个半球　2.9 左右两个半球各有什么样的专门功能？

大家都知道，有些人是右利手，有些人是左利手，用手习惯是以神经系统为基础的。因此，媒体上关于"右脑型"和"左脑型"之间差异的报道是有一定道理的。但是，说"左右脑型"和"左右利手"的机理是相同的，这没有任何科学依据。在每个人的大脑中，由于胼胝体的桥梁作用，左右两个半球一直处于接触中。但研究表明，两个脑半球之间存在一定的功能单侧化现象。也就是说，两个脑半球都有各自的专门功能。现在我们就看一看，左右脑半球各自都有些什么样的专门功能。

左半球　左半球控制大多数语言功能，如说、写、读、言语理解以及文字信息理解。在左半球，我们可以找到控制这些特定功能的区域。例如，与说话相联系的语音和意义，就在左半球的不同区域加工。左半球也专门处理数学和逻辑问题。另外，研究者还发现，关于自己的信息（如自己的幸福感）也在左半球加工。

左半球通过直接控制右边身体和间接控制左边身体来协调复杂动作。左半球通过胼胝体将指令传达到右半球，从而执行和协调复杂动作。（请记住，小脑在帮助协调复杂动作中也起着重要的作用。）

右半球　右半球更擅长处理视觉空间关系。右半球听觉皮层的音乐加工能力似乎要好于左半球。你摆放卧室家具或听音乐，靠的就主要是右半球。

右半球还能增强左半球的语言加工活动。例如，右半球能产生不同寻常的词语联想，这有助于我们创造性地思考和解决问题。正如范·朗克指出的那样，"尽管左半球最清楚说的是什么，但右半球能分辨出意思是如何表达的以及是谁在说"。

做一做下面的"尝试"，体验一下大脑半球不同功能所产生的效果。

右半球受损的人可能会无法理解比喻，或者无法进行空间定位，即使人是在自己熟悉的环境中。这些人有注意缺陷,觉察不到左视野中的物体。这种缺陷情况叫单侧感觉丧失。患这种疾病的人只吃盘子右边的食物,只阅读一页中右半边的文字,只洗自己右边的身体。这种病人甚至否认自己的左臂是长在自己的身体上的。研究者发现,视觉训练加上强制使用左臂能帮助改善病情。

如前所述,左半球负责加工话语语言方面的信息。然而研究者发现,自然语言的加工涉及两个脑半球间的互动,其中右半球发挥了很多关键作用。功能之一就是,理解两句话之间的因果关系。例如,"我昨天从自行车上摔下来;我的膝盖疼得要命"。右半球还能对他人语调中的情感信息作出反应。对于像手势和面部表情这样的非言语行为的理解和解释,也是靠右半球。例如,一个人撒谎的微妙线索(如过多眨眼或避免目光接触),就是在右半球中加工的。图 2.10 总结了左右两个脑半球的功能。

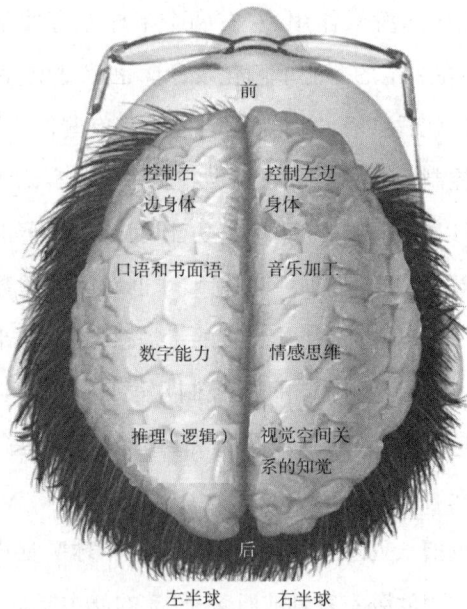

图 2.10　脑半球的不同功能

左右脑半球各司不同的功能能提高脑的工作效率。

尝试　　　　　　　　　平衡动作

找一把米尺,让它竖立在你左手的食指尖上。然后,再让它竖立在你右手的食指尖上。大多数人用自己的优势手做得更好,如右利手的人用右手做得更好。你呢?

现在试着大声快速背诵英语字母表,同时保持米尺竖立在你的左手食指尖上。这下是不是要容易些? 为什么会这样? 因为右半球控制左手的平衡,尽管你的左半球不擅长控制左手,但它仍然试着协调你的平衡动作。当你通过说话使左半球分心的时候,右半球就不受干扰,从而更有效地协调左手的平衡动作。

解释	为什么大多数人都是右利手?

一个多世纪以来,科学家都在试图回答"为什么大多数人都是右利手"这个问题。时至今日,仍然没有确定的答案。在你看来,很可能是下面三个方面的原因造成的:

- 用手习惯完全是由基因决定的;
- 用手习惯完全是由学习决定的;
- 用手习惯是由基因和学习共同决定的。

如果你倾向于第一个假设,那么就请你考虑这个事实:只有82%的双胞胎(他们的基因构成是一样的)有同样的用手习惯。如果用手习惯完全是由基因决定的,那么,双胞胎就应该有同样的用手习惯。所以,用手习惯不能够完全由基因决定。这是不是就意味着用手习惯是由学习决定的呢? 也未必。

因为学习不能够说明为什么用手习惯在婴儿早期就已经出现了。这时,儿童还没有接触正式的、要求他们用这只或者那只手做事的教导。此外,几千年来,人类左利手和右利手的比例都是一样的。事实上,这一比例在早期人类的骸骨中就显现出来。那个时候,人类还没有发明文字。

造成用手习惯差异的原因是:在用手习惯的养成中,基因和学习都起着作用,但起作用的方式与你期望的不一样。对大多数人来说,右利手习惯是完全由基因决定的;但对少部分人来说,用手习惯则是后天学得的。听上去是不是有些绕? 可不是。为了说明人类的用手习惯,我们看一下当前关于这个问题的遗传学思考。

研究者怀疑,右利手是由一个单一基因 R 决定的。如果个体从父母或者其中一方那里复制了 R 基因,那么,该个体就是右利手。R 在人类中出现的频率极高。科学家认为,这是因为 R 与支持大脑语言功能左侧化的基因绑定在一起(别忘了,左半球控制右边身体)。专家指出,运动功能与语言相连是可以理解的,这是因为,产生语言同时需要大脑语言中心和运动皮质的活动。把这两个功能置于大脑的同一侧,这便于快速发展起两者之间的神经联系,而不需要通过胼胝体。那么,没有从父母身上遗传到 R 基因的那少部分人又怎么样呢?

决定右利手的 R 基因与隐性基因 r 是互补的。你可能会想,从父母身上遗传了 r 基因的人就是左利手。但事实上,遗传了 rr 基因的人并没有左利手和右利手之分。他们的用手习惯是后天习得的。由于大多数人都是右利手,人制造的工具(如剪刀)也就方便了右利手。对于那些遗传了 rr 基因的人,强大的文化压力要求他们成为右利手。尽管如此,一些 rr 基因的人还是成了左利手。这又是为什么呢?

研究者认为,其他基因也在起作用。具体而言,如果一个人的基因使语言功能右侧化而不是左侧化,那么这个人就可能是左利手。用手习惯的单侧化跟随语言功能的单侧化。科学家于 2007 年发现,如果我们从父亲身上遗传了某一基因,那么我们就是左利手;要是我们从母亲身上遗传到了这个基因,那么它对我们的用手习惯没有影响。这一发现,使得用手习惯这个问题更加复杂了。

最后,尽管在用手习惯的养成方面,遗传似乎起了复杂而重要的作用,但人在丧失优势手之后能改用另一只手做事,这一本领显示了大脑在运动功能方面的适应性。用手习惯这一例子说明,先天和后天的关系往往是错综复杂的。下次和别人争论某个特质是先天遗传还是后天习得的时候,请别忘了这一点。

脑裂 很多关于单侧性的知识都是来源于对没有胼胝体或胼胝体被手术改变的人的研究。这些人的胼胝体都是被脑裂手术切断的。神经外科医生约瑟夫·伯根和菲利普·沃格尔 1963 年发现,患有严重癫痫病并经常发作的人,可以通过手术切断胼胝体,使两个半球之间无法传递信息。这种手术降低了 2/3 患者的癫痫发作次数,且在很大程度上保存了患者原有的认知功能和人格特征。

罗杰·斯佩里及其同事迈克尔·伽赞尼伽和杰里·列维对脑裂患者的研究,扩展了我们对个体大脑半球独特功能的认识。斯佩里 1968 年发现,通过手术把人脑分开之后,每个半球照样有着自己的体验、感觉、思想和知觉。它们同时还能共享大多数的感觉体验,因为每只耳朵和眼睛与两个半球都有直接的感觉联系。

由于斯佩里的研究揭示了很多有趣的事情,因此他获得了 1981 年度的诺贝尔医学奖。在图 2.11 中,一位脑裂患者坐在一块分割左右视野的屏幕前。如果一个橘子闪现在右边视野区,并传递到左半球,病人会说:"我看见一个橘子。"假如一个苹果闪现在左边视野区并传递到右(非言语)半球,病人就会回答:"我什么都没看到。"

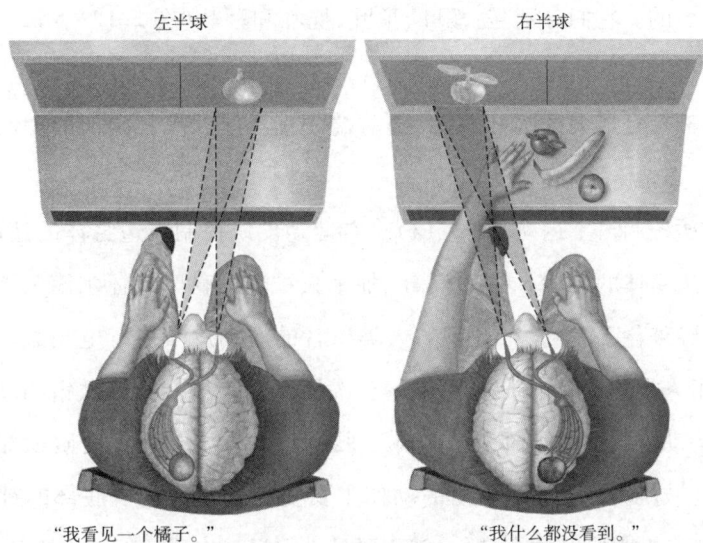

左半球　　　　　　　　右半球

"我看见一个橘子。"　　　　"我什么都没看到。"

图 2.11　测试脑裂患者

　　研究者用专门的设备可以研究脑裂患者大脑半球的独立功能。在这个试验中,当一个图像(一个橘子)闪现在右边屏幕上时,它会传递到左(言语)半球。当问病人看到了什么时,病人会回答:"我看见一个橘子。"当图像(一个苹果)闪现在左边屏幕上时,它会传递到右(非言语)半球。由于患者的左(言语)半球无法收到图像,于是病人会回答说:"我什么都没看到。"但病人能通过左手触摸到苹果,以证明右半球"看到了"苹果。

　　为什么这个患者报告说他能看见橘子但看不见苹果呢? 斯佩里认为,脑裂患者只有左(言语)半球能汇报看见了什么。在这些试验中,左半球无法看见闪现到右半球的图像,右半球又无法用语言表达所看到的图像。右半球是否能看到闪现到左视野区的苹果呢? 能。因为患者能用他的左手(受右半球控制)拿起屏幕后面的苹果或任何出现在右半球的物体。右半球也能和左半球一样看见并记住物体。但与左半球不同的是,右半球无法用语言表达看到了什么。(在这些实验中,图像的闪现时间必须不超过 1/10 或 2/10 秒。这样,被试就没有时间调整眼睛,将信息传递给另一个半球)。

四脑叶　　2.10 大脑皮层四个脑叶各自的功能是什么?

　　每个大脑半球可进一步分为四个区域。这些区域也称脑叶,是根据它们所临近的颅骨命名的。它们分别是：额叶、顶叶、枕叶和颞叶（图2.12）。每个脑叶都负责不同的工作。

　　额叶　额叶是最大的脑叶，从大脑前端一直延伸到颅骨顶部的中心。额叶包含运动皮质、布洛卡区和前脑联合区。

　　运动皮质控制自主运动（图2.12）。右运动皮质控制左边身体的运动，左运动皮质控制右边身体的运动。在1937年，加拿大神经外科医生怀尔德·潘菲尔德对正在接受神经外科手术的、有意识的人类患者的运动皮质进行电刺激。用这种方法，他描绘了人类的运动皮质图。像手指、嘴唇和舌头这样能够做精细动作的身体部位，占了运动皮质的绝大部分。身体下肢的动作主要受运动皮质顶部神经元的控制；身体上肢（脸、嘴唇和舌头）的动作主要受靠近运动皮质底部的神经元的控制。例如，摆动右大脚趾这个动作，就主要是由左运动皮质顶部脑细胞放电产生的。

　　那么，潘菲尔德描绘的运动皮质图在多大程度上准确且完整地描绘了运动皮质对身体动作的控制情况呢？从宏观上讲，这张图很是有用。但最近的研究发现，运动皮质上特定的点与身体特定部分的动作之间并没有一一对应的关系。例如，控制手指的运动神经元能控制多个手指的运动。对任何一根手指运动的控制，是由神经元网络完成的。这些神经元广泛分布在运动皮质的整个手部区域。

　　在1861年，内科医生保罗·布洛卡解剖了两具病人的尸体。其中一个病人生前完全丧失了语言能力，另一个只能说4个词。布洛卡发现，这两个人的脑左半球都受了损伤，受伤部位就在控制下颚、嘴唇和舌头运动皮质的前方。于是他得出结论，左半球损伤的部分是负责语言输出的部分。现在，我们把这个部分叫布洛卡区（图2.12）。这个区的功能是指挥语音器官发声肌肉的协调运动。

　　头部受伤或中风会导致布洛卡区损伤，进而导致布洛卡失语症。大脑损伤会使语言使用和理解能力丧失或损坏，这种现象总称为失语症。布洛卡失语症患者知道自己想说什么，但只能说一点点，或一点也说不出来。即使他们能够说话，也说得非常慢、非常费力，且吐字不清。

　　额叶的大部分区域是思维、动机、计划、冲动控制和情感反应的联合区域。如果该联合区受到损伤，计划和预测行动后果的能力就会有缺陷。一个最著名的案例就是铁路建筑工人菲尼亚斯·盖奇的不幸遭遇。那是1848年9月13日，25岁的盖奇正在用炸药炸开阻挡的石头和泥土。突然，一个意想不到的爆炸将一个约1米长、13磅(约5.9千克)重的金属棒插进他的左脸颊,并从他的头盖骨顶端穿出。他额叶的大部分组织都被撕裂了,致使他昏迷了几分钟。几周之后,他似乎完全康复了。不过,在这场事故之前,盖奇是个很随和的人,但这场事故后,他变得既粗鲁又冲动。由于性格的改变,他丢掉了工作。最后,他在一家马戏团找了份工作,以演员身份了却余生。

顶叶　顶叶位于额叶的正后方,脑顶端的中部(图2.12)。顶叶负责接收和加工触碰刺激。顶叶前端的脑组织称为躯体感觉皮质,这是感觉触碰、压力、温度和疼痛的地方。躯体感觉皮质还能使你意识到自己身体的运动以及身体各部位在任一时刻的位置。

躯体感觉皮质分为两半,分别位于顶叶的左右两边。躯体感觉皮质顶端的细胞,控制身体最底端的感觉。如果一块砖砸在你的右脚上,那么,躯体感觉皮质左侧最顶端的大脑细胞就会放电,使你感觉到疼痛。躯体感觉皮质的大量面积与身体的敏感部位连接,如舌头、嘴唇、脸、手,尤其是大拇指和食指。

顶叶的其他部分负责空间定位和方向感,能帮助你在走错路时原路返回。这些功能的完成需要与海马合作。关于这一点,请参见前面关于伦敦出租车司机研究结果的讨论。顶叶的联合区还是皮肤接触到物体时的感觉的记忆库。这就说明了为什么我们可以通过触摸来识别物体。这些区域受损的人,他们可以用手拿起鼠标、CD或棒球,但就是不能识别这些物体。

枕叶　枕叶在顶叶的后面,负责接收和解释视觉信息(图2.12)。枕叶的最后面是初级视觉皮质,它负责接收视觉信息。

每只眼睛都与左右枕叶的初级视觉皮质相连接。朝正前方看,想象在你所看到的东西中间有条线。线左边的叫作左视野,线右边的叫作右视野。左视野中的视觉信息会传递给右视觉皮层,右视野中的视觉信息会传递给左视觉皮层。由于每只眼睛都同时向左右枕叶传递信息,所以初级视觉皮质一边受损的人仍然有部分视力。

枕叶的联合区负责对视觉刺激的解释。它能记住过去的视觉经历,能使我们认出熟悉的事物。这就是为什么我们在陌生人群中一下子就能发现朋友。如果这些区域受到损伤,人们就丧失了通过视觉识别物体的能力,不过还是能够通过触摸和其他感觉识别物体。

颞叶 颞叶位于耳朵的上方,负责接收和解释听觉刺激。初级听觉皮质接收听觉信息。每个颞叶中的初级听觉皮质从两个耳朵中接收听觉信息。只要一个区域受到损伤,就会导致两个耳朵听力的下降;两个区域全部受到破坏,就会导致完全耳聋。

与左颞叶的初级听觉皮质临近的是韦尼克区,这是一个言语区,负责话语理解以及连贯的书面和口头表达(图 2.12)。当你听别人说话时,声音首先传递给在初级听觉皮质,然后被传送到韦尼克区,声音就在这里被整理成有意义的语词。

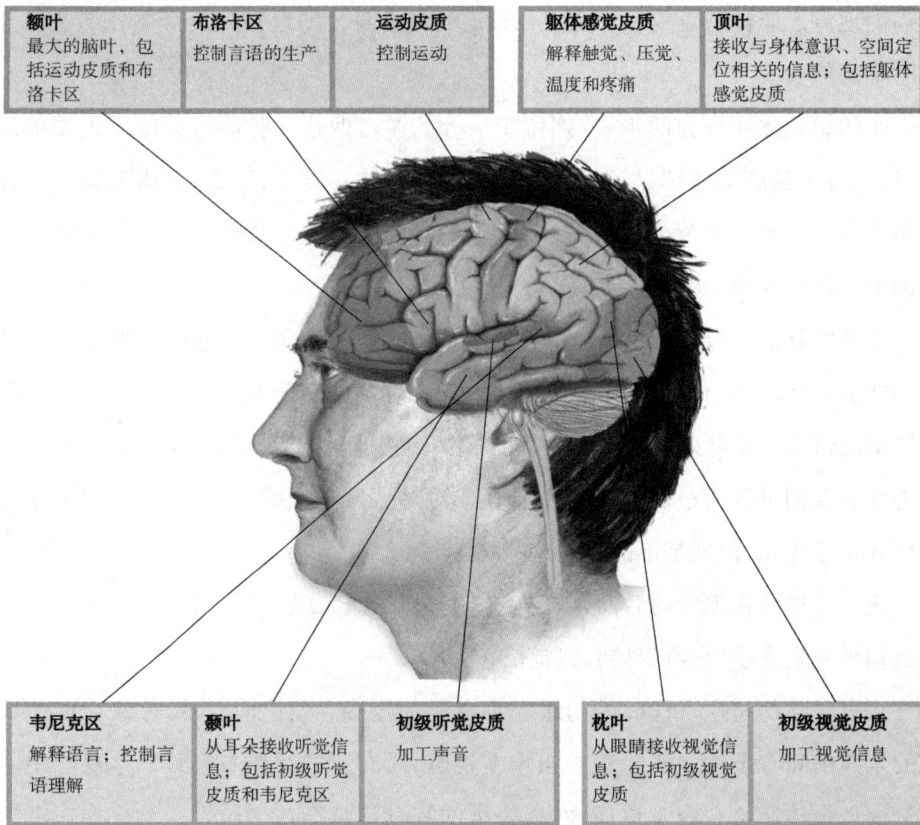

额叶	布洛卡区	运动皮质		躯体感觉皮质	顶叶
最大的脑叶,包括运动皮质和布洛卡区	控制言语的生产	控制运动		解释触觉、压觉、温度和疼痛	接收与身体意识、空间定位相关的信息;包括躯体感觉皮质

韦尼克区	颞叶	初级听觉皮质	枕叶	初级视觉皮质
解释语言;控制言语理解	从耳朵接收听觉信息;包括初级听觉皮质和韦尼克区	加工声音	从眼睛接收视觉信息;包括初级视觉皮质	加工视觉信息

图 2.12 大脑皮层的四个脑叶

这幅图描绘了左半球的四个脑叶:(1)额叶,包括运动皮质和布洛卡区;(2)顶叶,包括躯体感觉皮质;(3)枕叶,包括初级视觉皮质;(4)颞叶,包括初级听觉皮质和韦尼克区。

韦尼克失语症是由韦尼克区的损伤造成的。韦尼克失语症患者的言语流畅、吐词清晰,但没有意义。患者简直就是在胡言乱语。当一位韦尼克失语症患者被问及感觉如何时? 他回答说:"我想! @ ,但我想很多网麦子#￥。"由于韦尼克失语症患者意识不到自己是在胡言乱语,因此,治疗这个疾病非常困难。

颞叶的其余区域由联合区组成,它们负责解释记忆和听觉刺激。例如,储存了各种声音的联合区能够使你认出你最喜欢的乐队的乐声、电脑启动的声音以及室友的鼾声。熟悉的旋律也储存在这个区域。

年龄、性别和大脑

有多少成年人担忧月亮跟着他们走?你可能没有听到过任何成年人坦言自己的这种担忧,但你可能常常听到学龄前儿童说出自己的这种担忧。现在,大多数人都听说过大脑发展与儿童和成年人思维之间差异的关系。人们常常把老年人表现出来的认知缺陷归因于他们大脑的退化。而且,人们对男人和女人的大脑在加工信息方式上的差异也非常感兴趣。对于这些人们关于年龄和性别差异的看法,我们都有些什么证据呢?

不断变化中的人脑　　2.11 人脑在一生中是如何变化的?

你认为大脑什么时候达到完全成熟?这个问题的答案可能会使你大吃一惊。事实上,大脑从胚胎发育到成熟要经历好几个陡发期。在儿童和青少年时期,大脑的多个陡然发育都与身体和智力的发展相关,如大多数儿童在4岁左右能流畅地说话。每个陡发期所涉及的脑区域似乎也不是相同的。例如,从17岁左右到20来岁的这个陡发期影响的主要是额叶这些计划和控制情感能力的区域。可能就是由于这次的陡然发育,使得青少年和成年人在计划和情感控制能力方面表现出了差异。人脑功能的变化是多个发展过程共同影响的结果。

树突和轴突的生长导致突触的发展。这个叫突触发生,它在人的一生中都以陡然的方式发生。在每个陡发期之后,紧跟着一个修剪期。通过修剪期,发展中的人脑就剪除了那些没有必要的或多余的突触。突触中神经递质的活动也随着年龄的增长而改变。例如,儿童脑中的乙酰胆碱就比青少年和成年人的要少。这个差异可以说明,由于受到这一神经递质的影响,不同年龄阶段的记忆就会有差异,其他的一些功能也会有差异。

早在出生之前,髓鞘形成(即轴突周围被髓鞘包裹)就已经开始了,而且会一直持续到成年期。例如,大脑联合区的髓鞘直到 12 岁左右才能发育完全,控制注意的网状结构的髓鞘直到二十五六岁才能发育完全。髓鞘形成的差异可以说明,为什么儿童和成年人在加工速度、记忆和其他功能方面存在差异。

脑半球的有些分工,在生命的早期阶段就已经显现了出来。例如,语言加工就主要出现在胎儿和婴儿的左半脑,这和成年人大脑的分工一样。脑半球的另外一些功能(如空间知觉)则要在 8 岁之后才会单侧化。8 岁以前儿童的空间能力要低于 8 岁以后儿童的能力。例如,在 8 岁以前,儿童就不会用地图,也分不清"在你左边"和"在我左边"。

大脑的可塑性即大脑适应变化(如大脑损伤)的能力贯穿人的一生。在经历和实践的刺激下,可塑性能使突触之间的联系增强和重组。儿童大脑的可塑性最强,因为他们的脑半球还没有完全分工。不过,研究者也发现,对中年后期的成年人听力缺陷进行矫正,会改变他们所有与声音知觉有关的大脑区域的情况。结果,这些人的大脑在正常人不可能有声音知觉的区域发展出了对声音的反应。

尽管大脑保持着一定程度的可塑性,但还是会受到年龄的影响。例如,在人的一生中,大脑都会不断地获得和丧失突触。然而,从成年期的某个时候开始,突触丧失的数量会超过获得的数量。30 岁之后,人脑的重量就开始减轻。随着大脑重量的减轻,一些与年龄有关的缺陷也开始出现。例如,老年人的平衡能力会减弱,走起路来步履蹒跚、摇摇晃晃。

另外,你将在第 10 章学到,随着年龄的增大,心脏和血管方面的问题就会增多,中风的风险也会增大。中风发生在心血管之中,是由血块或脂肪栓堵住了动脉,从而切断了大脑中某一区域的血液供给造成的。中风会导致大脑不同程度的损伤,有些轻微,有些则非常严重。在中风幸存者中,有些会长期伴有智力和身体方面的缺陷。物理治疗能帮助大多数患者至少恢复部分运动功能,这是大脑可塑性的又一个例证。

大脑的性别差异　　2.12 男性的大脑与女性的大脑有什么差异?

在整个发展过程中,男性和女性的大脑都有一定程度的差异。然而,研究最多的只是成年男女大脑的差异及其与行为的关系。一个差异是:男性脑中白质所占的比例高于女性的。而且,男性左半脑白质的比例也低于右半脑。与之相比,在女性的两个脑半球中,灰质与白质的比例相等。这些发现使得神经心理学家推测,灰质和白质在男女脑半球中的分布差异,可以说明男性在完成右半脑任务(如在心中旋转几何图形)方面比女性更为出色。同样,女性在情感知觉方面比男性更为出色(详见第9章)的可能原因是:女性大脑控制情感区域中的灰质更多。

其他研究揭示一些任务对男脑和女脑刺激的部位不同。例如,成像研究发现,男性在左海马区加工导航信息(如在迷宫中找出路)。完成同样的任务,女性用的却是右侧顶叶和右侧额叶。研究还发现,男性和女性用不同的大脑区域来寻找声源。

大脑的性别差异意味着什么呢? 对此,在做大量研究之前,科学家也不能确定。另外,行为性别差异的神经基础又是什么? 在回答这个问题之前,我们还需要寻找这些大脑差异与实际行为之间的联系。

神经系统之外

除神经系统外,人体还有两个系统,它们影响着我们的生理和心理功能。一个是内分泌系统,另一个是基因。内分泌系统通过各种腺体生产、分泌和调节激素,来影响身体。与此不同,对于有些事情,编码在基因中的信息从受孕之时起就对我们产生影响;对于另外一些事情,基因的影响则在生命的后期才会出现,或者,在一定的环境刺激下才会出现。

内分泌系统　　2.13 内分泌系统的各种腺体都有什么功能?

一听到"激素"这个词,很多人都会想到生殖系统。或者,他们会把激素与某一时期(如青春期、怀孕或更年期)身体的某种变化联系起来。事实上,激素的影响远远不止于生殖系统,它们还调节许多其他的生理和心理功能。

内分泌系统由一系列的无导管腺体组成。这些腺体位于身体的不同部位,它们生产激素。尽管激素在身体的某个部位生产出来,但它对身体的其他部位都会产生影响。激素会释放到血液之中,随着血液循环系统流遍全身。只有当激素细胞受体结合时,才能完成自己的使命。有些神经递质也可以充当激素,去甲肾上腺素和加压素就是其中的两种。图2.13描绘了内分泌系统的腺体以及这些腺体在身体中的位置。

脑垂体位于下丘脑下部,受下丘脑的控制(图2.13)。脑垂体被认为是身体的"主腺体",因为它释放多种能激活内分泌系统其他腺体的激素。对于一个豌豆大小的结构来说,这是一项很艰巨的任务。脑垂体还生产一种负责身体生长的激素。这种激素,分泌太少,会使人成为侏儒;分泌太多,会使人成为巨人。

松果腺位于人脑的深处,功能是生产和调节褪黑激素。你将在第4章学到,褪黑激素对人的清醒和醒眠有调节作用。缺乏褪黑激素,就会引起时差现象和醒/眠周期的紊乱。

甲状腺位于脖颈的前下部、喉结的下方。甲状腺生产甲状腺素这种重要的激素,它能调节食物代谢的速度。甲状旁腺与甲状腺的左右叶相连,负责吸收食物中的钙和镁,并调节钙、镁矿物在血液中的浓度。甲状旁腺的功能障碍会引起抑郁症和记忆的丧失。

你在第10章将要学到,胸腺生产胸腺素。这些激素是生产特殊白细胞的必需材料。这种白细胞在全身运行,能消灭各种可以致病的微生物。当身体受到微生物侵害的时候,胸腺就会发出信号,让身体生产出更多的这类白细胞。胰腺通过分泌胰岛素和胰高糖素来调节身体的血糖浓度。有的人之所以患糖尿病,就是因为他们的胰岛素分泌过少。要是没有胰岛素分解食物中的糖,血糖浓度就会升高到很危险的程度。

肾上腺有两个,分别位于两个肾脏的正上方(图2.13)。肾上腺生产肾上腺素和去甲肾上腺素。通过激活交感神经系统,这两种激素在战—逃反应中起着重要的作用。一组叫作肾上腺皮质类脂醇的激素在战—逃反应中也起作用。动物实验发现,即使在危险消除之后很长一段时间,这些激素仍然指示大脑保持战—逃反应,使动物处在愤怒和攻击状态。

肾上腺同时还生产少量的性激素。不过,生殖腺,即女性的卵巢和男性的睾丸,主要负责生产性激素(图2.13)。受脑垂体的激活,生殖腺分泌出性激素。性激素一方面使生殖成为可能;另一方面,引起第二性特征的出现。例如,男女都长出阴毛和腋毛,女性乳房发育,男性长出胡子并且声音变得低沉。雄性激素(男性性激素)能影响性动机;雌性激素和黄体酮(女性性激素)能帮助调节月经周期。尽管男性和女性都同时有雄性激素和雌性激素,但是,男性的雄性激素要多很多,女性的雌性激素要多很多(性激素及其作用将在第9章中详细讨论)。

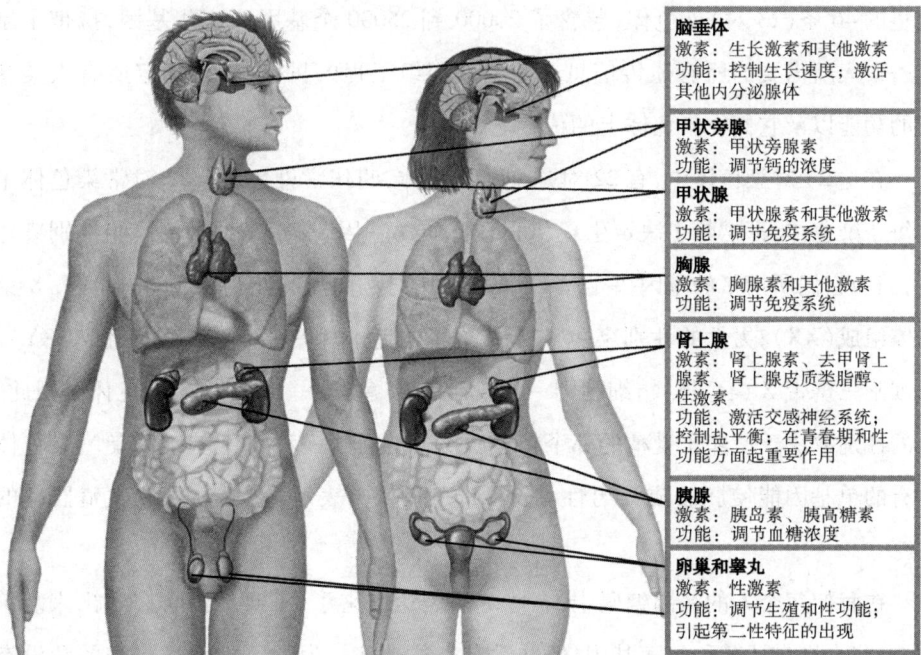

脑垂体
激素:生长激素和其他激素
功能:控制生长速度;激活其他内分泌腺体

甲状旁腺
激素:甲状旁腺素
功能:调节钙的浓度

甲状腺
激素:甲状腺素和其他激素
功能:调节免疫系统

胸腺
激素:胸腺素和其他激素
功能:调节免疫系统

肾上腺
激素:肾上腺素、去甲肾上腺素、肾上腺皮质类脂醇、性激素
功能:激活交感神经系统;控制盐平衡;在青春期和性功能方面起重要作用

胰腺
激素:胰岛素、胰高糖素
功能:调节血糖浓度

卵巢和睾丸
激素:性激素
功能:调节生殖和性功能;引起第二性特征的出现

图2.13 内分泌系统

内分泌系统由一系列的腺体组成,它们负责生产各种激素。激素沿着循环系统在全身流动,对许多身体机能产生重要的影响。

基因与行为遗传学　　2.14 遗传是如何影响生理和心理特质的?

你可能听说过"人类基因组工程"。这项工程由美国能源部牵头,历时 13 年,它旨在描绘人类的全部基因编码。在 2003 年 4 月,也就是在科学家詹姆斯·沃森和弗朗西斯·克里克发现 DNA 结构 50 年之后,参与这一工程的各国科学家宣布,他们已经实现了目标。毫无疑问,你是从你父母那里遗传了基因编码。但是,构成你基因的化学成分又是如何影响你的身体和行为的呢?

遗传机制　　基因是 DNA 的片段,位于杆状结构的染色体上。正常的体细胞核,除了两个例外,都有 23 对染色体(总共 46 条)。这两个例外就是精细胞和卵细胞,它们都只有 23 条染色体。在受孕的那一时刻,精子将自己的 23 条染色体添加到卵子的 23 条染色体上。这个结合就形成了一个叫作受精卵的单细胞。这个单细胞有完整的 46 条(23 对)染色体,包含了 20000 到 25000 个基因。这些基因,携带了制造一个人所需要的所有遗传信息。人类基因组工程的目标,就是确定所有人类基因的功能以及它们在染色体上的位置。

在这 23 对染色体中,有 22 对是配对染色体,叫作常染色体。22 对常染色体中的每条染色体,都携带了决定生理和心理特质的基因。第 23 对染色体叫性别染色体,因为它们所携带的基因决定了一个人的性别。女性的性别染色体由两条 X 染色体组成(XX);男性的性别染色体由一条 X 染色体和一条 Y 染色体组成(XY)。卵细胞只携带 X 染色体;精细胞则一半携带 X 染色体,一半携带 Y 染色体。因此,人的性别取决于使卵子受精的那个精子所携带的是哪一种染色体。只有 Y 染色体才有的单基因能使胚胎成为男性。这个基因用 Sry 表示,它负责男性生殖器官的发育。

在我们每个人的基因编码中,有些基因表达出来了,有些却没有表达出来。例如,有些人携带了某种致病基因,但并没有患这种病。为了区别表达出来的和没有表达出来的基因特质,科学家用"遗传型"来指个体的基因构成,用"表现型"来指个体实际表现出来的特质。如果一个人携带了某致病基因但却没有患这种病,这种病就属于"遗传型",而不是"表现型"。"尝试"中列举了一些你也许会考虑进行遗传咨询的情况。至今,对于控制基因表现与否的所有因素,科学家仍然不完全清楚。不过,关于个体遗传型的哪些方面会出现在表现型中的规则,科学家已经通过研究了解了部分。

很多特质都受到互补基因对(一个来自精子,另一个来自卵子)的影响。在多数情况下,这些基因对遵循一套叫作显性—隐性模式的遗传规则。例如,卷发基因对于直发基因来说就是显性。因此,带有一个卷发基因和一个直发基因的人就会长卷发,带有两个隐性基因的人就会长直发。

与显性基因和隐性基因有关的还有一些神经和心理特征。用手习惯似乎就遵循显性—隐性遗传模式,但要复杂一些(见"解释")。然而,心理学家感兴趣的大多数特质都遵循复杂的遗传模式。

在多基因遗传中,许多基因影响某一个特质。例如,肤色就是由多个基因决定的。如果父母一方是黑皮肤,另一方是白皮肤,那么,孩子的肤色就介于黑白之间。很多多基因特质都受到多因素遗传的影响;这就是说,它们同时受到基因和环境因素的影响。例如,一名男子的基因可以使他长到 183 厘米,但如果他从小营养不良,那么他的身高就不会达到这个高度。在后面几章中你会了解到,智力(第 7 章)和人格(第 11 章)的本质是多基因、多因素的。另外,许多心理障碍也是如此。

尝试   你应该去看遗传咨询师吗?

遗传咨询的目的有两个:一个是估计个体生的孩子患遗传病的概率;另一个是估计个体自身患遗传病的概率。如果你的家族有遗传病,你就要考虑是否应该做遗传咨询。这样的咨询对任何人都有用。如果有下列情况,遗传咨询就尤为重要。

出生缺陷和遗传病

你也许知道,产前检查能发现很多出生缺陷和遗传病。但是,如果你或你的配偶有下面几种情况,那么怀孕前就应该做这样的检查。

- 你和你的配偶以前生过一个有出生缺陷(如脊柱裂)或患遗传病的孩子(如苯丙酮尿症)

- 你或你配偶的家族中有人在早期就表现出无法解释的发育迟缓或残疾(如视力或听力损害、智力迟钝)

- 你或你的配偶是少数族裔,而这一族裔患某一遗传病的比率很高(如非裔美国人:镰状贫血症;犹太人:家族黑蒙性家族性痴呆;高加索人:囊胞性纤维症;希腊人、中东或北非后裔:

地中海贫血)

成年始发型遗传病

如果你的家人有下面一种成年始发型遗传病,那你就应该考虑看遗传咨询:

- 亨廷顿病

- 强直性肌营养不良症

- 肌萎缩性脊髓侧索硬化症

- 精神分裂症

遗传性癌症

如果你的家人患过癌症,那么遗传咨询能确定你患癌症的概率。弗吉尼亚联邦大学的梅西癌症中心(2006)报告,下面几种家族类型尤其需要接受遗传咨询:

- 家族中有多人患同样或同类的癌症

- 有一个或几个亲戚患了罕见的癌症

- 家族中至少有一个人的癌症发病期较早(例如,50 岁以下)

- 双侧癌症(癌症在两个配对的器官中独立发展,如肾脏或乳房)

- 家族中有一人或多人患有两个原发恶性肿瘤(在不同部位长出的两个原发肿瘤)

- 东欧犹太人背景

多因素紊乱症

很多慢性疾病都是由基因和生活方式共同造成的。虽然这些疾病不能通过遗传检测查出,但是,遗传咨询师可以通过分析你的家族史来确定你患这种病的概率。遗传咨询师还能建议你如何改变生活方式,以降低患病的风险。如果你的家人有下面一种或几种疾病,你就应该接受遗传咨询:

- 成年始发型糖尿病

- 高血压

- 青光眼

- 心脏病

- 风湿性关节炎

- 内分泌系统疾病(如甲状腺功能减退、胰腺炎)

- 自身免疫疾病(如狼疮、多发性硬化)

- 肝或肾病

- 抑郁症

- 帕金森症

- 阿尔茨海默病

作出决定

即使这些自我检查清单使你得出自己应该接受遗传咨询的结论,你也很难面对自己或孩子可能患病这一现实。这种感觉很正常。然而,研究者发现,不知道自己遗传易感性的人,往往会高估自己患病的可能性。遗传咨询会帮你客观评估自己患病的概率,要是未来患病的概率较大,自己也好提前作好应对的准备。

"伴性遗传"涉及 X 和 Y 染色体上的基因。对女性来说,两条 X 染色体的功能和常染色体很相似:如果一条染色体携带了一个有害基因,另一条染色体通常就携带了一个能抵消该害处的基因。可是,对男性来说,如果唯一的 X 染色体携带了有害基因,Y 染色体是不可能携带一个能抵消这种害处的基因的。这是因为,Y 染色体很小,它只携带创造男性所需的基因。因此,由 X 染色体上基因所造成的疾病更多地出现在男性中。例如,你将在第 3 章读到,一个很常见的伴性疾病就是红—绿色盲。5% 的男性患这种疾病,但只有不到 1% 的女性患这种疾病。大约 1/4000 的男性和 1/8000 的女性会得一种更加严重的伴性疾病:X 染色体易损综合征,这种病能导致智力落后。

行为遗传学　行为遗传学是关于遗传和环境(先天和后天)对行为相对影响的研究。在关于双胞胎的研究中,行为遗传学对同卵双胞胎和异卵双胞胎展开研究,以确定他们在各种特征上的相似程度。同卵双胞胎有同样的基因,因为父亲的一个精子与母亲的一个卵子结合后形成一个受精卵,这个受精卵分裂,形成两个叫作"复本"的人类胚胎。对异卵双胞胎来说,两个精子与恰好同时排出的两个卵子结合。因此,异卵双胞胎在基因上的相似度,并不比其他同父同母兄弟姐妹的相似度更高。

在一起长大的双胞胎,不管是同卵双胞胎还是异卵双胞胎,都有相似的环境。如果在一起长大的同卵双胞胎比在一起长大的异卵双胞胎在某个特质上表现出更多的相似性,那么,就可以假定这个特质更多地受到遗传的影响。如果同卵双胞胎和异卵双胞胎在某个特质上并没有表现出差异,那么,就可以假定这个特质更多地受到环境的影响。

在收养儿童研究中,行为遗传学研究了出生不久就被收养的孩子。研究者将被收养儿童的能力和人格特质,与他们养父母的能力和人格特质以及他们生父母的能力和人格特质进行比较。通过这种方法,研究者就可以把环境的影响与遗传的影响区分开来。

由于遗传和环境共同影响心理学家所感兴趣的很多变量,在后面的章节中,你会读到很多关于遗传和环境相对影响的辩论。

回顾

在本章你学到,适应性是神经系统的重要特征之一。例如,菲尼亚斯·盖奇事件表明,成年人大脑的很多区域都有特定的功能,这些功能是其他大脑区域不可替代的。这就使得成年人的大脑比儿童的大脑更高效,但同时也更脆弱。尽管如此,即使遭到严重损伤,大脑仍能继续工作。神经递质的激发和抑制作用互相补充,这使得我们的大脑能对不同情境作出正确的反应。做过脑裂手术的人仍然能够正常生活,只是无法完成某些任务,因为脑半球之间失去了信息传递。在需要应对紧急情况时,我们的内分泌系统和周围神经系统会通力合作,产生短暂的能量爆发。最后,尽管一些特征和疾病完全由基因决定,但是,我们大多数的心理特质都是由遗传和环境共同决定的。这一点,我们在后面的章节中会继续探讨。

【第 3 章】

感觉和知觉

感觉过程

感觉是感官接收视觉、听觉和其他感觉刺激,并将它们传入大脑的过程。知觉是大脑积极组织和解释感觉信息的过程。感觉提供的是感觉经验的原材料,知觉提供的则是成品。然而,感觉和知觉并不是完全独立的,而是相互作用的:感觉为知觉提供材料,知觉加工又影响感觉。在阅读本章的时候,请务必记住这一点。在探讨知觉之前,让我们先看一看感觉过程。

绝对阈限和差别阈限   3.1 什么是绝对阈限和差别阈限?

你能听见的最小声音有多大?你能看见的最弱的光线有多强?你能尝出的最淡食物有多咸?为了回答这些问题,研究者做了很多实验研究。这些研究确立了用绝对阈限度量感觉这一方法。就像门槛把屋子区分为屋内和屋外一样,感官的绝对阈限将刺激区分为不能感知和刚好能感知。心理学家把绝对阈限定义为,50% 次能觉察到的感觉刺激的最小量。图 3.1 描述了视觉、听觉、味觉、嗅觉和触觉的绝对阈限。

设想你在听音乐,你能听见的这个事实就说明,音量越过了绝对阈限。但音量要调大多少或调小多少你才能察觉到音量发生了变化呢?如果你提了一袋东西,重量要增加或减少多少你才能察觉到重量发生了变化呢？差别阈限是我们可以觉察到的、能产生最小可觉差的刺激的最小增加量或最小减小量。最小可觉差量是50%次能觉察到的最小改变。如果你提着一个 5 磅的物体，加上 1 磅你就能觉察到，但如果你提着一个 100 磅的物体，加上 1 磅你就觉察不到。这是为什么呢？

150 多年前，恩斯特·韦伯（1795—1878）发现，所有感觉的最小可觉差量都取决于刺激变化的比例，而不是一个固定的变化量。这一发现叫韦伯定律。你所提的重量必须增加或减小 1/50（或 2%）才能使你觉察到差异；要是你在听音乐，如果音量增加或减小 0.33%，你就能觉察到差异了。根据韦伯定律，原始刺激越大，使你觉察到差异的增加量或减少量也就必须越大。

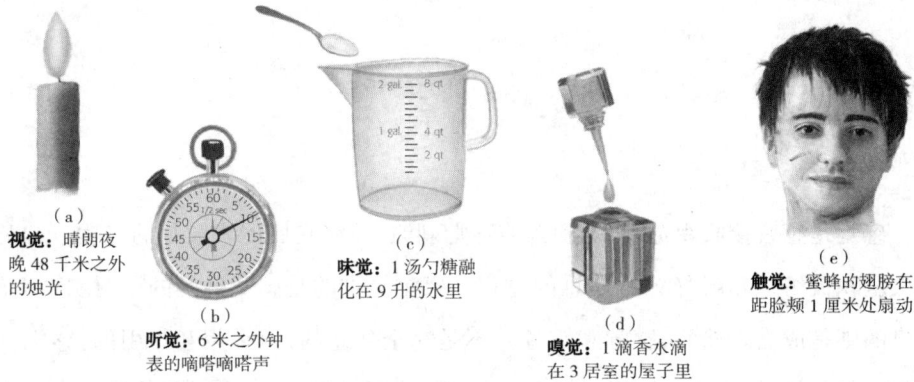

（a）
视觉：晴朗夜晚 48 千米之外的烛光

（b）
听觉：6 米之外钟表的嘀嗒嘀嗒声

（c）
味觉：1 汤勺糖融化在 9 升的水里

（d）
嗅觉：1 滴香水滴在 3 居室的屋子里

（e）
触觉：蜜蜂的翅膀在距脸颊 1 厘米处扇动

图 3.1　绝对阈限

就像门槛把屋子区分为屋内和屋外一样，感官的绝对阈限将刺激区分为不能感知到的刺激和刚好能感知到的刺激。

你也许会想，差别阈限对各种感觉是不同的。要辨别出味道的差异，需要很大的差异（1/5 或 20%）。根据韦伯定律，最适合的对象是敏感程度一般的人，最适合的感觉刺激是不太强（像打雷）和不太弱（像耳语）的刺激。例如，专业品酒师能辨别葡萄酒是否太甜，而一般人就觉察不到。另外，丧失一种感觉能力的人，往往在其他方面很敏感。一项研究发现，早期失明的儿童比视力正常的儿童能更正确地辨别出 25 种常见味道。另一项研究发现，先天耳聋学生的运动感知能力要强于听力正常的学生。另外，耳聋学生似乎比听力正常的学生更容易被视觉刺激吸引。

转导与适应　　3.2 转导是如何改变感觉信息的?

如果我告诉你,我们的眼睛没有真正看见东西,我们的耳朵也没有真正听见东西,你会感到惊讶吗? 感官只是感觉的起点,而感觉必须由大脑完成。正如第 2 章所述,必须激活大脑特定区域中的特定神经元束,我们才能看、听、尝等。但大脑本身是不能对声光味直接作出反应的。那么,大脑是如何获得信息的呢? 答案是:通过感受器。

身体的感官具有高度专业化的细胞,叫感受器,它能够辨别感觉刺激(声光味等),并对刺激作出反应。

通过传导过程,感受器将感觉刺激转变成神经脉冲(脑子的电化学语言)。然后,这些神经脉冲被传送到大脑的精确区域,如把视觉脉冲传送到初级视觉皮质,把听觉脉冲传送到初级听觉皮质。只有当适当的大脑区域被激活的时候,我们才能体验到感觉的存在。感受器在外部感觉世界和大脑之间充当了必不可少的桥梁。

过上一段时间之后,感受器就会对连续不变的声光味刺激强度逐渐变得习以为常,于是,我们就越来越少注意到这些刺激,甚至根本就注意不到它们。例如,吸烟的人因习惯了烟味就注意不到自己家里和衣服上的烟味。这个过程就叫感觉适应(见"尝试")。虽然感觉适应降低了我们的感觉意识,但能使我们把注意力转移到眼下最重要的事情上来。不过,在非常强的刺激(如氨水的味道、震耳欲聋的声音或变质食物的味道)面前,感觉适应不大可能出现。

尝试　　　　　　　　　感觉适应

准备 3 个大碗。一个里面装冰水,一个里面装热水(不是沸水或滚烫水),一个里面装温水。把你的左手伸进冷水里,右手伸进热水里,保持一分钟以上。然后快速地将两只手同时伸进温水里。

这时,你会同时感觉到,这碗温水既比平时更热,又比平时更冷。为什么会有这种错觉呢? 答案是:适应。你适应了冷水的左手感觉到,温水比平时更热;你适应了热水的右手则感觉到,温水比平时更冷。这就说明,我们对感觉刺激的认识是相对的,并受到我们已经适应了的刺激和新刺激之间差距的影响。

视觉

视觉是所有感觉中研究得最多的。视觉研究者长期以来就知道视觉环境中有很多的信息，是我们的眼睛不能够接收的。我们的眼睛只能对可见光波作出反应。可见光只是电磁波谱中的很小一部分，这个部分叫可见光谱(图3.2)。各种电磁波都是以波长来度量的。波长就是一个波峰到相邻波峰的距离。人类能看见的最短波长呈紫色，最长波长呈红色。

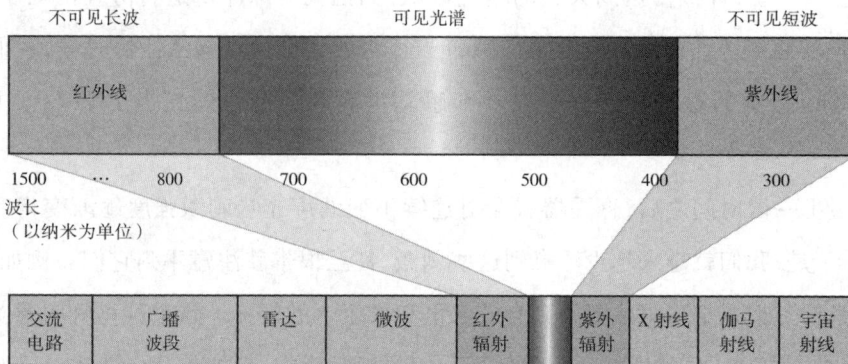

图 3.2　电磁波谱

人眼只能觉察到电磁波谱的很小一部分，这部分叫可见光谱。

眼睛　3.3 眼睛的各个部位都有什么功能？

人的眼球(图3.3)，是一个直径大约为2.5厘米的球体。眼睛表面凸出的曲面叫角膜，这是眼睛前面的保护层，结实且透明。角膜完成视觉的第一个功能：使光线向内弯曲，使光线能够进入瞳孔(虹膜中心的小黑洞)，虹膜是眼睛的有色部分。虹膜通过扩大和收缩瞳孔来调节进入眼睛的光线多少。

晶状体悬浮在虹膜和瞳孔的后面，由很多薄层组成，看上去就像一个透明的碟

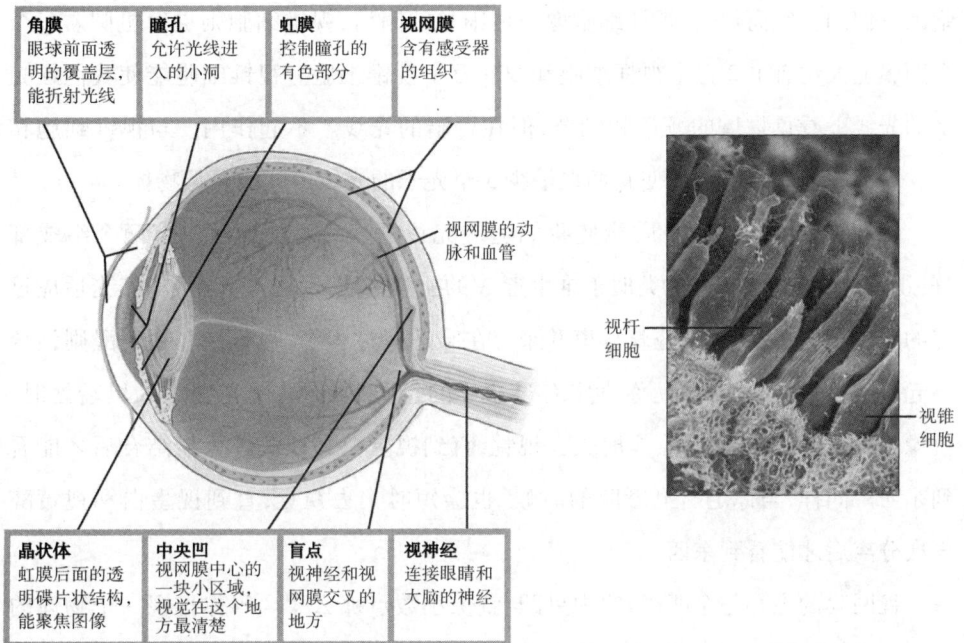

角膜	瞳孔	虹膜	视网膜
眼球前面透明的覆盖层，能折射光线	允许光线进入的小洞	控制瞳孔的有色部分	含有感受器的组织

视网膜的动脉和血管

视杆细胞

视锥细胞

晶状体	中央凹	盲点	视神经
虹膜后面的透明碟片状结构，能聚焦图像	视网膜中心的一块小区域，视觉在这个地方最清楚	视神经和视网膜交叉的地方	连接眼睛和大脑的神经

图 3.3　人类眼睛的主要部分

片。晶状体所做的事情是，聚焦所看到的物体。看远处物体时，晶状体就会变平；看近处物体时，它的中心就会凸出，变成球面状。晶状体的这种变化叫调节。随着年龄的增大，晶状体改变自身形状以看清近物的能力就会减弱，这种情况就叫远视，俗称老花眼。这就是为什么 40 岁过后，很多人看书读报时要把书或报拿得很远，或者用放大镜。

晶状体把进入的图像聚焦在视网膜上。视网膜是一层邮票大小的组织，只有洋葱皮那么薄。视网膜位于眼球的内表面上，包括视觉感受器。投射到视网膜上的图像是上下颠倒、左右反转的（图 3.4）。

有一些人看东西时，穿过眼球的距离（从晶状体到视网膜）要么太短，要么太长，从而无法正确聚焦。如果晶状体把远处的物体聚焦在视网膜之前而不是视网膜之上时，就会出现近视。近视的人看得清近处的物体，但看不清远处的物体。当晶状体将近处的物体聚焦在视网膜之后而不是视网膜之上时，就会出现远视。远视的人看得清远处的物体，但看不清近处的物体。这两种状况都需要佩戴眼镜或通过手术来矫正。

在视网膜的后面，是一层叫作视杆细胞和视锥细胞的光感受体细胞。这些细胞因它们的形状而得名:视杆细胞像一根细长的圆筒,视锥细胞则更短更圆。每个视网膜上大约有 1.2 亿个视杆细胞和 600 万个视锥细胞。视锥细胞能使我们在充足的光线下看见物体的颜色和细节,但在昏暗的光线下不起作用。与视锥细胞相比,视杆细胞极其敏感,能使我们在最少 5 个光子的光线中就能看见物体。

视杆细胞中的视紫红质能使我们适应光线的变化。视紫红质有两个组成部分:视蛋白和视黄醛(一种类似于维生素 A 的化学物质)。在亮光中,随着光适应过程的发生,视蛋白和视黄醛就分离开来。在暗适应过程中,视蛋白和视黄醛则结合一起,重新形成视紫红质。你肯定有过这样的经历:当你从明亮处进入黑暗处时,就像进入电影院的时候,会短时失去视觉,直到视蛋白和视黄醛重新结合后才能看到东西。同样,当你走出电影院的时候,也会短时失去视觉,直到视蛋白和视黄醛再次分离后才能看到东西。

视网膜的中心是个凹槽,叫中央凹,就像小数点那么大。当你直视一个物体的时候,物体的图像就会聚焦在凹槽的中心。凹槽中没有视杆细胞,但有大约 3 万个紧靠在一起的视锥细胞,构成视网膜中最清楚的视觉区。在凹槽中心,视锥细胞最为密集;离开中心,视锥细胞的密度剧减;直到视网膜的周边区域,视锥细胞的密度都逐渐减少。

视觉与脑	3.4 视觉信息是如何从视网膜传递到初级视觉皮质的?

如图 3.4 所示,大脑负责将倒置的视网膜图像转换成有意义的视觉信息。不过,神经加工的第一阶段是在视网膜中进行的。在到达视杆细胞和视锥细胞上的感受器之前,光线要经过四层组织。每层组织都有自身的专门神经元:神经节细胞、无长突细胞、双极细胞、水平细胞(图 3.4)。光线到达感受器(视杆细胞和视锥细胞)后,就被受体细胞变成神经脉冲。这些神经脉冲又被传送到双极细胞、无长突细胞和水平细胞。这三种细胞又将脉冲传送到神经节细胞。神经节细胞有大约 100 万个像轴突一样的触须,它们被捆绑在铅笔粗细的缆索上。缆索穿过视网膜壁,离开眼睛后直达脑部。在缆索穿过视网膜壁的地方,没有视杆细胞和视锥细胞,因此这个地方叫盲点(见"尝试")。

穿过视网膜壁后,缆索就变成了视神经(图 3.3)。两条视神经的汇合处叫视交

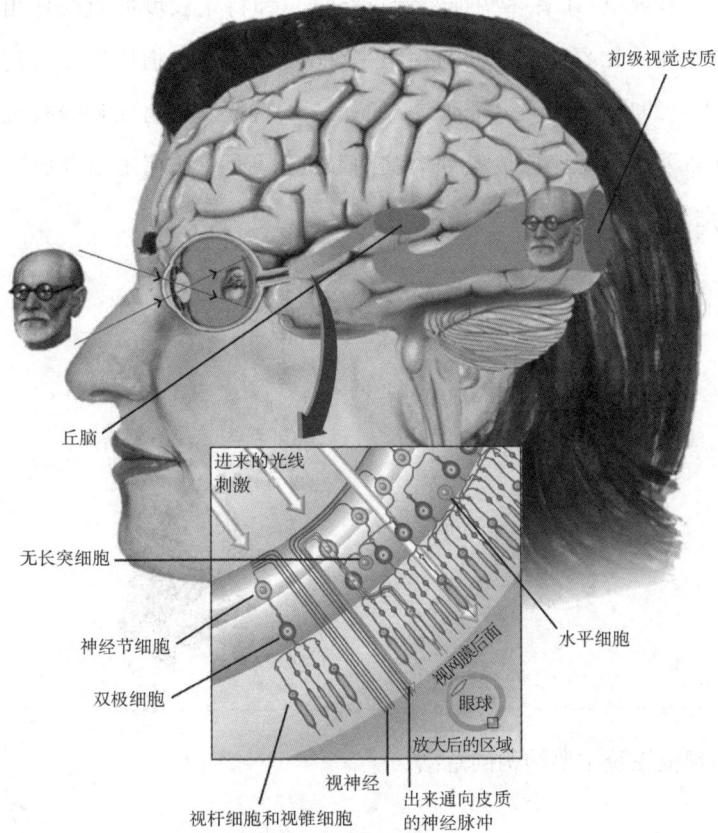

图 3.4　从视网膜图像到有意义信息

　　为了生成清楚的图像,晶状体要对光线加以改变。这种改变使得呈现在视网膜上的图像是倒置的。大脑的视觉加工系统接收到倒置的视网膜图像后,要把它的方向扭转过来。

叉。就是在这里,有些视神经纤维交叉到大脑的另一侧。来自每一个视网膜右半边的神经纤维通到右半脑;来自每一个视网膜左半边的神经纤维通到左半脑。这个交叉很重要,因为它使得从一个眼睛接收到的视觉信息能够传递到两个脑半球的初级视觉皮质。另外,这在深度的知觉中也起着很重要的作用。

　　从视交叉处,视神经纤维延伸到了丘脑。在丘脑处,它们与把脉冲传递到初级视觉皮质的神经元一起形成突触。大卫·休伯尔和托斯坦·维厄瑟尔的研究使我们对很多初级视觉皮质神经元的独特功能有所了解(他们因此获得了 1981 年度的诺贝尔奖)。1959 年,通过将微电极插入猫的视觉皮质细胞中,休伯尔和维厄瑟尔确定了猫在受到不同视觉刺激时单个细胞所发生的变化。他们发现,每个神经元只对特定的模式作出反应。有些神经元只对直线和角度作出反应;有些神经元只对垂线或水平线放电;还有一些神经元只对直角和特定长度的直线作出反应。这种神经元就叫特征觉察器。它们与生俱来,能使我们对事物作出独特的反应。不过,我们所看见的是整个图像,而不是一堆孤立的特征。只有在初级视觉皮质把自己收到的几百万条视觉信息传递到大脑的其他区域,并在那里组合成完整的视觉图像后,视觉知觉才得以完成。

尝试　　　　　　　　找一找你的盲点

为了找到你的一个盲点,请先把书拿远。闭上右眼,直视魔术师的眼睛。然后慢慢把书拿近,眼睛一直盯着魔术师。当左边的兔子消失时,你就找到了左眼的盲点。

下表是视觉系统主要结构的总结。

总结　　　　　　　　视觉系统的主要结构

结构	功　能
角膜	眼球前面的透明覆盖层,能把光线折射进瞳孔
虹膜	眼睛的有色部分,通过调节能使进入眼睛的光线量保持不变
瞳孔	虹膜中间的小洞,光线通过它进入眼睛
晶状体	瞳孔后面的透明碟片状结构,它通过调节自身的形状使眼睛聚焦远近不同的物体
视网膜	眼睛内表面的组织层,它包括视觉感受器
视杆细胞	视网膜中的特殊受体细胞,它们对光线变化很敏感
视锥细胞	视网膜中的特殊受体细胞,它们使人在充足的光线下看清物体的颜色和细节
中央凹	视网膜中心的小区域,它充满视锥细胞,是视网膜中最清楚的视觉区域
视神经	把视觉信息从视网膜传递到脑的神经
盲点	视神经与视网膜壁接触的地方,这个地方没有视觉

色觉   3.5 色觉是怎么工作的?

为什么苹果皮看上去是红色的,而果肉看上去有点白偏黄? 我们实际看见的只是反射过来的光。光波碰到物体后,有些被物体吸收,有些则被物体反射。那么,为什么苹果皮看上去是红色的呢?

感觉颜色   如果你在亮光下拿着一个红苹果,所有不同波长的光波都会打在苹果上。但是,波长较长的红波被苹果皮反射,而波长较短的其他颜色的波则被吸收。这样,你所看到的就只是反射过来的红波。咬上一口,你会发现果肉看上去是白偏黄色的,这又是为什么呢? 这是因为,可见光谱上几乎所有波长的光波都从苹果里面反射了过来,而没有被吸收。所有可见光波的出现,就使果肉看上去白偏黄。如果一个物体反射了100%的可见光波,那么它就会呈纯白色。

我们每日所看见的颜色远远不止彩虹的那几种颜色。我们人类能辨别几千种不同的颜色。那么,是什么让我们能够辨别这么多种颜色的呢? 研究者发现了光的三个维度,它们合在一起创造了我们所看见的丰富多彩的世界。这三个维度是色度、色饱和度和亮度。色度指具体的颜色,如红、蓝、黄等;色饱和度指颜色的纯度,如果掺杂了其他波长的光波,颜色就会变得不饱和或者不纯;亮度指一种颜色光能量的强度,与该颜色光波的振幅相对应。

色觉理论   科学家知道视锥细胞负责色觉,但并不知道视锥细胞是如何产生色觉的。目前,有两个主要说明色觉现象的理论,它们都是在检测色觉的实验室技术发明之前就提出来了。第一个理论是托马斯·杨于1802年提出的三色理论。50年后,赫尔曼·冯·赫尔姆赫兹修改了这一理论。三色理论指出,视网膜中有三种视锥细胞,每种细胞只对红、绿、蓝这三种颜色中的一种作出最大化学反应。诺贝尔奖获得者乔治·瓦尔德在20世纪50年代和20世纪60年代所做的研究都支持三色理论。瓦尔德发现,虽然所有视锥细胞的结构都基本相同,但视网膜确实含有三种视锥细胞。后续研究表明,每种视锥细胞对红、绿、蓝这三种颜色中的一种尤其敏感。

第二个试图说明色觉现象的主要理论是生理学家埃瓦尔德·黑林于1878年提出的对立过程理论。1957年,利昂·赫维奇和多西亚·贾米森对这一理论做了修改。对立过程理论指出,在不同颜色出现的时候,三种细胞会以增加或减少自身放电速度的方式作出反应。当红色出现的时候,红/绿细胞的放电速度就增加;当绿色出现的时候,红/绿细胞的放电速度就减小。黄/蓝细胞对黄色的反应是增加放电速度,对蓝色的反应是减小放电速度。第三类细胞在白光出现时放电速度增加,在无光(黑暗)时放电速度减慢。

如果你对着对立过程对中的一个颜色看足够长的时间,然后再看白色的表面,大脑就会给你一种叫作负后像的相反颜色感觉,使你在刺激撤退之后仍然保持对该刺激的视觉感觉。在你长时间盯着对立过程对(红/绿、黄/蓝、白/黑)中的一个颜色看之后,对这种颜色作出反应的细胞就会疲劳,于是对立面的细胞就开始放电,从而产生出了后像。(见"尝试")。

但哪一种理论正确呢?事实上,每一种理论都说明了色彩加工的不同阶段。现在一般认为,三色理论对视锥细胞加工色彩的方式提供了最好的解释。视锥细胞把波长信息传递到神经节细胞,神经节细胞对传递来的信息进行就地加工处理。色彩加工似乎不止这两个阶段。研究者认为,颜色加工在视网膜就已经开始了,在双极细胞和神经节细胞中继续加工,最后在视觉皮质的色彩探测器中完成加工。然而,三色理论还不能完全说明色彩加工,因为视锥细胞不是均匀分布在视网膜表面上的。新的理论包括视觉的肌肉运动方面,如几乎看不见的眼睛运动(眼跳运动)。这些理论可能会让研究者对色彩加工有一个更加全面的了解。

尝试　　　　　　　　负后像

盯着这面绿、黑、黄三色国旗中间的白点看大约 1 分钟。然后,将视线移到右边长方形框中的黑点。你就会看到一面真正的红、白、蓝色的美国国旗。这三种颜色就是绿、黑、黄的对立加工对色。

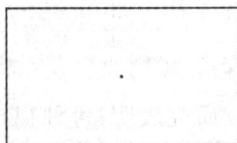

色盲　你可能想过,"色盲"对于一个人意味着什么。这个人看到的世界是黑白世界吗?不是。色盲指的是对任何几种颜色无法区分的情况。大约有 8% 的男性在区分颜色(主要是红色和绿色)方面有困难,但只有不到 1% 的女性患有色盲症。(回想一下第 2 章中所学的内容,造成这种色觉上性别差异的原因是:色觉基因是由 X 染色体携带的。)

研究表明,色盲有程度之分,而不是一个"要么有一要么没有"的简单症状。为什么我们中间的一些人能更好地区分颜色间的细微差异呢?例如,有些人能区分黑色和深蓝色的袜子。这些差异似乎与个体色觉基因的数量有关。研究者发现,对于色觉正常的人,X 染色体包含少至 2 个、多至 9 个色觉基因。拥有更多色觉基因的人能更好地区分颜色之间的细微差异。这些基因差异影响视锥细胞在视网膜中的分布。另外,动物研究显示,增加色盲患者视网膜中视锥细胞的数量,是治愈色盲症的基因疗法。

听力与平衡

"在太空中,没人能听见你在尖叫!"多年前的恐怖科幻电影《外星人》就是这么自我宣传的。虽然这部电影是科幻的,但这句话说的是事实。光能在真空中传播,但声音不行。

声音　3.6 声音有哪些物理属性?

声音的传播需要媒介,如空气、水或固体。这个事实最初是由罗伯特·波义耳于1660 年发现的。他在一个特制的罐里悬挂一只怀表,在他抽走罐里的空气后,就听不见怀表的嘀嗒声了,但当他往罐中重新注入空气后,就又能听见怀表的嘀嗒声。

频率就是 1 秒钟内声波完成的周期数。度量声波频率的单位是赫兹(Hz)。音高,即声音的高低,主要是由频率决定的。频率越高,声音也就越高。人耳能听到的声音的频率在 20 赫兹到 20000 赫兹。但是,成年人听见高频声音的能力因人而异,而且差别很大(见"解释")。与人不同,许多哺乳动物(如狗、猫、蝙蝠和老鼠)

都能听见频率高于 20000 赫兹的声音。令人惊讶的是,海豚能听见频率高于 100000
赫兹的声音。

　　声音的大小是由振幅决定的。使空气分子运动的力或压力决定了声音的大
小。声音大小的量度单位叫贝尔,以亚历山大·格雷厄姆·贝尔的名字命名。由
于贝尔是一个很大的单位,声音大小就常以 1/10 贝尔或分贝(dB)来度量。把人类
的听觉阈限定为 0 分贝,这并不是说就没有声音,而是在极其安静的环境下人能听
见的最小声音。每增加 10 分贝,音量就增大 10 倍。图 3.5 显示了各种声音的分
贝值。

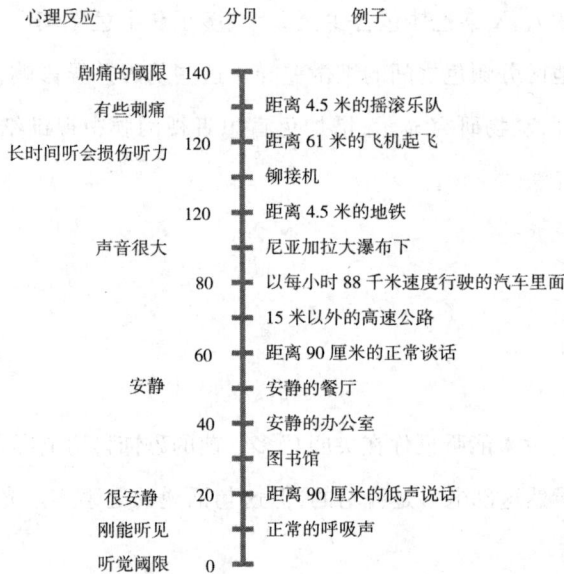

心理反应	分贝	例子
剧痛的阈限	140	
有些刺痛		距离 4.5 米的摇滚乐队
长时间听会损伤听力	120	距离 61 米的飞机起飞
		铆接机
	120	距离 4.5 米的地铁
声音很大		尼亚加拉大瀑布下
	80	以每小时 88 千米速度行驶的汽车里面
		15 米以外的高速公路
	60	距离 90 厘米的正常谈话
安静		安静的餐厅
	40	安静的办公室
		图书馆
很安静	20	距离 90 厘米的低声说话
刚能听见		正常的呼吸声
听觉阈限	0	

图 3.5　各种声音的分贝值

　　声音的大小(振幅)是以分贝度量的。每增加 10 个分贝,声音就增大 10 倍。距离 90
厘米的正常说话声大概是 60 分贝,是距离 90 厘米低声说话(20 分贝)声音的 10000 倍。
130 分贝及以上的声音会立即造成听力损伤,持续处在 90 分贝的声音中,时间长了也会使
人丧失听力。

　　声音的另一个特征是音色,它将同等音高大小的声音区别开来。虽然钢琴、吉
他和小提琴都是通过弦振动而发声,但为什么同一个音符在这三种乐器上演奏出
来的声音不一样呢?弦的特性、引发振动的技术以及共鸣箱放大声音的方式,这三
者一起作用,使每一种乐器产生出各自独特的"声音"或音色。每个人的声音也有
音色的差别,因此,我们能够闻声知人。音色因乐器而异,也因声音而异。这是因

为,大多数的声音都由多个不同的频率构成,而不是只有一个音高。这些频率的范围赋予每个乐器和每个人独特的声音。

耳朵和听力　　3.7 耳朵的每个部分在听力中是如何起作用的?

听就是对听觉刺激的感觉和加工。外耳的可见部分是耳郭,由软骨和皮肤构成,看上去弯曲奇怪(图 3.6)。耳朵里面是一条约 2.5 厘米长的耳道,耳道口长满了茸毛。耳道的末尾是一层柔软的薄膜,它就是鼓膜,直径约 0.85 厘米。当受到进入耳道的声波的撞击时,鼓膜就发生振动。

中耳只有一片阿司匹林药片那么大。中耳里面是听小骨,这是人体中最小的三块骨头。这三块骨头以自己的形状得名。听小骨自外向内依次是:锤骨、砧骨、镫骨,它们把鼓膜与卵圆窗连接起来(图 3.6)。听小骨能将声波放大约 22 倍。内耳从卵圆窗内侧的耳蜗开始。耳蜗是一个充满液体的、蜗牛状的骨室。当镫骨推撞卵圆窗时,它就开始振动并带动耳蜗中的液体来回运动。耳蜗里面的基底膜上,附着有大约 15000 个叫作毛细胞的感受器。每个细胞都有一簇细小的向外凸出的茸毛。这些细小的茸毛簇在耳蜗里液体的拉动或推动下摆动。如果茸毛簇端梢运动的距离恰好有一个原子的宽度,就会有电脉冲产生。该脉冲通过听觉神经传递到大脑。耳蜗毛细胞的损伤是导致听力丧失的主要原因。图 3.7 形象地描绘了噪声过多对这些脆弱细胞造成的损害。

我们能够通过骨传导听见一些声音,也就是通过脸骨和头骨的振动听到一些声音。当你敲击牙齿或吃酥脆的食物时,你所听到的声音就主要是通过骨头传导过来的。在听自己的录音时,你可能会觉得自己的声音有些奇怪。这是因为,录音复制下来的不是你自己通过骨传导所听到的声音。而是别人耳朵中所听到的你的声音。

我们有两只耳朵,一只长在头的左侧,一只长在头的右侧。这样,我们就能够确定声音的方向。除非声音来自正上方、正下方、正前方、正后方,它总是要先传到一只耳朵,然后再传到另一只耳朵的。大脑能够辨别 0.0001 秒的差异,并能对差异作出解释,从而揭示声音的方向。对声源的确定,还可能受进入每只耳朵的声音强度差异以及听到声音时头所处的位置的影响。

外耳   内耳

耳郭	耳道	半规管	耳蜗	听觉神经
由软骨和皮肤组成的弯曲结构,长在头的两侧	声音穿过的长满茸毛的管道	充满液体的管状通道,负责头部的旋转感	长满感受器(毛细胞)的长螺旋管	把毛细胞产生的电脉冲传递到大脑神经

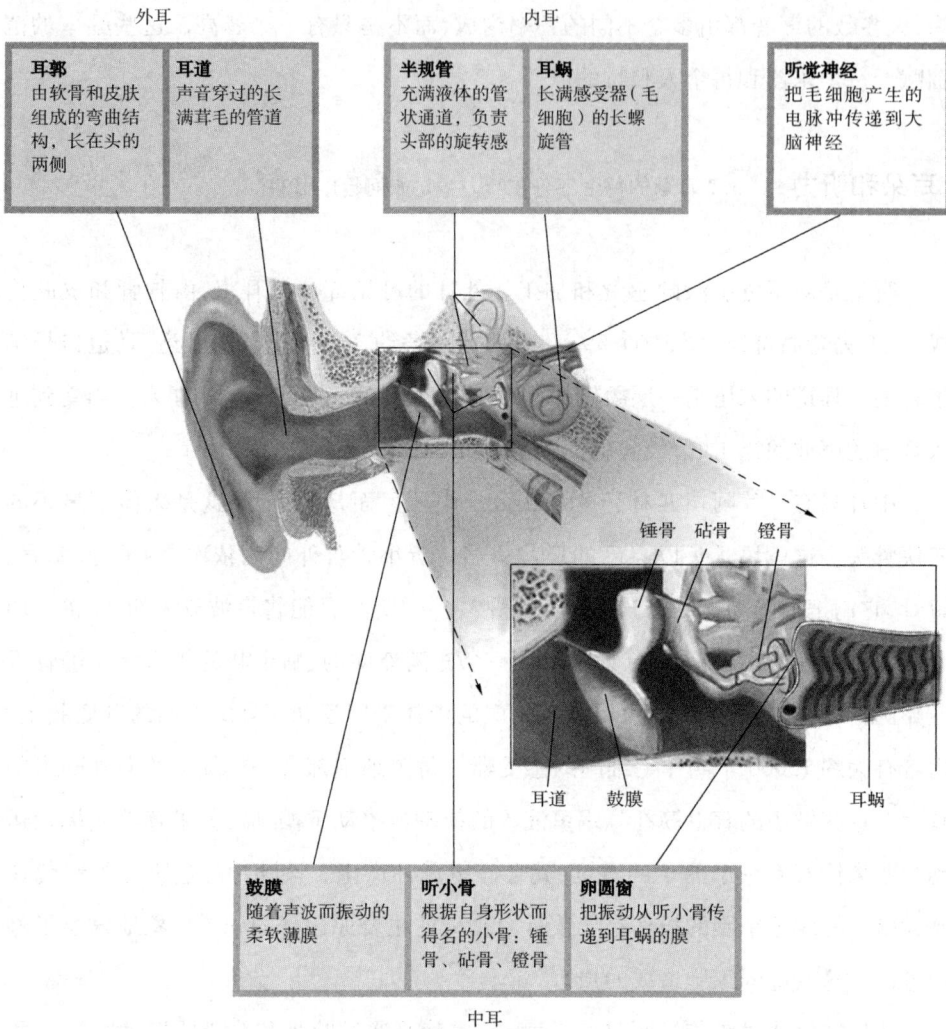

锤骨　砧骨　镫骨

耳道　　鼓膜　　　　　　　　　　　耳蜗

鼓膜	听小骨	卵圆窗
随着声波而振动的柔软薄膜	根据自身形状而得名的小骨:锤骨、砧骨、镫骨	把振动从听小骨传递到耳蜗的膜

中耳

图 3.6　人耳的解剖图

　　声波通过耳道传递到鼓膜,引起鼓膜的振动,并引发中耳小骨的振动。镫骨推撞卵圆窗时,会引起内耳振动。这样就带动耳蜗中液体来回流动,并带动毛细胞的运动,从而将信息通过听觉神经传递到大脑。

　　科学家提出了两个理论来解释听。在 19 世纪 60 年代,赫尔曼·冯·赫尔姆赫兹提出了听的区域理论。这一理论认为,一个人听见的每个音高都是由基底膜上振动最大的点或区域决定的。通过观察活的基底膜,研究者证实,不同区域的振动,的确与不同的音高相对应。即使如此,区域理论似乎只适用于频率在 150 赫兹以上的声音。

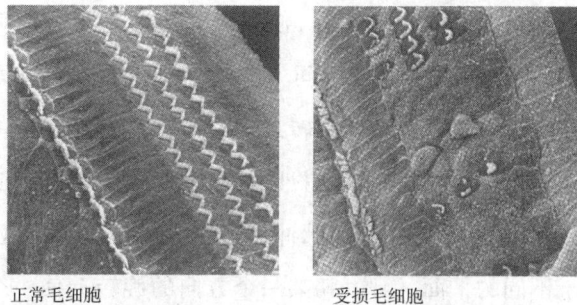

正常毛细胞　　　　　　　　受损毛细胞

图 3.7　噪声对耳蜗毛细胞的影响

另一个说明听的理论是频率理论。根据这一理论,毛细胞每秒钟所振动的次数,与到达这里的声音的振动次数相同。500 赫兹的声音会刺激毛细胞振动 500 次/秒。然而,频率理论不能说明高于 1000 赫兹的频率,因为与毛细胞相连的单个神经元的放电频率无法超过 1000 次/秒。虽然受体可以与声波振动的频率一样快,但感知这一音高所需要的信息未必会忠实地传递到大脑。因此,频率理论似乎只适合说明我们所听见的低频率声音(低于 500 赫兹),区域理论则能更好地描写我们听见的频率高于 1000 赫兹的声音。当我们听见频率在 500 赫兹到 1000 赫兹之间的声音时,频率理论和区域理论都在起作用。

平衡与运动　　　3.8 动觉和前庭觉是如何帮助我们运动和保持平衡的?

没有人质疑耳朵的重要性以及耳朵在日常生活中向大脑传递听觉信息中所起的重要作用,但是你知道,耳朵在运动和保持平衡中也起着重要的作用吗? 动觉提供的信息包括:(1)身体各部分的相对位置;(2)整个身体或身体部位的运动。关节、韧带和肌肉的受体都可以觉察这种信息。其他感官提供了身体位置和运动的更多信息。例如,我们在本章开头讲过,如果剥夺了大脑的视觉信息,动觉就不能很好地发挥作用。但是,即使没有视觉输入,动觉仍然能发挥较好的作用。如果你尝试过前面的平衡活动,就会发现,为了保持平衡,你必须时不时地放下抬起的脚。虽然你不能连续保持单脚站立,但也不会完全摔倒。这是因为,动觉能够补偿我们所缺失的感觉信息。补偿的方式是:要么使用其他感官获得的信息,要么使我们以某种方式运动。结果,我们就能够在没有视觉反馈,或者在没有计划和有意识努力的情况下,保持对身体的控制。

视觉和动觉系统与前庭觉一起工作,使得我们能够平稳且协调地运动。前庭觉对运动进行检测,并提供关于身体空间方位的信息。前庭觉感官位于内耳的半规管和前庭囊中。半规管觉察头部的旋转,如左右转头或旋转身体(图3.8)。由于半规管里充满了液体,头部的旋转就使得液体在半规管中流动。在半规管中,流动的液体把毛细胞压弯,使毛细胞把神经脉冲传送给大脑。由于半规管有三个管道,每个管道都定位于不同的平面,因此,朝某一个方向的旋转会使一个管道中毛细胞被压弯的程度大于其他管道中毛细胞被压弯的程度。

半规管和前庭囊只能对运动或方位的变化发出信号。如果把你的眼睛蒙上,且没有视觉或其他外部线索,一旦你的速度成为恒速之后,你就无法感觉到运动了。例如,坐飞机时,你能感到飞机的起飞和降落以及飞行过程中的突然变速。但是,在飞机以恒速飞行之后,你的前庭觉感官就不能觉察到你的运动,即使你的速度达到了每小时几百千米。

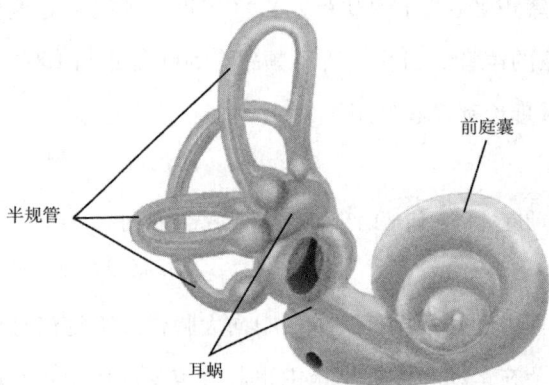

图 3.8　对平衡和运动的感觉

你能感觉到头部朝任何方向的旋转,因为这一运动会使液体流过内耳中的半规管。流动的液体压弯毛细胞受体,受体便将神经脉冲发送到大脑。

解释　　**为什么不是每个人都能听见蚊子的嗡嗡声**

你有没有测试过自己的听力,看你是不是能听见蚊子的嗡嗡声(频率是17000赫兹)?如果没有,可以在网上搜索"蚊子飞声听力测试",你会找到很多做这项测试的网站。听见蚊子嗡嗡声的能力随年龄的增大而减弱。然而,研究指出,对蚊子嗡嗡声敏感的年龄差异实际情况是:十几岁和20出头的年轻人都能听见,但25岁之后就表现出很大的差异。是什么导致成年人对高音调声音敏感性的差异呢?

随着年龄的增大,听见高音调声音的能力就减弱,这其中有很多原因。对于中年和老年人来说,经常有耳屎过多、耳朵里面出现慢性流体、内耳骨头增生等情况。这些情况解释了他们听力减弱的部分原因。不过,成年人的听力丧失常常是由于长期接触噪声造成的。如果经常长时间接触 85 分贝以上的噪声,就会对耳蜗里的毛细胞造成损坏。人暴露在噪声中的时间越长,听力的减弱也就越多。例如,很多中年摇滚歌星的听力就比其他同龄人差很多。摇滚歌星汤森甚至说,他还是二十多岁的时候就注意到自己的听力丧失。在管弦乐队里经常演奏的古典音乐家,也表现出相似的听力丧失。

那么,我们该如何做才能尽可能长地维持听见蚊子嗡嗡声和其他高调声音的能力呢? 这种能力恰好是理解人类话语至关重要的能力。如果你是音乐家,就得找一个听力保护器,使你既能保护自己的内耳不受强音的伤害,也能听见声音以保障演奏的效果。即使不是音乐家,你也应该意识到,长期佩戴耳机会大大增加听力丧失的概率。为了保护你的听力,建议你采用"60/60 法则",即每天戴耳机的时间不超过 60 分钟,音量调到最大音量 60% 的位置。

嗅觉、味觉和触觉

很明显,如果没有视觉和听觉,我们的感觉体验将极度受限,但如果没有了嗅觉和味觉又会怎么样呢?

嗅觉　　3.9 嗅觉是如何从鼻子传到脑的?

如果突然丧失了嗅觉,你可能会想,"这还不算糟。我虽然不能闻花香或食物的美味,但我也不必忍受生活中的种种臭味"。但是,嗅觉系统对你的生存有辅助作用。闻到烟味你就可以立马逃离,不必等到大火围住你以后才知道着火。如果周围存在有害气体,你的鼻子就会向大脑发出气味警报。嗅觉和味觉一起为你筑起了一道防御墙,使你免受变质食物的伤害。嗅觉体验还会影响我们的情感状态。例如,当你沮丧时,"停下来闻闻玫瑰花的香味",你就会振奋起来。也许你知道,特

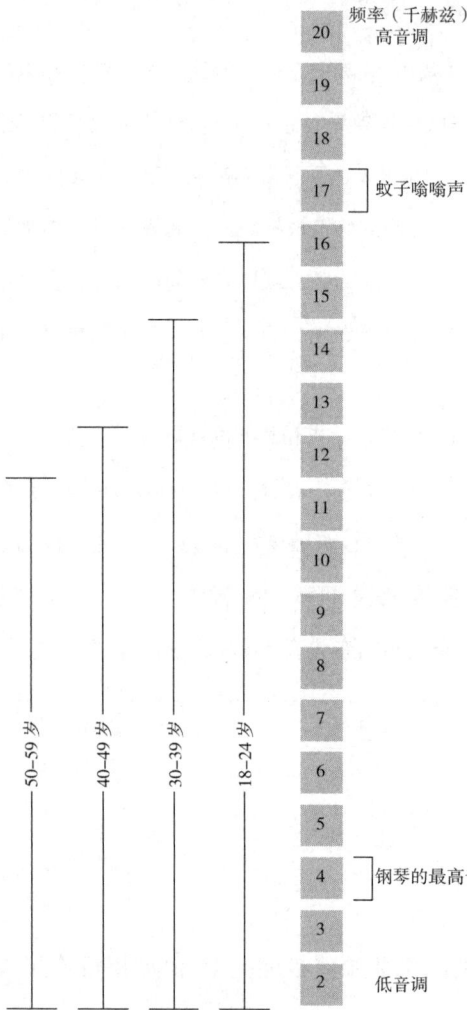

来源：纽约时报在线（2006年）

殊味道可以作为记忆的线索，无论是美好的还是糟糕的记忆。例如，花生酱的味道可能把你带回小学的食堂，使你想起偷你饼干的坏家伙或每天坐在你身旁的好朋友。

要是没有物体自身分子的蒸发，即从固态或液态转变成气态，你是无法闻到物体的味道的。热能加速分子的蒸发，这就是为什么正在烹饪中的食物比没有烹饪的食物味道更大。当气味分子蒸发的时候，它们就通过空气飞到每个鼻孔的嗅上皮上。嗅上皮由 2 块 1 平方英寸（约合 6.45 平方厘米）大小的组织构成，每块都位于一边鼻腔的顶部。嗅上皮包含约 1000 万个嗅觉神经元，它们是嗅觉的受体细胞。每一个神经元中，都只包含 1000 种不同类型气味受体中的一种。由于人类能辨别大约 10000 种气味，因此，每个气味受体都必须对一种以上的气味分子作出反应。另外，有些气味分子能触发不止一种气味的受体。气味刺激的强度，显然是由同时放电的嗅觉神经元的数量决定的。图 3.9 是一幅人类嗅觉系统图。

你有没有想过为什么狗的嗅觉比人的嗅觉灵敏？不光是因为狗的鼻子更长，有些狗的嗅上皮有手绢这么大，所包含的嗅觉神经元数量是人的 20 倍。很多人都知道，狗用气味识别自己的种群以及与它们生活在一起的人类。人类也有这个能力。母亲就能通过气味辨认出自己刚出生的宝宝。但人类能识别其他物种（如宠物）的气味吗？在很大程度上能。面对充满各种狗味的毯子，89% 的狗主人能容易地认出自己狗的气味。

嗅觉神经元与其他感觉受体不同。它们既直接与感觉刺激接触，又直接与大脑连通。嗅觉神经元的寿命很短,60 天之后,它们就会死亡并被新细胞代替。

嗅觉神经元的轴突直接将嗅觉信息传递给嗅球。嗅球是两个火柴棍大小的大脑结构,它们位于鼻腔上部(图 3.9)。传递到嗅球的嗅觉信息奔向杏仁核(边缘系统的一部分)以及附近的嗅觉皮质。嗅觉信息通过两条路径离开杏仁核和嗅觉皮质。一条是将嗅觉信息传递到边缘系统的其他区域进行情感解读,另一条是将嗅觉信息传递到丘脑细胞,并经丘脑细胞再把信息传递到眼窝前额皮质进行认知解读。

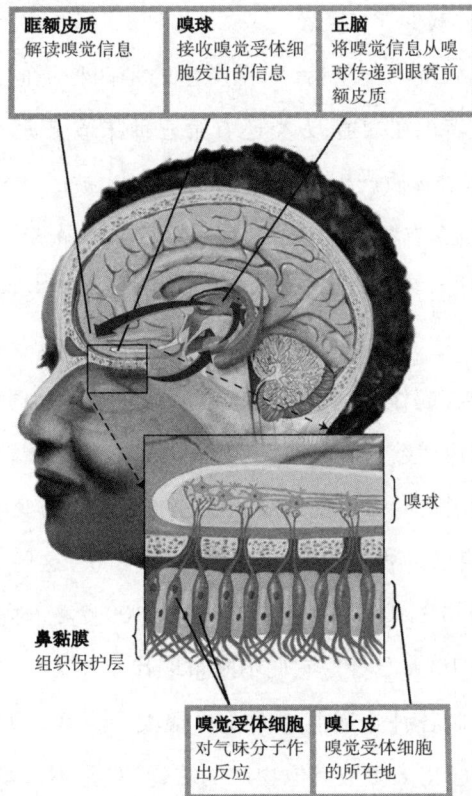

眶额皮质	嗅球	丘脑
解读嗅觉信息	接收嗅觉受体细胞发出的信息	将嗅觉信息从嗅球传递到眼窝前额皮质

嗅球

鼻黏膜
组织保护层

嗅觉受体细胞	嗅上皮
对气味分子作出反应	嗅觉受体细胞的所在地

图 3.9　嗅觉系统

气味分子沿着鼻孔到达包含嗅觉受体细胞的嗅上皮。嗅觉受体是特殊的神经元,这些神经元的轴突形成了嗅觉神经。嗅觉神经将嗅觉信息传递给嗅球,嗅球又将嗅觉信息传递给杏仁核和嗅觉皮质。从这里,嗅觉信息奔向边缘系统、丘脑和眼窝前额皮质。

虽然个体感觉气味的方式相同,但对气味的敏感度差异很大。例如,香水调配师和调酒师就能分辨出一般人无法分辨的气味。年轻人比老年人对气味更敏感,不吸烟的人比吸烟的人对气味更敏感。

味觉　3.10 我们是如何辨别基本味道的?

味道带给我们的大多数快乐其实是由嗅觉带给我们的。当你咀嚼和吞咽的时候,你的舌头、脸颊和喉咙一起,把气味分子逼上鼻腔。即使没有味觉,你的嗅觉也能为你提供一些味道的感觉。但要是我们不能充分享受美食带给我们的快感,那么生活的乐趣将会大大减少。

长期以来,心理学教科书都坚持,味觉产生的是四种不同的味道感觉:甜、酸、咸、苦。不错。但研究者现在知道,人类还有第五种味道感觉。这第五种味道感觉就是"鲜",这是由谷氨酸物质产生的,现在以味精形式被广泛地使用于亚洲的食品中。很多高蛋白食物也含有谷氨酸,如肉、奶、陈乳酪、海鲜等。

舌头的各个区域都能辨别这五种味道。事实上,一个没有舌头的人也能在一定程度上辨别出味道。这主要是上颚、脸颊和嘴唇黏膜层以及喉咙的部分区域(包括扁桃体)的味觉受体在起作用。当各种味道混合在一起的时候,负责每种味道的受体就被激活,将信息传递给大脑。换句话说,大脑能在酸甜酱中觉察出酸味和甜味。味觉的这种分析性特性,可以使你避免吃进加入香味的变质或有毒的食物。

在镜子里看一下自己的舌头,你会看见很多小凸块,这些小凸块就是乳突,在乳突边上的就是味蕾(图 3.10)。每个味蕾由 60~100 个受体细胞组成。这些受体细胞的寿命很短(只有 10 天左右),它们不断被取代。

研究显示,个体体验各种味道能力的差异很大。味盲者无法品尝出一些甜苦混合物,但他们能够品尝出大多数其他物质的味道,只是不太敏感。味觉超强者比其他人对甜苦混合物更为敏感。研究者目前正在调查味觉敏感性、饮食习惯,以及肥胖症之类的健康因素之间的联系。例如,那些对水果和蔬菜中的苦味特别敏感的味觉超强者,就比中强者和味盲者更少吃沙拉。但是,超强者并不比中强者和味盲更胖。事实上,在那些自称从不会为了减肥而刻意限制饮食的人中,对苦味特别敏感的味觉超强者比中强者和味盲者都要瘦。可见,味觉敏感性与食物偏好有关,但研究者还不知道这些偏好与营养状况之间有什么关系。

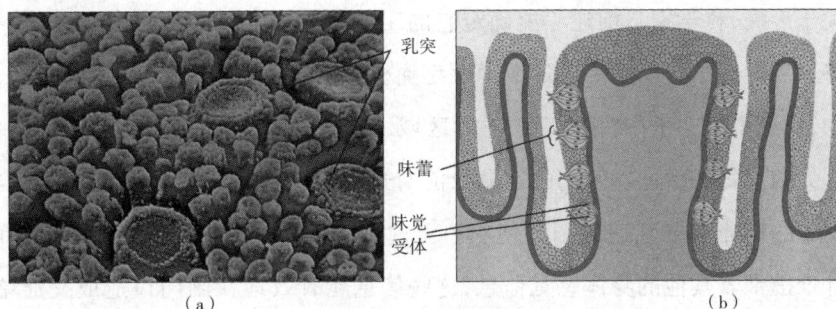

图 3.10　舌头的乳突和味蕾

（a）这张显微照片显示出舌头表面乳突的分布情况。（b）这张乳突的垂直截面图显示出味蕾和味觉受体的位置。

触觉和疼痛　　3.11 皮肤如何传达舒服和不舒服的感觉？

你的天然衣服——皮肤——是全身最大的器官。它有很多重要的生理功能，还提供很多感官快乐。当物体碰到或压迫皮肤时，就会激发神经末梢上一个或多个不同的受体，从而把触觉信息传递到大脑。皮肤上那些敏感的神经末梢，通过神经之间的连接把触觉信息传递到脊髓。信息沿着脊髓、脑干和中脑上行，最终到达躯体感觉皮质。（在第 2 章中我们学过，躯体感觉皮质是顶叶前端的一个脑组织条带，是感觉触碰、压力、温度和疼痛的地方。）一旦躯体感觉皮质被激活，你就会感觉到，自己身体的哪个部位被触碰到，碰得痛不痛。在 19 世纪 90 年代，著名触觉研究家马克思·冯·弗雷就发现了"两点阈限"，即皮肤上的两个触碰点必须相隔多远你才能感觉出是两个不同的触碰。

如果你从皮肤的最外层细察到最里层，就会发现各种外表差异很大的神经末梢。大多数神经末梢似乎对所有类型的触觉信息都会作出一定程度的反应。皮肤上哪里的补缀末梢越密集，哪里的皮肤对触觉信息就越灵敏。

触觉到底有多重要？20 世纪 80 年代中期的经典研究表明，每天接受三次为时 15 分钟按摩的早产儿，与只接受正常护理但不接受按摩的早产儿相比，他们的体重增加速度要快 47%。此外，接受按摩的早产儿不仅反应更加敏捷，而且比没有接受按摩的早产儿平均早出院 6 天。可见，触觉不仅是我们生活中快乐感的一个重要方面，而且对我们的生存也至关重要。

关于疼痛,科学家目前还不能确定它的工作机理。尽管如此,罗纳德·麦扎卡和帕特里克·沃尔提出了一个试图说明疼痛机理的重大理论"闸门控制理论"。他们认为,脊髓中有一个像"闸门"一样的区域,既能阻挡疼痛信息,又能将疼痛信息传递到大脑。每一次通过闸门的信息只能有这么多。只有当传导缓慢的小神经纤维所携带的疼痛信息到达闸门并使它打开时,你才会感觉到疼痛。传导迅速的大神经纤维携带着其他的身体感觉信息;这些信息能有效地在闸门口造成交通堵塞,使闸门关闭,把很多疼痛信息阻挡在闸门之外。当你踢痛脚趾或砸到手指时,你做的第一件事是什么?要是你在揉搓或轻轻按住受伤部位,你就会刺激传导迅速的大神经纤维,使它们迅速将所携带的其他信息传递到脊髓闸门,以阻挡传导缓慢的小神经纤维所携带的疼痛信息进入闸门。冰敷、热敷或电刺激,也能刺激大神经纤维,使脊髓闸门关闭。

闸门控制理论还能说明为什么认知和情感这两种心理因素也能够影响我们对疼痛的感知觉。麦扎卡和沃尔认为,从大脑传递到脊髓的信息可以在脊髓闸门口抑制疼痛信息的传递,从而影响我们对疼痛的感知觉。这一现象说明,为什么在战斗中受伤的士兵或在比赛中受伤的运动员要过一段时间后才会感到疼痛。所以,分心是一种应对疼痛的有效办法。在一项研究中,研究者将振动器安放在孩子的手臂上,在让孩子看振动器在他们的手臂上移动的同时,在孩子的另一只手臂上打针。研究显示,这些孩子只感到轻微的疼痛或者没有感到任何疼痛。

那长期的疼痛又怎么样呢?在对付像关节炎和慢性关节肿痛这样的长期疼痛方面,分心是没有多少用的。不过,有些心理技术能帮助我们缓解长期疼痛。例如,在第 4 章你将读到,松弛技术等能帮助你减轻由慢性疼痛带来的焦虑。然而,这些技术似乎并不能真正阻止我们的疼痛感觉。

对于剧烈疼痛,心理技术似乎也没有什么效果。例如,许多怀孕妇女都在分娩准备课上学习控制呼吸、集中按摩,以及其他一些应对产痛的策略。然而,研究表明,那些使用这些策略的妇女,要求使用镇痛药的可能性并不比没有使用这些策略的妇女小。尽管如此,这些策略还是能够帮助妇女缓解分娩焦虑的。

尽管心理策略对减轻分娩疼痛可能没有什么用,但研究指出,这种策略对抚慰心理还是很有帮助的。在怀孕最后几周,妇女身体中的雌性激素含量达到最高水平。雌性激素的水平决定了神经元对内啡肽(阻止疼痛的神经递质,见第 2 章)效果的敏感性。雌性激素水平越高,神经元对内啡肽的使用也越好。另外,在怀孕最后几周,女性身体中内啡肽的含量会激增,而且在分娩的时候还会再度增加。即使在使用镇痛药物后,分娩妇女身体中的内啡肽水平仍然远高于未怀孕时的含量。

同样,当你受伤、经受压力或极度疼痛时或当你笑、哭或锻炼时,都会分泌内啡肽。最近的研究发现,在针灸治疗过程中也会分泌内啡肽。这可能是针灸使慢性疼痛病人如筋痛感到病情缓解的原因之一。

安慰剂也能使人分泌内啡肽。成像研究证实,使用安慰剂能减慢大脑中与疼痛知觉相联系区域的活动。这是为什么呢? 在病人认为自己服用了止痛药时,他们就会分泌天然的止痛药——内啡肽。

最后要指出的是,在忍受慢性疼痛或持续 3 个月及以上疼痛方面,不同文化之间存在差异。这是为什么呢? 对此,研究者还没有一个确定的答案。不过研究者知道,对疼痛的体验包括肉体和情感两个部分,而且,这两个部分都因人而异。动物研究显示,在经受慢性疼痛时,动物的杏仁核细胞中就会发生生化反应。这种结果支持了疼痛与情感相联系的观点。疼痛专家区分了疼痛和痛苦,把痛苦定义为对疼痛的情感反应。苏利文等 1995 年发现,那些怀有消极想法、害怕疼痛对他们的健康造成威胁以及感到无助的人遭受的痛苦最多。因此,慢性疼痛的跨文化差异,可能与情感状态的差异有关。

对知觉的影响

至此,我们一直都在了解感觉这一通过感官接收外界信息的过程。我们讨论了视觉、听觉、嗅觉、味觉、触觉,以及空间定位感觉。然而,我们还没有讨论到知觉。知觉是大脑对感觉赋予意义的过程。例如,你的感觉向你提供了关于苹果颜色、味道以及气味的信息,还有你咬苹果时发出的声音信息。感觉甚至还为你提供了把苹果扔给室友所需的动觉信息。与感觉相比,知觉使你把这些感觉与你关于苹果的知识联系起来。这些知识包括苹果是一种食物,你喜欢或不喜欢苹果,苹果的各种象征意义。

知觉受很多因素的影响。在讨论人类知觉的普遍控制原则之前,我们先考虑影响知觉过程的三个因素:注意、已有知识,以及跨通道知觉。

注意　3.12 当我们注意一个刺激的时候,我们获得了什么? 失去了什么?

在有些情况下,把感觉与意义联系起来这一知觉过程的基本活动是不需要费太多努力的。例如,在你阅读熟悉词语的时候,看见这个词的感觉与得知这个词意义的知觉几乎是同时发生的。同样,在我们开车的时候,知道和我们一起在路上跑的其他物体是汽车也不需要费多大努力,因为我们对它们太熟悉了。也就是说,把看到车的感觉与得知这些物体是车的知觉联系起来,这是一个自动的(不需要付出努力的)心理过程。但是,如果我们要确定应该密切注意哪辆车,那就要付出更多的努力。在我们付出这种努力的时候,注意这个过程就开始工作了。根据定义,注意是对感觉结果进行分类并选择出其中的一些进行进一步加工的过程。如果没有注意,除了最熟悉的感觉外,要觉知任何的其他感觉都是不可能的。

当然,我们不能同时注意所有的事物。因此,对于一项复杂的知觉任务(如每日在车流中行驶)我们要认识到,注意是要付出一定的知觉代价的。关于无注意盲视现象的研究有助于解释知觉代价。在我们把注意力从一个物体转移到另一个物体的过程中,我们就不知道没有注意物体发生的变化,这种现象就叫作无注意盲视。在很多研究无注意盲视现象的实验中,研究者向被试呈现一个场景,叫被试注意其中的某个元素。例如,在一项经典研究中,丹尼尔·西蒙及其同事给被试播放了一段篮球游戏的录像。在这段录像中,一个队身穿白色服装,另一个队身穿黑色服装。研究者要求被试数球队内队员间传球的次数,既可以数白队的,也可以数黑队的。结果,约1/3的被试都没有注意到后来在屏幕上出现的一个极不协调的刺激(如有一个穿着大猩猩服装的人)。虽然这个不协调的刺激在屏幕上出现了很长时间,但还是出现了无注意盲视现象。有趣的是,专业知识并不会影响无注意盲视现象。也就是说,不管一个人了不了解一项活动,或对这项活动有没有丰富的经验,无注意盲视情况都会发生。西蒙的研究有助于我们了解,为什么当一辆之前没有注意到的车突然插到我们前面的时候,我们就会大叫:"那辆车是从哪里冒出来的?""应用"会告诉你,开车打手机会有哪些潜在危险。

在我们注意听觉信息的时候,相似的代价也会出现。假设你站在一间拥挤的房间里,房间里同时还有很多人在讲话,这时,如果有人提到你的名字,你会怎么样?研究表明,你会把注意集中到提到你名字的那组谈话,而忽略其他的谈话。这个现象叫鸡尾酒会现象,在 E. C. 切利 1953 年的经典研究中有所记述。不要忘记,知觉是对感觉赋予意义的过程。对于一个人来说,还有什么比自己的名字更有意义呢?当你听到自己的名字时,你就会假定,接下来的谈话与自己有关。然而,把注意力集中到提到你名字的谈话会使你听不到其他谈话的内容。因此,你可能会漏掉那些不含明显注意线索(像你的名字),但却对你更有意义的谈话。

应用　　边开车边打手机或发短信会有多么危险?

在阅读有关无注意盲视现象的研究时,你是否对边开车边打手机或发短信的潜在危险更加担心?有趣的是,调查显示,我们更担心的是别人边开车边用手机,而不是我们自己边开车边用手机。在一项研究中,研究者发现,只有 6% 的司机报告,自己边开车边打电话曾使自己陷入危险中。明显不同的是,当被问到司机边开车边打电话会不会使他们陷入危险时,66%的人都说会。尽管我们认为边开车边打电话会影响他人开车而不是我们自己开车,但研究清楚表明,开车时打电话或发短信或做其他分心事情都会带来危险。

打电话对开车的影响

大多数边开车边打电话的实验都是在实验室里完成的。在实验中,被试开的是模拟车。实验组一边开车一边打电话,但控制组却不是。这类研究表明,如果边开车边打电话,司机会

- 会减慢车速;
- 反应速度会变慢;
- 常常不在规定的车道上行驶;
- 有时在遇到红灯或其他停信号时不停车,而在绿灯亮的时候却停下来。

实验发现,使用免提电话也会有同样的影响。一项研究显示,免提电话会给司机一种安全的错觉。实验明确表明,总的来说打电话会影响开车。

对电话影响的补偿

尽管这些研究清楚表明打电话会影响开车,但其他研究也表明,以下几种因素会帮助司机补偿使用电话所引起的分心。

- 多任务同时处理经验能提高司机一边打电话一边开车的能力。
- 减少其他分心(如关掉收音机)有助于司机一边专心开车一边打电话。
- 当司机意识到打电话的注意要求与开车的注意要求相冲突时,他们会说:"一会儿给你

打过去",然后就挂掉电话。

这些发现表明,司机很清楚,分心会增大潜在危险。因此,他们在开车时会主动减少分心的事情。

这是关于注意,不是关于手机。

你可能从自身的经历中了解到,一些要求注意的任务和打手机一样会影响开车。例如,与乘客聊天或听收音机,都会对开车造成和用手机一样严重的影响。本章所讨论的无注意盲视现象给予司机们的启示是:当司机注意任何与开车无关的事情(如打电话、听收音机或与乘客聊天)时,他们开车的能力就受到限制。因此,对于任何开车中的人,都要尽量把分心的事情减少到最低:

● 发短信比打电话更危险,因为发短信时你就无法看路。因此专家建议,司机在开车时千万不能发短信。

● 如果可能,司机应该把车停靠路边后再打电话。

● 司机应该等把车停下来之后再调台。

● 当乘客讲话干扰他们时,司机应该有礼貌地劝乘客不要说话。

采取这些措施,司机就会减少因闯红灯或忽视其他交通线索而被罚款或酿成事故的可能性。

尽管注意一个刺激就会注意不到其他刺激,但注意显然不是一个要么全有要么全无的过程。我们能够(而且常常在)一次加工多个刺激。研究表明,我们能够准确地觉知一些我们没有直接注意的感觉。例如,在发现鸡尾酒会现象的同一系列经典研究中,E. C. 切利于1953年发现,双耳分别听不同信息的人,只能记下实验人员引导他们注意的信息(如实验人员提醒说:"注意你左边耳朵听到的信息")。但他们能够记下未注意信息的很多方面(如这句话是男性说的还是女性说的)。

但是,当我们从两个或多个感官那里获得相互冲突的信息时又会怎样呢?我们如何知道要注意哪个信息?让被试接收相互冲突的视觉和听觉信息的实验表明,跨通道知觉这种大脑整合来自不同感官信息的过程,依赖于互冲感觉的相对准确性。例如,如果你曾经看过一场演员口型与说的话不吻合的电影,你就等于参加了一场跨通道知觉"实验"。研究表明,在这种情况下,话语是很难理解的。因为,你必须拦住视觉信息来理解说话的人在说些什么。当面部表情与说话语气不吻合时,情况却正好相反。当一个人看上去很生气但说话的语气很高兴时,视觉信息往往比听觉信息更可靠。

回想一下前面谈到的开车过程中注意马路上车辆的问题。我们如何判定哪辆车最需要我们去注意?在很大程度上,这个决定是我们过去的开车经历或已有知识帮助我们作出的。已有知识对于我们解释感觉的意义很有帮助,但也会导致知觉错误。

假设你看到下面这组数字和字母排列,会如何用你的已有知识来理解它呢?

DP

6—4—3

如果你没有立即认出这组排列,可能会通过猜测 DP 的所指来破译它。这就是典型的自下而上加工,或数据驱动加工。这种策略就是在单个信息中寻找模式,其中的每个信息都可以用已有知识来解释。例如,自下而上的加工可能使你想到一些像 Detroit Police(底特律警察)或 data projector(数码投影仪)这样的复合词。也许你会根据 6—4—3 所提供的信息来判断 DP 是其中的哪个意思。最终你可能会放弃,认为这组排列要么没有意义,要么无法破译。

假设我们告诉你这组排列与棒球有关,那么,如果你对棒球运动有所了解,就会想到一些 DP 可能代表的棒球术语。这就是在用自上而下的加工,或概念驱动加工。在自上而下的加工中,已有知识为单个信息提供了一个“整体”语境,从而缩小了猜测的范围。如果棒球是这组排列的语境,那么 Detroit Police(底特律警察)和 data projector(数码投影仪)都不对。当然,如果你知道棒球是如何得分的,就可能立即采用自上而下的加工。毫无疑问,这组排列代表 double play(双杀),其中游击手(6)将球扔给二垒手(4),二垒手接下来将球扔给一垒手(3),从而使两个跑垒者出局(即被杀掉)。

这个例子可能会使你认为,自下而上的加工很少能带来正确的知觉。但是,在有些情况下,只有自下而上的加工才起作用。对于图 3.11 之类的“找不同”游戏,就只能通过自下而上的加工来完成。这是为什么呢?因为,自上而下的加工使你将场景作为一个整体来觉知,从而使你忽略掉细节。为了找到两幅图之间的差异,你就必须看单个物体,而不能把几个物体当成一个整体来看。

然而,在下面的"尝试"中你会了解到,自上而下的加工和自下而上的加工是相互作用的。从技术上讲,像"尝试"中的解密任务要求自下而上的加工。因此,你就可能首先用解码密匙来解密每个单词的头几个字母(自下而上的加工)。但在解密了一两个字母之后,你就会预感到这个单词会是什么。之后,你的预感将指导你选择相应的解码密匙(自上而下的加工)。

已有知识对知觉的另一个影响是,使我们对一定的知觉结果产生期望。例如,如果你点了一份覆盆子果汁,而且颜色是绿色的,这份果汁的味道还会是覆盆子吗? 或者,它尝起来更像酸橙果汁? 知觉定势,即我们所期望的知觉结果,在很大程度上决定了我们实际看到、听到、感觉到、尝到,以及闻到的结果。这种期望当然是建立在我们已有知识(酸橙果汁通常是绿色的)的基础上的。这样的期望看来的确会影响我们的知觉结果。因此,绿色的覆盆子果汁尝起来可能的确像酸橙果汁。

在一个经典的知觉定势试验中,心理学家大卫·罗森汉和他的同事以"诊断为"精神分裂症为由住进各个精神病院。一住进医院,他们就都恢复正常。他们的目的是什么? 他们想知道,多长时间后医院的医生和其他工作人员才会认识到他们是没有精神病的。但是,医生和其他工作人员看到的都是他们所期望看到的,而不是实际发生的。他们把这些假精神病人的所作所为(如记笔记)都看成是精神病的症状。但他们却没有瞒过真正的病人;病人们最先看出,这些心理学家根本没有精神病。

这两幅图至少有 14 处不同。你能找出来吗?

图 3.11 一个自下而上加工的任务

自下而上的加工对有些任务来说是最好的策略,因为自上而下的加工使你不能对细节加工。

尝试	自下而上和自上而下的加工

破译这些词: 解码钥匙

1. GIVV   A=Z H=S O=L V=E B=Y I=R P=K W=D C=X

2. DRMMLD   J=Q Q=J X=C D=W K=P R=I Y=B E=V L=O

3. ELOFMGVVI   S=H Z=A F=U M=N T=G G=T G=T M=M U=F

4. NZTRX

5. YILMGLHZFIFH

答案:1. TREE;2. WINDOW;3. VOLUNTEER;4. MAGIC;5. BRONTOSAURUS

知觉的原则

一些影响知觉的事情,尤其是已有知识的应用,能使我们对一个刺激得出千差万别的知觉结果。尽管如此,研究者发现,有一些原则似乎在控制着我们每个人的知觉。

知觉组织和知觉恒常性   3.14 知觉组织的格式塔原则是什么?

格式塔心理学家认为,人是不能通过把经历分解成碎片并以单个分析的方式来理解感性世界的。当把感觉元素放在一起的时候,新事物就形成了。也就是说,整体大于部分之和。格式塔是德语词 Gestalt 的音译,它的意思是,一个人所能感知到的整个形式、模式或结构。格式塔心理学家主张,感觉经历是根据一些基本原则组织在一起的:

• 图形—背景   在我们看这个世界的时候,有些物体(图形)常常似乎从背景中凸显出来(图 3.12)。

• 相似性   具有相似特征的物体被当成一个整体来觉知。在图 3.12 中,具有相同颜色的点就被当成了整体来觉知。结果,在左边的几个小图中,这些相同颜色的点就形成了横排,在右边的几个小图中,这些相同颜色的点就形成了竖排。

• 临近性 在时间和空间上相近的物体常常被当成一个整体来觉知。由于空间上的临近性,图3.12中的线条被觉知为4对而不是8条。

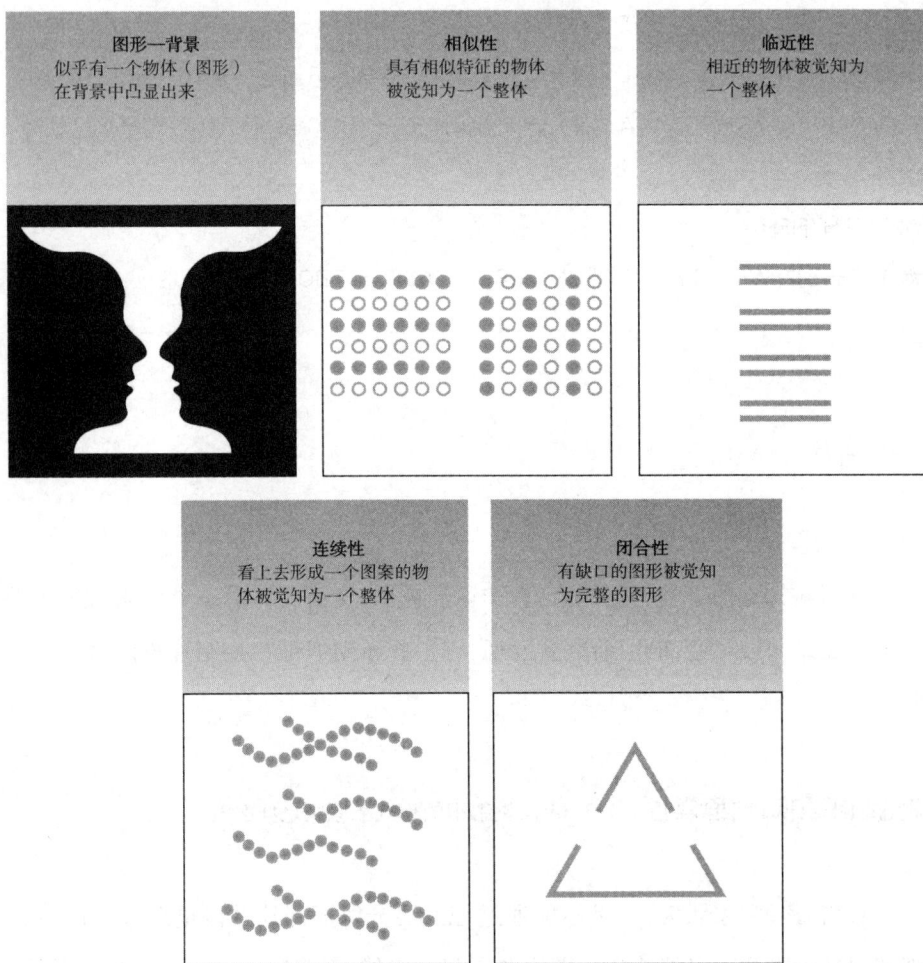

图3.12 知觉组织的格式塔原则

格式塔心理学家提出了几个知觉组织原则,其中有图形—背景、相似性、临近性、连续性和闭合性。

• 连续性 如果图形或物体看上去形成连续的图案,像图3.12中的线条或波浪,那么,我们就倾向于把它们觉知为一个整体。

• 闭合性 我们把有缺口的图形或物体当成完整的来觉知。尽管图3.12中最后一个小图形有部分缺失,但我们还是把它觉知为一个三角形。

当你与朋友告别并目送他们离开的时候,他们投射到你视网膜上的图像会越来越小,最终消失在远方。你的大脑是如何知道他们的大小并没有改变的呢?我们以稳恒结果觉知物体,科学家把这一现象称为知觉恒常性。有了知觉恒常性,在你目送朋友离开时,你的知觉系统就不会被视网膜传送到脑的信息(这个人越来越小的感觉)欺骗。随着人或物的远去,你继续会把他(它)们觉知为同样大小的人或物。这个知觉现象就叫大小恒常性。你不会按照视网膜上成像(物体投射在视网膜上的图像)的大小来解读感知对象的大小。要是你这样解读了,那你就会认为,物体走近的时候变大,走远的时候变小。

投射到视网膜上的物体的形状或图像会随着观看角度的变化而变化。但你的觉知能力中包含了形状恒常性,从而使你能够把物体以稳定或不变的形状来知觉,不管由于观看角度的不同,视网膜上的成像发生了什么变化。也就是说,不管你从哪个角度看,你所觉知到的门都是长方形的,盘子都是圆形的(图3.13)。

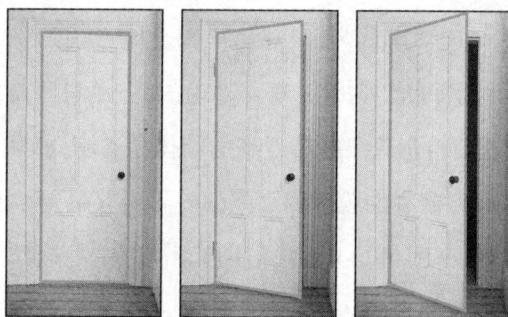

图 3.13　形状恒常性

当我们从不同角度看门时,门会在视网膜上投射出不同的图像。但由于形状恒常性的作用,我们依然会将门觉知为长方形。

不管光照条件有多大差异,我们常常都将物体看作具有稳定明亮度的,这种知觉现象叫亮度恒常性。几乎所有物体都会反射照射到自己身上的部分光线,而且白色物体反射的光线多于黑色物体。然而,正午强光下的黑色沥青道路所反射的光线要多于夜晚昏暗灯光下白色衬衣所反射的光线。尽管这样,沥青道路看上去仍然是黑色的,衬衣看上去也仍然是白色的。这又是为什么呢?这是因为,我们会将一个物体的亮度与同时看见的其他物体的亮度进行比较,从而推断出这个物体的亮度。

深度知觉　　3.15 单眼线索和双眼线索对知觉有什么作用？

　　深度知觉是一种沿三个维度觉知视觉世界以及正确判断距离的能力。我们判断物体或他人离我们有多远，我们上下楼梯而不摔跤，还有很多其他动作，这些都需要深度知觉。深度知觉是三维的，但每只眼睛只能提供二维图像。投射到视网膜上的图像并没有包括深度，它们是扁平的，就像照片一样。那么，我们如何能如此活灵活现地觉知深度呢？

　　有些觉知深度的线索靠的是我们两只眼睛的协作。双眼深度线索包括辐合和双眼视差。在眼睛向内转动以聚焦近处的物体时，辐合就会发生。物体越近，两个物体看上去就离得越近。将你的食指举在鼻前30厘米处凝视。然后，把食指慢慢地向鼻子移动。这时，你的眼睛就不断向内转动，当食指触鼻尖时，两只眼睛几乎要交叉在一起。许多心理学家认为，眼部肌肉辐合时产生的张力将信息传递给大脑，大脑就把该信息作为深度知觉的线索。幸运的是，两只眼睛之间的距离足够的长（大约6.5厘米），这使得每只眼睛所看到的物体稍有不同，从而双眼各自的视网膜像也稍有不同。两个眼睛视网膜成像之间的差异叫双眼视差或视网膜像差，这是深度知觉的一个重要线索（图3.14）。所看物体距离眼睛越远（6米以上），双眼视差就越小。大脑将这两个稍微不同的视网膜像整合一起，创造出了三维知觉效果。

图3.14　双眼视差和立体图

　　双眼视差使我们大多数人能看到立体图中的3D图像。把这幅图放在你的鼻尖处，然后慢慢拿远，不要眨眼睛。一个3D的蝴蝶图像就会突然出现在你的眼前。见右上角的小图。

闭上一只眼睛,你会发现仍然能够觉知深度。这种由一只眼睛所觉知到的深度叫单眼深度线索。下面是 7 种单眼深度线索,其中很多都被西方画家用在自己的画中,以创造出深度错觉(图 3.15)。

插入
当一个物体挡住了你的部分视线时,你就会觉得被挡住的物体更远。

线条透视
平行线越伸向远方,看起来就靠得越近,最后在远方辐合在一起。

相对大小
大的物体被觉知为离得比较近,小的物体被觉知为离得比较远。

纹理梯度
较近的物体的纹理特征看上去更清楚,物体越远,纹理特征看上去就越模糊不清。

大(或空)气透视
远处的物体显蓝色,而且比近处的物体看上去更模糊。

阴影
当光线落在物体上时,物体就会投射出阴影,这会增加深度知觉的效果。

运动视差
当你坐在飞奔的车上向窗外看时,你看到的物体似乎正在以不同的速度朝相反的方向运动。

图 3.15 单眼深度线索

- **插入** 当一个物体挡住了你的部分视线时,你就会觉得被挡住的物体更远。

- **线条透视** 平行线越伸向远方,看起来就靠得越近,最后在远方辐合在一起。

- **相对大小** 大的物体被觉知为离得比较近,小的物体被觉知为离得比较远。

- **纹理梯度** 较近的物体的纹理特征看上去更清楚,物体越远,纹理特征看上去就越模糊不清。

- **大(或空)气透视** 远处的物体显蓝色,而且比近处的物体看上去更模糊。

- **阴影** 当光线落在物体上时,物体就会投射出阴影,这会增加深度知觉的效果。

- **运动视差** 当你坐在飞奔的车上向窗外看时,你看到的物体似乎正在以不同的速度朝相反的方向运动。物体离你越近,看上去就运动得越快。遥远的物体(如月亮和太阳)看上去与你的运动方向相同。

运动知觉　　3.16 脑是如何知觉运动的?

想象你坐在一辆大巴车上,通过车窗看窗外的另一辆与你车平行停放的大巴车。突然,你感到你的车在动;过了一会儿,你认识到并不是你的车在动,而是另一辆车在动。也就是说,你的运动知觉能力受到了欺骗。这个例子表明了运动知觉的复杂性。

心理学家詹姆斯·吉布森对运动知觉的研究作出了巨大贡献。吉布森指出,我们的运动知觉似乎是建立在关于稳定性,但同时也经常变化的假设之上。我们的大脑似乎在环境中寻找某种刺激作为稳定的参照点。一旦选定了稳定的参照点,所有相对于这个参照点运动的物体都被认定为是处于运动之中的。例如,在那个大巴车例子中,你的大脑假定其他车辆是静止不动的。当与视网膜连接的运动传感器探测到运动的时候,大脑于是就得出结论:你的车在运动。在你自己开车时,你会感觉到自己的车相对于外部环境是运动的。但是,你的大脑将车的内部作为你自己运动的稳定参照点。大脑只会把你相对于座位、方向盘等的运动作为运动来感觉。

你的眼睛从来都不会绝对静止,这一事实对于运动知觉也有作用。例如,如果你盯着黑暗房间里的一盏灯光看上几秒钟,就会觉得这个灯光开始运动,这种现象叫游动错觉。如果你朝别的地方看一会儿之后再回来看这盏灯光,就会感觉灯光又不动了。(这种现象能解释有些人看见"不明飞行物"的情况吗?)两个靠得很近的灯光看上去好像在动,好像被一根无形的绳子连在一起似的。事实上,这是你的眼睛在动,而不是灯光动。由于房间里面是黑暗的,大脑没有稳定视觉参照点来决定灯光是否真的在动。但当房间里的所有灯都打开时,大脑立即就会"更正"自己的错误,因为它有了一个稳定视觉参照点。

在一项关于假运动知觉的研究中,黑暗房间里的几盏固定的灯依次亮灭,让被试觉得他们看到的是一盏灯光从一个点向另一个点运动。这种错觉现象叫似动,是格式塔心理学奠基人之一马克思·韦特海默于 1912 年发现的。在看电影的时候,你就会遇到最常见的似动现象。电影不过是一系列静止图片的快速放映而已。

不寻常的知觉体验

了解了影响和控制知觉的各种因素之后,你可能已经相信,感觉和知觉使得这个世界对我们有了意义。但当这些重要的过程中存在欺骗时又会怎样呢?即有东西使我们相信自己看到或听到了事实上并不存在的东西时会怎样呢?还有,没有感觉还有没有可能有知觉?

令人困惑的知觉   3.17 三种令人困惑的知觉是什么?

我们不仅能觉知到并不存在的运动,还能觉知到并不存在的物体,并错误地解释为这些都存在。

第一次面对两可图形时,你没有已有经验可用,于是你的知觉系统就会很困惑,努力去解决两可图形的不确定性。为此,你一会儿这样看看,一会儿又那样看,但不会同时以两种方式看。对两可图形,你不会有一个持久的印象,因为它们完全不在你的掌控之中。对于有些两可图形,你会看到两个不同的物体或图形交替出现。最有名的例子就是 E. G.波林的《老妪和少妇》[图 3.16(a)]。如果看图的左边,你就会看到一个迷人的少妇,她的脸转向一侧。但当你突然发现一个老妪的图像时,这个少妇就会消失。这样的例子有力地说明,知觉不只是对各个部分的感觉之和。我们很难相信,对于同样的一幅图画,竟能得到如此迥异的知觉结果。

初看一眼,很多不可能的图形似乎并没有什么特别不寻常的地方,至少在你细看之前是这样的。你愿不愿意把钱投资到一个制造图 3.16(b)所示的这种三管设备公司?这个设备是不可能制造出来的,因为中间的这根管似乎同时身处两处。然而,这种不可能图形更有可能迷惑西方人。20 世纪 70 年代的经典研究表明,一些非洲人不在他们的艺术品中表现三维视觉空间,而且他们对包含深度线索的绘画也没有深度知觉。因此,类似三管设备这种图的两可性对他们是没有意义的,而且,他们比西方人更容易根据记忆准确地画出这个图形。

错觉是对环境中实际刺激的虚假知觉结果。我们可能错误地觉知知大小、形状或一个元素与另一个元素之间的关系。我们不需要花钱去看魔术师的错觉表演，这在日常生活中到处都可以见到。水中的桨看上去在与水面交界处弯曲;地平线上的月亮比头顶上的月亮看上去更大。这是为什么呢? 对月亮错觉现象的一种解释是:大小是相对的。月亮在地平线上看起来更大，这是因为我们把月亮与周围的树、房屋和其他物体进行了比较。当月亮升到头顶时，我们就不能直接把月亮与周围的物体做比较了，因此它看上去也就变小了。

在图 3.16(c)中，那两条线是一样长的。但是，由于上面这条线两端有向外延伸的斜线，使得它看上去比下面这条线(它两端的斜线是向内指的)更长。这种个现象叫缪勒—莱耶错觉。蓬佐错觉也会影响我们，使我们对大小作出错误的判断。在图 3.16(d)中，A 棒和 B 棒是一样长的。这再一次表明，我们对大小和距离的知觉是会出错的，尽管我们信任自己的知觉，而且在正常情况下，知觉是能为我们提供关于现实世界的正确信息的。如果你在实际铁轨上看到图 3.16(d)中的两个物体，看上去大的那个的确要大些。所以，蓬佐错觉不是一种自然错觉，而是人为编造出来的。事实上，所有这些错觉都是错误应用知觉原则的结果。不过，在我们的日常生活中，这些原则几乎总能得到正确应用。

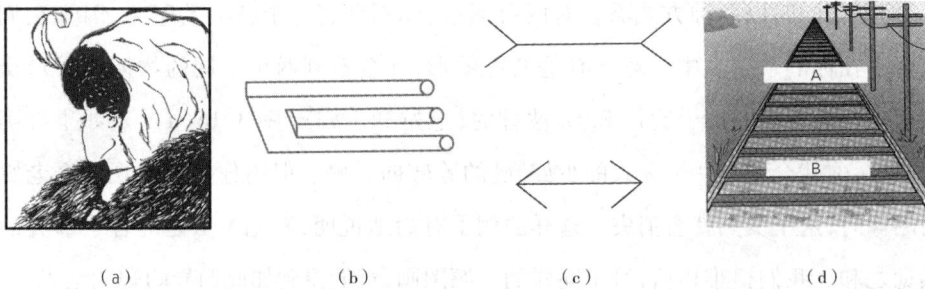

图 3.16　一些令人困惑的知觉

(a)你看到的是老妪还是少妇? (b)这个三管设备为什么是不可复制的? (c)哪条线看上去更长? (d)A 和 B 哪根棒子更长?

由于很多错觉的普遍性，很多心理学家都认为错觉是与生俱来的。但英国心理学家 R. L. 格雷戈里则认为，缪勒—莱耶错觉和其他类似的错觉不是与生俱来的，不同文化的人对这种错觉图有不同的反应。为了检验缪勒—莱耶错觉反应是由经历决定的，西格尔及其同事对来自非洲、菲律宾和美国的 15 种不同文化的 1848 名成年人和儿童进行了测试,其中还包括来自南非的祖鲁人和一群来自伊利诺伊州的居民。这项研究揭示,不同文化的人对错觉图案的反应有明显的不同。来自所有文化的人都有缪勒—莱耶错觉,说明这种错觉是与生俱来的。但是,经历也是一个明显的因素。祖鲁人的房子都是圆的,他们很少看到有棱有角的物体,因此,他们没有对这个错觉图作出错觉反应。伊利诺伊州的居民一下就作出错觉反应,但祖鲁人则没有错觉反应。

在另一项关于错觉的经典跨文化研究中,佩德森和惠勒对两组纳瓦霍人进行了缪勒—莱耶错觉反应研究。其中的一组纳瓦霍人居住在方形房子里,因此对棱角并不陌生。这组人对于缪勒—莱耶错觉图是有错觉反应的。但另一组纳瓦霍人因其居住在圆形房子里(和祖鲁人一样),所以他们没有错觉反应。

阈下知觉、超感知觉和联觉

3.18 阈下知觉、超感知觉和联觉研究揭示了些什么?

错觉是对感觉输入错误知觉的结果。与错觉不同,在这一节你要读到的知觉现象完全与感觉输入无关。这些知觉代表了没有感觉的知觉,至少是没有意识到感觉的知觉。

阈下知觉。联觉是没有感觉的知觉。几十年来,心理学家一直都在研究一种现象:阈下知觉。这是一种对意识阈限之下的刺激进行知觉并作出反应的能力。神经成像研究表明,对阈下呈现的刺激,大脑的确作出了生理反应。而且,阈下信息还能在一定程度上影响行为。例如,如果在潜意识条件下让人们看一张一个人打另一个人的照片,他们就更有可能有意识地把一个中性的场景(如餐馆里两个人说话)觉知成一个攻击性的场景。

但阈下知觉对行为的影响有多强呢?广告让有些信息在意识阈限之下出现阈下劝说这种做法已经有几十年的历史了。尽管如此,关于阈下知觉的大多数研究表明,虽然阈下知觉现象的确存在,但可能不会产生支持者所声称的那种广告效果的。

想减肥的人有时会下载包含阈下信息(如"我要少吃")的 MP3 歌曲或海浪声,希望听听这些就能帮助自己控制食欲。市场上也有很多类似的音频供想戒烟的人用。可是,安慰剂对照实验表明,这种阈下信息对行为没有任何效果。

超感知觉。超感知觉的定义是：不通过已知感觉渠道，就能用其他方式获取关于物体、事件或他人想法的信息。目前，已经提出的超感知觉有几种。其中的一种是心灵感应，这是一种不用感觉就能了解对方想法、感受或活动的本领，即能看出对方心思的能力。另一种是千里眼，这是一种不用感觉就了解物体或事件的本领，如打开信之前就知道信的内容。还有一种是先知，即在事件发生之前就意识到它会发生。大多数报道的日常生活中的先知，都是在梦中发生的。

很多对超感知觉的研究用的都是整场方法。这种方法是把两个人（一个是"发送者"，一个是"接收者"）放在两个分开的房间里。房间是特别设计的，能最大限度地减少分心，使被试的注意高度集中。实验者为发送者提供信息，发送者要把信息传递给接收者。一些使用整场方法的研究表明，超感知觉是存在的，而且，有些人比其他人更擅长发送和接收超感信息。然而，几乎在所有情况下，这些研究结果都得不到重复。因此，大多数心理学家对超感知觉的存在仍然持怀疑态度。

联觉。联觉是在体验寻常感觉的同时体验不寻常感觉的本领。例如，一个有联觉本领的人在尝到牛肉味道的时候会看到蓝色，在品尝放了姜的食物时会看见一个橘黄色的点。不过，最常见的联觉现象是，个体在听到某个单词时会感觉到颜色，这种现象叫色听。神经成像研究表明，色听并不是习得性联想的结果。这些研究还表明，有联觉的人的大脑激活区域，与那些受过训练有意识作出这类联想的人是不同的。

有些心理学家推测，所有新生儿的大脑都是有联觉的，随着在童年期和青少年期大脑各个区域的专门化，大多数人逐渐丧失了联觉能力。不过，有些药物可以产生临时性的联觉。这就使得少数科学家假设，每个人都有产生联觉体验的神经连接。但是，科学家对联觉的起源和神经基础，仍然没有得出一致的结论，还需要进一步研究。

回顾

本章一开始，我们就展示了感官是如何协调工作，使我们能够完成各种感知任务的。在本章的结尾，我们考察了一些不寻常的知觉体验。联觉是，一种知觉（如视觉)的出现却引发出另一种知觉(如听觉)的刺激。在我们对一种没有觉察到的刺激作出反应时,阈下知觉就发生了。超感知觉是没有任何感觉刺激的知觉,但它不一定存在。尽管这些现象都很诱人,但如果没有了感觉刺激、感觉过程和知觉过程之间的联系,我们就很难在日常的感觉环境中自如畅游。

【第4章】

意　识

意识是什么?

如果你母亲半夜打电话告诉你,你的祖母中风了,昏迷了一阵,但过了一会儿又恢复了意识,你会怎么想呢? 你很可能把母亲的话理解为:祖母有一阵子失去了意识,她既不知道自己的行为,也不知道其他人的行为,但过了一会儿她又醒了过来。理解意识的一种方式是,把意识和无意识对照。意识就仅仅是醒着吗? 购物后你记不起从商店开车回家这一路的情况又算什么呢? 毫无疑问,你是醒着的,你记不起的原因并不是因为你失去了意识。因此,可以把意识定义为:任何时刻我们所觉知到的一切事物,即我们对外部环境的想法、感受、感觉和知觉。

变化中的意识观　　4.1 心理学家是如何看意识的?

关于意识的本质,早期心理学家的观点很不相同。威廉·詹姆斯把意识比作溪流(意识流),有时受到意志的影响,有时又不受意志的影响。弗洛伊德则强调,无意识的希望、想法和感受隐藏在意识的背后,因为它们会唤起太多的焦虑。与詹姆斯和弗洛伊德相反,行为主义者约翰·华生劝告心理学家放弃对意识的研究。他认为,意识是不能通过科学的手段研究的。由于行为主义的强烈影响,尤其是在美国,心理学家几十年都没有研究意识。

　　但最近几十年,心理学家又开始研究意识了,他们考察生理节律、睡眠,以及意识状态的改变,即由睡眠、冥想、催眠或药物造成的意识变化。心理学家用现代脑成像技术收集了大量的证据,使我们对意识的神经基础有了更好的了解。今天,心理学家大都从神经生物学的角度来看意识。也就是说,心理学家倾向于把意识的主观体验等同于客观观察,如观察在睡眠和催眠状态下大脑中实际发生的变化。

文化和意识状态的改变　　4.2 意识状态的改变与文化之间有什么关系?

　　世界各地的宗教和文化传统对自然发生的意识状态改变的解释都是,这是超自然力量作用的结果。例如,古希腊人相信,一些特殊的神(如缪斯)能使人处在恍惚状态,这是一种艺术家和音乐家在创作时常常体验到的状态。今天,许多人仍然对意识状态的改变表现出这样的文化观。例如,对精神世界的笃信,强烈地影响波多黎各人解释噩梦和其他情感诱发的梦。

　　意识状态的改变能通向超自然世界。这个信念使很多文化创建了各种仪式,以诱发意识状态的改变。例如,美国土著教会(也称佩奥特教)的成员就采用服用非法药品佩奥特的方法改变意识状态,这种做法是有争议的。一些精神健康专家认为,服用佩奥特可能会导致药物依赖。土著教会的支持者反驳称,教会能保证成员在宗教仪式中不过量服用佩奥特。为了支持自己的说法,他们举例说:至今为止,还没有发生过一起在宗教仪式中过量服用佩奥特的事件。而且,教会的信条也谴责药物依赖,将其称为道德沦丧。因此,支持者称,教会成员是不可能对药物形成依赖的。

　　不同文化的成员使用这么多不同的方式改变意识,这一事实使得一些专家猜测,产生和维持各种意识体验可能是人类的普遍需求。这可能是为什么有些人用药物来诱发意识状态改变的原因。

生理节奏

　　你有没有注意到一天中发生的感觉变化,你的力气、情感或效率的波动? 有

100 多个身体机能和行为都按照一定的生理节奏变化,它们在 24 小时里有规律地从高到低波动。

生理节奏的影响　　4.3 生理节奏如何影响生理和心理功能?

具有生理节奏的生理功能有很多,如血压、心率、胃口、激素和消化酶的分泌、感觉灵敏度、排泄,甚至还有身体对药物的反应。许多心理功能,包括学习效率、完成各种任务的能力,甚至情感,也随着生理节奏而起伏。几乎所有的生理和心理因素在 24 小时里的变化都与生理节奏有关。

与大脑中其他计时装置(见"解释")一起控制生理节奏的生物钟,位于大脑中下丘脑位置的视交叉上核。但是,生理节奏的起伏并不完全是生物的,环境因素也在起作用。最显著的环境因素是亮光,尤其是太阳光。视网膜中的感光细胞对进入眼睛的光量作出反应,并将这个信息通过视神经传递给视交叉上核。从黄昏到黎明,由视网膜传递到视交叉上核的信息又被传递到松果腺,使松果腺分泌褪黑激素。白天,松果腺是不会分泌褪黑激素的。褪黑激素之所以能促进睡眠,可能是因为它能使所有身体组织意识到一天里时间的变化和一年里时间的变化。

有两个生理节奏尤其重要。它们分别是睡眠苏醒周期和体温调节。正常人的体温在凌晨 3 点到 4 点最低,是 36.1 ~ 36.4 ℃;在下午 6 点到 8 点最高,大约是 37 ℃。人在体温最低的时候睡得最好,在体温最高的时候最警觉。警觉度也遵循生理节奏,这个生理节奏与睡眠苏醒周期是截然分开的。对大多数人来说,警觉度在下午 2 点到 5 点和早上 2 点到 7 点期间降低。

生理节奏的被打乱　　4.4 生理节奏被打乱后会如何影响身体和心理?

假如你从芝加哥飞抵伦敦,飞机在伦敦着陆的时间是芝加哥午夜 12 点,这是你通常睡觉的时间。可是,现在却是伦敦的清晨 6 点,几乎是当地的起床时间。伦敦的时钟、太阳以及其他的一切都告诉你现在是早晨,但你却感觉现在是半夜。这表明你正在倒时差。

经常倒时差(就像很多飞行员和航空乘务员那样)会产生永久的记忆缺陷。你可能会想,定期飞越时区的人会适应自己的时间表。但研究表明,有经验的机组人员与第一次乘坐国际航班的乘客一样要倒时差。研究发现,补充褪黑激素能缓解长途旅行的时差效应。在白天服用褪黑激素效果更好,因为白天身体本身的褪黑激素的含量很低。在晚上睡觉前服用褪黑激素很可能就没有什么效果,因为这时身体本身的褪黑激素含量已接近顶峰。对有些人来说,最好还是采用其他方法倒时差。例如,在早上接受明媚的阳光,在夜晚避免亮光。这种方法可能比服用褪黑激素更有助于恢复生理节奏。

同样,夜晚工作时,人的警觉度和作业水平都会降低,因为生物钟告诉人们这是该睡觉的时间。在夜晚,精力和效率都处在谷底,反应慢,速度低,事故还多。一项研究发现,午夜到早晨6点之间飞行的飞行员犯错误的概率会增加50%。另外,轮班工作者比不轮班工作者的总睡眠时间要少。一些研究表明,在轮班结束后数月甚至数年之内,轮班工作的有害影响还继续存在。

解释　　　　　　大脑是如何掌握时间的?

你有没有遇到过这样的情况?你在十字路口等红灯。渐渐地,你开始觉得红灯特别长。你环视周围的司机,看他们是否有同样的感觉。最后,你认为是灯坏了,于是决定冒险闯红灯。在这期间,你的大脑发生了些什么?

你的厨房里可能有专门的间隔计时器,提醒你及时把烤饼从烤箱中拿出来,免得烤焦。同样,你的大脑里也有一个计时器,但这个计时器是由大脑皮层的神经元网组成的。这些神经元会随机且独立地持续放电,直到有什么事物吸引住了它们的注意。当吸引它们注意的事物具有时间特征(如交通灯)时,黑质就发出多巴胺脉冲,通知这些神经元同时放电。这种同时放电就成为事件开始的神经标记。在事件结束的时候,黑质又同样发出多巴胺脉冲通知这些神经元同时放电,不过这次是作为事件结束的标记。大脑里的计时器将自己的测量结果与同类打有时间烙印的事件进行比较。这就是你坐在车里等红灯时大脑中所发生的事情,也是你为什么感觉红灯亮了很久的原因。

大脑里的计时器有多准确?举个例子。你的闹钟响了,但你想再睡10分钟。有时候你醒来看钟,发现自己果然睡了大约10分钟;但有些时候,你醒来却发现自己已经睡了2个小时。为什么会有这么大的差异呢?

在这种情况下,间隔计时器被另一个脑时钟所取代,这个时钟是控制睡眠周期的。当你醒来之后又入睡时,你的大脑又开始了一个新的睡眠周期。如果你设定的醒来时间恰好在这个新睡眠周期的起始阶段内,你可能就不会睡过头。但如果你在间隔计时器唤醒你之前就进入了更深的睡眠阶段,那你就有可能再睡 90 分钟。这是因为当你进入更深的睡眠阶段时,大脑会自动关闭间隔计时器。所以,如果你想多睡几分钟,还是开上闹钟。这样,就可以弥补人类内置神经计时器的不准确性。

把工作时间从白天移到晚上,比把工作时间从晚上移到白天要更为容易,因为人们发现晚睡晚起要比早睡早起更容易。每三周轮一次班对睡眠的影响,比每周轮一次班的影响要小。目前,一些研究者正在研究一种叫莫达非尼的新药,这种药既能帮助人们保持警觉,又没有咖啡因之类的兴奋剂的副作用。还有一些研究者使用了一种叫"光面具"的设备来重新设定轮班工作者的生物钟。这种面具允许研究者对被试闭眼时接触到的光量进行控制。光面具研究表明,在睡眠的最后 4 小时中让被试接触亮光能有效治疗一些轮班工作者的睡眠时间推迟症。这种设备对治疗轮班工作所带来的睡眠障碍,可能会非常有用。

睡眠

如前所述,睡眠苏醒周期是一种生理节奏。但在睡眠中到底都发生了些什么呢? 在 20 世纪 50 年代之前,我们对睡眠这种无意识状态下所发生的事情还了解不多。到了 20 世纪 50 年代,多所大学都建立了睡眠实验室。这些实验室可以监测人在睡觉过程中的脑电波、眼动、下巴肌肉张力、心率,以及呼吸的速度。通过对睡眠记录(多导睡眠图)的分析,研究者发现了两种主要的睡眠特征。

我们为什么要睡觉　　4.5 恢复理论和生理节奏理论是怎样说明睡眠的?

你是不是认为睡觉是浪费时间,特别是你第二天要交学期论文的时候? (当然,如果你没有拖延,就不会熬夜。)事实上,保持良好的睡眠习惯对获得好分数非常重要。这是为什么呢?

研究者提出了两个互补的理论来说明为什么我们需要睡觉。第一个是恢复理论;第二个是生理节奏理论,有时也称进化理论或适应理论。恢复理论认为,一直保持苏醒状态会磨损身体和大脑,而睡眠可以使身体和大脑得到恢复。这个理论得到了有力的支撑:睡眠的确有恢复精力和巩固记忆等功效。睡眠的生理节奏理论的基本前提是:睡眠的出现是为了保护人类在夜间不受伤害(如避免成为夜间捕食者的猎物)。

亚历山大·博尔贝伊告诉我们如何把这两种理论结合起来说明睡眠的作用。人们在某一时间段感到困倦,这符合生理节奏理论。人们保持苏醒的时间越长就感到越困倦,这又符合恢复理论。也就是说,睡眠的要求,部分是由苏醒时间长短决定的,部分是由一天中的时刻决定的。

我们如何睡觉   4.6 睡觉时一般会出现哪几种睡眠?

睡眠遵循一个比较容易预测的模式。每一个睡眠周期大约持续 90 分钟,由 4 个阶段组成(图 4.1)。我们把这 4 个阶段所经历的睡眠称为非快速眼动睡眠。在这种睡眠中,我们的心率和呼吸率都缓慢、平稳,运动降到了最低,血压和脑活动处于一天 24 小时中的最低谷。

如图 4.1 所示,在我们完全苏醒时,β 波占主导地位;在我们困倦时,α 波开始出现;当 α 波的数量超过 β 波时,我们就进入了 4 个非快速眼动睡眠阶段的第一个阶段。

• 阶段 1:从苏醒过渡到睡眠;不规则波夹杂少许 α 波。

• 阶段 2:从浅度睡眠过渡到深度睡眠;睡眠纺锤波(平稳和剧烈活动交替的波)出现。

• 阶段 3:深度睡眠;当脑电图显示 20% 的脑电波都是 δ 波时,慢波睡眠开始。

• 阶段 4:最深度睡眠;当 50% 的脑电波都是 δ 波时,阶段 4 睡眠开始。

在我们进入阶段 4 睡眠后约 40 分钟,δ 波开始消失。当 δ 波消失时,我们又重新回到阶段 3 和阶段 2 睡眠,直到再次进入阶段 1 睡眠。当再次进入阶段 1 时,我们便开始进入快速眼动睡眠阶段。在快速眼动睡眠期间,我们的大脑非常活跃,分泌的肾上腺素使血压升高,心率和呼吸变得急促。与这种大脑内部的疾风骤雨形

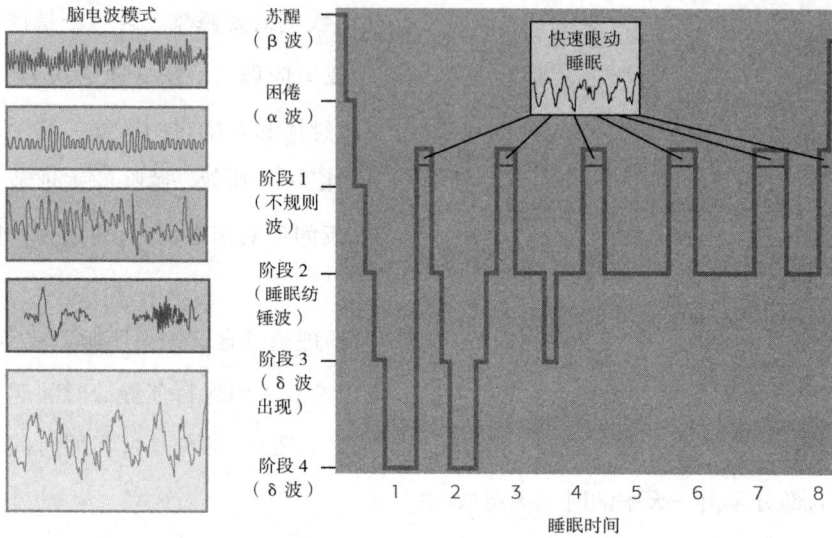

图4.1 不同睡眠阶段的脑电波模式

根据脑电图仪对整晚睡眠的脑电波活动监控记录,研究者得出了不同睡眠阶段的脑电波模式。随着人们通过4个非快速眼动睡眠阶段,脑电波模式从阶段1和阶段2的较快、较小时波变成了阶段3和第4阶段的较慢、较大的δ波。

成鲜明反差的是身体外在的风平浪静,身体的大块肌肉、手臂、腿和躯干,都纹丝不动。

观察处于快速眼动阶段的人会发现,睡眠者的眼球在眼皮下快速地转动。1952年,尤金·亚瑟林斯基首先发现了这种快速的眼动现象。不久,在1957年,威廉·德门特和纳撒尼尔·科莱特曼就将快速眼动与做梦联系了起来。最生动的梦正好是在快速眼动睡眠阶段做的梦。当人在快速眼动睡眠阶段被叫醒时,大多数人都说自己正在做梦。

研究者还发现,快速眼动睡眠对于巩固记忆有关键作用。几项实验显示,在一段正常的睡眠之后,被试对之前所学的运动任务和言语任务完成得更好。在一项经典研究中,卡尼等(1994年)发现,如果让学习了一项知觉技能的被试睡一晚上,或者只是在非快速眼动睡眠阶段受到研究者的打扰,那么,在没有额外练习的情况下,8~10个小时后他们的知觉成绩会更好。但是,如果剥夺了被试的快速眼动睡眠,被试的知觉成绩就不会提高。这可能就是为什么人们在被剥夺快速眼动睡眠之后,作为补偿,他们会增加一些快速眼动睡眠。这个现象叫快速眼动睡眠反补。

第一个快速眼动睡眠结束之后，一个新的睡眠周期就又开始了。然而，剩下的睡眠周期与第一个则有所不同（图 4.1）。一般来说，第二个周期仅包括第 2、3、4 阶段和 1 个快速眼动睡眠阶段。第三个周期通常只包括第 2、3 阶段和 1 个快速眼动睡眠阶段。后面的周期仅包括第 2 阶段和 1 个快速眼动睡眠阶段。需要指出的是，周期越后，快速眼动睡眠持续的时间就越长。第一个周期末尾的快速眼动睡眠阶段仅几分钟，到了第五个周期时就增加为半个小时，甚至更长。总的来说，人们在 7～8 小时的睡眠过程中会经历 5 个周期，总共为人们提供了 1～2 小时的慢波睡眠和 1～2 小时的快速眼动睡眠。

睡眠变化　　4.7 年龄如何影响睡眠模式?

睡眠的量因人而异，而且差别很大。那我们到底需要多少睡眠呢？许多人都听说过，要使身体处于最佳健康状态，需要 8 小时的睡眠。可是，研究结果并非如此。开始于 1982 年的一项研究，调查了 100 多万美国人的睡眠习惯。20 年之后，那些说自己每晚睡眠在 6 个小时或以下的成年人和那些说自己每晚睡眠超过 8 个小时的成年人，他们的死亡率都略高于每晚睡 7 个小时左右的成年人。

如图 4.2 所示，睡眠随年龄的不同而不同。婴儿和儿童的睡眠时间最长，快速眼动睡眠和慢波睡眠的比例也最高。然而，与其他年龄段的人相比，婴儿和儿童的睡眠模式变化更大。相比之下，6 岁到青春期儿童的睡眠时间变化最小。他们晚上入睡容易，而且一睡就能睡 10～11 个小时，所以他们白天精力充沛。另外，他们每天入睡和醒来的时间点都差不多。与儿童不同，青少年的睡眠模式要受到他们自己日程安排的影响。兼职和上学时间早等因素，使很多青少年一般每天只能睡 7 个多小时。当青少年从这些紧密的日程安排中解放出来后，他们往往比小学生睡的时间还长。一些研究睡眠的专家认为，睡眠不足可能在一定程度上导致中学生的纪律和学习问题。

随着年龄的增大，睡眠的质量和数量通常都会降低。一些研究者假设，这种降低是人们对睡眠需求减少的结果，而这种减少是自然变老过程的一个部分。可是，很多老年人把这种减少看成是对他们生活质量的威胁。对北美、欧洲和日本老年人的大规模调查发现，2/3 的老年人白天困乏想睡，但夜晚苏醒，经常失眠。

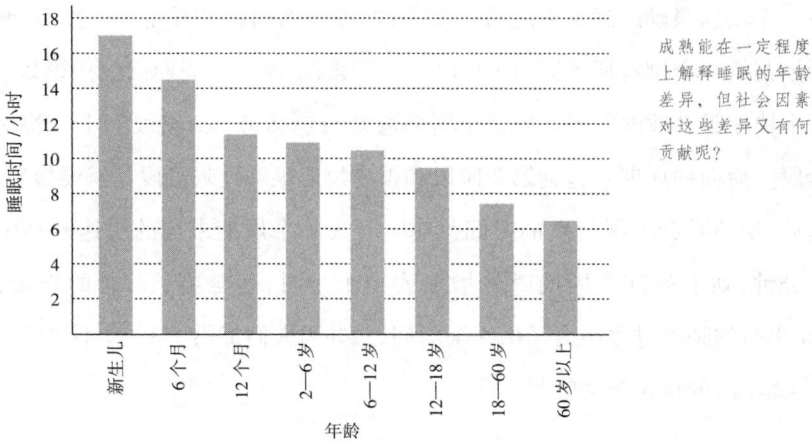

成熟能在一定程度上解释睡眠的年龄差异，但社会因素对这些差异又有何贡献呢？

图4.2　一生中平均每日的睡眠时间

随着年龄的增大，每日的睡眠时间急剧减少。

睡眠剥夺　4.8 睡眠剥夺有什么影响？

你最长一次是多少时间没有睡觉？大多数人为了准备考试可能就连续几个晚上没有睡觉。如果你2～3个晚上没有睡觉，就会出现很难集中精力、注意力涣散和容易发火的情况。研究表明，哪怕是少量的睡眠剥夺，也会导致认知水平的下降。

睡眠不足是如何影响大脑的呢？睡眠剥夺的结果不仅仅是感觉疲乏。事实上，研究表明，缺乏充足的睡眠会影响你的学习能力。因此，如果你为了一门考试而通宵复习，很可能是在玩一场自我毁灭的游戏。在一项开创性的研究中，德拉蒙德及其同事用大脑成像技术描绘了两组被试在完成言语学习任务时的大脑活动模式图。其中，实验组被剥夺了35小时的睡眠，控制组则正常睡眠。在控制组中，前额皮质和颞叶一样高度活跃。不出所料，控制组在学习任务中的平均得分显著地高于实验组的。然而，令人惊奇的是，实验组的前额皮质区域比控制组的还要活跃。但实验组的颞叶却一点儿也不活跃。不过，实验组的顶叶变得高度活跃，好像是要补偿他们的睡眠不足似的。而且，顶叶越活跃，被试在学习任务上的得分也越高。

这项实验表明，睡眠剥夺严重损害了学习所需的认知功能。它还表明，顶叶有补偿作用，可以在一定程度上减小这种损害。

睡眠紊乱   4.9 睡眠紊乱都有哪些情况?

到这里为止,我们讨论的都是一个普通人晚上所需要的正常睡眠。但是,三分之一的人都有睡眠问题。这些人的情况又如何呢?

你睡觉的时候走路或说话吗? 如果是,你就患有异睡症。异睡症是一种睡眠障碍。它指的是,通常只在清醒状态下才会出现的行为和生理状态在睡觉的时候出现了。梦游症出现在睡眠第4阶段的局部唤醒期间,这时睡眠者还没有完全清醒。说梦话可以出现在睡眠的任何一个阶段。通常,梦话是无法理解的。

各种恐怖的梦也属于异睡症,常见的有夜惊和噩梦。夜惊发生在阶段4。睡眠者突然尖叫一声,然后惊恐地坐起来:眼睛睁大、心跳加快、大汗淋漓、呼吸急促。通常,这样的夜惊很快就消失,睡眠者再次入睡。噩梦比夜惊更可怕,因为它们发生在快速眼动睡眠阶段,因此它们更加清晰。睡眠者从噩梦中惊醒后,常常都能清楚地记得梦的每一个细节。夜惊出现在上半夜,而噩梦则出现在快天明的时候,这是快速眼动睡眠阶段最长的时候。

医生在治疗异睡症之前都要检查病人隐藏的疾病和/或造成睡眠障碍的心理因素。如果发现了病根,医生就会直接治疗病根,因为他们认为,治好了病根也就缓解了病人的异睡症。催眠药(不管是不是处方药)不是治疗异睡症好办法。因为睡眠药物有潜在的副作用,而且病人对睡眠药物上瘾的可能性远远大于病人从中获得的短暂益处。医生建议,病人应尝试"应用"中所列举的各种办法。

应用   如何睡一个好觉?

当听到"卫生"这个词时,你可能立即会想到洗手,但保健专家用它来概括所有的预防性健康措施。因此,睡眠卫生指减少睡眠问题的做法。梅约诊所收集了很多睡眠卫生的做法。下面是其中几种比较重要的方法。

- 按时睡觉,按时起床。
- 睡觉前不要吃喝太多。
- 控制一天摄入尼古丁和咖啡因的量。
- 按时锻炼。

- 保持卧室适宜的温度、光线。

- 白天不要小睡。

- 把床铺垫舒适。

- 如果你 30 分钟后还没睡着,就不要躺在床上。起来做些事,感到困倦后再去睡觉。

- 困倦时候就睡觉,不要强迫自己工作。

- 不到万不得已的时候,不要服用安眠药。

　　与异睡症相反,睡眠异常是睡眠时间、质量和数量的紊乱。例如,发作性嗜睡症是一种不能治愈的睡眠障碍,它的特征是白天过度嗜睡,快速眼动睡眠会突然袭来,而且通常一来就是 10～20 分钟。仅在美国,患有发作性嗜睡症的人就有 250000 到 350000 之多。他们几乎在任何地方(开车、工作和家里)都会睡着。发作性嗜睡症是由控制睡眠的大脑区域异常造成的,而且似乎有强烈的基因成分。一些狗也患发作性嗜睡症。通过对犬科的研究,我们了解了一些发作性嗜睡症的遗传学基础。尽管现在还没有办法治愈这种病,但兴奋剂药物治疗能提高大多数发作性嗜睡病人在白天的警觉度。

　　超过 100 万的美国人(主要是肥胖的男性)都患有另一种睡眠紊乱:睡眠呼吸暂停症。它是指在睡眠中的某些阶段,睡眠者的呼吸停止,必须不断醒来进行呼吸。睡眠呼吸暂停症的主要症状是白天过度嗜睡和鼾声如雷,常常伴随鼻息声和喘气声。患有睡眠呼吸暂停症的人倒头就睡着了,过一会儿呼吸就停止了,然后又挣扎着起来呼吸。患者在半醒状态下大呼几口气后又睡着了,过一会儿呼吸又停止了。患有严重睡眠呼吸暂停症的人每分钟要醒 1～2 次来呼吸。酒精和镇定剂会加重病情。

　　严重的睡眠呼吸暂停症能导致慢性高血压和其他心血管疾病。神经学家还发现睡眠呼吸暂停症可能导致轻微的脑损伤。有时,医生通过外科手术改变上呼吸道来治疗睡眠呼吸暂停症。如果手术成功,患者不仅睡得更好,而且在言语学习和记忆测试上的表现也会更好。这些发现表明,睡眠呼吸暂停症会影响认知和生理功能。

　　许多美国成年人都患有失眠症。这种睡眠障碍的特征是:难以入睡、醒得太早、睡眠很浅、睡得不安稳、睡眠质量不好。这些症状中的任何一个,都能导致不愉快,从而影响白天的正常生活。暂时性失眠症一般持续 3 周左右,造成的原因有时差、情绪的高涨(准备一场即将到来的婚礼)或低落(失去心爱之人或失去工作)、短暂的疾病或受伤。约 10% 的成年人受到慢性失眠症这一更大痛苦的困扰,因为它持续时间更长,通常是数月甚至数年。在女性、老人和精神疾病患者中,失眠的比例更高。慢性失眠症起初可能只是对心理或药物问题的反应,但在问题解决之后,它仍然长期挥之不去。

前面你读到,医生避免使用睡眠药物来治疗异睡症,对治疗睡眠异常也是一样。但是,由于有些睡眠异常比异睡症对生命有更大的威胁,因此,医生更有可能让睡眠异常患者服用药物。例如,发作性嗜睡症患者需要服用兴奋剂药物以使自己在关键时刻(如开车时)保持清醒。睡眠呼吸暂停症可以用药物治疗也可以用手术治疗,患者还可以使用在呼吸停止时把他们唤醒的电子设备。最后需要指出的是,失眠症可以用药物治疗,但在多数情况下,医生会鼓励患者养成良好的睡眠习惯,以获得长期的效果。

在"总结"中,我们列出了各种睡眠障碍。

总结

睡眠紊乱	
紊乱	描述
异睡症	
梦游症	出现在阶段 4 的部分苏醒期
夜惊	出现在阶段 4 的部分苏醒期中的噩梦,睡眠者通常在入睡后不久就突然惊恐地坐起来
噩梦	出现在快速眼动睡眠阶段的恐怖梦;睡眠者通常能清楚地记得梦的每一个细节
说梦话	可能出现在睡眠的任何一个阶段
睡眠异常	
发作性嗜睡症	白天过度嗜睡;快速眼动睡眠突然来袭;无法治愈
睡眠呼吸暂停症	睡眠中呼吸停止的阶段;睡眠者必须不断醒来呼吸
失眠症	难以入睡、醒得太早、睡眠很浅、睡得不安稳、睡眠质量不好

梦

一名年轻妇女说，"我见到了我的梦中情人"；一个电话销售员许诺，只要听他一段销售说辞，你就会得到一个"梦幻之旅"。他们说的是什么意思呢？大多数情况下，我们把梦想成一个令人愉悦的、充满想象的经历。但当一个学生感叹"那场考试简直是场噩梦！"时，他指的当然不是一个愉快的经历。那梦到底是什么呢？

梦的内容　　4.10 研究者对梦都了解些什么？

醒来后人们还能清楚记得并谈论的梦，通常都是他们在快速眼动睡眠阶段所做的梦。这类梦叫作快速眼动梦。人们也会在非快速眼动睡眠阶段做梦，但在这个阶段所做的梦往往较少，而且不容易记得。快速眼动梦犹如故事或梦幻一般，比非快速眼动梦更为生动、形象，更富有情感色彩。5 岁以前失明的人不能做形象的梦，但他们能做涉及其他感觉的梦。

我们一般感觉，发生在快速眼动梦境中的事件比发生在苏醒状态中的更奇怪，更能引起情感反应。这一点得到了大脑成像研究的支持。在快速眼动梦的过程中，大脑负责情感的区域和初级视觉皮质都很活跃。生动的快速眼动梦与前脑的活动分布情况相关，这与妄想症患者苏醒时的前脑活动分布情况相似。所不同的是，前额皮质这一大脑更加理性的区域，却在快速眼动睡眠阶段受到抑制。这表明，出现在快速眼动梦中的奇怪事件，是由于大脑在快速眼动睡眠阶段不能有逻辑地组织知觉所造成的。与记忆相关系的区域，也在快速眼动睡眠阶段受到抑制，这就说明了为什么快速眼动梦的内容很难记住。

为什么快速眼动睡眠会使人们做奇怪的梦呢？一个假设是：在苏醒和快速眼动睡眠阶段，在大脑皮层中起主要作用的神经递质不同。在我们醒着的时候，强大的抑制影响力控制着大脑皮层的功能，从而使我们立足于现实，更加理智，不太容易受冲动想法和举动的影响。维持这些抑制影响力的主要是大脑皮层神经元。这些神经元受到 5-羟色胺和去甲肾上腺素的影响。在快速眼动睡眠阶段，这些神经递质会大量减少。这时,高浓度的多巴胺就使其他大脑皮层神经元表现出剧烈的活动。这种不受抑制、由多巴胺刺激的梦脑活动,与精神病患者的心理状态很相似。

最后一点要指出的是,研究者已经想出了办法来控制梦。教会他人控制梦以避免反复做噩梦,这并没有什么大惊小怪的。在清醒梦中,做梦者试图控制梦的进展。研究表明,那些善于在苏醒时控制自己思想的人,也能够成功地控制清醒梦。另外,有关运动的清醒梦似乎能改善心脏功能。目前,清醒梦已经被作为一种治疗抑郁症的方法来使用,但治疗效果似乎因人而异。究其原因,可能是因为许多抑郁症患者的思想控制能力受到了损害。

梦的解释	4.11 不同理论家是如何解释梦的?

大多数人都相信,梦隐含了一定的意义,尤其是那些不断出现的噩梦。弗洛伊德认为,梦的作用是为了满足无意识的性欲望和攻击欲望。由于这些欲望对做梦者来说是无法接受的,因此就必须加以掩饰,并以象征的形式出现在梦里。弗洛伊德在 1900 年提出:棍子、雨伞、树干和枪,象征的是男性生殖器官;衣柜、碗柜和盒子,象征的则是女性生殖器官。弗洛伊德把梦的内容区分为显性和潜性两种。显性内容是做梦者所回忆起的内容,潜性内容就是梦的深层含义。他认为,潜性内容比显性内容更加重要。

从 20 世纪 50 年代开始,心理学家开始远离弗洛伊德对梦的解释。例如,霍尔在他 1953 年的著作中就提出了关于梦的认知理论。他认为,做梦只不过是人在睡觉时的思考过程。支持霍尔理论的人提出,要更加关注梦的显性内容,即梦本身;显性内容反映了做梦者的各种关切,而不是做梦人的性冲动。

著名睡眠研究者 J. 艾伦·霍布森认为,自然既然赋予了人类做梦的能力,那么梦就不需要专家来解释。更早一些时候,霍布森和麦卡利就提出了梦的激活——合成假设。这一假设提出,梦只不过是人脑从大脑细胞在快速眼动睡眠阶段的随机放电中寻找意义。与人们苏醒状态时从来自环境的输入中寻找意义一样,人们在竭力地从脑细胞随机放电所产生的各种感觉和记忆中寻找意义。霍布森认为,梦也有心理意义,因为一个人赋予随机心理活动的意义反映了这个人的经历、遥远的记忆、联想、动机和恐惧。

最后要说的是,梦的进化论的支持者提出,生动且情感丰富的快速眼动梦有一定的保护作用。这样的梦常常涉及我们在真实生活中可能面临的危险情境。例如,一个人可能梦见自己以 70 英里/小时的速度开车,突然刹车失灵。根据进化论的观点,这种梦能为做梦者提供一个演练的机会,以便他们在真实生活中更好地应对类似的危险。

冥想和催眠

人人都必须睡觉。即使你想不睡,你的身体最终也要强迫你睡。除睡眠和苏醒之外,还有一些其他形式的意识状态。这些状态只有当我们进行选择性体验时才能体验到,冥想和催眠就是其中的两种。

冥想 4.12 冥想有哪些益处?

你可知道,通过心理和身体放松方法可以使意识状态发生变化吗? 冥想就是一种放松方法:通过让人们把注意集中在一个物体、一个词语、自己的呼吸或身体运动之上来排除所有杂念,从而既增强健康,又使人进入另外一种意识状态。冥想的一些方式(如瑜伽、禅宗和超觉静坐)源自于东方宗教,其目的是帮助修行者达到更高的精神境界。在美国,这些方法常被用来帮助人放松,减少情感波动或扩展意识。这一结论得到了大脑成像研究的支持:冥想除了有助于放松之外,还能使人进入另类意识状态。

研究表明,冥想有助于解决一系列的生理和心理问题。研究者发现,定期冥想能帮助人学会控制自己的情感,即使对于那些极度抑郁的人来说也是可以的。另外,冥想还有助于降低血压、胆固醇以及其他一些心血管健康的指标。但要记住,冥想不是一种解决心理和生理问题的"速效药"。因此,如果你想从冥想中获益,就必须严格约束自己,要全身心地投入。你可以用"尝试"中的步骤来学习如何放松,不断练习这些方法,直到完全掌握为止。学会之后,你便可以在日常生活中随时使用。

神经成像研究表明,长期冥想能彻底改变人脑的几个区域。但这些发现还只是初步的。神经学家还需要做更多的研究,才能完全了解这些神经变化是如何影响冥想者的认知或情感功能的。

尝试　　　　　　**放松技术**

找一个安静的地方,以一种舒服的姿势坐下。

1. 闭上眼睛。

2. 深深放松所有的肌肉。从脚开始,慢慢向上移动,放松腿部、臀部、腹部、胸部、肩部、颈部的肌肉,最后放松脸部的肌肉。全身保持在这个深度放松的状态。

3. 现在,全神贯注你的呼吸,用鼻子呼气和吸气。每次呼气时,默默地念"one"。

4. 重复这个过程20分钟。(你可以定期睁开眼睛看表,但不要用闹钟)做完之后,还要保持静坐几分钟——先闭着眼睛,然后再睁开眼睛。

催眠　　4.13 催眠如何影响我们的身体和心理,为什么会影响?

我们可以把催眠定义为,催眠师用暗示的力量使接受催眠者在思想、感受、感觉、知觉或行为方面发生变化的过程。有趣的是,研究表明,一些人不能被催眠。个体完全清醒时受暗示影响的程度与可催眠性有关。另外,人们对催眠还存在很多误解。你听过表4.1中列举的种种谬论吗?

过去,催眠主要是一种娱乐手段,可是现在却被认为是一种有效的医疗、牙齿治疗和心理治疗的方法。催眠得到了美国医学协会、美国心理学协会和美国精神病学协会的承认。在控制疼痛方面,催眠尤其有用。实验发现,与没有被催眠的病人相比,被催眠和受到暗示从而在术前得以放松的病人,在术后感受到的疼痛更少。

根据催眠的社会认知理论,催眠后的行为反映了被催眠者对于催眠效果的期望,即催眠状态下被试应该怎么样。人们都希望成为好的被试,遵从催眠师的暗示,履行被催眠者的社会角色。在"总结"中,我们列举了各种说明催眠现象的理论。难道被催眠者只不过是在演戏,或假装被催眠了吗? 不是。大多数的被催眠者,既没有假装,也没有仅仅遵从暗示。事实上,用皮肤电传导(用出汗作为情感反应的指标)这种实验室最有效且最可靠的测谎方法,金努宁及其同事在 20 世纪 90 年代发现,89% 的被催眠者是真的被催眠了。

20 世纪 80 年代和 90 年代,欧内斯特·希尔加德提出了一个理论来,解释为什么被催眠者能完成非常困难的活动,甚至在不麻醉的情况下接受手术。根据他的这一新分离催眠理论,催眠能引发意识控制两个方面(计划功能和监控功能)的割裂或分离。在催眠过程中,计划功能实现催眠师的暗示,始终是被催眠者有意识觉知的那部分。监控功能监控或观察发生在被催眠者身上的每一件事,但被催眠者并不能有意识地觉知到这些。希尔加德把这种与有意识觉知分离的监控功能称为"隐藏的观察者"。

鲍尔斯及其同事在 20 世纪 90 年代提出,催眠是一种真正被改变了的意识状态。他们的分离控制理论坚持认为,催眠不会引发不同意识侧面的分离。他们认为,催眠会减弱执行功能对意识其他部分(子系统)的控制,使催眠师的暗示直接接触和影响这些子系统。鲍尔斯进一步指出,被催眠者的反应是自动的、无意识的,这就像条件反射一样,不受正常认知功能的控制。这一观点得到了一些研究的支持。

尽管大多数催眠研究者支持社会认知理论,但大多数的临床医生和在这一领域有影响力的研究者却认为,催眠是一种独特的、被改变了的意识状态。凯尔斯壮 2007 年提出,把社会认知理论和新分离理论结合起来,我们才能更完整地认识催眠。尽管研究者所持的理论不同,但催眠正在越来越多地被用于临床实践和某些内科和牙科领域。

表 4.1　你对催眠了解多少?

如果你认为……	事实是……
这只不过是想象的问题	想象力与可催眠性没有关系
放松是催眠的一个重要特征	不,催眠是通过激烈运动引发的
多数时候被试只是遵从催眠师的暗示	很多高度配合的被试并没有被催眠
被试是故意装的	生理反应表明被试不是装的
催眠危险	标准的操作没有危险
被催眠者处于睡眠状态	不是,被催眠者是完全清醒的

如果你认为……	事实是……
某些性格的人很容易被催眠	可催眠性与性格没有显著关系
被催眠者丧失了自我控制	被催眠者能说"不"或终止催眠
催眠能帮助人重新体验过去	成年人被催眠时像在扮演儿童
人们对催眠的反应取决于催眠技术和催眠师	实验室条件下两者都不重要,被试的可催眠性才最重要
被催眠时,人的记忆更准确	催眠使人混淆记忆和幻想,而且会令人的信心膨胀
被催眠者在诱导下能做出一些违背自己价值观的事	被催眠者能完全按照自己的道德标准行事
人们不记得催眠过程中所发生的事情	催眠后,遗忘不会自然发生
催眠能使人表现出超常的力气、耐力、学习和感觉的敏锐度,这些在一般情况下是不可能的	在暗示作用下,被催眠者在这些方面的表现,不会超过其他被试在非催眠状态下的表现

总结 催眠的理论

理 论	对催眠的解释
社会认知	成为一个"好被试"的期望使人遵循催眠师的暗示
新分离	心理的计划功能有意识地对催眠师的暗示作出反应,与此同时,监控功能无意识地观察这些反应
分离控制	被催眠者能对催眠师的暗示作出反应,这是因为催眠减弱了执行控制系统对意识其他方面的影响

精神药物

在服用镇痛药或抗菌素的时候,你或许不会认为它会改变你的心理。然而,所有化学物质,即使头疼时所吃的阿司匹林都会影响大脑。这是因为,它们改变了神经递质的功能。大多数这类物质对你的意识状态不会产生明显的影响。但有些药物会对大脑产生强烈的影响，能引发意识状态的巨大变化。

精神药物是能改变情感、知觉或思想的物质。当精神药物（如抗抑郁药）被批准为医疗用药时，它们被称作"严格控制物质"，是非法物质。"非法"二字表明，精神药物是不合法的。许多非处方药（如抗组胺和减充血剂）和草药制剂都是精神药物。有些食物（如巧克力）也会影响我们的情感。提示饭店里的服务员：给顾客账单的同时附上一块巧克力，你的小费就会增加。

药物如何影响脑　　4.14 药物如何影响脑的神经递质系统？

在第 2 章了解到，药物通过对神经递质的影响来影响我们的大脑和行为。例如，你知道身体的所有愉悦都有共同的神经机制吗？不管这种身体愉悦来自于性爱还是精神药物，这种主观的愉悦是由脑边缘系统伏隔核中神经递质多巴胺的增加而产生的。研究者发现，大多数精神药物都会使脑内的多巴胺激增，这些药物包括大麻、海洛因、尼古丁。可是，为什么酒精带来的状态改变与尼古丁或大麻带来的状态改变感觉不一样呢？因为药物对多巴胺系统的作用只是一连串作用的开始，这一连串作用涉及整个神经递质系统。每种药物对整个系统的影响方式不同，因此所产生的意识状态变化也不同。我们来看一看，下面几种药物是如何影响神经递质的，能带来什么好处。

- 鸦片剂（如吗啡和海洛因）的作用类似于大脑中内啡肽的作用。内啡肽是一种缓解疼痛的物质，它能产生一种幸福感，因此鸦片剂在缓解疼痛方面非常有用。
- 抑制剂（如酒精、巴比妥类药物以及安定和利眠宁之类的苯二氮平类药物）作用于 γ-氨基丁酸受体，产生镇静效果。因此，抑制剂在缓解紧张方面非常有用。
- 兴奋剂（如安非他命和可卡因）的作用类似于肾上腺素的作用。肾上腺素是触发交感神经系统的神经递质。交感神经系统有抑制饥饿感和抑制消化的作用。这就是为什么"减肥药"往往会加入一定的兴奋剂，如咖啡因。

大家知道，药物并不只有好处。这是为什么呢？因为，好东西用得太多，或者把几种好东西错误地组合在一起，都会带来灾难。例如，定期服用鸦片剂，最终会完全抑制内啡肽的产生。结果，自然的疼痛缓解系统就会崩溃，大脑只有依赖鸦片剂才能正常工作。同样,如果摄入太多的酒精或酒精与其他抑制剂的混合物,大脑就会出现过多的 γ-氨基丁酸,意识就会消失,死亡就会临近。过量服用兴奋剂能使心率和血压猛增;一次性服用大量的兴奋剂甚至会造成死亡。

物质滥用和成瘾　　4.15 生理物质依赖和心理物质依赖有何不同?

当人们有意服用物质来引发意识状态变化时,就很可能出现物质滥用问题。心理学家对物质滥用的定义是:在服用某种物质后多次发生对个体的工作、教育和社会关系有负面影响的事件,但个体还仍然续服用这一物质。例如,一个人由于醉酒而多次误工,但他仍然继续酗酒,这就说明他有物质滥用问题。

什么使人们从物质使用发展到物质滥用? 物质引发的肉体快感是一个原因。决定人们对物质生理反应的基因差异也会造成物质滥用。例如,一些人喝少量酒就会醉;有些人则要喝很多的酒才会醉。后者更有可能酗酒。目前,基因研究者正在寻找对酒精不敏感的基因。当然,性格和社会因素也会造成物质滥用。例如,冲动型性格就会使人尝试药物。与压力相关的因素,(如虐待和家庭暴力)会造成物质滥用。社会和文化因素也会造成物质滥用,如与吸毒少年交往的青少年会沾染毒品或染上毒瘾。

从物质滥用发展到物质依赖,这个就叫成瘾。造成生理药物依赖的原因是,身体有一种产生耐药性以避免受到有害物质伤害的自然能力。也就是说,药物对服药者的效果会越来越小,因此服药者必须增大剂量才能获得同样甚至更大的效果。耐药性的产生是因为大脑对药物的反应越来越不强烈。另外,肝脏也产生更多的酶来分解药物。各种身体器官对自己的活动也都作了相应的调整,以适应有药环境。

耐药性一旦形成,人就无法在不服药的情况下正常工作。如果不服药,就会出现戒断症状。这些生理上的和心理上的戒断症状,通常与药品产生的效果正好相反。例如,戒断兴奋剂后人就会疲劳和抑郁;戒断镇定剂后人就会紧张和烦躁。由于服用药物是唯一避免这些不快症状的办法,因此,戒断会促使人继续服用药物。另外,物质滥用对大脑产生的持久的行为和认知影响,常常会阻碍人戒除药物。研究者还发现,成瘾会导致注意和记忆受损,使人丧失准确感知时间推移的能力,降低计划和控制行为的能力。物质滥用者正好又需要这些能力来克服自己的药瘾，以重建自己的生活。但是，停药之后重获这些能力需要一定的时间。

心理药物依赖是对药物带来的快感无法抗拒的渴求，比生理依赖更难克服。持续服用生理依赖药物，是心理依赖影响的结果。有些药物（如大麻）可能并不会让身体上瘾，但仍然会造成心理依赖。

在形成和维持心理依赖的过程中，学习过程很重要。例如，与吸毒相关的人、地点和物体之类的吸毒信号，都能触发强烈的吸毒欲望。对可卡因上瘾者的PET扫描结果显示，这些信号唤起了一个特殊的信号神经网，这也可以解释为什么上瘾者很难将自己的注意力从毒品上移开。另外，动物研究表明，毒品相关信号在大脑中诱发的反应，与毒品本身所诱发的反应相同。这些发现强调了进一步研究的必要性，以揭示毒品的生理影响与吸毒的社会环境之间的关系。

兴奋剂　　4.16 兴奋剂是如何影响行为的？

你建议过朋友"改喝无咖啡因的咖啡"吗？这一建议出自我们大家的共识：咖啡因能使我们兴奋。兴奋剂能加快中枢神经系统的活动，倒人胃口，使人感觉更清醒、更警觉，精力更旺盛。兴奋剂能加快脉搏跳动的速率，使血压升高，呼吸速度加快，脑部的血流量减少。大剂量服用兴奋剂会使人紧张不安、颤抖、睡不着觉。

咖啡因　在咖啡、茶、可乐、巧克力、高能饮料（如红牛）以及100多种处方和非处方药中，都含有咖啡因。咖啡因使人更加警觉和清醒。咖啡因甚至能通过提高视网膜对光的敏感度来提高视觉的敏锐度。然而，与大众想法相反的是，酒精再加上咖啡使人兴奋的时间，并不比酒精单独使人兴奋的时间更长。事实上，酒精加咖啡因还能导致严重脱水。脱水才是造成我们所熟知的"宿醉"症状的根本原因。因此，想避免宿醉的人应该避免在酒精中加入咖啡因。另外，咖啡因能损害喝酒者判断自己是否喝醉的能力，导致过量喝酒和其他一些危险行为。

中度和重度的咖啡因上瘾者戒断咖啡因时会出现戒断症状，如紧张、摇晃、头痛、困乏以及警觉度降低等。用脑电图和声波图，研究者考察了咖啡因戒断症状对大脑的影响。研究发现，这些症状与血压的显著升高和四个脑血管血流速度的显著增加有关。脑电图还显示，较慢脑电波的增加，与警觉度降低和困乏有关。

尼古丁 和咖啡因一样,尼古丁也会增加警觉度。但是,试图戒烟的人都不会怀疑,尼古丁会使人吸烟上瘾。(有关吸烟的危害将在第 10 章讨论。)许多声称能帮助吸烟者戒烟的办法似乎都没什么用。例如在 2000 年,格林和林恩在分析了59 项有关催眠和吸烟的研究结果后得出结论,催眠不能有效帮助吸烟者戒烟。然而,实验显示,药店里卖的尼古丁贴片能帮助 1/5 的人戒掉烟,并使许多人减少吸烟的量。

安非他命 安非他命能增加唤醒度,缓解疲劳,提高警觉度,抑制食欲,使能量突增。研究表明,大剂量(100 毫克或更多)的安非他命能导致心理混乱、行为无常,使人极度恐惧和多疑,产生幻觉、攻击性和反社会的行为,甚至出现躁狂行为和偏执症。安非他命甲基苯丙胺(也称为"去氧麻黄碱"或"脱氧麻黄碱")劲儿很大,常以可吸食("冰毒")的形式提供。这种毒品极容易上瘾,而且还可能致命。

戒断安非他命会使人感到筋疲力尽。有人可能会昏睡 10~15 个小时以上,醒来后会看上去表情麻木,而且还会感到极度抑郁和饥饿。兴奋剂会收缩毛细血管和小动脉。大剂量的兴奋剂能阻止血流,造成大出血和部分脑区域缺氧。事实上,在兴奋剂过量摄入者的大脑中,常常有多个出血处。

可卡因 可卡因是一种从古柯树叶中提取的兴奋剂,能通过鼻子吸食、静脉注射或吸烟等方式摄入。鼻子吸食可卡因的效果在 2~3 分钟内就能感觉到,并能持续 30~45 分钟。短暂的欣快之后就是崩溃,标志是抑郁、焦虑、狂躁和想吸食更多可卡因的欲望。

可卡因能通过神经递质多巴胺来刺激大脑中的奖赏或快乐通道。随着可卡因的不断摄入,这些奖赏系统自身就无法正常运行,所以,吸食者就只能通过毒品来获得快感。主要的戒断症状还是心理上的:心理渴望快感但却无法感觉到,因此就希望吸食更多的可卡因。

可卡因会收缩血管,升高血压,加快心跳,加促呼吸,甚至能使没有癫痫史的人发作癫痫。时间一长,能造成心悸、心跳不规则、心脏病、中风等,大量吸食时很快就能造成以上症状。长期吸食可卡因还可能造成鼻中隔(鼻子中间的软骨脊)和上颚(嘴巴顶部)漏洞。

和其他毒品相比,动物更容易对可卡因上瘾。如果让那些对多种毒品已经上瘾的动物选择,它们会更喜欢可卡因。如果让动物无限量地食用可卡因,它们就会对其他一切事物丧失兴趣,包括对食物、水以及性,并且会快速而持续地食用可卡因。它们往往会在 14 天内死亡,死因常常是心肺衰竭。对可卡因上瘾的猴子,会把操作杆按压 12800 次,以获得一次可卡因注射。

可卡因中最危险的一种是可卡因药丸。它能让人在几周之内就上瘾。刚开始吸食粉末的人渐渐就会服用可卡因药丸,而一开始就服用可卡因药丸的人,很可能会持续服用它。交替服用粉末和药丸的人,会对这两种形式的可卡因都上瘾。

抑制剂　　4.17 抑制剂是如何影响行为的?

另一类毒品类药物叫抑制剂。它们能降低中枢神经系统的活动,减缓身体的机能,降低身体对外界刺激的敏锐性。这类药物包括镇静催眠药(如酒精、巴比妥类药物、温和镇定剂)和麻醉剂(如鸦片剂)。同时服用不同的抑制剂,镇静效果会叠加,危险性就会增大。

酒精　　一个人喝的酒越多,中枢神经系统受到的抑制也就越多。随着饮酒数量的增多,醉酒症状也越来越重:开始时只是口齿不清,接下来发展到协调性差,进而发展到走路摇摇晃晃。醉酒的另一个特征是深度知觉受损,这就是禁止酒后开车的原因。(在第 10 章,我们将详细讨论酗酒的危害)酒精还会损害记忆力,这就是为什么一夜酩酊大醉之后第二天早上什么都记不住。有趣的是,酒精安慰剂对记忆也有同样的影响。因此,在一定程度上,饮酒者的期望也会产生和酒精一样的影响。

巴比妥类药物　　巴比妥类药物(如苯巴比妥和异丙酚)会抑制中枢神经系统。根据剂量的不同,巴比妥类药物能用作麻醉剂、镇定剂和安眠药。滥用巴比妥类药物会使人变得困乏和糊涂,使人的思维和判断受到损害,协调和反应也受到影响。过量服用巴比妥类药物能致人死亡;一起服用酒精和巴比妥类药物也会致命。

温和镇定剂　　20 世纪 60 年代早期,现在流行的温和镇定剂苯二氮平类药物就已经出现。药物的名称有安定、利眠宁、盐酸氟胺安定,最近还增加了阿普唑仑,也是一种抗抑郁药。苯二氮平类药物是几种处方药,用来治疗精神和心理疾病。滥用这些药物会导致记忆和其他认知功能的暂时和永久性损害。(关于镇定剂的讨论,详见第 13 章)

麻醉剂　麻醉剂从罂粟壳中提取,有缓解疼痛和镇静的效果。鸦片主要影响大脑,但也能麻痹肠道肌肉,这就是为什么在医学上常用鸦片来治疗腹泻。如果你曾服用过止痛药,你就摄入过鸦片酊(鸦片的提取物)。由于鸦片能抑制咳嗽中枢,因此它也用在一些止咳药中。吗啡和可卡因是鸦片的自然成分,经常被用在镇痛药中。奥斯康定和维柯丁之类的镇痛药能使人上瘾。仅在美国,每年这类药就以非法渠道销售给数百万人。

海洛因是从吗啡中提取的一种极易使人上瘾的麻醉剂。据上瘾者描述,吸食海洛因后会突然感到一阵欣快,然后是困乏无力、注意力涣散。戒断症状在吸食海洛因后 6 ~ 24 小时开始出现。这时,吸食者会出现恶心、腹泻、抑郁、胃痉挛、失眠、疼痛等症状。除非吸食者再次摄入海洛因,否则这些症状只会加剧,令人无法忍受。

致幻剂　4.18 致幻剂是如何影响行为的?

致幻剂,也称迷幻剂,是一种能改变和扭曲时间和空间知觉,改变情感,使人产生一种不真实感的药物。顾名思义,致幻剂会产生幻觉,一种没有外部现实基础的感觉。致幻剂不会像其他药物一样,产生一种相对可预测的效果,但通常会放大服药者服药时的情感。与一些人的想法相反,致幻剂会阻碍而不是提升创造性思维能力。

大麻　四氢大麻酚是大麻的主要成分,它能使人兴奋,并能在身体里存留"数天甚至数周"。大麻会损害注意和协调能力,降低反应速度,这对于开车或操作复杂设备的人来说很危险,甚至在药劲儿过去之后仍然危险。大麻会使人无法集中精力,还会使人的逻辑思维能力、形成新记忆的能力和提取旧记忆的能力受损。许多四氢大麻酚受体都存在于海马中,这就是为什么大麻会影响记忆的原因。

对早期(17 岁之前)服用大麻和晚期服用大麻的比较研究显示,早期服用大麻的人的脑容量更小,脑皮层中灰质的比例更低,而且也更加矮小瘦弱。历时研究也表明,与不服用大麻的人相比,青少年时期就开始服用大麻的人的大脑皮层衰老更快。同时,大麻似乎会对青少年海马区域中神经元的发育产生永久性的阻碍,这会损害青少年的记忆,而且这种损害还会一直持续到成年期。另外,早期服用大麻会影响前额皮质对杏仁核发出的危险信号作出反应的能力,这就解释为什么服用大麻的年轻人更有可能做出危险的举动。综合这些结果,大麻对发育中的大脑的影响是复杂的。

然而,美国国家药物滥用研究所的顾问小组在分析了这些科学证据后得出结论:大麻对于治疗某些疾病有用。大麻对治疗青光眼,减轻化疗病人的恶心和呕吐,改善艾滋病人的胃口、控制他们的体重减轻很有效。大麻对治疗脊髓损伤和其他各种神经损伤也很有用。由于包含大麻活性成分的药品已经是合法的处方药,许多专家主张,法律没有必要允许大麻卷烟用于医疗。这些专家指出,和其他卷烟一样,大麻卷烟也包含许多刺激物和致癌物,因此,抽大麻卷烟会增加人们患肺病和肺癌的概率。另外,美国食品和药品管理局 2006 年声明,吸大麻卷烟没有任何已知的医疗效果,因此仍然应该被视为危险药品。

LSD LSD 是毒品麦角酸二乙基酰胺的缩写,有时也简称"麦角酸"。服用 LSD 后会产生虚幻感,这种感觉平均要持续 10～12 个小时。其间,服用者常常会产生极端的知觉和情感变化,包括视幻觉和恐慌感。偶尔,服药后的虚幻感还会致人死亡或自杀。服用麦角酸二乙基酰胺的人有时会经历幻觉重现,即突然短暂重现以前出现过的虚幻感。有些人服用后还会患一种由致幻剂引起的持久性知觉障碍综合征。只要一闭上眼,视觉皮质就会被高度激活,使人只要想睡觉就会经历慢性视幻觉。

合成型毒品 之所以称作合成型毒品,是因为这类毒品是专门配制的,目的是产生与其他毒品相似的快乐效果,且没有副作用。长效致幻剂和摇头丸是两种常见的合成型毒品。所有的合成型毒品都是通过安非他命衍生出来的,既具有兴奋作用,也能产生致幻效果。

据服用过二亚甲基双氧苯丙胺(摇头丸的化学成分)的人描述,服药后他们会经历一种非常愉悦的意识状态,这时,即使最愚钝、最腼腆、最自觉的人,都会冲破自己原本的禁忌。但是,二亚甲基双氧苯丙胺会损害人的各种认知功能,包括记忆、可持续注意、分析思维和自我控制。具体来说,二亚甲基双氧苯丙胺能严重损害重要的神经递质 5-羟色胺。5-羟色胺(详见第 2 章)能影响认知表现(包括记忆)、情感、睡眠周期以及控制冲动的能力。过量服用二亚甲基双氧苯丙胺能致人死亡。另外,二亚甲基双氧苯丙胺还会造成脱水,这是一种能导致心脏衰竭的副作用。

　　另外,经常使用二亚甲基双氧苯丙胺,还会损害人们判断社会线索的能力。在一项研究中,摇头丸服用者更有可能把他人的行为错误判断为攻击行为。在第14章中你将了解到,这类判断失误被认为是一些攻击行为的认知基础。通过改变服用者判断社会线索的方式,摇头丸间接增大了服用者攻击行为的倾向。

　　在"总结"中,我们列举了一些主要精神药物的效果和戒断症状。

总结　　　　　　　　　　**一些主要精神药物的效果和戒断症状**

精神药物	效　果	戒断症状
兴奋剂		
咖啡因	提高苏醒度和警觉度;增加新陈代谢,但减慢反应速度	头痛、抑郁、疲惫
尼古丁	可以使人警觉,也可以使人平静;减少人对碳水化合物的需求;加速脉搏率和其他代谢过程的速度	易怒、焦虑、不安、食欲增加
安非他命	增加新陈代谢和警觉度;提高情感,导致失眠,抑制胃口	疲惫、食欲增加、抑郁、昏睡不醒、易怒、焦虑
可卡因	带来愉悦心情,使人充满能量,感到兴奋;抑制胃口	抑郁、疲惫、食欲增加、昏睡不醒、易怒
抑制剂		
酒精	小酌几口使人兴奋,同时降低焦虑感和抑制力;大量饮用有镇静效果,减慢反应速度,损害运动控制和知觉能力	颤抖、恶心、出汗、抑郁、虚弱、易怒,在一些情况下会出现幻觉
巴比妥类药物	增进睡眠,具有镇静效果,减少肌肉紧张,损害协调和反应能力	失眠、焦虑,突然戒断会造成癫痫、心血管衰竭和死亡
镇定剂(如安定和阿普唑仑)	减少焦虑,具有镇静效果,减少肌肉紧张	不安、焦虑、易怒、肌肉紧张、难以入睡
麻醉剂	缓解疼痛;麻痹肠道肌肉	恶心、腹泻、胃痉挛、失眠
致幻剂		

续表

精神药物	效　果	戒断症状
大麻	能产生欣快感,使人放松;损害储存新记忆的能力	焦虑、难以入睡、食欲减少、极度活跃
LSD	产生兴奋感、幻觉	无
摇头丸	产生快感以及理解并接受他人的感觉;减少抑制力;常常导致过热、脱水、恶心;使人咬牙切齿、眼睛抽搐、头晕眼花	抑郁、疲惫,在一些情况下会出现"崩溃",在这个过程中人们会感到伤心、害怕或生气

回顾

本章一开始考察了梦。研究睡眠和梦境对理解意识是非常重要的。各文化群体寻求改变意识状态方式的强烈趋势表明,这一类体验在日常生活中也非常重要。然而,意识本身是受生理节奏调节的。苏醒和睡眠也遵循自然规律。但是人类有时能通过冥想、催眠和服用精神药物来控制这些自然调节机制。我们需要做更多的研究,以便更加全面地了解意识状态的自主改变和非自主改变。

【第5章】

学　习

　　心理学家把学习定义为行为、知识、能力或态度方面发生的相对永久性的变化,这种变化是通过经历获得的,不会受到疾病、受伤或成熟的影响。这一定义值得进一步解释。首先,将学习定义为"相对永久性的变化"排除了由疾病、疲惫或情感波动造成的暂时性变化。其次,将学习限定于"通过经历获得的变化"排除了由大脑损伤或某些疾病造成的行为变化。同时,随着个体的发育和成熟,某些可以观察到的变化也与学习无关。例如,严格地讲,婴儿不是"学会"爬行或走路的。每个物种的基本运动技能和这些基本运动技能发育成熟的过程是由基因决定的。在这一章,我们首先要考虑的学习是经典条件反射。

经典条件反射

　　为什么包含人工甜味剂的碳酸饮料(所谓的低糖饮料)能使人感到饥饿? 答案可以在经典条件反射的原理中找到。经典条件反射是这样的一种学习,通过这种学习,生物将一个刺激与另一个刺激联系起来。这种学习有时也叫巴普洛夫条件反射,或者反应型条件反射。刺激是环境中生物要作出反应的任何事件或物体。在本节末尾,我们再解释为什么喝低糖碳酸饮料实际上会使你增肥。在读了经典条件反射之后,你可能自己就有了答案。

巴普洛夫和经典条件反射   5.1 巴普洛夫发现的这种学习是如何发生的?

从 1891 年直到去世,伊万·巴普洛夫(1849—1936)在这 45 年间一直在俄国圣彼得堡实验医学研究所组织和领导生理学研究。在那里,他做了一个经典的消化生理学实验。该实验使他在 1904 年获得了诺贝尔奖,那是俄国人首次获此殊荣。

巴普洛夫对心理学的贡献纯属偶然。巴普洛夫是一名内科医生,他主要研究唾液在消化过程中起的作用。在研究过程中,他发明了一种收集和测量狗唾液量的方法(图 5.1)。巴普洛夫的目的是,收集狗嘴里有食物后所自然分泌的唾液。但他注意到,许多情况下,在拿出食物之前狗就开始流口水了。他观察到,当狗听见喂食的实验助手的脚步声后就开始流口水。后来他观察到,听见食物容器的声音,看见喂食的实验助手,或者发现食物时,狗都会流口水。为什么狗看见和听见食物容器的时候会本能地分泌唾液呢? 巴普洛夫用尽余生来研究这个问题。现在,我们把他所研究的这类学习叫经典条件反射。

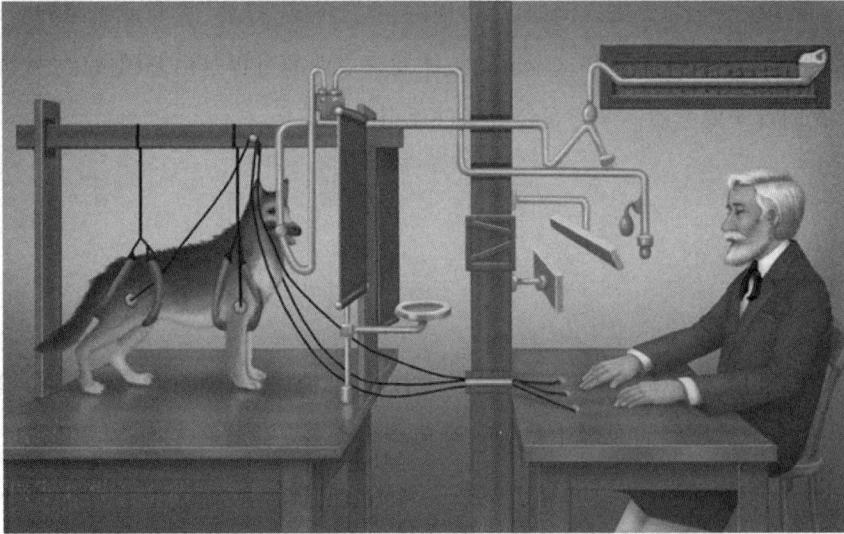

图 5.1　用于巴普洛夫经典条件反射中的实验仪器

在巴普洛夫经典条件反射研究中,这条狗被安全带束缚在一个小隔间里,与外界隔绝。实验者通过单向玻璃观察狗的反应,用遥控器给狗提供食物和其他条件刺激。管道把狗分泌的唾液传送到一个测量唾液量的容器中。

在经典条件反射研究中,巴普洛夫用了音调、铃铛、蜂鸣器、光、几何图形、电击和节拍器。在一个经典试验中,实验者把粉状食物送入狗嘴里,使狗分泌唾液。由于狗不需要经过学习就会对食物作出流口水的反应,因此,对食物流口水是一个非学得性反应或无条件反应。不需要先前学习就能自动引起无条件反应的刺激(如食物)叫作无条件刺激。

下面是一些常见的无条件反射,它们都有两个组成部分:无条件刺激和无条件反应。

无条件反射

无条件刺激	无条件反应
食物	分泌唾液
巨大的声音	惊吓
进入眼睛的光线	瞳孔收缩
进入眼睛的气流	眨眼

巴普洛夫演示了狗是如何学会对与食物无关的各种刺激流口水的(图5.2)。在试验过程中,研究者在给狗喂食之前先提供一个中性刺激(如音调)。食物可以使狗分泌唾液。巴普洛夫发现,在音调和食物配对出现多次(通常为20次)之后,音调单独就能诱发狗分泌唾液。巴普洛夫将这个音调称为习得性刺激或条件刺激,将对音调流口水的现象称为习得性反应或条件反应。

巴普洛夫还发现,一个中性刺激在与一个事先习得的条件刺激配对之后,就能变成条件刺激。这个过程叫高级条件作用。高级条件作用很常见。想想验血的场景。首先,你会坐在椅子上,旁边的桌上摆满了针、注射器等。接下来,护士会用一根东西扎紧你的胳臂,然后会拍打你的皮肤直到血管显现出来。过程的每一步都告诉你,这个无法避免的扎针和疼痛(主要是反射肌肉紧张的结果)马上就要到来。扎针本身是无条件刺激,对此你本能地作出反应。但扎针之前的所有步骤都是条件刺激,使你预见扎针的疼痛。每一步都会诱发一个条件反应,你的肌肉会进一步收缩,是你对疼痛焦虑的反应。这种线索链是高级条件作用的结果。

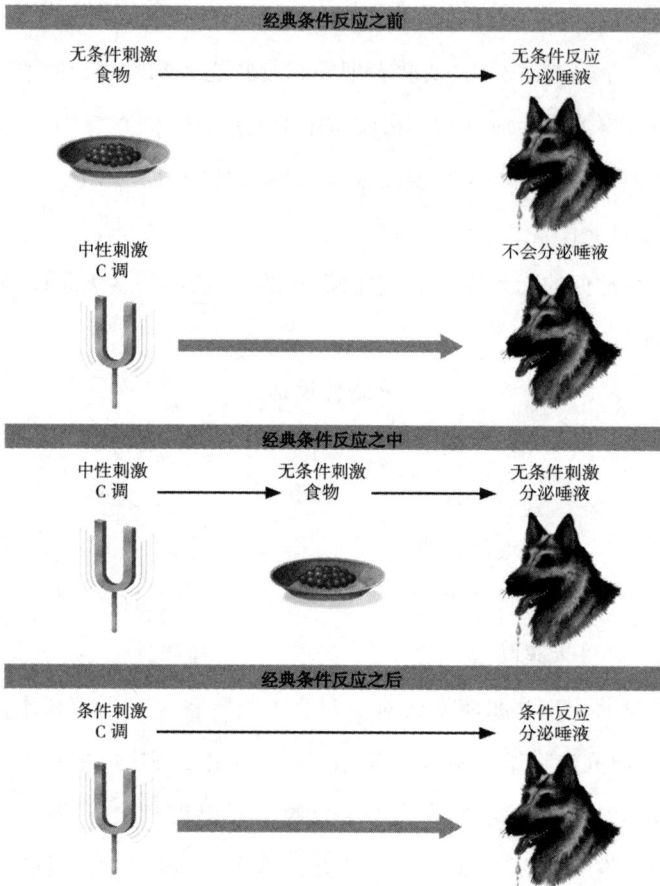

图 5.2　分泌唾液的经典条件反应

　　一个中性刺激(音调)要与无条件刺激(食物)配对出现多次之后,才能诱发唾液分泌。在多次配对之后,中性刺激(这时就成为条件刺激)单独就能诱发唾液分泌。于是,经典条件反应就发生了。

改变条件反应　　5.2 什么使得经典条件反应得以改变?

　　动物在学会一听到音调就分泌唾液之后,如果还继续让它们听音调但不配以食物会怎么样呢?巴普洛夫发现,如果没有食物,听到音调后动物分泌的唾液就会越来越少,直到最终完全消失。这个过程叫消退。在反应消失之后,巴普洛夫让狗休息 20 分钟,然后又把它带回实验室。这时他发现,狗听到音调后又分泌唾液了。巴普洛夫把这个现象称为自然恢复。不过,自然恢复反应比原始的条件反应更弱,持续的时间更短。图 5.3 描述了消退过程和自然恢复过程。

假定你教会了一条狗在听到钢琴的中央 C 调后就分泌唾液。如果你按 B 或 D 调,你的这条狗也会分泌唾液吗? 巴普洛夫发现,与原始条件刺激相似的音调也会产生条件反应(分泌唾液),这个现象叫泛化。如果这个音调与原始条件刺激相差较远,唾液分泌就会减少;如果这个音调与原始条件刺激相差太远,狗就不会分泌唾液了(图 5.4)。

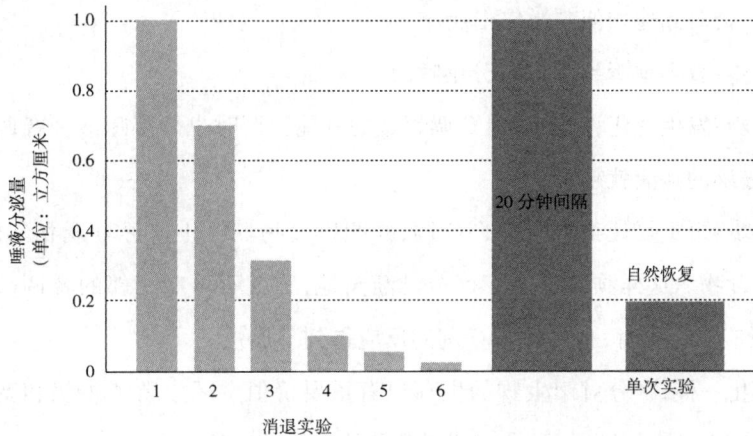

図 5.3 経典条件反応的消退

当一个经典条件刺激(音调)连续出现但没有配以无条件刺激(食物)时,狗分泌的唾液就会越来越少,最后完全消失。但 20 分钟的休息之后,音调又会使这种条件反应以微弱的形式出现(即分泌很少量的唾液),巴普洛夫把这个现象叫作自然恢复。

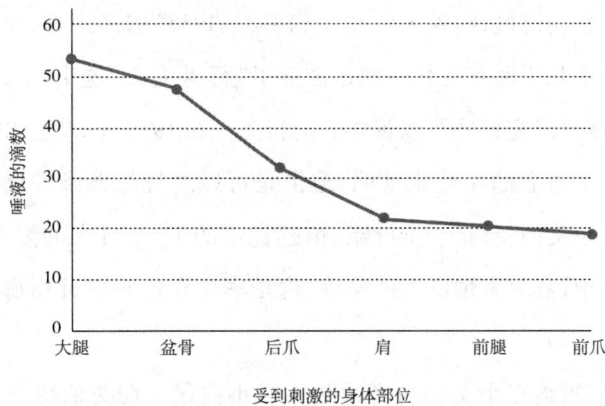

图 5.4 条件反应的泛化

巴普洛夫把小型振动器安放在狗身体的不同部位。他首先教会狗在大腿受到刺激后分泌唾液。然后,他刺激狗的其他部位。由于泛化的结果,当狗身体其他部位受到刺激时,也会分泌唾液。不过,刺激离大腿越远,狗分泌的唾液就越少。

不难发现,泛化在日常生活中很有价值。例如,如果你买了一个新闹钟,你不用重新学习就知道,如果闹钟响了该怎么做,即使你从来没听到过这个闹钟的声音。虽然闹钟的响声各不相同,你仍然能辨识出这是闹钟声,是告诉你该起床的声音。

让我们再回到教狗对音调作出反应的例子,来看一下区分的过程。区分是一种学得的用来区别相似刺激的能力。这种能力使得有机体只对原始条件刺激作出反应,而不会对其他相似刺激作出反应。

第一步:教会狗听到 C 调时分泌唾液。

第二步:发生泛化,狗在听到 C 调邻域的其他音调时也分泌唾液。音调离 C 调越远,狗分泌的唾液就越少。

第三步:再重复让狗听原始的 C 调,并配以食物。也让狗听 C 调相邻的音调,但不配以食物。这样狗就学会了区分。渐渐地,狗就不再对相邻的音调(A,B,D,E)作出反应了。同时,狗对原始 C 调的反应得到了加强。

和泛化一样,区分对于生物的生存也有重要价值。区分新鲜牛奶和变质牛奶的味道能使人免于拉肚子,区分响尾蛇和花纹蛇能救人的命。

约翰·华生和情感条件反射 　　5.3 华生的"小艾伯特"实验说明了什么?

在第 1 章中我们讲过,约翰·B. 华生(1878—1958)曾经声称,条件因素的影响能说明人类行为的几乎所有变化。他还创造了"行为主义"这个词。行为主义的思想是,心理学应该只研究那些可以观察到的行为。在 1919 年,华生和他的助手罗莎莉·雷纳做了一个著名的实验来证明,恐惧是可以通过经典条件反射建立的。这项实验的被试是小艾伯特,是一个健康、情感稳定的 11 个月大的婴儿。实验时,他什么东西都不害怕,就只害怕巨大的噪声,这是华生在他头附近用榔头敲击钢条发出的。

在实验室里,雷纳在小艾伯特旁边放一只小白鼠。在艾伯特伸手去抓这只小白鼠的时候,华生就在艾伯特的头后面用榔头敲击钢条,让钢条发出巨大的响声。不断重复这个过程,让艾伯特猛烈跳起,向前摔倒,并大声啼哭。一周之后,华生继续这个实验,让老鼠和噪声配对出现 5 次。后来,艾伯特一看见小白鼠就哭。

当 5 天之后返回到实验室时,艾伯特的这种恐惧已经泛化到(程度递减)了对兔子、狗、豹皮大衣、华生的头发以及圣诞老人的面具(图 5.5)。30 天之后,艾伯特最后一次返回到实验室。这个时候,他的恐惧仍然存在,但不太强烈了。华生由此得出结论:条件性恐惧能持久存在,并能终生改变人格。

虽然华生制订了一些消除条件性恐惧的方法,但是,在华生还没有来得及把这些方法用于艾伯特之前,艾伯特就已经搬走了。华生知道,艾伯特不久就会离开这里,他的这些消除恐惧的方法也用不上了。于是,他就不再关怀这个孩子的身心健康了。现在,美国心理学协会有严格的伦理标准,不会再批准华生这样的实验了。

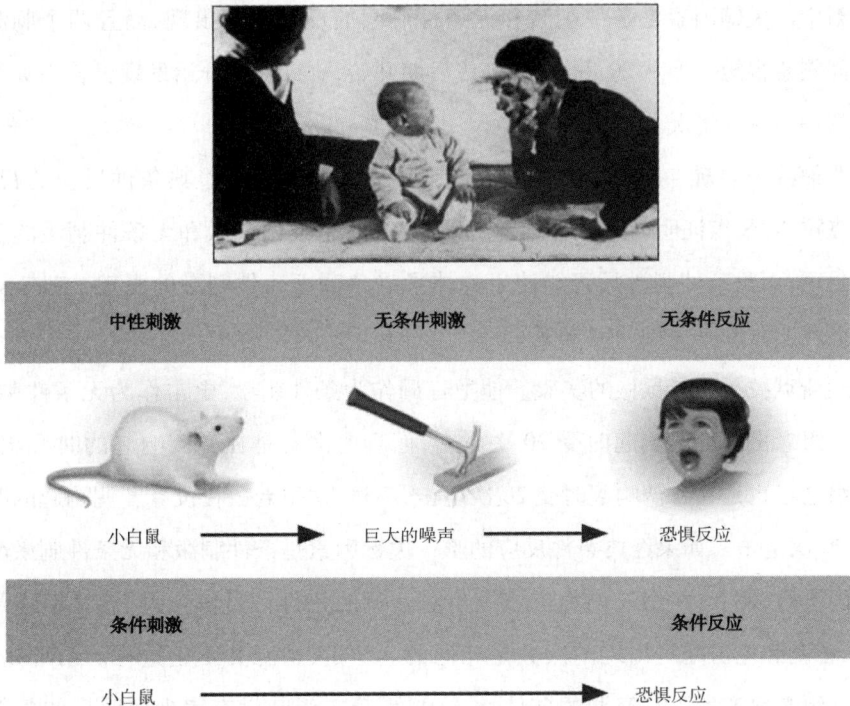

中性刺激	无条件刺激	无条件反应
小白鼠	巨大的噪声	恐惧反应

条件刺激		条件反应
小白鼠		恐惧反应

图 5.5 条件性恐惧反应

小艾伯特对小白鼠的恐惧是条件反应,这种恐惧感泛化到了其他刺激上,包括兔子和圣诞老人的面具,但是程度有所递减。

华生消除恐惧的想法奠定了今天使用的一些行为疗法的基础。小艾伯特这个实验过去三年之后,华生和他的同事玛丽·琼斯于 1924 年用 3 岁的皮特(他害怕白兔)做了一个实验。皮特被带到实验室放在一个高高的椅子上,并给他糖果吃。一只装在笼子里的白兔被带进房间,但离皮特很远,不会使他害怕。在 38 个疗程中,白兔离皮特越来越近，但皮特还沉浸在美味的糖果之中。有时，皮特的朋友也被带进实验室与白兔玩耍，他们与皮特保持一段距离，好让他亲眼看看，白兔是不会咬人的。在治疗结束的时候，兔子被带出笼子并放在皮特的膝上。在最后一个疗程结束的时候，皮特已经喜欢上了兔子。

认知视角　5.4 关于经典条件反应，瑞斯克拉证明了些什么？

经典条件反应过程的哪一个方面最重要呢？巴普洛夫和华生都认为，经典条件反射中的关键因素是条件刺激和无条件刺激的反复配对出现，而且两个刺激之间的间隔要很短。但从 20 世纪 60 年代后期开始，研究者就开始发现巴普洛夫基本原理的一些例外情况。

罗伯特·瑞斯克拉在很大程度上改变了心理学家看待经典条件反应的视角。瑞斯克拉 2008 年证明，经典条件反应中的关键不是条件刺激和无条件刺激的反复配对出现，而是条件刺激是否能使生物体准确预测无条件刺激的出现。瑞斯克拉如何能证明预测是关键的因素呢？

瑞斯克拉是用老鼠做的实验。他把音调作为条件刺激，电击作为无条件刺激。他让一组老鼠在音调响起时受 20 次电击，而且电击总是在音调响起的时候出现。另一组老鼠也是在音调响起时受 20 次电击，不过，这组老鼠在没有音调响起的时候也受 20 次电击。如果经典条件反应的唯一关键因素是条件刺激和无条件刺激配对出现的次数，那么，两组老鼠都应该产生对音调的条件性恐惧。因为，对于这两组老鼠，音调和电击配对出现的次数是相同的。但是，情况并不是这样。结果是，只有第一组老鼠产生了对音调的条件性恐惧，而第二组却没有表现出明显的条件性恐惧。这是因为，对于第一组老鼠，音调能够准确预测电击的发生；对于第二组老鼠，电击在没有音调的时候也可能出现。换句话说，对于第二组老鼠，音调不能准确地预测电击的发生。

生物倾向性　5.5 生物倾向性是如何影响经典条件反应的？

还记得那项"小艾伯特"实验吗？华生让老鼠和榔头敲击钢条所发出的巨大噪

声配对出现,使小艾伯特产生条件性恐惧。你认为华生能用同样的办法让花或彩带产生条件性恐惧吗?可能不会。最近的研究显示,人类更容易对危害他们健康的恐惧刺激(如蛇)作出条件性反应;另外,猩猩和猴子也害怕蛇或其他危险性动物。这就说明,这些恐惧反应是一种生物性的倾向。

马丁·塞里格曼 1972 年曾指出,大多数常见的恐惧与人类这种物种在漫长进化过程中的生存情况有关。塞里格曼 1970 年也指出,生物体倾向于把某些刺激跟特定的后果联系在一起。产生味觉厌恶就是一个例子。强烈厌恶和/或避免特定食物的原因是,这些食物与恶心或不适相联系。

吃了某种食物后恶心和呕吐,就足以形成对该食物的持久厌恶。你可能有过这样的亲身经历:在吃面条、辣椒或一些奇怪味道的食物后感到反胃,在此后的几周时间里,只要一闻到这些食物的味道就想吐。

在一项 20 世纪 60 年代完成的味觉厌恶经典研究中,加西亚和克林让老鼠接触三种条件刺激:亮光、滴答声、有味道的水。第一组老鼠接触的无条件刺激是 X 射线或氯化锂(接触者在几个小时后会恶心和呕吐)。第二组老鼠接触的无条件刺激是对脚部的电击。第一组老鼠将有味道的水与恶心联系起来,并一直拒绝喝有味道的水,但在有亮光和滴答声的情况下仍然会喝没有味道的水。第二组老鼠却更喜欢喝有味道的水,但在有亮光或滴答声的情况下不会喝水。可见,一组老鼠只将恶心与有味道的水联系起来,另一组老鼠只将电击与亮光和声音联系起来。

加西亚和克林的研究发现了经典条件反射原理的两个例外。第一,研究发现,老鼠将恶心与几个小时前喝的有味道的水联系起来,这与条件刺激必须在无条件刺激之前呈现的原理相悖。第二,研究发现,老鼠只将电击与声音和亮光、恶心与有味道的水联系起来,这表明动物产生这些联系有生物倾向性,而且这些联系不能轻易在任意两个刺激之间形成。

对条件味觉厌恶的了解,也有助于我们解决其他问题。伯恩斯坦及其同事在20 世纪 80 年代设计了一个方法,以帮助癌症患者避免对食物的厌恶。在化疗之前先给一组癌症患者吃他们从来没吃过的冰激凌,好让化疗产生的恶心转移为对这种冰激凌的厌恶。研究者发现,当一种不同寻常或不熟悉的食物成为"替罪羊"或味觉厌恶的对象之后,其他食物就可以不被厌恶。这样,患者就可以继续吃这些食物。根据这一发现,在化疗之前癌症患者应该避免吃自己喜欢的或有营养的食物,而应该吃一些不同寻常的食物。这样,他们就不太可能对平时常吃的食物产生厌恶感,从而使他们在化疗期间保持体重。

日常生活当中的经典条件反射　　5.6 日常生活中有哪些经典条件反射的例子?

当你闻到刚烤出来的巧克力饼干时会不会突然感到很饿?当你听到牙钻的声音时会不会畏缩?这两种情况都可以用经典条件反射原理来说明。当你闻到刚烤出来的巧克力饼干时,你的胃会咕咕作响。这是因为味觉和嗅觉是密切联系在一起的,食物的味道作为一个条件刺激能使你认为你饿了,即使你刚刚吃完一顿大餐。回想我们前面谈到的例子:经典条件反射原理能说明为什么低糖饮料能使人感到饥饿。这是因为食物的独特味道能成为消化过程的条件刺激。

研究者发现,胰腺能通过经典条件反射过程快速适应食物信号。大多数时候,舌头品尝到的甜味(条件刺激)是血糖(无条件反应)马上升高的可靠信号。当你摄入甜食时,胰腺就会("学会")分泌胰岛素。这一适应的可能后果是胰腺对人工甜味剂也会作出同样的反应,胰岛素会使血糖降到正常值以下。当血糖降到正常值以下后,身体会指示大脑吃东西;换句话说,你就开始感到饿(对这一机制的介绍详见第 10 章)。当然,久而久之,胰腺可能学会区分人工甜味剂和糖。这时,胰岛素对人工甜味剂的反应就会消失,但对糖的反应将会持续。

通过经典条件反射,与毒品相联系的环境线索会成为条件刺激,使人产生渴望毒品的条件反应。与毒品相联系的条件刺激会变得强大而无法抵制,使人寻求并吸食毒品。因此戒毒顾问强烈建议,正在戒毒的人要避免接触与他们过去吸毒经历相联系的任何线索,包括人、地、物。

经典条件反射在我们日常生活中无处不在。这也为我们提出了一个问题:实验室研究在多大程度上忠实地代表了经典条件反射的过程。如前所述,实验室学习往往需要大量的条件刺激和无条件刺激的配对,但日常生活中的许多学习(如味觉厌恶)在一次体验后就会出现。

这些差异使研究者假设,有生态关联的刺激更有可能成为条件刺激。换句话说,要成为条件刺激,一个中性刺激必须与无条件刺激有真实的关联。例如,嗅觉、味觉和消化过程之间就有真实联系。同样,牙钻真的能产生疼痛,毒品真的能产生意识状态的改变。比较这些日常生活中的条件刺激与巴普洛夫用到的任意条件刺激(音调、电子蜂鸣器等)发现,与任意条件刺激相比,有生态关联的条件刺激学得更快,而且更不容易消退。

操作条件反射

对经典条件反射的了解,让我们更好地认识了人类行为。但是,人类学习除了对刺激作出反应之外就没有别的什么了吗?想一想电话铃声。你对这个刺激作出反应是因为它与某种自然刺激配对出现,还是因为你预测到电话铃响的结果?爱德华·桑代克和斯金纳这两位心理学家的研究,能帮助我们解决这个问题。

桑代克、斯金纳和行为的结果

5.7 关于行为的结果,桑代克和斯金纳发现了什么?

你见过一条狗学会如何打翻垃圾桶,或一只猫学会如何开门吗?如果你见过,那你就有可能观察到,在成功之前,动物会经历多次失败。基于对动物行为的观察,爱德华·桑代克(1874—1949)提出了几条学习定律,其中最重要的是效果律。效果律的内容是:一个反应的结果或效果,会决定未来以同样方式反应的趋势会加强还是减弱,产生满意结果的反应更有可能被重复。桑代克认为,没有必要用推理来解释学习是如何发生的。

在桑代克的著名试验中,一只饥饿的猫被置于一个钉着板条的木制迷箱里。迷箱的设计原理是:动物必须完成一个简单的操作(踩一下踏板或拉一下环)来逃脱箱子,并吃到箱子外面的奖励食物。起初,猫试图从板条的缝隙里挤出去。这个办法失败后,猫便开始在箱子里又抓又咬。这时,猫无意中触碰到了机关,门一下子打开了。在每次获得自由并吃到奖励的食物后,又把猫送回到箱子里。反复几次后,猫就学会了开门:只要一放入箱子,就把门打开。

桑代克的效果律是斯金纳操作条件反射研究的出发点。操作条件反射是通过结果来增加或减少行为频率的过程。斯金纳的研究揭示,操作行为或自主行为会无意之中产生某种结果。能增加操作行为频率的结果叫强化物,能减少操作行为频率的结果叫惩罚物。后面,我们会分别考察强化和惩罚这两种过程。

操作条件反射的过程　　5.8 塑造、泛化和区分性刺激如何影响操作条件反射?

你有没有看过马戏表演?驯兽员用一种叫塑造的操作条件刺激方法来训练动物,使动物一步一步地学会一项技能。另外,与基于经典条件反射的学习一样,通过操作条件反射习得的行为也能通过各种方式来改变。

B.F.斯金纳首先证明,塑造在训练动物学会复杂行为方面尤其有效。通过塑造而不是等到期望反应出现后再加以强化的方法,研究者强化了朝着期望反应前进的每一个动作,这样就渐渐达到最终的强化目标。

斯金纳设计了一个后来称为斯金纳箱的隔音设备。就是用这个箱子,斯金纳做了一系列的操作条件反射实验。箱子里面有一个杠杆,老鼠按压杠杆就可以获得食物或水的奖励。老鼠按压杠杆的次数记录在一台累计记录仪上,这也是斯金纳发明的仪器。通过塑造,斯金纳箱里的老鼠学会了用按压杠杆的方法获得奖励。起初,当老鼠转向杠杆时就给予奖励。第二次,当老鼠接近杠杆时才给予奖励。之后,老鼠每靠近杠杆一步才能获得奖励。再后来,老鼠必须碰到杠杆才能获得奖励。最后,老鼠必须按压杠杆才能获得奖励。

只有朝着期望反应前进一步才能获得奖励。这种塑造的方法,能有效地让人和动物学会复杂行为。通过塑造(每次进步都表扬),父母教会孩子餐桌规矩,老师教育那些爱捣乱的孩子。老师在他们偶尔表现好的时候表扬他们,渐渐地,老师把期望他们表现好的时间逐渐加长。在马戏团,通过塑造,动物学会了各种复杂的技巧,如鸽子学会了投球和打乒乓球。

当然,塑造者的动机与被塑造者或动物的动机是不同的。塑造者试图通过控制行为的结果来改变被塑造者的行为。被塑造者或动物的动机则是获得奖励或避免不好的结果。

当强化停止时会出现什么情况呢?在操作条件反射中,强化停止后,消退就会出现。如果得不到食物奖励,斯金纳箱里的老鼠最终会停止按压杠杆。

对人和其他动物来说,强化停止会导致懊丧,甚至愤怒。如果得不到强化物孩子会抱怨,进而大哭大闹。如果自动售货机吞了你的硬币但没有吐出糖果或饮料,你会用力去摇甚至踢售货机。当我们没有得到自己所期望的东西时,就会感到愤怒。

在操作条件反射中也会出现自然恢复过程。不再按压杠杆的老鼠在休息一段时间后重新回到斯金纳箱时,又会按压杠杆了。

斯金纳用鸽子做了很多次实验。他将鸽子置于一个特制的斯金纳箱中,这个箱子有五颜六色的小磁盘,鸽子啄这些小磁盘时就能获得奖励食物。斯金纳发现,泛化也会出现在操作条件反射中。被强化啄黄色磁盘的鸽子也有可能啄其他相似颜色的磁盘。磁盘颜色与原始颜色的差异越大,鸽子啄它的比例就会越低。

操作条件反射中的区分是指:学会把已强化刺激与其他相似刺激区分开来。当对原始刺激作出的反应给予强化,而对相似刺激作出的反应不给予强化时,区分就会渐渐形成。例如,为了鼓励区分,研究者会强化鸽子啄黄色磁盘,但不会强化鸽子啄橙色或红色磁盘。鸽子甚至能学会区分立体派的毕加索画作和莫奈的画作,而且正确率高达90%。

有些线索与强化联系起来,有些则与惩罚联系起来。例如,孩子更有可能在父母高兴的时候找他们要零花钱,而不会在他们生气的时候。我们把这种预示某种反应或行为有可能会获得奖励、被忽略或惩罚的刺激叫区分性刺激。如果鸽子啄发光磁盘得到了奖励,而啄不发光磁盘没有得到奖励,那么鸽子很快就会只啄发光磁盘。区分性刺激呈现与否(在该例中是发光磁盘),控制着啄这个动作的发生与否。

为什么孩子会在祖父母面前调皮,但不会在父母面前调皮呢?为什么有的学生在一位老师面前是问题生,而在另一位老师面前却成了模范生呢?孩子可能知道,在一些人面前(区分性刺激)调皮捣蛋会受到惩罚,但在另一些人面前,这种行为甚至会获得奖励。

强化 5.9 正、负强化是如何影响行为的?

你是怎样学会正确使用自动取款机的?很简单,一个小错误就会使你取不到钱,所以你学会了正确使用它。你是如何学会按时付账的?按时付账可以使你免交滞纳金。在这些情况下,你的行为都得到了强化,只是强化的方式不同而已。

正强化和负强化 强化是操作条件反射的关键概念,可以定义为:由于结果而导致的行为频率的增加。换句话说,强化就是学习或增加行为的频率,从而使某件事情发生。强化可以是正的,也可以是负的。正强化就等价于"好的",负强化就等价于"不好的"。

把这两个概念结合起来就是正强化的定义:好的结果导致行为频次的增加。例如,正确操作自动取款机是取到钱的唯一办法。因此你必须正确操作(行为频次的增加),这样才能让机器吐出钱(好的结果)。以下是正强化的一些例子:

• 老鼠学会按压杠杆(行为频次的增加)以获得食物(好的结果)。

• 大学生在辛苦学习取得好成绩(好的结果)之后会花更多的时间学习(行为频次的增加)。

• 中了奖(好的结果)的人会买更多的彩票(行为频次的增加)。

你可能已经预测到了负强化的定义,因为它也是"负"和"强化"这两个概念的结合。负强化的定义是:不好的结果的减少导致行为频率的增加(强化)。换句话说,负强化就是学习或增加行为的频次以消除不愉快的结果。例如,你服用止咳药(学习行为)以消除咳嗽(不好的结果)。以下是负强化的一些例子:

• 老鼠学会按压杠杆(行为频次的增加)以消除不愉快的刺激,如噪声(不好的结果)。

• 大学生刻苦学习(行为频次的增加)以避免考试不及格(不好的结果)。

• 人们更频繁地给母亲打电话(行为频次的增加)以避免母亲的唠叨(不好的结果)。

初级强化物和次级强化物 所有强化物都是平等的吗? 不是。初级强化物是满足基本生存需求的强化物,它不取决于学习。食物、水、睡眠和终止疼痛都是初级强化物。性是一个强大的强化物,它能满足物种基本的生存需求。幸运的是,学习不完全取决于初级强化物。如果是那样的话,人必须首先要挨饿受渴才会对学习作出反应。很多观察到的人类行为都是对次级强化物作出的反应。次级强化物是通过与其他强化物建立联系而习得的。有些次级强化物(如钱)日后可以与其他强化物交换。表扬、好成绩、奖励、掌声、关注和赞许的信号(如一个微笑或一句善言)都是次级强化物。

强化的程式　　5.10 强化的四种程式分别是什么?

　　两种基本的强化程式是比率程式和间隔程式。自动取款机和自动售货机用的都是比率程式,即用行为产生强化的程式。间隔程式则是,在施加强化物之前必须要间隔一段时间。每周领取薪水的工人受到的就是间隔程式强化。比率程式和间隔程式又进而细分为固定和可变两种(图 5.6)。每种程式对行为产生的影响都会不同。

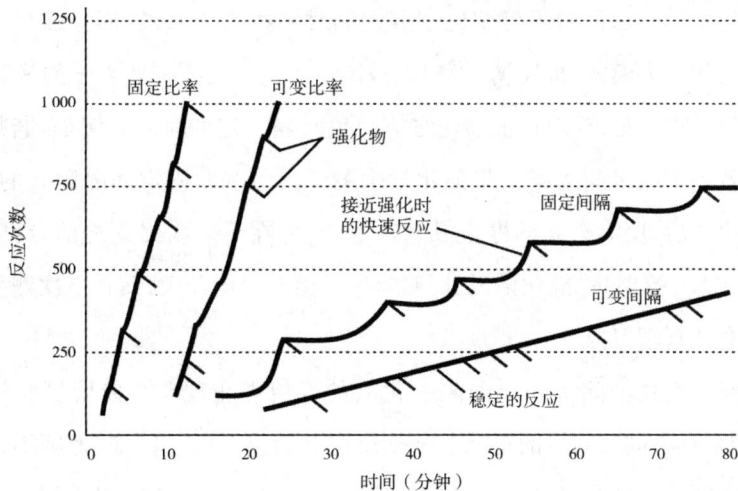

图 5.6　四种强化程式

斯金纳的研究揭示了四种强化程式的不同反应模式(强化物由对角线表示)。与基于强化物之间间隔时间多少的间隔程式相比,基于反应次数的比率程式的反应率更高。

　　固定比率程式是,在一个固定数量的正确非强化反应之后给出强化物。例如,如果你最喜欢的咖啡厅推出了一个买 10 送 1 的老顾客优惠项目,该咖啡厅就是用固定比率程式来强化你。这一程式能有效地保持高反应率,因为,获得强化物的数量直接取决于反应率。人或动物反应越快,他们获得的强化物就会越多、越快。如果使用的是大比率,人和动物往往会在每次强化后停顿一段时间,但马上又回到高反应率上来。

　　间歇强化是可变比率程式的特点。在强化过程中,强化物是在不同数量的非强化反应之后给出。例如,假设你最喜欢的咖啡厅在你每买一杯咖啡后给你一个抽奖的机会。你抽出的卡片有 1/10 写着"再来一杯",9/10 写着"抱歉,再试一次",这个咖啡厅用的就是可变比率程式强化。这种程式产生学习行为所需要的时间比固定比率程式更长。但一旦学会,行为就很难消退。这种效果就是部分强化效果。例如,你是不是经常发现自己坐在电脑旁准备写论文,但却不知不觉地玩了几个小时的电子游戏? 许多其他的休闲活动,如打猎、钓鱼、看电视,甚至买便宜货,都涉及可变强化程式,因此都很难戒除。事实上,当你将 MP3 设置为"随机播放"时,你就创建了一个可变比率程式,你最喜欢的歌作为不可预测的强化物使你一直听下去。同样,电子游戏也有部分强化效果,因为玩家不会每次都成功。自动售货机和各种形式的赌博也都使用了可变比率程式。对一些赌徒来说,部分强化产生了一种自我毁灭的行为模式(即赌博成瘾)。戒除这种行为需要专业人士的帮助。

固定间隔程式是,反应在被强化之前必须间隔一定的时间。例如,老师每周进行周测验就是用固定间隔程式来强化学生的学习行为。固定间隔程式的特征是,在每次强化之后,反应会立即停止或急剧下降,而在下一次强化之前,反应又会快速上升("扇贝"效果)。换句话说,周测验后学生会松懈几天,而在下次测验的前一天学生又会认真学习。

可变间隔程式消除了固定间隔强化后的反应停止现象。使用可变间隔程式时,强化物是在不同时间后的正确非强化反应之后给予的。例如,老师不定期地进行突击测验就是用可变间隔程式来强化学生的学习行为。这种程式能保持稳定和一致的反应率,但这种反应率低于比率程式产生的反应率,因为这种程式中的强化没有直接与反应次数挂钩。因此,突击测试比周测验更有可能促使学生持续学习。

"总结"能帮助你回顾四种强化程式的特点。

总结   **强化程式比较**

强化程式	反应率	反应模式	消　退
比率			
固定比率程式	非常高	低比率时反应稳定,高比率时在每次强化后有短暂的停顿	比率越高,越不容易消退
可变比率程式	最高	持续反应,没有停顿	最不容易消退

续表

强化程式	反应率	反应模式	消 退
间隔			
固定间隔程式	最低	每次强化后有很长的停顿,随后是渐渐加速	间隔时间越长,越不容易消退
可变间隔程式	中等	稳定、一致的反应	在平均间隔时间相同的情况下,比固定间隔程式更难消退

惩罚 5.11 惩罚是如何影响行为的?

你可能在思考一个最常见的后果:惩罚。惩罚是强化的反义词。因此,惩罚是导致一种行为出现频率降低。

正惩罚和负惩罚。和强化一样,惩罚也有正(好的)后果和负(坏的)后果。正惩罚是指行为由于后果而减少,这里的后果通常是不快的后果。例如,司机避免走一条路(行为减少)的原因是,这条路经常堵车(不快的后果)。下面再举两个例子:

● 老鼠停止按压杠杆(行为减少),因为这么做会产生巨大的噪声(不快的后果)。

● 学生不再熬夜(行为减少),因为他睡过了一场重要的考试(不快的后果)。

学生有时会把负强化和正惩罚搞混,因为两者都包括了不愉快的刺激。两者的区别是,负强化增加行为的次数,而正惩罚则减少行为的次数。最简单的例子就发生在实验室里的实验。在负强化试验中,老鼠被置于一个底部有电流经过的箱子里。电流会使老鼠的脚不舒服,但通过按压杠杆,老鼠就能把电流关掉。经过几次试验之后,老鼠就学会了用后腿站立,用前爪牢牢地压住杠杆,以消除电击。老鼠按压杠杆的行为次数增加了(强化),因为这样能消除不舒服的电击感。

在正惩罚的试验中,按压杠杆能打开电流而不是关掉电流。这样一来,老鼠就学会不去按压杠杆(行为次数的减少),因为按压杠杆自己就会受到电击。

在后果消失之后行为的次数也随之减少,这种情况下,负惩罚就发生了。这里的后果通常是一些乐于得到的事物。例如,司机在受到吊销6个月驾照(不快的后

果)的惩罚后就不再超速了(行为次数的减少)。下面再举两个例子:

- 老鼠会停止按压杠杆(行为次数的减少),因为这样做会使食物从眼前消失(不好的后果)。

- 青少年不再晚归(行为次数的减少),因为父母剥夺了(他)她2个星期出门的权利(不好的后果)。

表5.1是一些关于正强化、负强化、正惩罚、负惩罚的定义和例子。

表5.1 强化和惩罚的效果

强化(增加或强化行为)	惩罚(减少或抑制行为)
增加愉快性刺激(正强化)	增加厌恶性刺激(正惩罚)
给予食物、金钱、表扬、关注或其他奖励	给予产生疼痛或厌恶的刺激,如打屁股或电击
减少厌恶性刺激(负强化)	减少愉快性刺激(负惩罚)
消除或终止一些产生疼痛或厌恶的刺激,如电击	消除愉快刺激或取消特权,如看电视、开车

惩罚的弊端 如果惩罚能制止行为,那为什么很多人还反对它呢?很多潜在的问题都与惩罚有关:

1. 根据斯金纳的观点,惩罚不会消除问题行为,而只是在惩罚者面前抑制这种行为。在惩罚的危险解除之后,或者在不可能实施惩罚的情况下,这种行为又会出现。如果惩罚(关进监狱、罚款等)能有效消除不法行为的话,那么社会就不会有那么多的惯犯了。

2. 惩罚只能表明一种行为是不可接受的,但并不会帮助人形成好的行为。因此,即使要用惩罚,也应该和强化或对好行为的奖励一起使用。

3. 受到严厉惩罚的人常常会害怕,并且对惩罚者怀恨在心。伴随这些反应的是想报复、逃避或逃离惩罚者和惩罚场景。许多青少年离家出走就是为了避免身体受到虐待。取消特权比体罚更为有效,而且也不会产生太多的恐惧和仇恨。

4. 惩罚常常会导致攻击行为。那些实施体罚(如打屁股)的人也会成为攻击行为的榜样,让受罚者把攻击作为解决问题和发泄愤怒的办法。研究发现,如果父母经常打骂自己的孩子,那么孩子很可能变得比其他孩子更具攻击性。

如果惩罚会带来这么多的问题,那么,我们应该如何减少不可取行为呢?

惩罚的替代品　还有没有其他办法可以抑制行为的发生呢?许多心理学家认为,消除对不可取行为的奖励是消除问题行为的最佳办法。因此在孩子乱发脾气的时候,父母不应该惩罚孩子,而应该不满足孩子的任何需求。对那些只是想得到关注的行为,父母可以视而不见,把注意转到孩子的好行为上。有些时候,简单解释一下为什么某个行为不恰当就足以消除这个行为。

用正强化(如表扬)能使孩子争相效仿好的行为。这种方法能给孩子带来自己想要的关注,而这种关注通常只是在孩子调皮捣蛋时才能得到。

认为惩罚没有必要也是不现实的。如果孩子跑到街上去,把手指伸向插座,或者把手伸向炉子上的热锅,迅速的惩罚会保护孩子不受伤害。

使惩罚更有效　在必须实施惩罚的时候(如制止破坏性的行为),我们如何能确保惩罚的有效性呢?研究揭示了影响惩罚效果的几个因素:时间、强度、一致性。

1. 在不良行为进行的过程中或停止后就立即实施惩罚,这样最为有效。拖得越久,惩罚就越没有效果。如果拖延,大多数的动物都不会把犯错和惩罚联系起来。例如,训练小狗养成卫生习惯的人都知道,一定要在小狗正在弄脏地毯的时候抓住它并实施惩罚,这样才有效。然而,对人来说,如果惩罚必须延后,那么惩罚者就应该提醒犯错者自己所犯的错误,解释为什么该行为是不恰当的。

2. 在理想状态下,应该实施能够制止问题行为的最低限度惩罚。20世纪60年代的动物研究就揭示,惩罚越严厉,对行为的抑制力就越强。但是,惩罚的强度应该与犯错的严重性相称。不必要的严厉惩罚有可能产生前面提到的负面影响。惩罚的目的不是发泄愤怒,而是矫正行为。生气时实施的惩罚可能会过于严厉,不会产生期望的结果。但如果惩罚得太温和,也不会有什么效果。逐渐加大惩罚的强度也同样没有效果,因为,犯错者会渐渐地适应惩罚,而问题行为却依然存在。要制止一种行为,惩罚所带来的害处要至少大于不良行为所带来的好处。200美元的罚款要比2美元的罚款更有可能制止超速现象的发生。

3. 要有效,惩罚必须一致。父母不能有一天对问题行为睁一只眼闭一只眼,第二天又惩罚同样的行为。而且,父母双方还应该对同样的行为作出同样的反应。如果一种行为受到惩罚的可能性高,那么该行为就能更有效地被制止。如果你从后视镜里看到一辆警车,你还会超速吗?

文化和惩罚 用乱石砸是惩罚通奸犯的恰当方式吗？可能不是，除非你的文化允许这种惩罚方式。在每一种文化中，都用惩罚来控制和制止人们的行为。如果重要的价值观、规章制度和法律被违反，那就要惩罚违反者。但不是所有的文化都有同样的价值观或同样的法律。旅居其他国家的美国公民需要意识到，不同文化对惩罚的看法以及实施惩罚的方式大相径庭。例如，贩卖毒品几乎在任何地方都是严重犯罪。在美国，贩卖毒品的人会被强制拘禁；在其他国家，毒品贩子可能会被判处死刑。

逃避学习和回避学习　5.12 逃避学习和回避学习是如何发生的？

你按时付账的目的是避免交滞纳金吗？如果学习一种行为是因为这样能阻止或终止厌恶事件的发生，这种学习就叫逃避学习。这种学习反映了负强化的力量。逃避惩罚场景和服用阿司匹林以缓解头痛，都是逃避学习的例子。在这些情景中，厌恶事件已经出现，人们只是试图去逃避它。

相比之下，回避学习取决于两种条件的作用。经典条件反射表明，一个事件或条件会预示一种厌恶状态。酒后驾车会与交通事故和死亡联系在一起。这样的联系会使人们避免这种结果的发生。避免与喝了酒的司机同坐一辆车就是一个合理的回避行为。

然而，很多回避学习都是为了适应不良行为，是对恐惧作出的反应。如果学生在全班面前发言时出了丑，那他们就会惧怕一切需要在众人面前讲话的场合。这样的学生不会选要求做课堂报告的课程，也不会担任学生干部。避免这些场合会使他们避免遭遇可怕的后果。这种回避行为要受到负强化，并通过操作条件反射得以加强。

同样，拖延是一种不良的回避行为，它困扰着很多学生。引起拖延的行为模式会受到负强化，因为它能使学生避免学习中的焦虑、困惑和枯燥。尽管这种不良的行为模式很难消除，但可以克服。"应用"教你如何战胜拖延。

人和其他动物都有学会逃避和回避厌恶情景的能力，但也有一个例外，那就是习得性无助。这是对厌恶情景的一种被动屈服。无数次的经历告诉他们，厌恶情景是逃避不了和回避不了的。欧迈耶和塞利格曼在1967年首先做了习得性无助实验。实验中,他们先把实验组的狗困在绳套里,让狗无法逃脱,而且还电击狗。之后,他们把这组狗置于一个箱子里。箱子被一个很低的挡板隔成两间。在发出一个警告信号之后,箱子的地板就会传送电击。但只有其中一个隔间的地板有电击,且狗可以轻而易举地跳过挡板,逃到另一个隔间去。奇怪的是,在经历了几次电击之后,狗并没有这么做。而控制组的狗事前并没有经历过无法逃脱的电击。这组狗的行为完全不一样。当警告信号响起的时候,这组狗会迅速跳过挡板,逃避电击。塞利格曼于 1975 年推论,人在遭受到无法回避和无法逃避的痛苦后,同样会经历习得性无助。例如,在学校不断失败的孩子会停止做功课,因为他们认为自己不可能成功。同样,不断受到家庭暴力的人也会认为,自己就该受这样的罪,并屈服于对方的暴力行为。1991 年,塞利格曼进而指出,这样的人会变得怠惰、离群、抑郁。

应用　　　　　　　　　　如何战胜拖延症

你有没有经常想,如果你有更多的时间,你一定会取得更好的成绩? 你有没有发现,自己经常在最后一刻才开始复习功课或写论文? 如果是这样,你就有必要学习如何克服拖延这一最大的浪费时间行为。乌尔托斯的研究表明,一部分拖延是由于缺乏实现目标的信心。耐普的研究表明,喜欢即时享乐而不是延时满足也是拖延的一个因素。换句话说,拖延的学生会选择即时享乐(如看电视或与朋友聊天),而不会选择在达到学习目标后再获得延迟性满足。拖延习惯一旦养成就很难改掉。所幸,任何人都可以通过矫正行为来克服拖延。下面的建议能让拖延远离你的学习:

● 找到干扰你学习的环境线索。电视、电脑或游戏机,甚至食物都可能成为浪费你宝贵时间的罪魁祸首。在你完成功课后,这些使你分心的东西也能成为有用的正强化物。

● 制订学习时间表,并强化自己遵循这个时间表。一旦制订了时间表,就请你严格遵循它,就像工人遵循工作时间表一样。确保在学习之余,留出一点玩儿的时间。

● 开始行动。最困难的部分就是开始行动。若按时开始学习,就给自己一点奖励;若不按时,就给自己一点惩罚。

● 想象。很多拖延都是由于没有考虑到它的消极后果而引起的。想象一下不学习的后果(例如,参加一场自己没有准备的考试),这能有效战胜拖延。

● 当你在一个任务中遇到困难时,不要跳到另一个任务中去。拖延战术会给你一种自己很忙,很有成就的感觉,但这只不过是一个回避困难的策略。

● 谨防准备过度。拖延者会花很多时间去准备一项任务,而不是来完成这项任务。例如,他们在图书馆收集的资料都足够写一本书了,但他们就是不会写一篇5页的学期论文。过度准备会使他们推迟写论文。

● 记录下自己推迟学习的借口。如果一个借口是"等我有心情的时候再做",数一数你每周有心情学习的次数。学习心情往往是学习开始后才有的,而不是学习之前就有。

不要拖延了! 现在就开始吧! 用上面的建议,打败拖延。

操作条件反射的应用　　5.13 操作条件反射的应用有哪些?

你可能已经意识到,操作条件反射是我们每天都会经历的一个重要学习过程。一个人也能用操作条件反射来有意改变另外一个人的行为。

你能训练自己控制身体对压力的反应吗? 科学家多年以来都认为,像心率、脑电波模式和血流这样的内在反应,是不受操作条件反射控制的。但现在科学家知道,如果人们能够获得对这些内在反应的准确反馈,他们是能够学会并通过练习控制这些反应的。生物反馈是一种获知内在生理状态信息的方式。生物反馈装置中有传感器,能监控这些内在反应的微小变化,然后将这些变化放大并转换成视觉或听觉信号。人们能看见或听见内在生理反应。他们能够得知,哪些反应常规性地增强、减弱或维持在一个特定的水平上。

生物反馈已经被用来调节心率和控制周期性头痛和紧张性头痛、肠胃失调、哮喘、焦虑紧张状态、癫痫、性功能障碍以及神经肌障碍,如大脑性麻痹、脊髓损伤、中风。

操作条件反射能帮助你取得好成绩吗? 也许能,如果你将它的原理应用于你的学习。行为矫正是一种系统改变行为的方法,是建立在经典条件反射、操作条件反射或观察学习(后面将会谈到)原理的基础之上的。大多数的行为矫正方法,都用到了操作条件反射的原理。"尝试"将帮助你制订自己的行为矫正计划。

行为矫正项目已经被用来改变孤独症儿童和成年人的自伤行为。这类项目都是高度个体化的,研究经常用的都是"单被试"设计,即一次只研究一个人。其中一项研究是,孤独症成年人与其照顾者之间的常见问题。患孤独症的成年人常常住在团体家庭,工作在专门为他们设置的环境中。不过,自伤行为还是会妨碍同事和上司,影响自己的工作,导致他们丢掉工作。研究中,研究者用行为矫正成功地阻止了一名41岁孤独症患者在工作中表现出的自伤行为,从而保住了他的工作。

一些机构(如学校、精神病院和监狱)用代币机制矫正行为,即用代币来鼓励矫正对象表现出社会所期待的行为。代币(扑克筹码或票券)是可以用来换取自己想要的东西的,如糖果和特权,或自由时间和参加自己想参加的活动。参加这个项目的人事先就知道,什么行为会得到强化,以及如何得到强化。精神病院已经有效使用代币行为矫正法,来鼓励患者自我梳洗、与他人交流,以及整理房间。监狱有时也用代币行为矫正法来鼓励犯人表现出亲社会行为。甚至小学生的行为,也能通过精心设计的代币行为矫正法(基于对不同年龄阶段期待行为的定义)加以改变。虽然代币停止发放后好行为就会停止,但这并不是说,代币行为矫正法就没有价值。毕竟,如果长时间不给员工发薪水,大多数人会辞职。

许多班主任和家长用暂停法。这是另一种行为矫正法。如果孩子调皮捣蛋,班主任和家长就暂停正强化。(记住,根据操作条件反射理论,不再得到强化的行为会消失。)

行为矫正也成功地用在商业和工业领域,以增加利润,改变员工与健康、安全和工作绩效相关的行为。例如,为了减少保险费,一些公司每年会奖励那些没有用完自己健康保险免赔额的员工;为了减少车祸或汽车偷窃带来的损失,保险公司会减少那些安装气囊和防盗系统的人的保险费用;为了鼓励员工进修,一些公司会报销他们的学费。许多公司通过给销售人员奖金、给他们提供免费旅游和其他奖励来促进销售。行为矫正最成功的应用就是对各种心理问题的治疗,无论是恐惧症还是上瘾行为。在这些情况下,行为矫正被称作行为疗法(在第13章中讨论)。

"总结"列举了经典条件反射和操作条件反射的原理。

| 总结 | | 比较经典条件反射和操作条件反射 |

特征	经典条件反射	操作条件反射
联系类型	两个刺激之间的联系	反应和结果之间的联系
被试状态	被动	主动
关注点	反应前有什么	反应后有什么
涉及的两种反应	不受意识控制或反射性反应	受意识控制的反应
涉及的身体反应	内在反应;情感和腺体反应	外在反应;肌肉和骨骼运动以及言语反应
反应范围	相对简单	从简单到高度复杂
习得反应	情感反应;恐惧、喜欢和不喜欢	目标导向反应

| 尝试 | | 行为矫正法 |

用下面的方法矫正自己的行为。

1. 找到目标行为。目标必须是可观察和可测量的,如增加学习时间。

2. 收集和记录基线数据。每日记录你花在目标行为上的时间,持续一周。同时记录下行为发生的地点和任何导致偷懒的环境线索(如诱惑物)。

3. 计划你的行为矫正方法。制订一个增加或减少目标行为的计划和目标。

4. 选择你的强化物。你喜欢的任何活动都可以用作强化物来强化你不太喜欢的活动。例如,在学习一段时间之后,你可以奖励自己看场电影。

5. 设定强化条件并开始记录和强化你的进步。不要把强化目标设立得太高,否则就不太可能获得奖励。记住斯金纳提出的塑造概念:通过奖励每一个进步来塑造行为。要对自己诚实,一定要在实现目标之后才给予奖励。描绘出你向目标行为靠近的每一步。

认知学习

现在,你可能已经对经典条件反射和操作条件反射的效果深信不疑了。但是,这两种条件反射能解释你如何习得一种复杂的心理功能（如阅读）吗？斯金纳和华生等行为主义者认为，解释任何学习都无须用内部心理过程。然而，今天越来越多的心理学家强调心理过程的作用。他们扩大了学习的研究范围，包括像思考、认识、解决问题、记忆和心理表征形成这样的认知过程。认知理论家认为，理解这些过程对全面了解学习至关重要。我们将介绍认知学习领域三位重要研究者的成果，他们是沃尔夫冈·库勒、爱德华·托尔曼、艾伯特·班杜拉。

顿悟学习　　5.14 顿悟是如何影响学习的？

你有没有这样的经历：对一个问题苦思冥想，突然灵光一现，想出了解决办法？如果有，你就经历了一种重要的认知学习。这种学习是首先由沃尔夫冈·库勒（1887—1967）描述的。在《人猿的智力》一书中，库勒描述了他对在笼子里的猩猩做的实验。在一项试验中，库勒将一串香蕉悬挂在笼子里猩猩够不着的地方；笼子里有几个箱子和几根棍子。库勒观察到，猩猩没办法跳起来或用棍子够到香蕉。最后，猩猩将箱子摞起来，爬了上去，够到了香蕉。

库勒观察到，猩猩有时会像是放弃了够香蕉的努力。然而，在休息一段时间后，猩猩突然有了解决办法，好像灵光乍现。猩猩似乎突然意识到箱子或棍子与香蕉之间的关系。库勒坚称，使猩猩成功的是顿悟学习，而不是试误学习，因为猩猩能轻而易举地重复用这个办法解决相似的问题。对人类来说，通过顿悟获得解决问题的办法，要比通过死记硬背获得更容易，更不容易遗忘，且更容易用来解决新问题。近来的大脑成像研究揭示，顿悟学习与几个不同大脑区域独特的交互模式相关。

潜伏学习与认知地图　　5.15 关于强化的必要性，托尔曼发现了什么？

爱德华·托尔曼（1886—1959）持有不同的学习观。首先，托尔曼认为，在没有强化的情况下，学习也可以发生。其次，他区分了学习和表现。他认为，潜伏学习可以发生。也就是说，学习可以在没有明显强化的情况下发生，而且还不会表现出来，除非生物体被鼓励这么做。托尔曼和霍齐格做的一项经典实验证明了这一点。

他们连续 17 天,把三组老鼠放在一个迷宫中。第一组老鼠在迷宫尽头总能获得食物奖励;第二组老鼠没有获得任何奖励;第三组老鼠直到第 11 天才获得奖励。在这 17 天中,第一组老鼠的表现稳步上升;第二组老鼠表现出缓慢、微小的进步;第三组老鼠在第 12 天表现出了明显的进步,而且从那以后,这组老鼠比每日获得奖励的老鼠表现得还要好(图 5.7)。第三组老鼠的飞速进步表明了潜伏学习的出现,即老鼠在前 11 天就已经学会了如何走出迷宫,但在获得奖励之前并没有表现出来。托尔曼得出结论:老鼠学会了形成迷宫的认知地图(一种心理表征),但在受到强化之前并没有表现出来。在后续研究中,托尔曼展示了老鼠如何迅速学会重组它们已有的认知地图,轻而易举找到更复杂迷宫的出口。

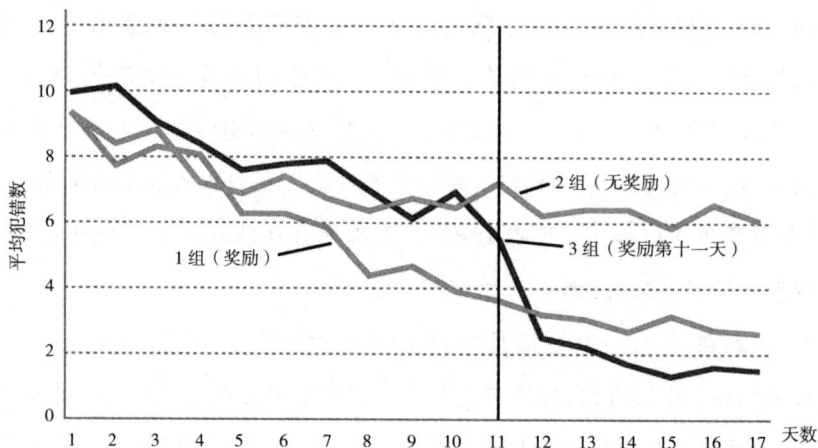

图 5.7　潜伏学习

第一组老鼠每天因其正确跑出迷宫而受到奖励,第二组老鼠则从来没有受到奖励,第三组老鼠只在第 11 天受到奖励。此后,第三组老鼠的表现超过了第一组。老鼠已经"学会"如何走出迷宫,但在奖励出现之前不会表现出来。这就表明发生了潜伏学习。

观察学习　5.16 我们是如何通过观察来学习的?

你有没有想过,当看到一个司机因超速而被罚款后你自己为什么会减速?在这种情况下,没有人强化你减速,你为什么要这么做?心理学家艾伯特·班杜拉指出,许多行为或反应都是通过观察学习或社会认知学习习得的。当人们观察到他人的行为以及这种行为的结果后,观察学习就会发生。当你看见另外一个司机收到罚单后,你会减速。因为你认为,那个司机的结果也会是你的结果。当看见一个人敲打自动售货机的旁侧而得到一瓶免费饮料时,我们也会这么做。因为我们认为,如果我们敲打机器,也同样会得到免费饮料。

一个表现出某种行为的人或者其行为被模仿的人叫榜样。父母、电影明星和体育明星常常是孩子们的榜样。榜样的效力与他们的地位、能力和权力相关。其他重要因素包括年龄、性别、吸引力和族裔。另外,观察者自身的特征也会影响他们从榜样身上学到东西的多少。例如,对自己外表不满意的女性比对自己外表满意的女性更注意外表亮丽的榜样,也更有可能模仿她们。

班杜拉认为,习得的行为是否会表现出来,在很大程度上取决于榜样的行为是受到了奖励还是惩罚,以及观察者是否期望这种行为受到奖励。注意,榜样不一定非得是人。例如,家具说明书上的组装图是榜样,第 1 章介绍的"略提细转复"学习方法也同样是榜样。

你可能在数学、化学、物理课或其他老师用模型教学的课上已经了解到,仅仅看模型不一定会引起学习。班杜拉提出,四个过程决定了观察学习是否发生。它们分别是注意、保持、复制、强化。

- 注意:观察者必须关注榜样。
- 保持:观察者必须把榜样的行为储存在头脑里。
- 复制:观察者必须能够在身体和认知上表现这种行为,以便学会它。换句话说,不管你花多少时间看塞丽娜·威廉姆斯打网球或听碧昂斯唱歌,如果不具备与他们一样的天赋,你就不会习得与他们一样的技能。同样,一个幼儿园小朋友不会因为看自己读中学的姐姐做作业就能学会几何。
- 强化:最后,为了展现观察习得的行为,观察者必须受到鼓励来练习和表现出所学的行为。

犹如多种因素决定一个人是否通过观察从榜样身上学习一样,各种不同的学习涉及多种榜样。这些不同类型的学习叫作用,因为它们代表了榜样影响观察者行为的不同方式。看你能从我们之前所给出的观察学习例子中找出哪些作用。

- 模仿:模仿作用发生在学习一个新行为中。
- 促进:促进作用指观察者在不熟悉的场景中学会与榜样行为相似的行为。
- 抑制:抑制作用指观察者对社会不良行为的压制,因为他们看到榜样因为此类行为而受到了惩罚。

●去抑制：当观察者看到榜样没有因其不良行为受到惩罚或反而受到奖励时，去抑制作用就会出现。

这几个例子可以这样分类：当你从老师的演算中学会如何解一个数学问题时，模仿作用就会出现。在你试图模仿有天赋的运动员或艺术家时，促进作用就会出现。在你看见一个司机因超速而受到罚款后减慢了车速时，抑制作用就会出现。你在工作时间上网，因为你看到同事这么做而没有受到惩罚，这就是去抑制作用的表现。

"总结"回顾了本节所讨论过的认知学习原理。既然你已经了解了学习的各种原理，请阅读"解释"，看它是如何解释吸烟行为的。

总结　　　　　　　　　**认知学习**

学习类型	描述	主要贡献者	经典研究
顿悟	突然意识到如何解决一个问题	沃尔夫冈·库勒	观察猩猩试图够到悬挂在笼子上方的香蕉
潜伏学习	在受到强化之前处于隐藏状态的学习	爱德华·托尔曼	比较穿出迷宫受到奖励的老鼠和没有受到奖励的老鼠
观察学习	通过观察别人学习	艾伯特·班杜拉	比较观察过成年人攻击行为榜样的儿童和没有观察过这种榜样的儿童

从媒体中学习　　5.17 关于从媒体中学习，研究表明了什么？

你一天有多少时间处理从电子渠道获得的信息？现在，很多人几乎每分钟都在处理这种信息。甚至还有一个针对婴儿的全天24小时开播的有线电视频道。

多任务环境的影响　当今世界常见的各种电子信息媒体构成了一些研究人员所说的电子多任务环境。在这种环境中，我们试图同时管理多个不同的信息源。在一项对大学计算机实验室的观察研究中，研究者发现，许多大学生以分屏形式完成论文或其他作业，他们用一半屏幕做作业，用另一半屏幕玩游戏。而且，许多学生同时还在听 MP3。

目前,考察多任务环境对学习影响的研究还不足以得出肯定的结论,但考察的问题可能会引起那些每天游走于多种信息源之间的人们的兴趣。一个问题涉及大脑通过改变注意策略适应多种信息源的程度;另一个问题涉及同时接触多种信息源会降低对来自任何一种信息源的信息学习的可能性。目前正在研究的另一个问题是,关注多种信息流可能会引发焦虑。

研究者还想知道,多任务如何影响我们在多任务环境之外的认知能力。令人吃惊的是,这些研究表明,人们花在多任务上的时间越多,就越不能处理多任务之外的思维过程。这些结果表明,多任务降低了我们区分相关信息和不相关信息的能力。换句话说,多任务使我们养成了这样的习惯:注意环境中的所有信息,而不是过滤掉那些不重要的信息。

解释　　　　　　　学习原理是如何解释吸烟行为的?

你既然已经了解了学习的所有主要原理,那么,你就可以用它们来全面解释吸烟这一有损健康的行为。我们把戒烟行为分成学习、保持和戒除几个阶段。首先想一想,经典条件反射、操作性反射和观察学习的原理对每一个阶段都有什么作用。你的分析可能和我们的分析不同。下面是我们的分析。

学习阶段

观察学习对开始吸烟非常关键。不吸烟的人看到自己认为成功的榜样(人缘好的同龄人、电影明星、杂志广告模特)吸烟,于是他们会认为,吸烟这一行为有助于结交朋友或使人看上去更成熟、更性感。当刚学会吸烟的人把尼古丁产生的兴奋感当作一种奖励时,操作条件反射就起作用。同时,随着吸烟量的增大,肺的抗吸烟反应渐渐减弱。结果,刚开始由社会影响所引发的行为,现在变成了由生理因素所维持的行为。

保持阶段

一旦养成吸烟习惯,几个不同的学习原理就共同作用来维持这一习惯。例如,许多吸烟者喜欢在饭后点上一支烟。经典条件反射的作用,把吃饱的生理感觉与尼古丁的作用联系起来,使饱足感成为诱发吸烟的刺激。在吸烟的社会场景中,大多数人都突显出了观察学习的作用。当吸烟者看到别人在吸烟的时候,自己也会吸烟。另外,操作性学习原理的负强化在维持吸烟行为中也起了作用。具体地说,吸烟消除了吸烟者对尼古丁的渴求。

戒除阶段

在戒除阶段,成功戒烟取决于对学习原理的控制。首先,那些希望戒烟的人必须学会抑制经典条件诱发因素,如饭后的饱足感。其次,吸烟者要利用观察学习的力量,尽量避免吸烟的社会场景,并待在禁止吸烟或不鼓励吸烟的场景中。最后,想戒烟的人可以利用这一点,即由吸烟带来的负强化(消除对尼古丁的渴求)是一个连续强化过程。回想一下,涉及连续过程的行为比涉及可变过程的行为更容易学会,同时也更容易消退。因此,想戒烟的人应该意识到,虽然戒烟的头三天是非常痛苦的,但三天之后,对吸烟的渴求就会大大减少。

电视和其他娱乐媒体 40多年前,艾伯特·班杜拉用一系列的经典实验引发了人们的担忧——电视暴力节目会影响儿童的行为。班杜拉怀疑,电视节目(包括卡通片)中的攻击和暴力行为会增加儿童的攻击性。他开创性的研究极大地影响了当时人们对这些问题的看法。在几个经典实验中,班杜拉展示了儿童是如何受到这些暴力榜样影响的。其中的一项实验包括三组学龄前儿童。让第一组儿童观察一个成年人(暴力榜样)一边用木棒猛击、踢、打一个152厘米高的充气塑料"波波玩具娃娃",一边说出一些暴力的话。让第二组儿童观察一个非暴力榜样。该榜样忽视波波玩具娃娃,安静地坐在一边组装玩具。控制组的儿童被置于一个没有大人的相同环境下。后来,研究者通过一个单面镜观察每个儿童的情况。结果,观察过暴力榜样的儿童会模仿暴力行为,而且比其他两组儿童表现出更多的非模仿的暴力行为。观察非暴力榜样的儿童比控制组儿童表现出更少的暴力行为。

后续研究比较了儿童观看到下面几种场景的暴力程度:(1)活生生的暴力榜样;(2)电影中的暴力榜样;(3)卡通片中的暴力榜样(在一个虚幻场景中,卡通人物表现出同样的暴力行为)。控制组没有观看任何一个场景。观看到暴力榜样的儿童比控制组儿童更暴力。研究者由此得出结论,"在三个实验场景中,电影中的暴力行为最能引发和塑造儿童的暴力行为"。

班杜拉的研究引发了人们对其他娱乐媒体中暴力和攻击行为的研究。例如,研究者对儿童、青少年和年轻人的研究显示,暴力的电子游戏也会增加暴力行为。媒体暴力的影响是明显的,不管这个暴力出现在音乐、音乐视频、广告,还是网上。这些研究产生了各种评级系统供家长参考。然而,研究者发现,各种评级系统都不能很好地评定节目中暴力行为的频率和强度。另外,研究者还发现,评定为"暴力"

的媒体反而会激发孩子去体验它的欲望,尤其是 11 岁以上的男孩。

你可能会说,如果电视上的暴力行为受到了惩罚(如被捕),那我们就会教育孩子不要表现出这种行为。然而,实验研究显示,孩子不会像成年人那样加工关于后果的信息。观察暴力行为的后果不大可能让学龄前儿童知道,暴力行为在道德上是不可以接受的。相反,学龄儿童似乎用愤怒性来判断暴力行为的对错。也就是说,他们认为,在复仇环境下表现出的暴力行为在道德上是可以接受的,即使受到权威惩罚。

值得注意的是,2003 年发表的历时研究表明,童年时期接触暴力,其影响会持续到成年时期。心理学家 L. 罗威尔·休斯曼及其同事发现,在童年时期看了很多暴力电视节目的个体,成年后很可能做出暴力举动。这项研究第一次揭示了童年时期观看暴力节目与成年后的暴力行为之间的关系。大脑成像研究表明,这些长期的影响可能是神经激活模式的结果,这些模式是儿童观看暴力节目时学会的情绪化行为的基础。

但正如儿童会模仿电视上看到的暴力行为一样,他们也会模仿所看到的亲社会行为。"罗杰先生的邻居"和"芝麻街"这样的节目,对儿童会产生积极影响。我们希望,休斯曼及其同事的研究结果也适用于电视的积极影响。

电子游戏 最近几年,对媒体暴力的担忧已经由电视转向了电子游戏,因为,现在儿童和青少年玩电子游戏的时间和看电视的时间差不多。成年人也花很多时间玩电子游戏(图 5.8)。很多研究表明,玩暴力游戏会增加仇恨感,并能减少人对暴力图像的敏感度。

但一些心理学家认为,暴力电子游戏能使个体(尤其是青少年和年轻男性)以一种社会可接受的、安全的方式,发泄掉那些社会不可接受的情感。他们指出,这些游戏常常在群体中玩,而且是许多年轻男性共享的重要活动。学会将暴力冲动转化为朋友之间的竞争游戏(即使是模拟暴力游戏),或许是青少年男性社会发展的重要部分。

和电视一样,电子游戏也能用来传授积极的信息和技能。例如,密歇根大学的研究者发现,电子游戏能教会年轻人如何安全开车。另外,玩电子游戏似乎能增强女性的空间认知技能,而女性在这一技能上往往弱于男性。

网络 教育者同意,网络是一个强大的教学工具。但研究者提醒教师,不要认

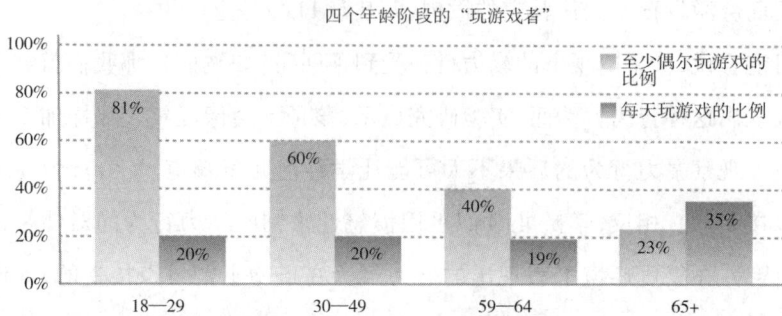

图 5.8　四个年龄阶段的"玩游戏者"

　　皮尤互联网与美国人生活项目的研究者追踪了美国的儿童和成年人使用各种媒体的情况。研究发现:偶尔玩游戏的年轻人多于年纪大的人,而每天玩游戏的年纪大的人多于年轻人。

为网络教学比传统教学更有效。例如,网络文本有音频和视频链接,它有助于保持学生的注意力,但这种链接不一定就会促进学习。另外,操作电脑(如打字和移动鼠标)会使网络阅读者分心,妨碍他们对文本的理解和记忆。几项研究表明,在学习复杂内容方面,传统的课堂讲授和多媒体教学一样有用。

　　研究表明,教育者必须谨慎使用网络教育儿童。首先,10 岁之前的儿童很难识别网络广告,虽然他们在 5 岁时就能识别电视广告。因此,年龄小的儿童在使用网络材料时更容易被广告分心。另外,研究者蒂娜·威洛比及其同事发现,背景知识的差异造成了个体通过网络资源(如维基百科)学习的巨大差异,甚至在大学生中也存在这种差异。因此,这种资源对儿童来说更没有用处,因为儿童的背景知识比成年人更欠缺。研究网络阅读的教育者建议,儿童在接触网络文本之前应该先阅读传统文本,以扩大背景知识,提高阅读技能。

回顾

通读本章的时候,你遇到了经典条件反射、操作条件反射和认知学习在日常生活中的例子。这时,你可能会想,这些主题与学习的心理过程(如记忆和问题解决)有什么关系。答案是:本章解释的原理只代表了我们日常生活中诸多学习中的几种。学习的其他方面(如记忆和解决问题)将在后两章探讨。

【第6章】

记　忆

人类记忆的结构

我们是如何创造记忆的？一个多世纪以来，心理学家一直都在研究记忆。后来计算机和计算机编程的出现启发心理学家把记忆过程拆分为几个部分，由此打开了心理学家了解人类记忆系统的大门。

什么是记忆？　　6.1 信息加工理论是如何描述记忆的？

探索人类记忆的大多数最新研究，都是在信息加工理论框架下进行的。信息加工路线应用了现代计算机科学及其相关领域的知识建立模型，帮助心理学家了解记忆的过程。为了和计算机科学在术语上保持一致，在研究人类记忆系统各个方面时，信息加工理论家也用硬件（指记忆的大脑结构）和软件（指学得的记忆策略）。

信息加工理论是一个总体框架。该框架通过信息加工理论的一般原理，产生了多个解释记忆过程的微理论。其中一个微理论可以解释被试在实验中如何记忆单词，另一个微理论则关注记忆如何提醒我们日常事务。例如，"我必须记住，下课后要去图书馆"。

信息加工路线包括三个过程。第一个过程叫编码，即把信息转化为可以储存在记忆中的格式。例如,目睹一场车祸后,你会尽量在头脑中形成一幅心理图像,记住事故的情景。第二个过程叫储存,即把信息保留在记忆中。为了储存编码信息,大脑中必须发生一些生理变化,这个过程叫记忆巩固。最后一个过程叫提取,即把记忆中的信息提取到意识中。为了记住某事,你必须完成编码信息、储存信息和提取信息这三个过程。记忆是一个认知过程,它包括信息编码、信息储存、信息提取(图6.1)。

编码		储存		提取
把信息转化为可以储存在记忆中的格式	→	把信息保留在记忆中	→	想起储存在记忆中的信息

图6.1 记忆的过程

记忆需要成功完成三个过程:编码、储存和提取

信息加工理论并不是由一位理论家提出来的。多个理论家都作出了很大的贡献,理查德·阿特金森和理查德·谢夫林就是其中的两位。他们提出了一个使用范围极广的记忆模型。该模型将记忆分为三个不同但却相互作用的记忆系统:感觉记忆、短时记忆和长时记忆。我们将逐个考察这三个系统(图6.2)。

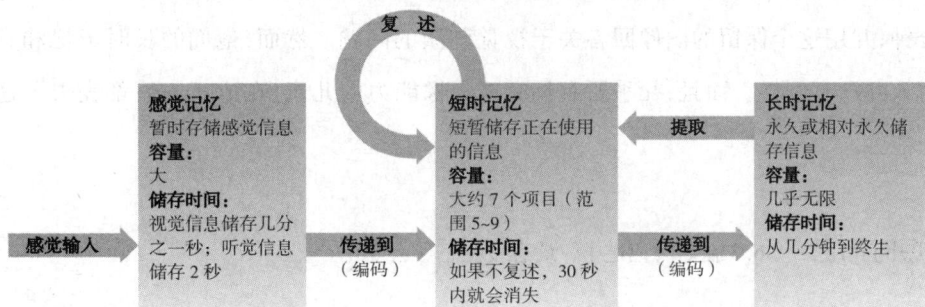

复 述

感觉记忆		短时记忆		长时记忆
暂时存储感觉信息		短暂储存正在使用的信息	提取 ←	永久或相对永久储存信息
容量: 大		**容量:** 大约7个项目(范围5~9)		**容量:** 几乎无限
储存时间: 视觉信息储存几分之一秒;听觉信息储存2秒	感觉输入 → 传递到 (编码) →	**储存时间:** 如果不复述,30秒内就会消失	传递到 (编码) →	**储存时间:** 从几分钟到终生

图6.2 阿特金森和谢夫林提出的三个记忆系统的特征和过程

三个记忆系统在储存信息的类型、储存信息的数量和储存信息的时间方面各不相同。

感觉记忆　6.2 感觉记忆有些什么特征?

我们看见、听见或通过其他感官感觉到的几乎所有信息,都要在感觉记忆里储存一下。在感觉记忆里,每个信息只储存最短的时间。如图6.2所示,在感觉记忆里,视觉图像一般储存几分之一秒,声音一般储存2秒。

视觉感觉记忆到底能持续多久？扫一眼下面几排字母，然后闭上眼睛，看看你能记下几个？

X B D F

M P Z G

L C N H

大多数人只能准确记住 4～5 个字母。这说明视觉感觉记忆一次只能储存 4～5 个字母吗？为了找到答案，乔治·斯柏林（1960 年）让被试扫一眼上面的 12 个字母。然后，他通过发出高、中、低音，让被试分别复述上、中、下排的字母。在听见声音之前，被试并不知道会要求他们复述哪一排字母。斯柏林发现，如果被试看 15/1000 到 1/2 秒钟，他们能准确复述任何一排字母，正确率几乎是 100%。但信息从感觉记忆中消失得也很快。在被试复述 3～4 个字母时，其余 8～9 个就已经忘记。感觉记忆能接收大量信息，但这些信息只能储存很短的时间。

很少一部分人（主要是儿童）具有超常的能力。他们能延长图像在感觉记忆中呈现的时间。这个能力叫遗觉像，是一种最接近"照相存储器"的记忆现象。具有遗觉像能力的人，能在视觉刺激移除之后，还能把视觉刺激的图像（如图画）保留几分钟，并用这个保留的图像回答关于视觉刺激的问题。然而，他们的长时记忆和其他人并没有两样。而且，几乎所有具有遗觉像能力的儿童，在成年之后都丧失了这个能力。

短时记忆　6.3 在短时记忆中，信息发生了什么变化？

你可能会想，如果所有的信息都从感觉记忆中溜走，那么，我们如何记住东西呢？幸运的是，我们的注意能力使我们能抓住一些感觉信息，然后将这些信息送到下一个处理阶段——短时记忆。你现在不管在想什么，它们都发生在你的短时记忆中（图 6.2）。短时记忆通常根据声音编码信息。例如，字母 T 编码为声音"ti"，而不是形状"T"。

容量　短时记忆的容量有限——一次大约 7（加减 2）个不同的项目或字节的信息。这刚好是电话号码和普通邮政编码的数量（9 位数的邮政编码超出了大多数人短时记忆的极限）。当短时记忆达到容量时，移置就会发生。移置时，每一个新信息会挤出一个已有的信息,挤出的信息就被遗忘。想一想,当你的书桌堆得太满的时候会发生什么? 一些东西就开始"消失";一些东西就落到了桌下。短时记忆是记忆系统中一个容量有限的部分。用书桌打个比方:书桌大小有限,如果堆得太满,东西就会落下,短时记忆也一样(见"解释")。

克服 7 个字节信息限制的办法,就是乔治·A. 米勒提出的组块策略。组块策略是指,将单独的信息合并成更大的单位或组块。每个组块都是一个容易辨认的单位,如音节、单词、首字母缩略词、数字。例如,可以把 9 个数字(如 529731325)分成三组更容易记忆的组块,像 529-731-325。这正是美国社保账号的形式。

每次根据储存在长时记忆中的知识把信息分成组块时(即将信息与某种意义联系起来),你就增加了短时记忆的有效容量。分成组块有助于记忆大量信息和不是很长的数据(如电话号码)。例如,本书的各级标题和每个标题下的问题,都能帮助你把信息分成便于处理的组块。如果用这种方法记笔记,并用这种方法进行考前复习,你会记下更多的内容。

储存时间　组块本身并没有那么神。事实上,短时记忆中的信息不到 30 秒就会消失,除非你一遍又一遍地重复。这种重复过程叫复述。但是,复述很容易被打断。事实上,复述非常脆弱,一次打断会使信息在几秒钟之内消失。在 20 世纪 50年代的一系列早期研究中,研究者首先给被试短暂展示三个辅音字母(如 H,G,L),然后让被试三个数一组倒数一组数字(如 738,735,732)。在间隔 3~18 秒后,研究者要求被试停止倒数,回忆前面看到的三个字母。在间隔 9 秒钟之后,被试平均只能回忆一个字母。在间隔 18 秒之后,被试一个字母都回忆不起来。一个 18 秒的中断已经完全消除了储存在短时记忆中的这三个字母。

短时记忆和工作记忆。艾伦·巴德利于 2009 年提出,短时记忆是工作记忆这个更广阔的暂时储存系统的一个组成部分。简而言之,工作记忆是记忆的子系统,你用这个子系统来理解信息,记住信息,解决问题或与他人交流。巴德利认为,短时记忆在很大程度上基于话语。我们完成一项信息加工任务所需的其他信息(如视觉信息)会被传送到工作记忆系统的其他部分暂时储存。与此同时,短时记忆会处理言语信息。研究表明,当我们使用工作记忆时,前额皮质会被激活。

那么,什么样的"工作"会在工作记忆中进行呢? 一个最重要的"工作"是使用记忆策略,如分成组块。使用记忆策略是以一种容易记住的方式操纵信息。我们几乎自动地使用一些记忆策略,但使用有些策略则需要付出更多的努力。例如,有时我们一遍一遍地重复信息直到记住为止。(你还记得小学背诵乘法表吗?)这个策略被称为保持性复述。它适应于记忆电话号码和车牌号,尤其是那些只是暂时需要的信息。然而,它不是记忆复杂信息(如教科书中的信息)的最佳方式。对于复杂信息,最佳策略是阐释性复述。这种方法会将新信息与已知信息联系起来。假设你在法语课上学到 escaliers 这个单词。这个词相当于英语中的 stair(楼梯)。你把 escaliers 与英语单词 escalator(楼梯)联系起来就记住了 escaliers 的意思。

解释　　　　　为什么死记硬背是一种无效的学习方法?

你有没有遇到这样的情况:第二天就要考心理学了,但你还有三章没有看? 没有别的办法,你只有熬夜死记硬背。尽管你尽了最大的努力,但是当你第二天参加考试的时候会发现,自己只记住了昨晚用功复习的支离破碎的知识。短时记忆的特征与你无法记住头天晚上死记硬背的内容有关系吗? 想想当你死记硬背的时候,这些特征是如何发挥作用的?

你有没有想过,短时记忆的容量有限? 死记硬背超过了短时记忆的容量。这就是死记硬背造成学习无效的主要原因。

假设你正在复习本章,你需要学习短时记忆的特征。浏览本章后,你预测的考点如下:

- 容量限度是 7 ± 2 个字节的信息;
- 信息会通过衰减、移置和干扰丢失;
- 如果不复述,信息会在 30 秒之内消失;
- 也叫工作记忆;
- 短时记忆执行的策略;
- 分成组块能增加短时记忆的容量。

你可能会想,既然这里只有 6 个项目,因此就不会超出短时记忆 7 个项目的容量。如果死记硬背就足以应付大学阶段的考试,那这个想法就是对的。但你知道,大多数考试要求的不仅是简单的背诵。

让我们从短时记忆的角度来看一下这 6 个项目有多么复杂。第一个项目较为直接,但看看第二个。它实质上是一个总结性的表述。你必须知道衰减、移置和干扰是什么意思。这些术语的定义包括很多信息。你首先得理解这些信息,才能理解这个总结性的表述是什么意思。仅这一个项目就包括了这么多信息,6 个项目所包括的信息就可想而知了。你必须理解它们,并将它们储存在长时记忆中,这样才能在考试中随时调用。

鉴于短时记忆的容量有限,学习复杂内容的唯一办法就是使用组块策略。在你把信息分成组块之前,必须积累基础知识,这需要时间和努力。仅仅学习短时记忆的特征就需要 1 个小时或更多时间。记住,你的目的是学完整章,而不仅是短时记忆的特征。

你熬夜死记硬背的时候又累又焦虑,而且你的信息加工系统也不堪重负。很明显,这不是一个好的学习方法,哪怕就是学一章。而且有多少考试只考一章呢？大多数的考试都是考多个章节,而且常常还有课外阅读材料和讲义的内容。因此好的学习建议是,不要死记硬背,而要科学合理地安排时间。

工作记忆的加工层次　保持性复述和阐释性复述最初是由记忆研究者费格斯·克雷克和罗伯特·洛克哈特于 1972 年在他们的记忆加工层次模型中提出来的。这个模型提出,保持性复述是"浅层"加工(基于信息的表层特征编码,如词的发音),而阐释性复述是"深层"加工(基于信息的意义编码)。克雷克和洛克哈特假设,深层加工比浅层加工保留信息的时间更长。他们的假设得到克雷克和托尔文经典实验的验证。实验中,克雷克和托尔文让被试用"是"或"不是"先回答一些关于词的问题,然后随即让这个词在被试面前呈现 1/5 秒。被试必须以三种方式加工这个词:(1)视觉(这个词是大写的吗？);(2)听觉(这个词与另一个词押韵吗？);(3)意义(这个词在特定的句子中有意义吗？)。这个测试要求被试对第一个问题进行浅层加工,对第二个问题进行深层加工,对第三个问题进行更深层的加工。随后的记忆测试显示,加工的程度越深,被试记得越准确。

自动性　记忆策略和反复提取的共同作用能产生自动性。例如,当你第一次学习看钟时,要付出极大的努力,把时钟上短针和长针的位置转化成时间。但经过多次练习之后,你看一下钟就能立即知道时间。当信息能自动提取后,工作记忆的空间就被释放出来处理其他任务。由于自动性,在看钟后意识到自己马上就要迟到时,你能立即想出一个尽快赶到那里的办法。

有人有"超级记忆"吗？　你可能听说过,有些人有超常的记忆,能记住 π 值的数千位。研究发现,这些人用到了你刚才了解的策略以及你将会在"尝试"和"应用"中读到的策略。另外,许多表现出超常记忆能力的人都有神经疾病。这种病对记忆功能既有积极影响,也有消极影响。例如,金姆·匹克是达斯汀·霍夫曼在他的电影《雨人》中描述的人物。他能很快心算复杂的算式,还能记忆几百页的文字,但他的发展性孤独症使他无法对解释性信息(即正常人用来理解世界的信息)形成长时记忆。匹克能记住一本小说,但却无法理解小说内容。研究表明,良好的记忆不是上天赐予的神秘礼物,而是使用有效策略的结果,是每个人都能具备的能力。

长时记忆　6.4 长时记忆的子系统是什么?

如果信息在短时记忆中得到有效加工,它就会进入长时记忆。长时记忆就像一个仓库,储存着永久或相对永久的记忆(图 6.2)。现在我们还不知道,长时记忆的储存容量限度是多少。但我们知道,长时记忆能持续很多年,甚至终生。长时记忆中的信息常常以意义的形式储存,不过视觉图像、声音和味道也能储存在那里。

陈述性记忆　一些专家认为,长时记忆中有两个主要的子系统。第一个是陈述性记忆,第二个是非陈述性记忆。陈述性记忆子系统储存事实、信息和个人生活事件。这些信息以言语或图像的形式浮现在头脑中,然后被陈述出来。它储存我们刻意和有意识收集的信息。陈述性记忆有两种,情节记忆和语义记忆。情节记忆记录主观经历的事件。它就像一个心理日记,记录着生活中的事件,包括你所认识的人、你所见过的地方以及你的亲身经历。使用情节记忆,一个人就会作出如下陈述:"我记得去年春天去佛罗里达州度假,躺在沙滩上,沐浴着阳光,听着海浪拍打海岸的声音。"语义记忆是另一种陈述性记忆。它记忆知识或客观事实和信息。如果一个人回忆,佛罗里达州东临大西洋、西临墨西哥湾,他就使用了语义记忆。没有去过佛罗里达州的人也可能知道这些事实。语义记忆像一部百科全书或词典,而不是个人日记。

记忆研究者安德·托尔文于 1995 年指出,情节和语义这两种陈述性记忆并不是独立起作用的。例如,躺在佛罗里达州的海滩上(情节)这段记忆取决于你对海滩的理解(语义)。同样,亲身经历(情节)无疑会加深你对佛罗里达州的认识(语义)。

非陈述性记忆　这是储存程序、运动技能、习惯和简单的经典条件反应的子系统。运动技能是通过反复练习习得的,包括用刀叉吃饭、骑自行车或开车。尽管学习这些技能很慢,但一旦习得,这些技能就会成为一种习惯。它非常可靠,而且几乎可以无意识地使用。例如,你每天用电脑键盘打字,但可能无法说出每一排键盘从左到右是什么字母。图 6.3 显示了长时记忆的两个子系统。

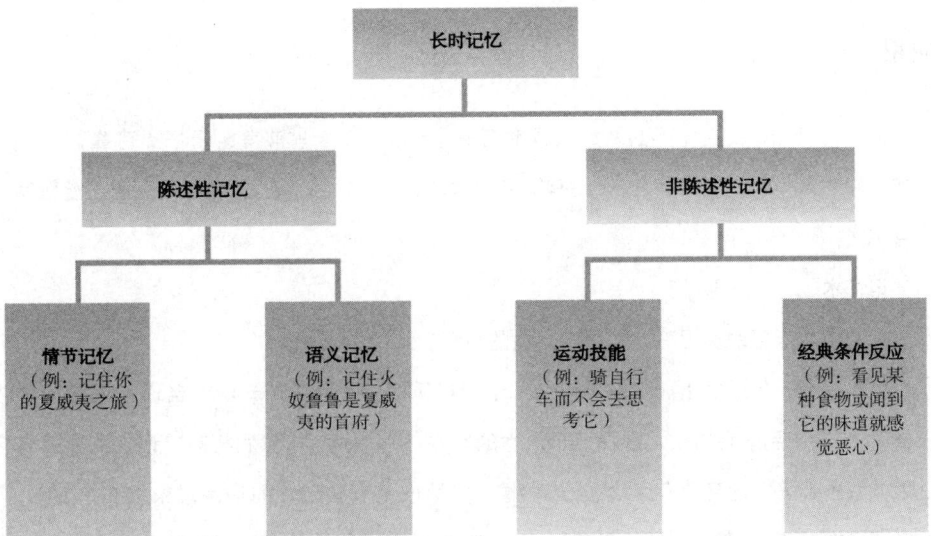

图 6.3　长时记忆的子系统

　　陈述性记忆可以分为两个子系统:情节记忆和语义记忆。情节记忆储存亲身经历的事件;语义记忆储存事实和信息。非陈述性记忆由运动技能和简单的经典条件反应组成。运动技能是通过反复练习习得的。

| 尝试 | 重新组合以改善记忆 |

　　准备一支铅笔和一张纸。大声读出下列物品,然后尽可能多地写下你记住的物品。

豌豆	剃须膏	饼干
卫生纸	鱼肉	葡萄
胡萝卜	苹果	香蕉
冰淇淋	馅饼	火腿
洋葱	香水	鸡肉

　　如果你重新组合这张表,就能更容易地记住这些物品。现在读每一类标题和下面列出的物品,尽可能多地写下你所记住的物品。

甜点	水果	蔬菜	肉	卫生用品
馅饼	香蕉	胡萝卜	鸡肉	香水
冰淇淋	苹果	洋葱	鱼肉	剃须膏
饼干	葡萄	豌豆	火腿	卫生纸

应用	改善记忆

　　记笔记、列清单、在日历上做标记或准备一个记录本,这些常常比记忆更可靠,更准确。但如果你在某个时刻需要信息,又没有带笔记本该怎么办? 一些记忆术和学习策略能帮助你改善记忆。

记忆术

　　押韵常常能帮助你记下一些很难记住的材料。

　　位置法是一种记忆术。当你想记住一个项目列表(如购物清单),或当你脱稿做演讲或报告时,就会用到这种方法。选择一个熟悉的地方,如你的家里,然后将需要记住的项目与这个地方联系起来。注意要有序地进行。例如,将第一个需要记住的项目想象成在车道上,第二个项目在车库里,第三个项目在前门,以此类推,直到把每个需要记住的项目都安放在一个特定的位置上。当你回忆这些项目时,从第一个地方开始走,第一个项目就会浮现在你的脑海里。当你想第二个位置的时候,第二个项目就会浮现出来,以此类推。

　　另一种有用的记忆术是,将每个项目的第一个字母记住,并用这些字母造一个词、短语或句子。例如,假设你必须按顺序记住表示可见光谱7种颜色的英语单词:

　　red(红)　　orange(橙)　　yellow(黄)　　green(绿)　　blue(蓝)　　indigo(青)　　violet(紫)

　　你将每种颜色的第一个字母组成人名 Roy G. Biv 就更容易记住它。3 个词块要比 7 个不同的项目更容易记忆。

学习策略

　　记忆术有助于记忆某些信息,但要记住书本上的大多数东西则需要更全面的策略。例如,"组织"就是一个强大的学习策略。"组织"就是尽量把你需要记住的项目,按照字母顺序或者根据类别、历史顺序、重要人物或以任何容易提取的方式组织起来。

　　过度学习是指在你能够不犯错误地重复一次之后还要继续学习。这样就使得信息更不容易忘记。因此,下次你备考时,不要在自认为已经掌握某个知识点后就停止学习。

　　再复习 1 个多小时,充分利用课本中的问题。这样,你将会记住更多的东西。

　　大多数学生都试过在考前死记硬背这种心理学家称为集中学习的策略。其实,分散学习这一策略更为有效。分散学习就是把学习分成多个短小的阶段,每个阶段之间有一定的休息时间。长时间地连续强记,记下的材料特别容易忘记,而且还导致疲劳和注意力不集中。

　　研究表明,复述能使你记住更多的信息。例如,读完一页或几段后就复述读过的内容。然后再接着往下读,接着复述,如此往复不断。

最后一点要说的是,记忆研究者亨利·罗迪格及其同事在无数次研究中表明,学习教科书知识的最好策略是重复测试,别无他法。罗迪格的研究表明,重复小的测试,再回过头来想一想自己为什么做错了,这是一个非常有效的学习策略,对学生记下和提取应付考试所必须掌握的细节非常有用。

提取

现在你已经知道信息加工系统是如何加工信息的了。下面,我们将考察从长时记忆中提取信息的过程。加拿大神经外科医生怀尔德·潘菲尔德,在1969年提出了一个有趣的比喻。他将记忆比作录音,提取就是按下记忆录音机的播放键,但记忆这个过程要比潘菲尔德的比喻复杂一些。

测量提取　　6.5 测量提取的回忆法、辨认法和再学法之间有什么区别?

如前所述,提取就是使已经编码和储存的信息浮现出来的过程。总的来说,研究者用三类任务测试提取:回忆,辨认,再学。

回忆法要求被试搜索记忆库找到信息。记起某人的名字、购物单上的某件物品、演讲或诗歌中的词语,这些都是回忆任务。你认为下面哪个问题更容易?

A.三个基本的记忆过程是什么?

B.下面哪个不属于三个基本的记忆过程?

a.提取　b.编码　c.再学　d.储存

大多数人会认为,第二个问题更容易。因为,它只要求辨认,而第一个问题则要求回忆。

如果有提取线索,回忆任务就会更容易。提取线索是指任何能够帮助提取某一记忆的刺激或信息。请想一想该如何回答下面两个问题:

A.三个基本的记忆过程是什么?

B.三个基本的记忆过程是编_____,储_____和提_____。

这两个问题都要求回忆,但大多数学生会发现,第二个问题更简单,因为它包括了三个提取线索。

顾名思义,辨认法就是要求被试认出熟悉的事情,如面孔、名字、味道和旋律。多项选择题、配对题、真假判断题,这些都是辨认型的试题。回忆和辨认的主要区别是:辨认任务不需要你提供信息,只需要你在看见它的时候能认出来就行了。在辨认型任务中,正确答案就包含在其他选项当中。

还有一种测量记忆的方法是再学法。这种方法是用重新学习所节省的时间与第一次学习所花费的时间的百分比来表示所记住的信息。假设你用40分钟记住了一些单词,一个月后,老师用回忆法或辨认法测试你所记住的单词。如果你一个单词都记不起来,这是否意味着你对一个月之前所记的单词没有任何印象?这是否意味着回忆任务和辨认任务都不够敏感,不能测量出你所储存的微量信息?研究者要如何测量这种微弱的记忆呢?使用再学法,研究者就能计算出你花多少时间重新学习这些单词。如果你花20分钟重新学习,就比第一次学习(40分钟)节省了50%的时间。节省时间的比例或分数,反映了你长时记忆中所记住信息的多少。

大学生每学期期末考试前复习都会使用再学法。再学所花费的时间少于第一次学习所花费的时间。

对提取的影响

6.6 序列位置效应、背景效应和状态依存记忆效应是如何影响提取的?

日常生活经验告诉你,有些时候,提取既有效又快速,但有些时候,提取并不那么容易。研究表明,有多个因素影响着提取。

序列位置效应 如果在一个晚会上给你介绍了很多人,会怎么样呢?你很可能只记得前几个人和最后一两个人的名字,而忘记了中间很多人的名字。这就是序列位置效应。研究表明,对于按照序列获得的信息来说,排在序列开始和末尾的项目要比排在中间的项目记得更好。

序列开始的信息受首因效应的影响,即序列中的第一个项目比中间的项目更容易记忆,因为它已经被储存在长时记忆中了。序列末尾的信息受近因效应的影响,即位于序列最后的一个项目比中间的项目更容易记忆,因为这个项目仍处于短时记忆之中。序列中间的信息很难记住,因为这种信息已经不在短时记忆中,但还没有被储存在长时记忆中。序列位置效应有力支持了短时记忆和长时记忆是两个单独系统这一概念。

背景效应　你有没有这样的经历:从客厅走到卧室拿东西,但到了卧室却忘记要拿什么,回到客厅时又想起了要拿什么。托尔文和汤普森于1973年指出,物理环境中的许多元素与人们在该环境中获得的信息一起编码,成为记忆的一部分。这个过程就叫背景效应。如果原始背景得以部分或全部复位,它就可以作为提取线索。这就是为什么回到客厅你就想起要从卧室拿什么东西。事实上,想象自己在客厅之中也有同样的效果。(提示:下次考试记不起某些信息的时候,尽量想象你学习的房间。)

古德恩和巴德利于1975年对一个大学跳水俱乐部成员做了一系列关于背景和记忆的早期实验。实验要求被试在水下10英尺(约3米)处或岸上记忆单词。随后,研究者在相同或不同的环境下测试他们单词的记忆情况。结果是:在水下记住的单词在水下回忆得最好,在岸上记住的单词在岸上回忆得最好。被试在学习和回忆环境相同时的得分比在学习和回忆环境不同时得分高出47%(图6.4)。

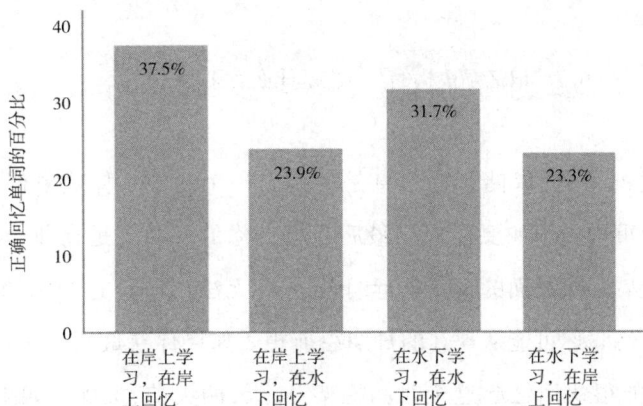

图 6.4　背景效应

根据对背景和记忆的研究,考试开始前复习笔记有用吗? 为什么?

味道也能为记忆提供强大而持久的提取线索。在近期的一项研究中,研究者将香草味引入被试学习记忆方位任务的房间里。当实验者第二天测试这一任务的记忆情况时发现,被试在香草味房间里的表现好于在无味房间里的表现。

状态依存记忆效应　形成记忆时所处的情感状态能影响人们回忆的能力。心理学家将这种情况称为状态依存记忆效应。这种效应似乎对情节记忆的影响比对语义记忆的影响更强。当人处于积极情感状态时,这种影响也更强。然而,动物实验表明,焦虑是一种能使状态依存记忆效应更明显的消极情感。

对人类被试的研究也表明,焦虑与状态依存记忆效应有关。例如,研究者让正在背单词的大学生看见蜘蛛和/或蛇(一种引发焦虑的经历)。在测试的时候,同样给他们看这些动物。结果,学生回忆出了更多的单词。

作为重构的记忆

记忆研究者亨利·罗迪格于1980年指出,阿特金森-谢夫林的模型和其他类似的模型都表明,从记忆中提取信息不需付出太多的努力,就像打开橱柜,从中拿出一件需要的物品一样。然而,记忆的过程更像创造一个多色彩、多图案的艺术品,而并不像在橱柜里找东西那么简单。除了提取,记忆常常还包括创造性元素。

重构的过程　6.7 "记忆是重构的",这是什么意思?

在一些情况下,提取储存的信息是拼凑出一个关于物体或事件可能的表征。这个过程就叫重构。假如要你回忆最后一次见你的好朋友是在什么时候,由于你不太可能对最后一次见面的日期进行编码,因此无法"提取"这个问题的答案,你就得重构你的记忆。你可能从现在的日期往前想。如果你在最近几天见到过你的朋友,你就应该能很快回忆起这个时间框架:昨天,两天前,上周。如果时间间隔很长,那你可能会回想一些不同的日子(工作日、周末),特殊的事件(足球赛),或者节假日(感恩节),这些都是你缩小时间框架的参照点。在你最终作出判断的时候,可能会说"几周前",这个时间框架可能会离你上次跟好朋友见面的时间非常近或非常远。

记忆研究先驱弗雷德里克·巴特雷特(1886—1969)指出,重构记忆过程会用到图,这是一种关于人、物体和事件的知识和假设的框架。图式有助于记忆,因为它们使我们把零碎的信息组成块,这就增加了工作记忆的效率。

在我们加工更加复杂的信息时,基于图式加工的效果更为明显。假设看到《狗救了落水男孩》这个题目,你期望会读到什么内容? 你可能期望读到事件发生的地点,也许发生在海滩或附近的游泳池,但不可能发生在浴缸里。这是为什么呢? 因为图式是基于常规情境的。溺水常常发生在人们游泳的水域。这个题目激活的图式会帮助你勾勒出事件最有可能发生的地方。

一旦被激活,图式能使我们把注意力集中在新信息中的关键元素上,增大我们将这些元素储存在长时记忆中的机会。同时,基于图式的加工使我们忽略那些不重要的细节。在"狗救了落水男孩"这个故事中,事故发生在湖中而非游泳池这一事实是关键元素,但湖的名字并不是关键元素。你记住了这个事故发生在湖中,但记不得湖的名字。过段时间当你叙述这个故事的时候,如果被问及湖的名字,你就会重构自己的记忆。你会在几个可能的名字中进行筛选,这个过程就像在搜索引擎谷歌中键入搜索词一样。你想到的名字是基于对湖的认识或故事中名字的特征(如它以某个音或字开头)。通过使用这些重构策略,你最后确定的名字可能并不准确,但从表面上看是合理的。你不可能用一个大洋或一条河流的名字。

用图式重构记忆会导致不准确性。早在1932年,巴特雷特就研究了重构的歪曲效应。他让被试读一个故事,并让他们在一段时间后复述这个故事。结果,很少有被试能准确复述故事。被试会缩短故事,并用熟悉的物体替换故事中不熟悉的物体。这些错误会随着时间的推移而增加,而且,被试无法区别复述的部分和自己创造的部分。

来源记忆、闪光灯记忆和自传体记忆

6.8 关于来源记忆、闪光灯记忆和自传体记忆,研究者都了解些什么?

你可能认为,我们应该避免重构记忆,因为它可能会歪曲我们的记忆。也许我们应该努力记住所经历过的每一个细节,因为这会减少不准确的记忆。但这么做会大大降低我们的效率。因此,重构记忆在日常生活中很常见。此外,我们最好把有些记忆理解为重构在起作用。

来源记忆 来源记忆是对形成记忆的环境的记忆。我们的大多数记忆都不包括来源信息。例如,你知道巴黎是法国的首都,但你并不确定是什么时间以什么方式获得这一信息的。当我们需要知道记忆的来源时,就必须重构它。假设你在货架上看见一款新的洗发香波，你认出这是你曾经听说过的香波，但记不起自己是从哪里听说过的。如果你真的很想知道来源，可以使用你的"了解产品方式"图式，在自己的记忆中搜索最有可能的来源。你可能会想到电视广告、弹出式广告等。你想出的来源可能不准确，这是所有图式加工的通病。

为了对来源信息编码，你必须进行来源监视，即有意记录下信息的来源。在你写论文的时候，来源信息就尤为有用。因为记忆系统倾向于关注信息的意义，而不关注信息的来源，尤其在形成语义记忆时是这样。你在一篇文章或其他参考资料中读到过一段话，并将这段话储存在你的语义记忆中以备将来使用。但是，在写论文的时候，你的重构记忆过程会使你错误地认为这个想法是你自己的（这种现象叫潜在记忆）。结果，你就可能在该引用的地方没有引用（在无意间剽窃了别人的成果）。幸运的是，研究表明，当我们有意识地进行来源监视时，我们就能保护记忆不受歪曲。

闪光灯记忆　你还记得"9·11"恐怖袭击吗？对震惊和诱发情感反应事件的记忆（包括信息的来源）就叫闪光灯记忆。这一术语反映了早期研究者的假设：这类震惊事件就像照相机的闪光灯，凝固了事故发生的那一瞬间。早期的研究者认为，闪光灯记忆逼真、详细，且不易改变。然而，从20世纪90年代早期开始，心理学家已经将闪光灯记忆当作来源记忆的一个子类。因为研究表明，闪光灯记忆与其他记忆的主要区别是：它包括了来源信息。

研究还表明，闪光灯记忆在本质上是重构的。这就是说，在回忆的时候，我们不是按下快门，而是一点一点地重构闪光灯记忆。和其他重构记忆一样，闪光灯记忆也会随时间的推移而改变。威廉·赫斯特及其同事于2009年发表的研究证明了这一点。赫斯特和他的团队在"9·11"事件发生的几天后、一年后、三年后，分别询问了被试对这个事件的记忆。在三个时间点上，研究者询问了事件记忆问题（如"有多少飞机卷入这场袭击？"）和闪光灯/来源记忆问题（如"你从何处得知这场袭击的？"）。他们发现，在三年时间里，被试几乎以同样的速度忘记了来源和事件细节。但是，较之事件记忆，被试对自己的闪光灯记忆更加自信。很多研究结果都表明，被试对自己闪光灯记忆的准确性深信不疑。很多研究者现在都同意，对自己记忆准确性的高度自信（不管有没有正当理由）是闪光灯记忆的定义性特征。

自传体记忆　自传体记忆是人在回忆往事时所要讲述的内容。这种记忆在本质上是重构化质的,它包括事实、情感以及解释性的信息。例如,关于你大学第一天的自传体记忆会包括像上的什么课之类的事实,上心理学课的教室之类的图像,以及在校园中找不到路而引起的焦虑之类的情感。你对这一天的解释反映在那天晚上你发给朋友的邮件中。在邮件中,你会总结这一天发生的事件,感慨这一天终于结束了。邮件的内容与你对这一天的其他记忆一起储存在长时记忆中,成为你茶余饭后谈论自己"大学第一天"的谈资。数年之后,你会给你上大学的孩子讲你当年大学第一天的故事。(顺便说一下,由于没有进行来源监视,你很可能忘记这个故事是从一封邮件开始的。)

　　有趣的是,研究者发现,自传体记忆尤其容易发生正向偏离,即愉快的自传体记忆比不愉快的自传体记忆更容易回忆,随着时间的推移,关于不愉快事件的记忆会变得更为愉快。在一项关于正向偏离的研究中,研究者考察了大学生对自己中学成绩的记忆。结果发现,几乎所有的被试都准确地记住了自己所得的 A,而只有29% 的人记住了自己所得的 D。研究者推测,之所以发生正向偏离,是因为我们重构愉快记忆的图式就是我们当前对良好情感的需求。

重构记忆所受的影响　　6.9 专业知识和文化是如何影响重构记忆的?

　　像新闻故事标题之类的信息,是通过激活图式来影响重构记忆的。与其他通过体验获得的信息一样,图式储存在长时记忆中。有关基于图式加工的研究表明,已有知识对重构记忆有一定作用。已有知识的两个重要来源是:专业知识和文化。

　　专业知识　　如果你拥有与一个重构记忆任务相关的大量背景知识或专业知识,你的表现就会优于那些没有这些知识的人。在一项经典研究中,切丝和西蒙让国际象棋冠军和不会下棋的志愿者看几种棋盘布局。有些布局符合国际象棋规则,而有些则是任意的。先给被试几秒钟时间看每个棋盘,然后研究者收走棋盘,让被试根据自己看到的棋盘摆出布局。切丝和西蒙发现,在摆出符合国际象棋规则布局方面,冠军比志愿者做得更好,不管间隔时间有多长。也就是说,专家在复制任务中引入的重构歪曲更少。而两组在摆出任意棋盘布局方面没有差异。切丝和西蒙由此得出结论:国际象棋冠军在多年训练中积累的专业知识使他们将单个棋子编成组块,因此他们的重构记忆更快,更准。

研究者考察了从棒球到服务等各种专业知识对重构记忆的影响,结果与切丝和西蒙的研究结果一致。也就是说,懂棒球的人比不懂棒球的人能更准确地重构棒球比赛。同样,专业服务员能忠实地重构复杂的点菜单,而非专业服务员却不能。研究者把专业知识对重构记忆的影响归结为工作记忆效率的增加。具有与重构记忆任务相关的大量知识,能使你吸收更多的信息,更快地对信息编码,更准确地应用信息。

文化　在研究文化对重构记忆的影响中,研究者也发现了专业知识的明显影响。在1932年的一项经典研究中,弗雷德里克·巴特雷特描述了非洲斯威士人在记忆他们奶牛特征细微差异方面的惊人能力。巴特雷特说,一名斯威士牧民能记住他养的每头奶牛的细节。这不足为奇,因为当你考虑到传统斯威士文化的核心元素就是养牛,养牛是他们的生计。斯威士人有超级记忆能力吗?巴特雷特让年轻的斯威士男人和年轻的欧洲男人回忆一段由25个字组成的信息。结果显示,斯威士人并不比欧洲人有更好的记忆能力。

有研究表明,人们更容易记住以自己文化为背景的故事,就像他们更容易认出本种族人的照片一样。在这些研究中,文化图式对重构记忆的影响显而易见。在最早的一项研究中,研究者给美国妇女和澳大利亚的土著妇女讲了一个关于一个小孩生病的故事。研究者把被试任意分成两个组,每个组听到的故事结局不一样。在一个组中,小孩在医生的救治下好了起来。在另一个组中,请传统的土著治疗师来治疗这个孩子。土著妇女能更好地回忆有传统土著治疗师的故事,而美国妇女却能更准确地回忆医生治好小孩的故事。这些结果很可能反映了文化图式的影响。土著妇女的图式使她们期待生病小孩的故事中有土著治疗师,有土著治疗师的故事恰好符合她们的期待,因此她们更容易理解和记忆。对西方女性来说则正好相反。

另外,文化价值观促使口述历史学家在叙述重要信息的时候监视来源,以保护逐字逐句传承的信息不在重构记忆过程中受到歪曲。来源监视使口述历史学家把从长者那里获得的原始信息与自己对信息的解释以及他人的想法区分开来,从而保护了信息。

例如在非洲,许多部落的历史都是通过专人的口述保存的。这个人必须能够对大量史实进行编码、储存和提取。据说,新几内亚雅特穆尔人的长者就负责记忆各个部族数代人的血缘关系。长者对他们族人亲缘关系准确无误的记忆,常常是解决财产纠纷的依据。

芭芭拉·罗戈夫这位文化心理学家认为,只有在他们的文化背景中,这种非凡的记忆力才能最好地得以解释和理解。部族长者在记忆亲缘关系方面显示出非凡的记忆力,因为这个信息是他们文化中至关重要的部分。但是,他们记忆其他信息的能力并不比你强。

遗忘

提取和重构在不同程度上都与记忆的消退有关。遗忘这种无法想起以前记住的信息的现象,是另一种记忆减退。先驱研究者赫尔曼·艾宾浩斯(1850—1909)深入研究了遗忘。自艾宾浩斯之后,记忆研究者对遗忘提出了很多不同的解释。

艾宾浩斯与遗忘曲线　　6.10 关于遗忘,艾宾浩斯发现了什么?

赫尔曼·艾宾浩斯做了第一个关于学习和记忆的实验。他的记忆实验用了2300个无意义音节,而被试就是他自己。他的所有实验都是在同样的环境和同样的时间里进行的,这样就消除了所有可能的干扰。艾宾浩斯通过不断重复,以每秒2.5个音节的恒定速度(用节拍器或手表记录的时间)记忆一串无意义音节(如LEJ,XIZ)。他不断重复一串音节直到自己能回忆两次而不犯错误为止。他把回忆两次而不犯错误的情况叫掌握。

艾宾浩斯记录下他自己掌握音节所花的时间或尝试的次数。然后,在遗忘开始出现后的不同时间段他记录下再学同样音节直到掌握所花的时间或尝试的次数。艾宾浩斯比较第一次学习的时间或尝试的次数和再学的时间或尝试的次数,然后算出节省时间的比例。这个节省分数代表了第一次学习后所记住信息的比例。

艾宾浩斯学习和再学了1200个无意义音节,目的是发现遗忘有多快。图6.5显示了他那著名的遗忘曲线。这条曲线由第一次学习后不同时间间隔的节省分数构成。遗忘曲线显示,大量遗忘出现得非常快,之后,遗忘逐渐减慢。艾宾浩斯在一两天之后还记得的信息,在一个月之后都还记得。要记住,这条遗忘曲线只适用于无意义的音节。有意义的信息常常遗忘得更慢,因为这些信息经过了精心编码、深入加工和不断复述。

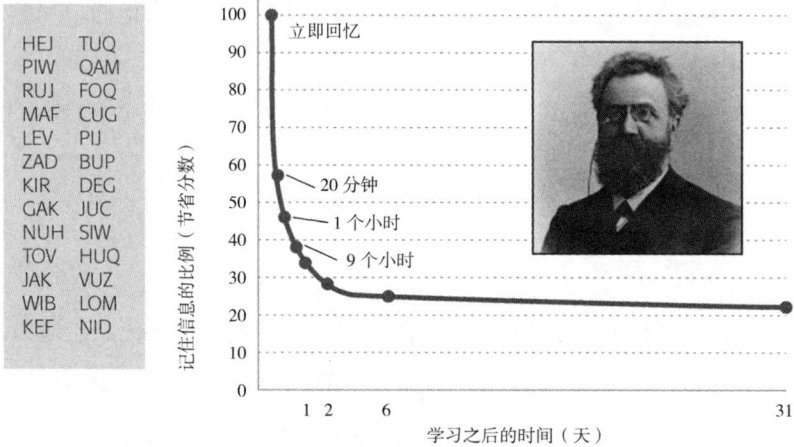

图 6.5　艾宾浩斯的遗忘曲线

在记忆一串无意义音节之后,艾宾浩斯使用再学法测量不同时间段后记住信息的程度。遗忘的速度在一开始最快,20 分钟后,记住信息的比例就只剩下 58%,1 个小时后剩下 44%。之后,遗忘的速度就逐渐减慢。一天之后,所记住信息的比例是 34%,6 天之后是 25%,31 天后是 21%。

艾宾浩斯发现的遗忘速度与每个人都有关系。你和大多数学生一样考前学死记硬背吗？如果是,可不要以为你星期一记住的所有信息在星期二依然保持完整。在头 24 小时中,大量信息都会遗忘,因此你有必要在考试那天再复习一遍。信息对你来说越没有意义,你就会遗忘得越多,因此复习的必要性也就越大。在第 4 章谈到,考试前睡眠的数量和质量也会影响你记住信息的多少。

我们为什么会遗忘？　　　6.11 我们为什么会遗忘?

我们为什么会记不起来东西,即使付出了很多努力来记忆。对此,心理学家提出了几种解释。对这些解释的研究使得研究者得出这样的结论:遗忘有几种不同的原因。

编码失败 无法记住信息有时是编码失败造成的。编码失败是指，一开始信息就没有进入长时记忆。我们每天遇到很多信息，只有少部分才得以编码成功。你能准确回忆或认出你见过几千次的事物吗？试读下面的"尝试"，看你会有什么发现。

在一生当中，你见过几千枚硬币，除非你是一个硬币收藏者，否则是不会对硬币图案的细节进行编码的。大多数人"尝试"做得很差。在研究了大量被试之后，尼克森和亚当斯于 1979 年报告，很少有人能回忆起一枚硬币的图案。事实上，只有少部分被试才能在正确图案和不正确图案的硬币中认出正确图案的硬币。

尝试　　　　　　　　　　　硬币

在一张纸上，根据你的回忆画出美国硬币的轮廓。在画图的时候，画出林肯总统面部的朝向和时间的位置，并写上硬币头侧所有的文字。要么完成一个更简单的任务，看你是否能认出哪枚硬币上的图案是正确的。

提示：下次有人说自己有过目不忘的非凡记忆力时，请用这个办法来测测他/她。

衰减 衰减理论也许是最古老的关于遗忘的理论。遗忘理论指出如果不使用，记忆就会随着时间的流逝而衰退，直至最后完全消失。"衰减"这个词暗示了记录经历的神经元的生理变化。该理论指出，神经元记录会在几秒钟、几天或更长的时间内衰减。虽然衰减或记忆衰退可能是造成感觉和短时记忆遗忘的原因，但长时记忆似乎不会出现逐渐的、必然的衰减。在一项 1975 年发表的研究中，哈利·巴赫瑞克及其同事发现，35 年之后，被试能认出 90% 的中学同学的名字和照片，也能认出 90% 的最近毕业同学的名字和照片。

干扰 造成遗忘的一个主要原因是干扰。干扰就是之前或之后储存的信息阻碍了人们记住信息。例如，心理学的一个著名实验斯特鲁普（Stroop）测验，要求被试记住彩色颜色词（图 6.6）。正如你猜测的那样，用红颜色的"红"要比黄颜色的"红"更容易记住。字的颜色干扰了人们提取词的意义，因为颜色促使被试提取颜色的名称，而不是该词的意义。

每当你试图回忆某种记忆时，你会遇到两种干扰的阻碍。一种是在某一记忆之前储存的信息或联想，另一种是在它之后储存的信息或联想（图 6.7）。另外，干扰联想与正在试图回忆的信息越相似,这个信息就越难回忆。

图 6.6　斯特鲁普测验

你认为哪一列词更容易记住?

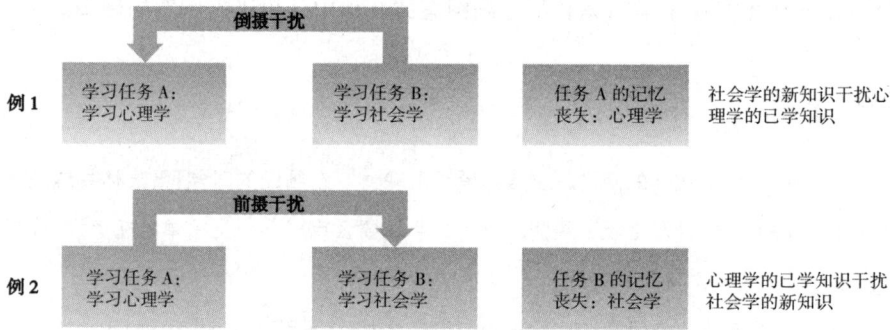

图 6.7　前摄干扰和倒摄干扰

如例 1 所示,当新信息干扰记住已学信息时,就出现了倒摄干扰。如例 2 所示,当已学信息阻碍记住新信息时,就出现了前摄干扰。

当储存在长时记忆中的信息或经历阻碍人们记住新信息时,前摄干扰就出现了。例如,劳拉与她的新男友托德的恋爱开始得并不顺利,因为劳拉无意中把托德叫成了前男友"戴夫"。对前摄干扰的一种解释是新旧反应之间的相互竞争。

当新信息干扰人们记住已学信息时,倒摄干扰就出现了。新信息与已学信息越相似,干扰就越大。例如,在心理学课上学的知识会干扰你记住在社会学课上学的知识,尤其是两门学科共有,但适用范围和解释对象都不相同的理论(如精神分析)。不过,研究显示,倒摄干扰的作用是暂时的。事实上,在一段时间后,旧信息比刚习得的信息会记得更好。当学生在心理学课上学到相似信息的时候,学生之前在社会学课上所学的信息似乎会消退。但从长远来看,在社会学课上学的知识比在心理学课上学的知识会更持久。

巩固失败　巩固是把已编码的信息储存在记忆中的生理过程。巩固失败可以由中断巩固过程的任何事情造成,往往是使人丧失意识的事件,像车祸、对头部的打击、癫痫发作或治疗严重抑郁的电休克疗法。另外,你在第4章已经知道,快速眼动睡眠对巩固记忆至关重要。在没有获得足够的快速眼动睡眠时,你白天习得的信息就会由于巩固失败而丧失掉。

动机性遗忘 我们已经讨论了避免遗忘的方式,但有些时候,人们却想忘记某些事情。强奸或虐待的受害者、战争老兵、空难或地震的幸存者,这些有过可怕经历的人,会多年遭受这些可怕经历的困扰。这些受害者肯定有忘掉这段经历的动机,即使那些没有经历过创伤的人,也会使用动机性遗忘来保护自己不受那些痛苦、可怕或不愉快经历的困扰。通过抑制这一动机性遗忘的一种形式,人们能有意识地、积极地努力抹去那些令人痛苦的、引起烦恼的、使人产生焦虑或负罪感的记忆。不过,人们还是能够意识到这个痛苦的事件曾发生过。通过压抑这一动机性遗忘的另一种形式,人们可以把不愉快的记忆彻底抹去,忘记这个不愉快的事件曾发生过。

前瞻遗忘 前瞻遗忘是不记得要开展的某项行动,如忘记要去看牙医。人们常常忘记做他们认为不重要、不愉快或繁重的事情,但不太可能忘记做那些愉快或重要的事情。然而,前瞻遗忘不总是由避免做某事的欲望造成的。你可有过这样的经历:回到家突然记起要去银行取钱? 这就是经历了前瞻遗忘。

提取失败 你遇到过多少次这样的经历:在考试的时候,你不记得一个问题的答案,但你确信你是知道的? 人们常常确信自己知道某条信息,但在需要的时候又提取不出来。这种遗忘叫提取失败。一个常见的经历就是话到嘴边却无词现象,或嘴边现象。你肯定有过这样的经历:试图回忆一个名字、单词或其他信息,你确信自己知道,但就是想不起来;你就要想起这个名字或单词了,或许你还知道该词的音节的数和首尾字母。词就在你的嘴边,但你就是说不出来。

嘴边现象是我们所有关于日常记忆经历研究中研究最多的一个现象。一个相似的经历是发生在用手语交流的个体身上的指尖现象。对打手语者和说话者来说,专有名词是这种提取失败的常客。研究表明,克服这种提取失败的最佳策略是分散注意力,过一会儿再提取这个信息。这一发现支持了一个常见的应试技巧:跳过你想不起答案的题,在你答完所有题之后再回到这个题上来。

总结		遗　忘

遗忘类型	描　述	例　子
编码失败	信息没有储存在记忆中	无法记起日常物品(如硬币)的细节
衰减	不用的信息随时间的推移而衰退	感觉记忆的信息如果没有进入短时记忆就会消失
干扰	一个信息置换另一个信息	一个人本来想回忆他的新电话号码,却记起了自己的旧号码
巩固失败	中断巩固会阻碍信息储存在长时记忆中	头部受打击,使人忘记受打击之前所发生的一切
动机性遗忘	丧失不愉快的信息	士兵忘记自己曾目睹战友战死沙场之事
前瞻遗忘	忘记做打算做的事	直到第二天发现洗衣机中的湿衣服时,学生才记起昨天忘记将衣服放进烘干机中
提取失败	忘记你确信自己知道的事情	交了试卷之后才记起一道题的答案

记忆及其生理基础

　　很明显,一个人储存的海量信息,一定是储存在大脑中的某个地方。神经元也参与了信息的储存。影响大脑结构和/或神经元健康的创伤和疾病,会严重损害人类的记忆功能。

海马和海马区　　6.12 什么大脑结构与记忆有关?

　　研究者一直在寻找大脑中调节记忆功能和过程的特定区域。一个重要的信息来源是,那些因大脑特定区域受损而丧失记忆的人。H. M. 就是其中一个特别重要的案例。这位患者患有严重的癫痫。万不得已,他同意了接受手术治疗。外科医生切除了 H. M. 脑中造成癫痫发作的部分——两片颞叶的中间部分,包括杏仁核和海马区(包括海马和下面的皮质区)。那是 1953 年, H. M. 27 岁。

手术后, H. M. 仍然思维正常, 心理稳定, 而且他的癫痫发作次数也明显降低。但不幸的是, 从 H. M. 大脑中切除的组织大于癫痫发作的病灶, 还包括工作记忆将新信息储存在长时记忆中的功能区。尽管他的短时记忆容量保持不变, 而且他还记得手术前储存在大脑里的生活事件, 但他无法记住手术后发生的任何事件。当 H. M. 在 2008 年去世的时候(终年 82 岁), 他的长时记忆仍然停留在 1953 年还是 27 岁的时候。

手术只影响 H. M. 的陈述性长时记忆(即记忆事实、经历、名字、面孔、电话号码等的能力)。但研究者惊讶地发现, 他仍然能形成非陈述性记忆。也就是说, 他仍然能通过反复练习习得技能, 但却记不得自己所做过的事情。例如, 在手术后, H. M. 学会了打网球, 并且还提高了球技, 但他就是记不得自己打过网球。

海马在形成情节记忆中尤为重要, 但语义记忆不仅取决于海马, 还取决于海马区的其他部分。一旦储存, 记忆的提取就不依赖海马了。许多研究者指出, 情节记忆和语义记忆的神经基础是完全分开的。但一些神经学家质疑, 大脑与情节记忆和语义记忆相联系的程度是否能够清楚地加以区分。对由于额叶受损而患有语义痴呆症的老年人的研究表明, 他们中的许多人都有情节记忆缺陷。另外, 其他研究表明, 颞叶和枕叶的损伤能影响情节记忆。

第 2 章描述的一系列有趣的研究表明, 除了已知的功能外, 海马还有特殊的功能。后海马区域有助于创建复杂的神经空间地图, 专门负责导航技能。使用磁共振成像扫描技术, 研究者发现, 伦敦出租车司机的后海马区域比其他人大得多(图 6.8)。另外, 出租车司机当的时间越长, 后海马区域就越大。

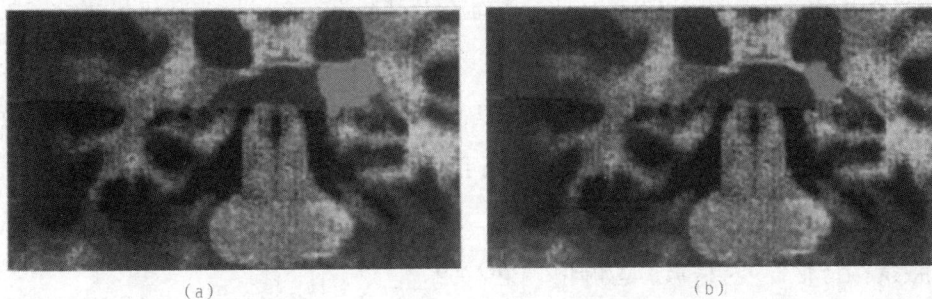

(a)　　　　　　　　　　　(b)

图 6.8　磁共振成像扫描显示, 有经验的出租车司机大脑的后海马区域更大

有经验的伦敦出租车司机的后海马区域(左图红色部分)比不是出租车司机的后海马区域(右图红色部分)大得多。

神经元的变化与记忆　　6.13 为什么长时程增强很重要?

研究者正在更深的层面上探索记忆。一些研究者考察单个神经元的活动;另一些研究者研究神经元集团及其突触和神经递质。神经递质的化学作用开启了记忆的记录和储存过程。艾瑞克·康德尔及其同事首次考察了单个神经元中记忆的工作情况。他们描绘出了海蜗牛学习和记忆的效果。研究者把微电极植入海蜗牛的单个神经元中,然后描绘出它学习和记忆时所形成和保持的神经回路。他们还发现了促进短时和长时记忆的不同类型的蛋白质合成。康德尔因此获得了 2000 年度的诺贝尔奖。

研究海蜗牛的学习和记忆,仅仅反映了简单经典条件反射这种非陈述性的记忆。对哺乳动物的研究表明,形成陈述性记忆的大脑区域中的神经元及其突触会发生物理变化。

早在 20 世纪 40 年代,加拿大心理学家唐纳德·O.赫布就提出,学习和记忆必然会增加神经元之间突触中的神经传递。在神经元层面研究得最广泛的学习和记忆模型与赫布的描述相符合。长时程增强是突触中神经传递效率的增加,它能持续数小时甚至更长。长时程增强只有在发送神经元和接收神经元同时被强烈刺激激活时才会发生。另外,当刺激发生的时候,接收神经元必须去极化(准备放电),否则,长时程增强也不会发生。长时程增强在海马区域很常见,对形成陈述性记忆非常关键。当长时程增强过程被中断时,长时记忆就不会形成。

如果长时程增强产生的突触变化与学习产生的变化相同,那么,阻碍长时程增强就会阻碍学习。事实也的确如此。戴维斯及其同事在 20 世纪 90 年代初给老鼠注射了一种阻碍某些受体的药物,剂量足以妨碍老鼠穿迷宫。他们发现,老鼠海马中的长时程增强被中断了。与之相对,里德尔在迷宫训练之后立即给老鼠注射激活同样受体的药物,发现长时程增强得到了强化,而且老鼠的记忆也得到了改善。

激素和记忆　　6.14 激素是如何影响记忆的?

最强烈和最持久的记忆通常是由情感引发的。麦高夫和卡希尔的研究表明,形成记忆有两条路径,一条形成普通记忆,另一条形成由情感引发的记忆。当一个人的情感被唤起时,肾上腺就会分泌肾上腺素和去甲肾上腺素。在"战逃反应"中,这些激素使人存活下来,而且它们也将这个危险环境深深地刻进人们的脑海之中。这种情感负载的记忆,激活了杏仁核(在情感中起中心作用)以及记忆系统的其他部分。大脑中这一大面积的激活,也许是解释闪光灯记忆为什么会如此强烈的最重要因素。

其他激素对记忆也有重要影响。例如,研究显示,过量的应激激素皮质醇会阻碍肾上腺疾病患者的记忆,因为肾上腺是分泌皮质醇的场所。另外,面对实验者诱发的应激源(如被迫的公众演讲),有的人的皮质醇释放量会高于平均值,导致他们的记忆成绩差于那些在同样情况下皮质醇释放量低于平均值的人。

雌性激素似乎能改善工作记忆的效率。这种激素和卵巢分泌的其他激素一起,产生和维持大脑记忆区域(如海马)中的突触。这一发现使研究者假设,激素替代疗法可能会防治老年失忆症。然而,研究表明,如果绝经妇女服用合成雌性激素和黄体酮这两种有调节月经周期功能的激素,她们患月经失调的风险会增大。一些研究者主张,雌性激素替代的时间是影响记忆功能的最关键因素,这就解释了这些看似矛盾的研究结果。然而,大多数研究者都同意,还需要做更多的研究,才能确定激素疗法对防治老年记忆丧失症的作用。

记忆丧失　　6.15 什么样的记忆丧失出现在失忆症和痴呆症中?

每个人都会有健忘的时候,但对于 H. M. 这样的人来说,记忆丧失是他们日常生活中的一个持久特征。这种情况是由某种身体或心理创伤或大脑疾病导致的。记忆丧失有两大类:失忆症和痴呆症。

失忆症　　失忆症指部分或完全丧失记忆。与一些老年人经历的记忆障碍不同,失忆症在任何年龄阶段都可能出现。在一些情况下(如 H. M.),失忆症的表现形式是:无法储存新信息。这种失忆症被称为顺行性遗忘。

有些患有失忆症的人仍能形成新记忆,但他们却无法记住过去发生的事情。这种失忆症就称为逆行性遗忘。由于逆行性遗忘往往涉及情节记忆而不是语义记忆,因此,患有这种病的人对周围世界有一个清楚的认识。患者所缺乏的是对自己和/或围绕自己记忆丧失事件的认识。电影《谍影重重》三部曲中的主人翁杰森·伯恩就患有逆行性遗忘。

大多数的失忆症都没有电影和小说中描述的那么严重。例如，一个同时患有顺行性遗忘和逆行性遗忘的人，通常记不起一场严重车祸或其他创伤事件之前和之后的事情。研究者认为，这是创伤引发的恐惧和惊慌阻碍了长时程增强过程，受害者事实上就没有记住这个"忘记了"的事件。奇怪的是，与这些记忆缺陷相关的生化过程，又增强了受害者对事件其他方面（如一辆火车或汽车撞上他们的车）的记忆。因此，最好把情感看作记忆歪曲的源泉，而不是真正失忆症的源泉。

在一些情况下，顺行性遗忘和逆行性遗忘会发生在同一个人身上。H. M. 患有逆行性遗忘，因为他无法记起手术之前两年所发生的事情。尽管逆行性遗忘有时会使他痛苦，但逆行性遗忘对他生活的影响却远远小于顺行性遗忘。另一个经典案例是英国音乐家克莱夫·威尔宁。威尔宁同时患有顺行性遗忘和逆行性遗忘。多年前，严重感染损坏了他两个大脑半球的海马区。因此，威尔宁现在既不能形成新的记忆，也不能提取生病前储存在长时记忆中的信息。威尔宁的大脑保持了自我照顾、语言、阅读和音乐演奏之类的熟练技能。然而，他却常常无法回忆起家人的名字，也记不起自己曾是一名音乐家。如果被问及这类事情，他会坚定地认为，他一生从没有演奏过一首乐曲，尽管他仍然定期演奏音乐。

痴呆症 克莱夫·威尔宁丧失了对过去生活的记忆，这是痴呆症的显著特征。痴呆症是几种神经失调症共同作用的结果。这些失调症导致大脑功能的衰退，降低了患者记忆和加工信息的能力。导致痴呆症的常见疾病有脑动脉硬化和慢性酒精中毒，以及一系列小中风引发的不可逆转的损坏。痴呆症在老年人中最常见：65岁以上人群患痴呆症的比例是 5%～8%，75岁以上的是 20%，85岁以上的是 25%～50%。然而，艾滋病能使年轻人患上痴呆症。

患有痴呆症的个体既丧失了情节记忆，又丧失了语义记忆。大多数的人也很难形成新记忆。许多人不断询问同样的问题，搞不清楚时间和地点，生活完全不能自理。

50%～60%的痴呆症都是由阿尔茨海默病造成的。大脑细胞大面积衰退，智力和人格不断退化造成了阿尔茨海默病。最初，阿尔茨海默病患者的记忆力和推理能力逐渐减弱，做事也不那么利落。许多人在自己熟悉的环境中找不到路。随着疾病的发展,阿尔茨海默病患者变得糊涂和易怒,往往离家出走,而且越来越不能照顾自己。最后,他们的言语变得含混不清,无法控制排便。如果活得够长,他们最后将不会应答,也认不出自己的配偶或子女。

年龄和阿尔茨海默病家族史是两个致病的危险因素。那么,这种病能被推后吗？根据大脑储备理论,高智商再加上终生的智力活动,会推迟或减轻阿尔茨海默病的症状。不幸的是,到目前为止,关于防治这种疾病的研究还没有多少可喜的结果。维生素无效,抗炎药无效,雌性激素也无效。不过,在 2009 年有科学家说,有种新药能阻止神经纤维缠结的形成,有望治疗阿尔茨海默病。几年前,一种类似的疫苗在人类身上开始试验,但这项研究不久就被终止了,因为这种疫苗会造成试药者的大脑肿胀。研究者现在认为,他们已经解决了肿胀问题,而且很快就会重新开始临床试验。

法律和治疗场景中的记忆

在很多情况下,记忆失败是件很恼人的事,但有的时候,记忆失败却意义深远。例如,你可能听说过这样的新闻:就因为目击证词,某人被判有罪,但后来又因 DNA 证据被免罪。新闻不断报道这样的事件:成年人"恢复了"几十年前的记忆,记起了小时候被虐待的事情。对记忆、遗忘和记忆生物学基础的研究,有助于我们理解对目击证词和"被恢复"记忆的争执。

目击证词　　6.16 什么因素影响目击证词的可靠性？

在 1999 年,美国司法部发布了一套关于收集目击证据的全国性指导原则。研究证明,目击证据是不可靠的,而且它造成了很多冤假错案。因此,非常有必要出台这套指导原则。伊丽莎白·洛夫特斯这位该领域专家认为,有关人类记忆重构本质的研究暗示,目击证词非常容易出错,因此我们应该谨慎对待。

为什么目击证词不可靠呢？ 一个原因是生物上的。目击一起犯罪会造成生理应激,而应激激素会阻碍记忆功能,但同时恐惧会增强记忆。应激和恐惧的联合作用使目击者记住事件最中心、最恐怖的细节,但不会记住其他不那么恐怖的细节。目击者往往会出现记忆空隙。这些空隙包括调查者需要的像车牌号、地址、嫌疑犯所穿衣服之类的信息。

在记忆空隙出现的时候,重构过程就会填充缺失的信息。所以,歪曲甚至错误的记忆就会填充这些缝隙。另外,在调查者询问目击者的时候,无意中提供给目击者的误导信息,也会导致对事实的错误回忆。这个现象叫误导信息效应。有趣的是,误导信息效应似乎对消极情感事件(如目击一起犯罪)的影响更强,而对积极情感事件(如受邀参加晚会)的影响更弱。

一个例子会帮助你理解误导信息效应的作用。假设一天你走在校园中,一边走一边想着即将到来的考试,突然,一个人过来与你搭讪,并偷走了你的背包。由于应激反应,你的海马只模模糊糊地记录下这个人的长相。你能记住他的身高、体重和族裔,但记不清他的长相。当你把这件事告诉校园警察时,警察会给你看一张涉嫌几起犯罪的嫌疑犯的照片,并问你:"是这个人偷了你的包吗?"照片和提问引发了倒摄干扰过程(新信息置换旧信息),照片和"偷了你包的人"填充了不完整记忆的空隙。记住,我们常常是不会进行来源监视的,因此,你可能不会注意到你已经用这张照片和警察提问所提供的信息替换了你的记忆。你会把这张照片覆盖在你对这个人长相的不完整记忆之上,并认为他就是偷你包的人。另外,在警察调查和与朋友聊天的过程中,你可能会多次重复这个事件。你可能会基于误导信息(已经成为你对这个事件记忆的一部分)来描述这个嫌疑犯。研究表明,在反复回忆信息之后,不管这个信息准确与否,目击者都会相信该信息是准确的。也就是说,通过"反复练习"被歪曲的记忆,你会更加相信你的描述是准确的,并拒绝承认你可能认错了人。

另外,目击者对自己的证词深信不疑,这并不一定就表明该证词就是准确的。事实上,感觉自己更客观的目击者对自己的证词更有信心,而且不管证词准确与否,这类目击者的描述都更有可能包括错误信息。当目击者非常确信自己(原本就是错误)的判断时,他们会极力说服法官和陪审团。

幸运的是,目击错误可以降到最低。例如,可以教会询问人员使用降低重构记忆影响的询问策略,以防止误导信息效应的产生。这样的询问策略通常包括问开放式的问题,让目击者自己先讲述所看见的事件,然后再问目击者具体的问题。另外,调查者还要把目击者分开,这样,不同目击者的讲述就不会受到彼此错误记忆的影响。

同样,如果目击者事先看了某个嫌疑犯的照片,那么在辨认嫌疑犯时,目击者就会误把这个照片中的人指认为嫌疑犯,因为这个人看上去面熟。研究表明,最好是先让目击者描述嫌疑犯的长相,然后再搜寻与描述相似的照片,而不要先让目击者辨认照片。

嫌疑犯队列的组成也很重要。队列中其他人必须与这个嫌疑犯在年龄、身材和种族方面相同。如果队列中没有真正的罪犯,目击者会指认与嫌疑犯长得最像的人。如果嫌疑犯是一个一个出现,而不是一起出现,那么目击者就不太可能犯错误。一些警察和研究者更喜欢让嫌疑犯一个一个出现,目击者每次只能看到一个嫌疑犯,然后判断该人是否是罪犯。这样目击者就不太可能指认错误,但很有可能一个都指认不出来。

被压抑的记忆之争　　6.17 什么是"被压抑的记忆之争"?

记忆歪曲和完全错误的记忆一直都是学界辩论的焦点。一些治疗师称,自己的患者恢复了小时候被虐待的记忆。像弗洛伊德和之前的精神分析学家一样,这些治疗师都相信有一个叫作"压抑"的过程。这是一种动机性遗忘的形式,能导致创伤性记忆深深地埋藏在个体的无意识之中,使受害者一点都意识不到这种记忆的存在。在1988年,埃伦·巴斯和劳拉·戴维斯出版了一本叫作《治疗的勇气》(*The Courage to Heal*)的畅销书。这本书成了性虐待受害者的"圣经"和一些治疗性虐待治疗师的首选"教科书"。巴斯和戴维斯不仅想帮助性虐待的受害者,还想帮助其他没有性虐待记忆的人确定他们到底有没有被虐待过。两位作者指出,如果你无法记住一个事例……但感觉到一些暴力事情在你身上发生过,那你就很可能受过虐待。他们提出了一个确定的结论:"如果你认为你被虐待过,而且你的生活也显示出受虐的症状,那么你就受到过虐待。而且还不需要这些可能的受害者提供任何证据,他们指出:'你不需要证明你被人虐待了'。"

然而,许多心理学家都怀疑这种"被恢复的记忆"的真实性,认为这些"被恢复的记忆",实际上是由治疗师的暗示创造出来的错误记忆。批评者指出,被恢复的性虐待记忆是不可信的,因为,这种记忆通常是治疗师通过催眠和意向引导这两种方法揭开的。在第4章已经说过,催眠是不会提高记忆准确度的,它只能使人更加坚信自己记忆的准确性。使用意向引导的治疗师告诉患者的,就和温迪·马尔兹在她1991年那本书中写的差不多:

想象你正在被性虐待,不要担心准确性,不要提供任何东西,也不要想你的想法是否说得通……问自己……这些问题……现在是一天中的什么时候? 你在哪里? 在室内还是室外? 什么样的事情正在发生?

仅凭想象就能使人相信这些经历确实发生在受害人身上吗? 一些研究发现:能。目击证词研究专家伊丽莎白·洛夫特斯对误导信息效应的研究能帮助心理学家和公众了解,这些方法是如何导致错误记忆和歪曲记忆的。研究者引导被试想象一个虚构的事件,结果,许多被试的确形成了对这个虚构事件的错误记忆。

实验也能诱导错误的童年记忆。20世纪90年代初,加利和洛夫特斯曾成功引导18—53岁的被试想象他们5岁时在商店迷了路。通过被试的亲戚后来证实,商店迷路之事是子虚乌有。结果发现,25%的被试形成了这一错误记忆。不断受到错误记忆的暗示是能够创造出这些记忆的。另外,研究者还发现,那些自称记起童年时受到虐待或被外星人拐卖的成年人,更容易受到实验室诱导的影响,产生错误记忆。这是个体可暗示性差异在记忆恢复中所起的作用。

批评者尤其怀疑,人能够回忆发生在几岁时的事件。这部分是因为几岁时,对于情节记忆形成至关重要的海马还没有完全发育成型。而且,储存记忆的脑皮层也没有发育成型。另外,小孩的语言能力还非常有限,是不能分门别类地储存语义记忆的。所以,成年之后,小时候发生过的事情也就无从提取。这一现象称为幼年经验失忆。

鉴于这些发展性的局限,人们能回忆起自己小时候受到的性虐待吗? 威多姆和莫利斯对一组20年前受到性虐待的妇女进行了2个小时的访问发现,64%的妇女说自己记不起性虐待之事。威廉姆斯于1994年发表的对有性虐待史妇女的跟踪调查显示,38%的妇女不记得17年前曾受到的性虐待。当性虐待发生在她们7—17岁的时候,妇女记得更清楚。但如果性虐待发生在她们6岁以前,妇女一般就记不得了。一些妇女可能还记得,但出于各种原因,她们不愿承认。最近有研究表明,受到创伤的个体会形成一种注意风格,使自己的注意力从这个不愉快的刺激上分散开。研究者称,正是这种注意风格,阻止个体形成虐待记忆。

美国心理协会(1994 年)、美国精神病学协会(1993 年)和美国医学协会(1994年)都发布了各自关于童年虐待记忆的研究现状报告。三个协会的共同立场是:目前的证据既支持被压抑记忆存在的可能性,又支持在虐待暗示的引导下形成错误记忆的可能性。另外,持错误记忆的个体往往坚信自己是正确的,因为这些记忆包括生动的细节和与之相联系的强烈感情。神经成像研究表明,对错误记忆的脑海重演会进一步强化这一记忆。出于这些原因,许多专家建议,被恢复的虐待记忆应该被旁人证实后才能作为事实采纳。

回顾

有时,心理学家从与预期不一致的情境中获得的有关心理过程的知识,要多于从与预期一致的情境获得的知识。对人类记忆的研究尤为如此。例如,通过分析目击者和声称恢复了记忆的人的不准确记忆,心理学家了解到重构对记忆效率的影响。另外,身体创伤或可导致大量记忆丢失的疾病(如 H. M. 和克莱夫·威尔宁的情况),帮助神经学家更好地了解了记忆的生物学原理。科学研究记忆的第一人赫尔曼·艾宾浩斯,通过研究遗忘了解了记忆。下次遇到记忆减退的时候,就可以从这些研究中获取线索。使用本章学到的知识,分析你自己的记忆出了什么问题。这样的分析能使同类记忆失败不再发生。

【第 7 章】
认知、语言和智力

认知

对于思考,我们每个人都有自己的看法。我们说,"我看要下雨了"(预测),"我看这个是正确的答案"(决策)。但是,我们日常生活中使用的"思考"抹杀掉了这一事实:思考涉及很多相互协调的子过程。心理学家用"认知"这个词来总称这些过程,包括获得信息、储存信息、提取信息和使用信息。在前几章中,你已经了解了其中的一些过程,即感觉、知觉和记忆。现在,我们来看一看其他的认知过程。

表象和概念　7.1 表象和概念是如何帮助我们思考的?

你能想象听见自己最喜欢的歌曲或有人叫你的名字吗? 当你这样做的时候,你就使用了表象,即表征或用图画来描绘感觉经历。

根据心理学家斯蒂芬·科斯林的观点,我们每一次在头脑里只建立物体的一部分图像,并储存在记忆里。使用时,我们把各个部分提取到工作记忆中,在那儿组成完整的图像。这些图像可以是对真实世界的摹写,也可以是对真实世界的创造。在第 6 章的"应用"中,你已经读到了几种对记忆非常有用的依靠表象的记忆术。

表象对学习或保持运动技能也非常有用。大脑成像研究显示,不管一个人是正在完成一项任务,还是正在心里用表象完成同样的任务,他大脑中被激活的区域都是一样的。那些工作涉及重复性肢体动作的人(如音乐家和运动员),都能有效地使用表象。一个显示表象力量的经典例子是著名钢琴家刘诗昆的经历。在"文化大革命"期间,刘诗昆被关押了 7 年。他每天都在头脑中练琴。被释放后,他就能将平时练习的曲目演奏出来。

形成概念的能力是思考的另一个重要帮手。概念是一个心理学范畴,用以表征一类或一组有着共同特征或属性的物体、人、组织、事件、场景或关系。"家具""树""学生""大学""婚礼",这些统统都是概念。作为思想的基本单位,概念能帮助我们把对世界的感知和思考组织起来,使我们能够快速思考,高效交流。

由于我们有使用概念的能力,因此,在我们知道某个物体是什么之前,就不会先考虑和描述物体细节。如果你看到了一个毛茸茸、棕白相间、四条腿的动物,它张着大嘴,伸着长长的舌头,尾巴一摇一摇的,你立即就会认出它是狗。"狗"是一个概念,代表具有相似特征或属性的一类动物,尽管这些动物之间的差异可能很大。大丹狗、腊肠犬、牧羊犬、吉娃娃等,尽管品种多样,但你都会将它们当作狗。此外,我们形成的概念并不是孤立存在的,而是以层级的形式存在的。例如,狗属于动物一类;在更高一级,动物又属于生物。概念形成有一定逻辑可循。

心理学家发现了两类概念:形式概念和自然概念。形式概念是被准则、形式化定义或分类系统清楚定义的概念。我们形成和使用的大多数概念都是自然概念,是通过日常经验和感知获得的,而不是通过定义学得的。认知研究者埃莉诺·罗斯及其同事研究了自然环境下的概念形成,由此得出结论:在真实生活中,自然概念(如水果、蔬菜和鸟)不是界限分明的,也不是系统的。

许多形式概念都是在学校里获得的。例如,我们学到等边三角形是三条边都相等的三角形。我们通过亲历加实例(即肯定例证)获得了很多自然概念。当孩子小的时候,父母给他们指很多小汽车的实例看,我们的车、邻居的车、路边的车以及图画书中的车。但是,如果孩子指着一辆其他类型的车说"小汽车"时,父母就会说,"不是,那是卡车"或"那是公共汽车"。卡车和公共汽车是"小汽车"概念的否定例证。在看到一个概念的肯定例证和否定例证后,孩子便开始掌握小汽车与其他车辆不同的属性。

我们是如何在日常思考中使用概念的呢? 一种观点认为,在使用自然概念时,我们常常会描绘出这个概念的原型,即体现这个概念最常见和最典型特征的实例。"鸟"的原型更有可能是知更鸟或麻雀,而不是企鹅或火鸡。知更鸟或麻雀会飞,企鹅和火鸡却不会,尽管它们也是鸟。因此,不是所有自然概念的实例都同样适合这一概念。这就是为什么自然概念似乎没有形式概念那么明确。无论如何,原型总是最适合某个自然概念的,与其他概念的原型相比,这个概念的其他实例与自己的原型有着更多的共同属性。

一个最近的概念形成理论暗示,表征概念的是通过个体体验而储存在记忆中的概念自身样例,即概念的一个一个实例或样例。如果你每天都与企鹅或火鸡打交道,那么,对你来说,"鸟"的样例就是企鹅或火鸡。但是,大多数人更多看到的是知更鸟或麻雀,而较少看到企鹅或火鸡(烤火鸡例外)。对大多数人来说,知更鸟或麻雀是"鸟"的样例。

如前所述,我们形成的概念不是孤立存在的,而是以层级的形式存在的。因此,就像决策过程一样,概念形成具有某种秩序。

作决策　　7.2 我们是如何作决策的?

你还记得上次作出重要决策的时间吗?你还能描述自己那次作决策的过程吗?心理学家对决策的定义是,考虑几种可选方案并从中作出选择的过程。一些对决策感兴趣的心理学家和科学家(尤其是经济学家)认为,决策是人类系统地考察所有可能方案,并从中选择出对自己最有利的一个方案的过程。

早在1956年,决策的这一定义就受到了心理学家赫伯特·西蒙的质疑。为此,西蒙引入了有限理性这个概念。有限理性指的是,决策过程的界限或局限使得决策不能完全合乎逻辑。一个重要的局限性就是,工作记忆的容量:我们一次就只能考虑这么多。另一个局限是,我们预测未来的能力。例如,如果你考虑嫁给某人,你怎么知道20年后你依然会爱他?很明显,你不知道。因此,你只能作一个有根据的推测。在过去几十年中,关于决策的研究一直在关注我们是如何形成这种推测的。

按序排除法　　在一项最重要的早期(1972年)决策研究中,心理学家阿莫斯·特韦尔斯基就指出,我们用按序排除的策略来应对决策的局限性。我们把评价可选方案的因素从最重要到最不重要排序。这样，就把不满足最重要因素的方案自动排除掉。排除过程一直持续到我们按序考虑完所有的因素为止。最终留下的方案就是我们选择的那个方案。例如，当你找房子时，最重要的因素是每月房租不超过 800 美元。这样，你就会自动排除房租高于这个价钱的所有房子。如果第二重要的因素是要有停车位，那你会在 800 美元及以下的房子中排除掉那些没有停车位的房子。然后，你再继续第三、第四……重要因素，直到最终找到合适的房子。

解释	为什么人们常常高估罕见事件的概率？

你最近一次读到买彩票中奖的新闻是在什么时候？就其本质而言，这种新闻关注的是不寻常事件。中奖人的好运气被新闻媒体放大，而没中奖事件却被忽略。这种新闻是如何影响我们估计日常事件概率的能力的呢？想一想启发法在这中间所起的作用。

你和大多数人一样热衷于买彩票。可是，当决定买彩票的时候，你可能不会去想你以前买彩票的亲身经历，而只是想你在网上读到的一个大学生花 1 美元赢了 3 000 万美元的故事。这个考虑问题的过程就是可得性启发法的实例。

研究显示，关注买彩票的可能收益会使你高估中奖的可能性。这种不理性不仅仅局限于买彩票；这种思维也体现在人们选号码的策略之中。例如，调查显示，21% 的人认为，如果每次都买同样的号码，那么中奖的可能性就更大（BBC 国际广播 2007 年报道）。另外，大脑成像研究显示，在我们的头脑无法解释和整合所有的相关信息时，往往就会依赖情感。在大多数人的眼里，浪费 1 美元不算什么，尤其是与可能中巨奖这一回报相比。于是，带着"要是中了奖该多好"的美好感觉，我们便掏出 1 美元买了彩票。

在彩票上浪费一点钱也许不是什么生死攸关的大事。与此不同的是，可得性启发法有时会导致很严重的后果。例如，在"9·11"恐怖袭击之后研究者预计，在美国，死于车祸的人数将会陡增。他们认为，对这场袭击的记忆将作为可得性启发，促使人选择自己开车出行，而不是乘坐飞机。这种决策反映了人们往往依赖可得性启发法作出决定，而不是根据自己成为恐怖袭击目标的概率远远小于出车祸的概率这一知识来作出决定。为了验证这一预测，研究者比较了 1996—2000 年 9、10、11 月份的车祸死亡事件记录和 2001 年相同三个月份的车祸死亡事件记录。结果发现，在"9·11"后的三个月中，车祸死亡事件远远多于之前五年相同月份的车祸死亡事件。

为了避免决策失误，我们需要警惕可得性启发。有时，我们需要有意识地把注意力从一个决定最能想到的结果转到它的实际统计可能性上来。如果你不想把自己辛辛苦苦挣来的钱浪费在彩票上,那就想象一下这样一幅场景:你又一次将彩票丢进了垃圾桶。当你想买彩票的时候,就想象这种场景,而不要去想媒体渲染的中奖故事。

　　启发法　当然,决策常常并没有特韦尔斯基提出的模型那么系统。例如,你可曾决定提前出门,以避免堵车? 这样的决策常常要基于启发法这一来自经验的方法。启发法有几种。一种研究很多的启发法是可得性启发法,即一个事件的觉知概率与想起该事件的困难程度相对应。我们决定早出门,是因为我们最近遭遇了一次堵车。可得性启发法也能使我们高估日常生活事件出现的概率(见"解释")。另一种启发法是代表性启发法。这是一种基于新情境与熟悉情境相似度的方法。例如,是否与你刚认识的人出去,这个决定取决于这个人与你熟悉的某个人的相似程度。

　　还有一种启发法叫识别启发法。根据这种方法,一旦促使你作出决策的因素被识别出来之后,决策过程也就终止了。假设你在投票,你手上的唯一信息是选票上列出的候选人名字。如果你认出其中的一个名字是女性,而且你也希望女性当选,那么,识别启发法就会使你决定选这个女性。但要注意,研究者发现,只有当决策者缺乏相关信息的时候,决策者才会依靠识别启发法作决策。人们在选举前得到的信息越多,就越不可能仅仅依据候选人的名字投票。

　　框定　不管是用启发法还是用其他更费时间的策略,我们都应该意识到,信息的呈现方式能影响决策的过程。例如,框定是一种信息呈现的方式,它强调把可能的收益或损失作为结果。为了研究框定对决策的影响,卡尼曼和特韦尔斯基把下面的几种方案展现给被试。你会选择其中的哪个方案?

　　美国正在准备应对一种危险疾病的暴发。该疾病会夺走600人的生命。现在,有两个方案可以对付这种疾病。如果采用方案 A,那么,200人就会得救。如果采用方案 B,那么,有1/3的可能性600人都会得救,有2/3的可能性无人可以生还。

　　研究者发现,72%的被试选择了有把握的方案 A,而不是有风险的方案 B。现在我们把这个问题重新框定一下:

　　如果采用方案 C,那么,400人就会死。如果采用方案 D,有1/3的可能性无人会死,有2/3的可能性无人可以生还。

　　你会选择哪个方案? 78%的被试选择了方案 D。仔细阅读就会发现,方案 D 和方案 B 的结果完全一样。如何解释这一结果？方案 A 和方案 B 关注的是被挽救生命的数量。当人们的主要目的是获益时(挽救生命)，那么，他们就更有可能选择一个更加安全的方案。于是，72% 的被试选择了方案 A。方案 C 和方案 D 关注的是死亡人数。当人们试图避免损失时，他们就更有可能选择一个更冒险的方案。因此，78% 的被试选择了方案 D。

直觉　是否经常有人建议你"跟着感觉走"？心理学家用"直觉"这个词指根据"感觉"或"直觉"而快速形成的判断。尽管我们对直觉深信不疑，但事实上，直觉深受情感的影响。因此，直觉有时会干扰逻辑推理。研究者发现，即使是对情感中性事件(如一串字符是否语法正确)作出判断，人们的直觉还是会妨碍逻辑推理。如果这串字符中包含了诱发情感的词汇(如争斗、死亡)，那就会影响被试对它们的语法正确性作出判断。

直觉也能使我们根据某种选择带给我们收益的大小来作出重要决策。例如，如果你需要当场决定是买一辆 18000 美元的汽车并获得 1000 美元的折扣，还是买一辆 17000 美元的汽车，你会怎么做呢？信息加工研究者认为，面对这样的抉择，人们往往会根据信息的要点表征作出直觉判断，而不是根据信息的细节作出判断。汽车经销商打出了买 18000 美元的汽车返 1000 美元现金的广告，其要点是"如果你当场买，你就省了钱"，而不是"18000 - 1000 = 17000；你在哪里买都没有关系"。另外，研究者发现，直觉能导致推理错误，这样所带来的风险远远大于买车的风险。一项研究发现，直觉思考过程使医生高估了避孕套降低性疾病传播风险的程度。被试在评价戴避孕套和不戴避孕套性行为的相对风险时，往往会忽视其他不通过性交传播的传染病(如衣原体)。

锚定　锚定是指：关注一个因素会放大这个因素相对于其他因素的重要性。在一系列研究中，英国心理学家尼尔·斯图尔特考察了信用卡账单的最低还款要求是如何影响还款决策的。首先，研究者让被试回答了关于自己最近信用卡账单的问题。被试报告了各自的余额、最低还款额和实际还款额。研究者发现，最低还款额越低，被试的实际还款额就越低。另外，账户余额和实际还款额之间没有相关性。换句话说，被试将他们还款的决定锚定在最低还款额，而不是余额上。

在随后的实验室研究中，斯图尔特给被试一些信用卡账单，上面的全部余额都是 900 美元。一半的账单包含最低还款额，而另一半没有包含。斯图尔特让被试考虑,如果这些账单是他们自己的,他们最多能偿还多少。平均来说,不包含最低还款额账单的偿还金额是包含最低还款额账单的偿还金额的两倍。由此,斯图尔特预测,银行和其他金融机构通过要求小额最低还款,而不警告客户这种还款对利息费用的影响,从而加倍收取普通信用卡余额的利息(约 4000 美元)。斯图尔特指出,如果信用卡账单包含了对利息费用有影响的还款额,锚定效应就会减弱。

"总结"概括了各种决策方法。

总结   **决策方法**

方 法	描 述
按序排除法	把评价可选方案的因素按照重要性排序;把任何不满足最重要因素的可选方案排除,直到剩下最后一个方案
可得性启发法	最容易想到的信息决定了决策,通常是因为最近的一次经历
代表性启发法	决策是基于一个物体或情景与已知原型的相似程度
识别启发法	快速的决策是基于对一个可选方案的认出
框定	强调可选方案的潜在收益或损失,而且这种潜在收益或损失会影响决策
直觉	决策是由"第六感"驱使,而"第六感"受到获益感知的影响
锚定	决策受一个因素的影响,从而放大了这个因素的重要性

问题解决   7.3 问题解决的基本方法和障碍有什么不同?

作出决策的过程与问题解决的过程有诸多相似之处。问题解决是实现预期目标所需要的思考和行动。值得注意的是,启发法对问题解决同样重要。

问题解决中的启发法和算法   类比启发就是把一个问题与你以前遇到的问题进行比较。类比启发的依据是:如果一个策略对以前遇到的类似问题有效,那么它对新问题也有效。

另一个能有效解决问题的启发法叫逆向工作法。这种方法从解决办法(一个已知的条件)开始,倒回去解决问题。一旦逆向工作法揭示了需要采取的步骤及其顺序的话,这个问题也就解决了。请试着用逆向工作法来解决"尝试"中的睡莲问题。

睡莲问题

　　每 24 小时睡莲就会把自己覆盖的面积增大一倍。最初,荷塘里只有一棵睡莲。60 天后,荷塘就被睡莲完全覆盖了。请问:哪一天睡莲覆盖了荷塘的一半?

　　答案:最重要的因素是睡莲每 24 小时会增加一倍。如果在第 60 天的时候荷塘完全被睡莲覆盖,那么,在第 59 天的时候,睡莲就应该覆盖荷塘的一半。

　　另一个常用的启发法叫手段目的分析。这种方法是把当前情况与预期目标进行比较,然后制订并采取一系列步骤,以缩小当前情况与预期目标之间的距离。许多问题都既大又复杂,因此必须分解为几个小步骤或小问题,才能想出解决的办法。例如,老师给你布置了一篇论文,你可能不会一下子坐下来就写。你必须首先决定题目,研究题目,拟出提纲,然后写出每部分的内容。终于,你可以把论文的各个部分组织在一起,进行一稿又一稿地修改,最终定稿,上交论文,获得 A。

　　使用启发法有时能带来正确的解决办法,有时则不能。与之不同的是,算法(如果运用得当)总能带来正确的解决办法。例如,长方形的面积是长×宽就是一种算法。

　　问题解决的障碍　　在有些情况下,由于功能固着的原因,我们无法解决日常生活中的问题。功能固着指的是无法通过旧物新用来解决问题。我们往往只看到物体的常规功能。想一想你每天使用的工具、器皿和其他帮助你完成某些功能的东西。通常,这些东西的常规功能已经固着在你的头脑之中,于是,你不会去想用新的和创造性的方法来使用它们。

　　假设你想要一杯咖啡,但咖啡机的玻璃罐坏了。由于功能固着的作用,你对目前的状况束手无策。但与其去想你没有的物体或器皿,还不如想一想你需要实现的功能。你需要的是装咖啡的东西,而不一定就是那个玻璃罐。你还可以把咖啡装在碗里或咖啡杯里。

　　另一个解决问题的障碍是心理定式:即使有更好的方法,人们仍然继续用老方法。也许过去你偶然发现过一种解决问题的方法,但现在这种方法的效果和效率已经大打折扣了。尽管如此,你还是会继续用这种方法来解决同样的问题。当没有考虑到一个问题的特殊要求时,人们就更易受到心理定势的影响。毫不奇怪,受到心理定式影响的人在试图解决问题时,更有可能受功能固着的困扰。

为什么人们往往会抱守无效的解决问题方法呢? 这是确认性偏见在起作用。确认性偏见是隐藏在功能固着和心理定式背后的认知过程。由于确认性偏见的作用,人们会有选择性地注意那些能确认先前信念的信息,而忽视那些与先前信念相左的信息。例如,当遇到计算机死机的时候,大多数用户都知道,首先要做的就是重新启动。当重新启动每次都能解决问题时,支持重新启动的确认性偏见就会增强。结果,当重新启动无效的时候,我们大多数人还会再试几次。最后才意识到,重新启动策略已无法解决这个问题了。确认性偏见(即"上次都有效")会导致这样一个结果:我们要进行多次重新启动之后才能意识到,重新启动已经不能解决这个问题了,我们需要另觅他法。

人工智能　　7.4 计算机科学家是如何将研究应用到人工智能上的?

在前一节你已经了解到,数学公式是一种算法,或者是一种总能带来正确解决办法的策略。还有一种算法,它能测试所有可能的解决办法,并从中选择出一个有效的办法。在大多数情况下,人类工作记忆的局限性使得这种算法很难实施。与人类不同的是,计算机在几秒钟之内就能够完成这种算法。人工智能程序最好地诠释了计算机的这种"思考"特征。这些程序堪与国际象棋专家的棋技相媲美。你可能听说过,国际象棋世界冠军卡斯帕罗夫与 IBM 计算机"深蓝"和"小深蓝"的一系列对局。卡斯帕罗夫使出了浑身解数,才能和计算机下个平局。

如果计算机在象棋比赛中打败人类,这是否意味着计算机加工信息的方式与人脑一样? 并不一定。然而,计算机科学家希望设计出与人脑相媲美的人工智能。用来模拟人脑功能的程序叫人工神经网络。已经证明,这种网络在专家系统中非常有用。专家系统是一种能够在特定领域中完成专门功能的计算机程序。MYCIN程序是最早的专家系统之一,被内科医生用来诊断血液疾病和脑膜炎。作为人类的助手,专家系统在大多数情况下都带来了很大益处。例如,医学诊断程序常常被用来证实医生的假设,或生成医生没有想到的可能诊断结果。请记住,任何专家系统都是建立在人类专家的知识累积之上。因此,计算机无法完全代替人类专家。

　　另外,许多对于人类来说很容易的认知任务,对计算机来说却很难学会。例如,语言加工的许多方面,计算机就很难完成。举一个例子,当听见"雄伟"这个词的时候你会想到什么? 也许你会看见连绵不断、白雪皑皑的高山。计算机科学家目前正在研发一种程序,这种程序能使计算机在这种模糊、抽象线索的基础上提取图像。在下一节中你会看到,人类语言是一种极其复杂的现象,虽然我们人类在大多数情况下都能够轻而易举地使用语言。

语言

　　语言是交流思想和感情的方式,是社会共有的一套按照语法规则组合起来的任意符号(声音、手势或书面符号)系统。语言扩展了我们的思考能力,因为它让我们能够思考像正义这样的抽象概念,这些概念没有对应的实体代表。另外,由于有了语言,我们才能够与他人有效地交流知识和思想。不管是口头的、书面的,还是手势的,语言都是我们最重要的认知工具。在第 8 章,我们将讨论婴儿是如何习得语言的。但在这一章,我们要探索语言的成分和结构。

语言的结构　　7.5 语言有哪些组成部分?

　　心理语言学是一门研究语言是如何习得、产生、使用,以及语言的声音和符号是如何转译成意义的学科。心理语言学家用五个具体术语来指称语言的五个基本组成部分。

　　口语中的最小语音单位(如英语中的 b 或 s)叫音位。c,a,t 三个音位合在一起,就构成了英语单词 cat 的音。构成特定语音的字母组合也是音位,如英语单词 the 中的 th,child 中的 ch。相同的音位在不同的单词中可能由不同的字母代表,如同一个音在 stay 中用 a 代表,在 sleigh 中则由 ei 代表。相同的字母也能用作不同的音位,如字母 a 在 day,cap,watch 和 law 中的发音就不一样。

　　形位是语言中最小的意义单位。少数的单音位可以作为形位,如英语中的冠词 a 和人称代词 I。英语词尾-s 能构成词的复数形式,因此也是形位。英语中许多词都是单形位词,如 book，word，learn，reason 等。词根词是形位,除此之外,前缀(如 relearn 中的 re-)或后缀(如 learned 中的-ed)也都是形位。单形位词 reason 变成 reasonable 后就变成了双形位词;单形位词 book 变成 books 后也变成了双形位词。

句法是语法层面,它规定了词构成短语和句子的具体规则。语言不同,词语排列的规则或句法也不相同。例如,英语中的一个重要句法规则就是,形容词通常放在名词的前面。因此,英语中把美国总统住的地方叫"the White House"(白宫)。在西班牙语中,名词通常放在形容词的前面。因此,在西班牙语中要说"la Casa Blanca",逐字翻译英语就是"the House White"(宫白)。

语义指的是从形位、词以及句子中所得出的意义。同样的词在不同的句子中,会有不同的意思。例如,在"I don't mind(在乎)""Mind(当心)your manners"和"He has lost his mind(信心)"这三句话中,mind 的意思是不同的。在"Loving to read, the young girl read three books last week"这个例子中,read 的读音不同,前者表示现在喜欢"阅读",后者表示过去某个时间连续"读了"三本书。

最后,语用是指用于表达意义的语调,即语气的声音起伏。例如,想一想你是如何说 cookie(曲奇)这个词来表达下面的意思:"Do you want a cookie?"(你要一块儿曲奇吗?)或"What a delicious looking cookie!"(这曲奇看起来多么美味啊!)或"That's a cookie."(这是曲奇。)。这些细微的差别都反映着你的语用知识。例如,疑问句以升调结尾,陈述句以降调结尾。你对朋友说话的方式与你对老师说话的方式不同,这也是语用规则的体现。也就是说,与语言使用相联系的社会规则,也包含在语用之中。

动物语言　7.6 关于动物交流的证据是什么?

什么能力能把人与动物区分开来? 很多人都会回答"语言"。这是很有道理的。在科学家看来,人类是唯一发展出了如此丰富多样和复杂交流系统的物种。另外,语言学家断定,人类语言包括几个核心元素,而且已知的所有动物交流系统都缺少其中的一个或多个元素。人类语言都有哪些独特性呢? 关于这个问题,语言学家有不同的看法。尽管如此,大多数的语言学家都同意,以下性质是人类语言特有的:

- 二重性:音位按照一定的规则构成单词;单词根据一定的规则组成句子。

- 多产性:有限的语音可以产生无限的独特话语。

- 任意性:物体、事件或思想与其表达方式之间没有有意义的联系。

- 互换性:任何一个能听得见的声音都可以被复制出来。

- 专门性:语音只用来交流。

- 移位性:语言可以表达不在现场的物体和事件。

- 文化传递性:语言学习需要社会环境;语言不会自己发展。

- 搪塞性:语言可以用来表达不真实的思想。

- 反身性:能用语言描写语言自身。

尽管有局限性,但动物的确能交流。另外,研究者已经教会了几种动物与人类交流。

早在1933年和1951年,研究者就试图通过家养的方法来教会黑猩猩说话。这些实验都失败了,因为黑猩猩和其他猿类的声道不适合人类语言的发音。于是,研究者转而教黑猩猩手势语。心理学家艾伦和比阿特丽克斯·加德纳收养了一只1岁的黑猩猩,取名为华秀,并教它手语。华秀学会了一些物体和命令的手语,如"花""给我""来""打开"和"再多一些"。在它快6岁的时候,华秀已经掌握了160种手语符号。

心理学家大卫·普瑞马克试图教另一只黑猩猩萨拉他自己创造的人工语言。这种语言由各种形状、大小和颜色的磁块组成(图7.1)。普瑞马克用操作条件反射的方法教萨拉选择代表一种水果的磁块,并将该水果放置在磁板上。如果萨拉选对了水果,训练员就会奖励它这种水果。萨拉掌握了相异和相同这两个概念,最终能够表示两个物体是相同的,还是不同的,准确率几乎100%。

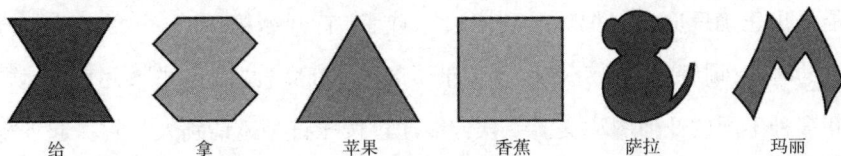

图7.1 萨拉的符号

一只名叫萨拉的黑猩猩学会了用各种形状、大小和颜色的磁块交流。这些磁块代表的是它的训练员大卫?普瑞马克所创造的语言中的单词。

在艾莫利大学的耶基斯灵长类动物研究中心，一只名叫拉娜的黑猩猩参加了一项计算机控制的语言训练项目。拉娜学会了按印有几何图形的键盘，键盘上的图形代表了耶基斯语（一种人造语言）的单词。研究者苏·萨维奇-鲁姆博夫及其同事改变了键盘的位置、颜色和亮度，这样拉娜就必须真正学会这些几何图形所代表的意义，而不只是记住图形的位置。一天，训练员蒂姆手上拿了一个橘子，拉娜想吃这个橘子。拉娜手上有代表很多水果（如苹果、香蕉等）的图形，唯独没有代表橘子的，但有一种图形的颜色是橘黄色的。拉娜就临时创造了"蒂姆给我橘黄色的苹果"这样一个句子。研究者赫伯特·特勒斯及其同事教一只名叫宁姆·齐姆斯基（仿照著名语言学家诺姆·乔姆斯基的名字）的黑猩猩手语，并且报告了宁姆从2周到4岁之间的进步。宁姆学会了125个符号。特勒斯认为，这的确很棒，但这些符号并不等于语言。特勒斯认为，像宁姆和华秀这样的黑猩猩，只不过是在模仿它们的训练员并作出反应以获得奖励。这是根据操作条件反射的法则而不是语言的规则。最后，特勒斯暗示，对灵长类动物的研究很可能受到了研究者偏见的影响；训练员可能无意识地将黑猩猩的行为解释为语言进步的标志，但事实并非如此。然而，当特勒斯提出这种质疑时，他并没有听说过黑猩猩坎吉之事。

华秀、萨拉和其他有天赋的黑猩猩的确取得了惊人的成绩，但与一只名叫坎吉的倭黑猩猩所习得的语言技能相比，这些成绩真不算什么。在20世纪80年代中期，研究者教坎吉的母亲认符号板上代表单词的符号。虽然母亲的进步不是很大，但它的幼子坎吉（每次训练的时候，它都站在一边看母亲学习）却学得很快（得益于观察学习，见第5章）。当坎吉有机会接触符号板时，它的表现快速超过了母亲以及研究者所测试的其他黑猩猩。

坎吉对英语口语表现出超常的领悟能力（对黑猩猩来说）。即使对新的命令，它也能作出正确反应，如"把球扔到河边"，或者"打开冰箱，拿一个西红柿"。当坎吉6岁的时候，训练它的研究者已经记录了超过13000种"表达式"，并宣称，坎吉能用200多种不同的几何图形交流。坎吉能通过按压符号邀请别人与它一起下棋，甚至能让另外两个人一起下棋，而它在一边观看。如果坎吉示意某人"追"和"藏"，他会坚持首先完成它的第一个命令——"追"。坎吉不仅仅回应周围训练员的命令（训练员的手势或动作它都已经牢记在心）。当命令通过耳机传达时（这样，房间里就没有人有意无意地对它做手势了），它同样能作出反应。

语言研究者研究的多数物种都局限于运动反应,如用手语、手势、磁块或在符号板上的按压符号。但一些鸟类(如鹦鹉)并没有这些局限性,它们能模仿人类说话。一个典型的例子是亚历克斯。亚历克斯是一只非洲灰鹦鹉,它不仅能模仿人类说话,还很聪明。亚历克斯能识别和说出各种颜色、物体和形状,而且还能用英语回答关于它们的问题。当被问到"哪个物体是绿色的?"时,亚历克斯会轻而易举地说出绿色的物体。而且,亚历克斯还会数数。当被问到"有多少红积木?"时,亚历克斯的回答80%都是正确的。研究甚至表明,亚历克斯还会做加法。

对海洋哺乳动物(如鲸和海豚)的研究发现,这些动物用咕噜声、口哨声、咔嗒声和其他复杂的声音系统与同伴交流。夏威夷大学的研究者训练海豚对复杂的命令作出反应,这些复杂的命令要求海豚理解方向和关系概念。例如,海豚能学会挑出一件物体,并把它放在篮子的左边或右边,而且海豚还能理解"篮子里"和"篮子下"等命令。

语言和思维　　7.7 语言是如何影响思维的?

如果语言是人类特有的,那么,它是否会驱动人思考呢? 说英语的人推理、思考和感知的世界是否与说西班牙语或汉语的人不一样呢? 根据50年前提出的假设,确实是不一样的。本杰明·沃尔夫在1956年提出的语言相对论假设指出,一个人说的语言在很大程度上决定了这个人的思维。根据这一假设,人们的世界观主要是由他们语言中的词语构建的。作为证据,沃尔夫提出了他的经典例证。因纽特人使用的语言有很多表达下雪的词语,如"apikak,第一场雪;aniv,漫天大雪;pukak,化了可以喝的雪",但英语世界里却只有一个表示下雪的单词"snow"。沃尔夫指出,因纽特人的语言中有这么丰富多样的词汇来描述雪,这使得他们对雪的思考不同于语言中没有这些词语的人。

埃莉诺·罗斯在20世纪70年代初测试了语言中包括很多颜色词的人是否比语言中包含少量颜色词的人能更好地思考和区分颜色。她的被试是美国人和达尼人(新几内亚一个偏远部落的人),他们的语言只有两个颜色词——mili(指暗色和冷色),mola(指亮色和暖色)。罗斯给两组被试展示11种颜色,黑、白、红、黄、绿、蓝、棕、紫、粉红、橘黄、灰色,每一种颜色展示5秒钟。30秒之后,她让被试从40张颜色卡片中选出他们刚刚看到的 11 种颜色。美国人比达尼人做得更好吗（因为对达尼人来说，棕、黑、紫和蓝都是 mili）？并不是。罗斯发现，达尼人和美国人在区分、记住和思考这 11 种基本颜色方面没有显著差异。罗斯的研究并没有支持语言相对论假设。

但很明显，我们不应该走到另一个极端，并因此认为，语言对人们的思维方式没有影响。思维既影响语言，又被语言影响。另一方面，语言似乎更多地反映了文化差异，而不是决定文化差异。

学习第二语言　　7.8 双语是如何影响思维和语言发展的？

你说一种以上的语言吗？大多数美国人都只说英语。但在许多国家，大多数的公民都说两种甚至更多的语言。在欧洲各国，大多数学生除了学习临近国的语言外，还要学习英语。荷兰语是荷兰人的母语，但所有的荷兰学生都要学习德语、法语和英语。德国的大学生通常也要学习三种语言。学习两种语言对语言发展过程本身会有什么影响呢？（你将在第 8 章详细了解这一过程）

研究显示，早期学习双语有利有弊。利是：说双语的学龄前和学龄儿童在语言任务中表现出更好的执行控制技能。执行控制技能使双语儿童抑制对言语任务的冲动反应，这样他们就能更仔细地思考。因此，执行控制技能对学习读写非常重要。弊是：到了成年，双语学习者在涉及词汇记忆的任务中，有时会表现出低效率。然而，说双语的人似乎能形成补偿策略，以弥补这些不足。双语者记忆单词的准确度和说单语的人一样，只是反应的速度慢一些。很多人会说，双语的好处足以弥补所造成的认知效率上的缺陷。

你可能会问，那没有条件成为双语者怎么办呢？成年之后能否熟练地使用第二语言？研究者发现，学习新的语言没有年龄限制。虽然早学的人能达到更高的水平，但年龄不是唯一的决定因素。肯基·哈库塔及其同事在 2003 年发表了他们用人口普查数据，考察中国和西班牙移民的英语水平、进入美国的年龄以及教育背景之间的关系（图 7.2）。可以看到，移民学习英语的能力是由教育背景决定的，与年龄无关。其他研究表明，你对自己母语的拼写规则、语法结构和词汇知道得越多，就越容易学习第二语言。

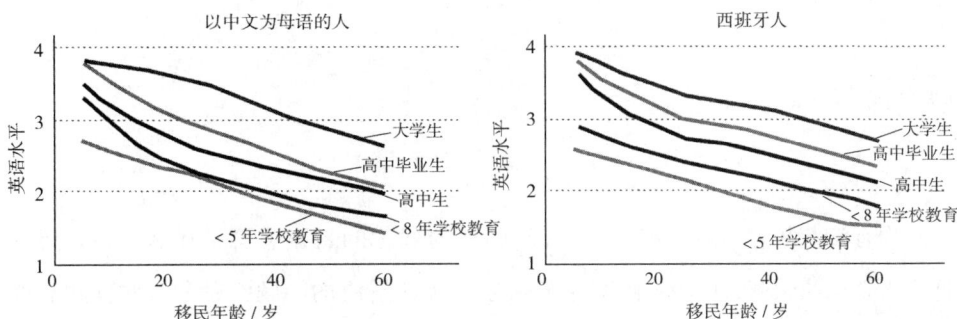

图 7.2 美国的中国移民和西班牙移民的英语水平

这些研究结果基于人口普查数据,覆盖 200 多万人。结果显示,什么年龄都可以学习第二语言。为什么成年后移居美国、受过大学教育的人比童年时期就移居美国但小学都没有读完的人的英语水平更高? 这些发现对童年学习第二语言比成年学习第二语言更容易这个普遍看法有什么启迪?

儿童可能比成年人更容易习得第二语言,这仅仅是因为他们实践得更多。成年人可能更加依赖像听他人谈话或看电视这样的被动策略来学习新的语言。研究表明,被动聆听能帮助我们学习新词汇,但对学习语法没有帮助。事实上,听他人说话似乎能使我们忘记我们已有的语法知识。之所以会这样,是因为自然交谈用的是句子片段,而不是完整的句子。例如,一个朋友问你,"你复习心理学多长时间了?"你可能会回答,"大概 3 个小时",而不是"我复习心理学约 3 个小时了"。当你上外语课的时候,一些练习看上去很傻。(有多少人会在日常生活中说"这是我姨妈的大黄铅笔",或者"这是露西漂亮的蓝帽子"呢?)尽管很傻,但这样的句子对掌握语法必不可少。

早期学习第二语言确实有一个好处。早学语言的人更有可能习得地道的语音语调。一个原因可能与布洛卡区(大脑中控制语言产出的区域)神经传导的细微差别有关。金姆等人的研究表明,早期(10 岁或 11 岁之前)学习第二语言的双语者在说两种语言时,布洛卡区被激活的区域是一样的。晚期学习第二语言的双语者,在完成语言任务时,布洛卡区的两个不同区域被激活,其中一个区域负责第一语言,另一个负责第二语言。不过,这两个区域非常接近,只间隔 1/3 英寸(约 0.85 厘米)。

智力

你有没有想过,当你说某人"智商高"的时候你的真正意思是什么？你是想说这个人学东西快呢,还是说他/她能解决别人无法解决的问题？思考这些问题有助于你意识到,量化智力是一件很困难的事。

智力的本质　7.9 斯皮尔曼、瑟斯顿、加德纳和斯滕伯格的理论有什么不同？

美国心理学协会的专家小组对智力的定义包括几个基本方面:个体"能够理解复杂思想、能够有效适应环境、能够从经验中学习、能够进行多种形式推理,以及能够通过思考克服困难"的能力。但你马上就会看到,智力包含的东西远非这一简单定义所能概括。

美国心理学协会对智力的定义包括几个因素:能够理解复杂的思想和能够适应环境。但这表现的是同一种能力,还是不同的能力呢？这个问题困扰了心理学家一个多世纪。

英国心理学家查尔斯·斯皮尔曼(1863—1945)观察到,在一个方面聪明的人在其他方面也聪明。换句话说,这些人往往在各个方面都聪明。斯皮尔曼由此认为,智力由一个总的能力构成,它是所有知识功能的基础。斯皮尔曼得出结论,智力测验测试的,就是这个总的能力和很多特殊能力。斯皮尔曼的影响在智力测验(如斯坦福—比奈测验)中明显可见。这些测验产生出一个 IQ 分数,表示一个人智力的总体水平。在斯皮尔曼首次发表自己研究成果的几十年中,许多研究都支持了他的假设,即存在一个总的智力,它强烈影响我们从周围世界中获得信息的方式。

另一位早期研究智力的人是路易斯·L. 瑟斯顿。瑟斯顿反对斯皮尔曼提出的总的智力概念。通过对被试在 56 项不同能力测验中得分的分析,瑟斯顿发现了 7 种基本心理能力:言语理解、数学能力、空间关系、知觉速度、词语流畅、记忆、推理。瑟斯顿指出,所有智力活动都涉及一种或几种基本心理能力。瑟斯顿及其妻子西尔玛·G.瑟斯顿发明了基本心理能力测验,以测量这 7 种能力。瑟斯顿认为,单一的 IQ 分数不能说明问题。他指出,反映 7 种基本心理能力的相对优势和弱势的剖面图,有助于我们更准确地理解一个人的智力。

哈佛大学心理学家霍华德·加德纳也否认总的智力的存在。因此,他提出了多元智力理论。该理论包括 8 种独立的智力形式或智力框架(图 7.3)。这 8 种智力形式是语言、逻辑数学、空间、身体运动、音乐、人际、内省、自然观察。加德纳仍在不断地改进他自己提出的多元智力理论。最近,他提出了第 9 种智力。他称这种智力为存在智力。第 9 种智力涉及精神方面,能使我们思考人生的意义。

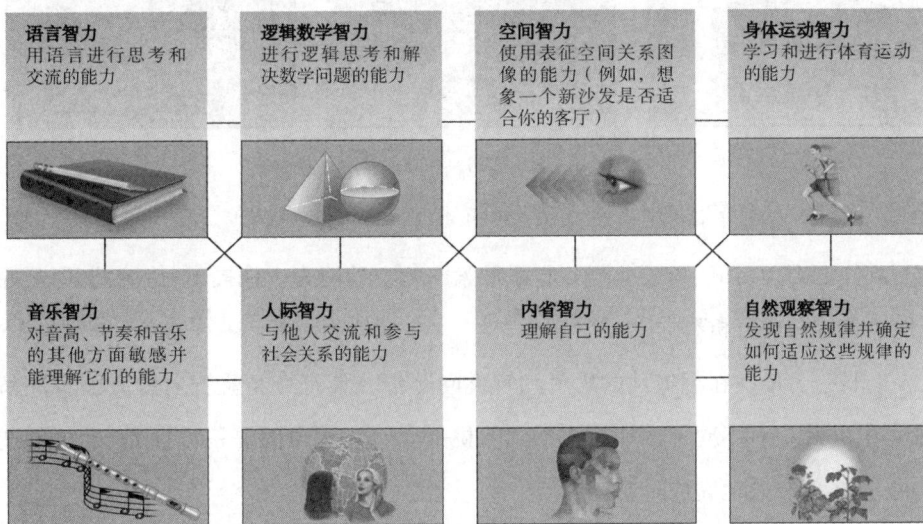

图 7.3　加德纳的 8 种智力形式

通过对患有不同类型脑损伤的病人的研究,加德纳于 1983 年首次提出了他的多元智力理论。尽管这些病人的有些智力受到损坏,但其他智力保持完好。加德纳还研究了患学者症候群的人。这类患者既智力迟钝,也智力超常。(在本章后面部分,你会读到关于这一现象的更多信息。)最后,加德纳还考虑了不同文化和历史时期对各种能力和技能的重视程度的不同。

也许加德纳理论中最有争议的方面是:所有智力形式都同样重要。事实上,在不同文化中,不同智力形式受到重视的程度是不同的。例如,语言和逻辑数学智力在美国和其他西方国家最受重视;身体运动智力在以打猎为生的文化中则最受重视。

心理学家罗伯特·斯滕伯格在 2000 年也批判了斯皮尔曼的理论。但斯滕伯格不光批判,他还发展出了自己的智力理论。斯滕伯格提出了智力三元论,认为智力有三种类型(图7.4)。第一种类型叫成分智力,第二种类型叫经验智力,第三种类型叫情境智力。

成分智力	经验智力	情境智力
与IQ和成绩测验联系最紧密的心理能力	创造性地思考和解决问题的能力	实用智力或"街头智慧"

图7.4 斯滕伯格的智力三元论

斯滕伯格认为,智力有三种类型:成分、经验和情境。

成分智力是与IQ和成绩测验联系最紧密的心理能力。他提出,传统的IQ测验只能测量成分或分析智力。

经验智力反映在创造性的思考和解决问题中。具有高经验智力的人能解决新的问题,并能应对不同寻常和意想不到的挑战。经验智力的另一方面是:发现创造性的方法,更有效地完成日常工作。

情境智力或实用智力可以与常识或"街头智慧"画上等号。具有高情境智力的人能够在环境中存活下来,他们用自己的优点来弥补自己的弱点。他们要么能很好地适应环境,要么就改变环境,要么(如果有必要的话)就寻找新的环境。

斯滕伯格等人于1995年指出,IQ测验中的表现和真实世界中的成功是基于两种不同的知识,一种是正式的学术知识(或我们在学校中获得的知识),另一种是隐性知识。与正式的学术知识不同,隐性知识基于行动,而且它的获得不需要他人的直接帮助。斯滕伯格指出,隐性知识对现实世界中的成功更为重要。研究支持了斯滕伯格关于两种不同知识形式的看法。然而,研究者还发现,正式学术知识测验(如传统的IQ测验)比斯滕伯格的实用智力测验能更好地预测现实世界中的成功。对此,斯滕伯格和他的支持者辩解道,这是由于测验本身的不完备性造成的。因此最近几年,斯滕伯格及其同事一直在潜心研究一个可靠且有效的智力测验,以测量这三种类型的智力。

斯滕伯格的观点在教育者中非常流行。很多研究表明,旨在发挥这三种智力作用的教学法,对差生很有效。在这样的教学中,教师强调正式学术知识的实用层面,并帮助学生用这类知识来解决实际问题。

"总结"概括了关于智力的各种理论。

总结   **智力理论**

理　　论	描　　述
斯皮尔曼的总的智力	智力由代表总的智力的单一因素构成
瑟斯顿的基本心理能力	智力有 7 个单独的组成部分:言语理解、数学能力、空间关系、知觉速度、词语流畅、记忆、推理
加德纳的多元智力理论	智力有 8 种独立的形式:语言、逻辑数学、空间、身体运动、音乐、人际、内省、自然观察
斯滕伯格的三元论	智力有三种类型:成分、经验、情境

测量认知能力　　7.10 好的认知能力测验有什么特征?

为了更好地理解心理学家是如何测量智力的,我们有必要了解一下各种认知能力测验。这些测验的分数往往存在重合之处。也就是说,如果一个人在一项测验中的得分高,那么,他/她在其他测验中的得分也高。但研究同时表明,下面你将要读到的三种测验,测量的是认知的不同方面。

当你还在上小学的时候,你每年或每隔一年都会参加成绩测验。这些测验考察了一个人通过经历(如正规教育)所获得的知识和技能。常模参照成绩测验将每个学生的分数与全部学生的平均分数作比较。标准参照成绩测验将个体或团体的表现与预先设定的标准作比较。例如,目标规定"所有四年级的学生应该能做两位数的乘法,而且正确率达到 70%"。这就是一个标准。

能力测验是常模参照测验,旨在预测一个人在特定场景下或完成未来的某个任务时可能取得的成就。例如,许多大学的入学考试[如 SAT(学术能力评估考试)

和 ACT(美国大学入学考试)〕都包括能力测验,考试成绩是大学招生的主要依据。这些测验很有用,因为它们预测了大学成功指标的变化,如新生成绩的平均级点和学位获得率。另一个大家熟悉的能力测验是军队职业向度测验。在美国,报名参军的人都要参加这个测验。军队长官将根据分数把入伍士兵分配到他们最有可能成功的教育项目中。同样,公司让应聘机械岗位的人参加机械能力测验,目的是检测这些应聘者是否适合这一岗位。

智力测验测量总的智力能力。个体的分数通过与同龄人的分数相比较来确定。智力测验是常模参照。它们试图测试智力的所有方面。现在,我们看一下好的测验和不好的测验有些什么区别。

所有的心理测验,包括各种认知能力测验,都有一个共同的评判标准。首先,你的结果必须是稳定的。如果你的表一天快 6 分钟,一天又慢 3 分钟怎么办? 这样的表是不可信的。你想要一个可信的表,它每天都能给你准确的时间。同样,智力测验也必须有信度,它必须能产生一致的结果:当同一个人接受两次同样的测验或这个测验的另一种形式时,他的分数应该几乎相同。两个分数的相关性越高,这个测验的信度也就越高。

一个信度很高的测验如果无效也是没有任何价值的。效度是指,一个测验能够测量它想要测量的东西。例如,温度计是测量温度的有效仪器,体重计是测量体重的有效仪器,但不管你的体重计有多可信,都不能用它来测量温度,因为它只能测量体重。

一旦一个测验被证明为可信有效,第二个要求就是常模参照标准化。测验的实施和评阅都必须有标准的程序。不管是口头测验还是笔头测验,指示语都必须完全一样,而且每个参加测验的人还必须给予同样的时间。更重要的是,标准化意味着必须建立常模(如基于年龄的平均数)。对所有分数的解释都必须参照常模。测验标准化就是先对能够代表将来参加该测验的人的大样本人群进行实测。然后分析该群体的分数,再计算平均分、标准差、百分比排名。这些相对分数就是常模,所有的分数都要参照常模标准来度量。

对智力测验来说,信度、效度和标准化尤为重要,因为基于智力测验所作出的决定会产生严重的后果。例如,几年前,美国最高法院规定,处决智力迟钝的人是违宪的。负责实施智力测验的心理学家必须确保这个测验是可信、有效且被标准

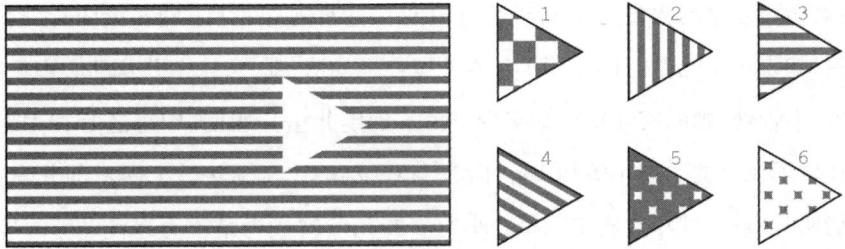

图 7.5 文化公平智力测验的一个例子

这种测验不会使那些语言文化不同于城市中上层阶级语言文化的人处于不利地位。参加测验者从 6 个选项中选择正确的图形。正确答案是 3。

来源:改编自瑞文标准推理测验。

化的,因为犯人的分数在一定程度上决定他是否会被处以死刑。同样,儿童在这些测验中的得分决定他们是否会被送到特殊学校(专门为身体有缺陷或学习有困难的学生开办的学校)去学习,这会改变他们的一生。事实上,也正是为了实现这个目标,才促使了研究人员开发首个标准化的智力测验。

IQ 测验开发者备受诟病的一点是:少数族裔儿童和那些英语是第二语言的儿童在 IQ 测验中处于劣势地位,因为他们的文化背景与测验开发者的预设不同。为此,研究人员试图开发一种文化公平智力测验(图 7.5),以缩小测验结果的文化偏见。测验中的问题不会使那些文化或语言不同于主流文化的人处于不利地位。研究表明,这种测验与其他智力测验(如 SAT)有一定的相关性。文化公平智力测验比传统的 IQ 测验更能发掘高智商的少数族裔儿童。

智力测验的过去和现在   7.11 比奈、特曼和韦斯切勒对智力研究的贡献是什么?

测量智力的第一次成功努力不是来源于理论方法,而是来源于解决问题的实际方法。在 1903 年,法国政府组建了一个特别委员会来寻找评价小学生智力潜能的方法。这个委员会的目标是,找出那些可能需要额外帮助的学生。该委员会的一个成员,阿尔弗雷德·比奈(1857—1911),在其同事、精神病学家西欧多尔·西蒙的帮助下,开发出了各种测验,最终形成了第一个智力测验——比奈—西蒙智力测验。该测验于 1905 年首次发布。

比奈—西蒙智力测验用心理年龄作为测量智力的尺度。儿童的心理年龄是基于他/她做对题目的数量与不同年龄阶段儿童做对同样题目的平均数的比较。换句话说,如果一个儿童的得分等于 8 岁儿童的平均值,那么,这个儿童的心理年龄就是 8 岁,不管他/她的实际年龄是多少。为了确定儿童是聪明、中等还是智力迟钝,比奈比较了儿童的心理年龄和实际年龄。心理年龄比实际年龄大两岁的儿童被认为是聪明儿童;心理年龄比实际年龄小两岁的儿童被认为是智力迟钝儿童。但是,比奈的评分系统有一个缺陷:一个心理年龄为 2 岁的 4 岁儿童比一个心理年龄为 10 岁的 12 岁儿童更落后于同龄人,不同年龄的相似迟钝程度该如何表达呢?

德国心理学家威廉·斯登于 1914 年提供了答案。1912 年,斯登设计了一个简单的公式来计算智力指数,即智商。美国心理学家、斯坦福大学教授刘易斯·M. 特曼完善了这个新的计分方法。1916 年,特曼彻底修改了比奈—西蒙测验,包括适合美国儿童的题目。特曼还建立了新常模。该常模建立在大量儿童的分数之上。三年内,400 万美国儿童接受了这个称作斯坦福—比奈智力测验的新测验。新测验首次使用了斯登的智商概念。特曼计算智商分数的公式是:

$$心理年龄 \div 实际年龄 \times 100 = 智商$$

例如, $14 \div 10 \times 100 = 140$(高智商)

备受重视的斯坦福—比奈测验是针对 2 到 23 岁人群的测验。它由四个子测验组成:语文推理、数量推理、抽象视觉推理、短时记忆。总 IQ 分数是四个子测验分数之和,与成绩测验分数相关性较高。智力测验在 20 世纪 20—30 年代风靡美国。但很快就发现,斯坦福—比奈测验对成年人没有用。原始的 IQ 公式不能用于成年人,因为在某一个年龄,人们智力已经成熟。根据原始的 IQ 公式,一个 40 岁的人与一个 20 岁人的得分一样,说明这个 40 岁的人智力迟钝。因为,他的 IQ 只有 50。很明显,这个公式不适合所有年龄段的人。

为了解决这个问题,心理学家大卫·韦斯切勒在 1939 年开发了第一个适用于 16 岁以上人群的智力测验。这个测验叫韦氏成年人智力测验,英文缩写为 WAIS。韦氏智力测验的分数不是基于心理年龄和实际年龄,而是基于个体与成年人的平均分的离差。韦氏成人测验的智力分数被广为接受。于是,他接着开发了针对儿童的韦氏儿童智力测验(英文缩写为 WISC)和针对学龄前儿童的韦氏学前和学初智力测验(英文缩写为 WPPSI)。

特曼和韦斯切勒的测验仍然是所有心理学测验中最常用的。心理学家已经对它们进行了多次修改。斯坦福—比奈现在叫 SB—V,即斯坦福—比奈测验第五版。韦氏测验现在叫 WAIS—III(韦氏成年人智力测验第三版),WISC—IV(韦氏成儿童智力测验第四版),WPPIS—III(韦氏学前和学初智力测验第三版)。这些测验较最初已有了一些改动。现在,这些测验产生了几种分数类型。WISC—IV 是现代智力测验的一个典范。

当心理学家想了解儿童出现学习问题的原因时,他们常常就使用 WISC—IV 来确定儿童智力的优点和弱点。该测验由 15 个子测验组成。其中的 5 个子测验构成言语理解指数,是语言技能(如词汇)的量度。剩下的 10 个子测验测量的是非语言型智力,如将几幅图片按照故事情节摆放和重复数字。这些非语言型的测验被分为知觉推理指数、加工速度指数和工作记忆指数。每个指数测量一个不同的非言语智力,并产生一个独立的 IQ 分数。WISC—IV 还提供了一个综合的全量表智商分数,是这四种类型测验综合考虑的结果。许多心理学家发现,比较 WISC—IV 产生的不同类型的 IQ 分数,有助于他们了解儿童的学习困难。

个体智力测验(如斯坦福—比奈测验和韦氏测验)每次只能测一个人,由心理学家或教育诊断专家实施。如果想在短时间内测试大量人群(出于财政预算紧缺的考虑),必须使用团体智力测验。团体智力测验(如加州心理成熟测验、认知能力测验、奥蒂斯—列侬心智能力测验)已得到广泛应用。

智力的范围   7.12 处于智商分数连续体两端的人与处于中间的人有什么不同?

你可能听说过钟形曲线,它到底是什么意思呢? 当测量大量人群的智力或身体特征(如身高、体重)时,各种分数的频率通常符合钟形分布或正态分布。大多数分数聚集在平均数周围,无论是高于还是低于平均数,偏离平均数越多,分数的个数就越少。正态曲线是完全对称的,也就是说,大于或小于平均数的数据个数相等。相同年龄阶段所有人的平均 IQ 测验分数被任意指定为 100。在韦氏测验中,大约 50% 的分数在平均范围内:90～110。约 68% 的分数介于 86～115。约 95% 的分数介于 70～130。约 2% 的分数超过 130,这些人可以被认为是高智商;约 2% 的分数低于 70,这些人属于智力迟钝(图 7.6)。

高智商是什么意思呢? 在 1921 年,为了回答这个问题,特曼进行了一项经典的

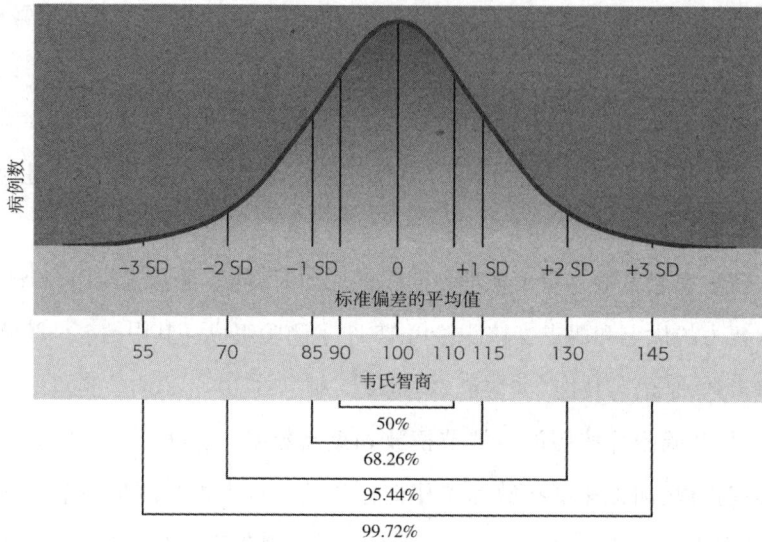

图 7.6　正态曲线

　　当把大量的测试分数收集起来时,它们往往以正态形式分布。在韦氏智标中,把 IQ 的平均分数定为 100。如图所示,约 68% 的智力测验分数介于平均得分正负 1 个标准差(15 分)之内(85～115),约 95.5% 的分数介于平均得分正负 2 个标准差(30 分)之内(70～130)。

历时研究。这项研究挑选了 1528 个有天赋的学生。他们在各个不同的年龄段都接受了智力测验。斯坦福—比奈测验结果显示,被试(857 个男性和 671 个女性)的智商很高,介于 135～200 分,平均 151 分。特曼的早期发现攻破了头脑聪明的人往往身体差这个谬论。事实上,这些被试的各方面都很优秀,包括智力、身体、情感、道德和社会交往。特曼还攻破了关于头脑聪明的很多其他谬论。例如,你可能听说过这个谚语:天才和疯子之间只有一线之隔。事实上,这些被试的心理健康程度要好于普通大众。他们获得学位的比例更高,职业地位更高,收入更多,自我调整能力和人际交往能力更好,身体也更健康。然而,当时大多数女性是没有工作的,所以,智力与职业成功相关的发现主要适用于男性。特曼在 1925 年得出结论,"世界上不存在补偿法则,不是说智力优秀的人在其他方面就不行"。特曼的研究持续到今天,健在的被试也都年逾古稀。在对特曼研究的一项报告中,施耐德曼于 1989 年发现:"聪明的头脑、健壮的身体、健全的人格,这些并不是不能相容的。"

　　在智商连续体另一端,是 2% 智力迟钝的人。这些人的 IQ 分数低于 70 分。同龄人做起来很容易的事情,他们做起来都有困难。造成智力迟钝的原因很多,包括大脑损伤、染色体畸变（如唐氏综合征），以及在胎儿发育期间遭遇的危害。研究仍在记录由于早期接触铅而造成的持续性大脑缺陷。迟钝的程度由轻到重。IQ在 55~70 的人是轻度迟钝；在 40~54 的人是中度迟钝；在 25~39 的人是重度迟钝；IQ 低于 25 的人是极重度智力迟钝。患轻度智力迟钝的人仍然能够学习（他们可以读到小学六年级）而且能养活自己。但患中度智力迟钝的人只能读到小学一、二年级；他们能够学会自我照顾，而且在适当的工作环境中能做好工作。患有重度智力迟钝的人往往无法学习，但能进行口头交流和学会自我照顾（如刷牙）。对于极重度智力迟钝患者来说，他们常常只能学会非常初级的运动技能和有限的自我照顾技能（如自己吃饭）。

在 20 世纪 60 年代后期之前，美国患有智力迟钝的儿童几乎全部被送到特殊学校进行教育。自从那时开始，美国发起了一项包容运动，即让这些孩子与正常孩子接受一样的教育。包容，有时也称回归主流，是指让这些孩子回到课堂，与正常的孩子一起学习（全天或半天）。在这些教育项目上的投入被证明是值得的。这些项目完全依靠行为矫正法，而且使一部分患有智力迟钝的人日后找到了工作。本人、家庭和社会都从中获益。

解释智力的差异

我们用一些词来描述那些我们认为智商高的人，如聪明、智慧、聪慧等；我们也有很多词来描述那些我们认为智商低的人，如愚钝、呆傻、愚蠢等。事实上，这些词汇表明，智力的巨大差异已经显现在我们与他人的日常交流中。但为什么会有这些差异呢？

自然、育然和智商　　7.13 自然—育然之争各方的证据是什么？

在很多情况下，生物因素（如出现了一个多余的染色体）是造成智力迟钝的原因。但智力的正常变异呢？这种变异在多大程度上受到生物或遗传的影响？这个问题源自关于智力的一场最大的争论：自然—育然之争。争论的焦点是，智力主要是受遗传的影响,还是主要受环境的影响。这场争论是由英国人弗朗西斯·高尔顿(1874 年)发动的,至今已经持续了一个多世纪。自然和育然这两个说法也是他发明的。在研究了英国很多显赫的家族后,高尔顿得出结论:智力是遗传的。遗传论者同意高尔顿的说法。他们也认为,智力在很大程度上是遗传的,即智力是自然的。与之相对,环境论者则坚称,智力主要受到个人所处环境的影响,即智力是育然的。大多数心理学家现在都同意,智力中既有自然的贡献,也有育然的贡献。但是,心理学家仍在争论自然和育然哪个影响更大。

遗传力 第 2 章讲到,行为遗传学是研究遗传和环境如何影响人类行为和心理过程的科学。行为遗传学家有时用"遗传力"这个术语来表述自己的研究结果。遗传力是衡量某个特征估计受到遗传影响程度的指标。图 7.7 显示了遗传和环境因素影响智力的可能比例。一些研究采用收养研究法,比较了生父母儿童与养父母儿童之间的差异。这些研究支持基因强烈影响智力这一论断。

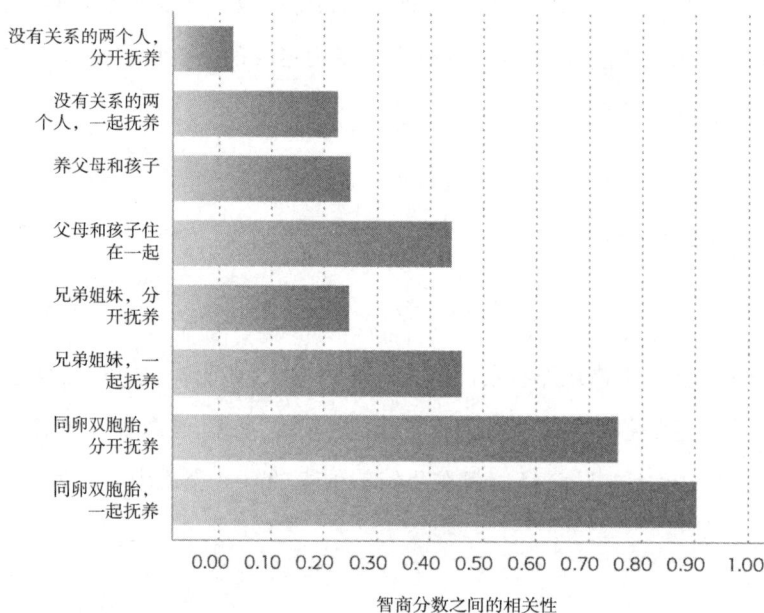

图 7.7 各种关系人的 IQ 分数之间的相关性

两个人的关系越密切,他们的 IQ 分数就越接近。因此,基因强烈影响智力。

明尼苏达州是美国研究同卵双胞胎和异卵双胞胎最集中的地方。自 20 世纪 80 年代初以来,明尼苏达双胞胎和收养研究中心就一直在招募同卵双胞胎和异卵双胞胎参与研究项目。这些项目考察了遗传和环境对各种心理变量（包括智力）的影响。在1997年，中心的首任主任托马斯·布沙尔总结了到当时为止该中心进行的所有智力研究。布沙尔报告说，总的来看，这些研究算出的遗传力估计值为0.60到0.70。（1.00表示智力完全受基因影响）该中心2007年的报告的研究也得出了相似的遗传力估计值。

其他双胞胎研究表明，明尼苏达研究者可能高估了智力的遗传力。例如，英国研究者在另一项大规模的双胞胎研究（双胞胎早期发展研究）中发现，在7、9、10岁的双胞胎中，遗传力估计值为0.34到0.42。在另一项双胞胎历时研究中，研究者也得出了相似的遗传力估计值。他们的研究对象是6、7、8岁的双胞胎儿童。

收养和早期干预 不少研究表明，IQ测验分数不是固定的，而是会随着环境的变化而变化。在1976年，桑德拉·斯卡尔和理查德·温伯格研究了140名非裔美国人和跨种族儿童，他们都被受过良好教育的中上阶级的白人美国家庭收养；其中99个孩子在1岁时就被收养。这些孩子完全浸泡在中产阶级的文化、语言和"测试文化和学校文化"之中。这些孩子的IQ测验和成绩测验又怎么样呢？这130个孩子的平均IQ分数为106.3。他们的成绩测验也略高于全国平均水平。平均来说，孩子被收养的年龄越早，他们的IQ就越高。那99个孩子的平均IQ分数为110.4，比白人美国孩子的平均IQ分数高约10分。在法国的研究也显示，当孩子从下层家庭被收养到中上层家庭后，他们的IQ分数和成绩都会大幅度提高。

除了这些收养研究之外，考察早期儿童干预对IQ分数影响的研究也清楚表明，早期教育经历能影响智力的发展。发展心理学家克雷格·雷米实施了一些最著名的干预。与许多早期干预的研究不同，雷米的研究采用的是真正实验。研究清楚显示，结果是干预造成的。

在雷米的一项实验中，6~12个月的婴儿（他们的母亲智商低、收入低）被随机分配到两个组中：一组接受一周40个小时的日托教育，一直持续到孩子上小学；另一组是控制组，孩子只接受医疗护理和营养补充。当这些孩子达到上学年龄时，雷米在每组选一半的人（仍然是随机挑选）参加特殊的课后辅导，目的是帮助孩子的家人学会通过家庭教育活动来支持学校的学习。雷米跟踪这4组孩子的进步，一直到他们12岁，并在不同年龄段对他们进行IQ测验。图7.8显示，那些参加婴儿和学前教育的孩子的IQ分数要高于那些没有接受任何干预或只接受了学龄干预的孩子。最重要的是,在小学阶段,控制组中有约 40% 的孩子的 IQ 被定为临界或迟钝(85 以下),而在婴儿干预组中这一比例却只有 12.8%。最近的研究表明,婴儿干预组享有的认知优势一直持续到了成年。雷米的研究清楚表明,环境能在很大程度上影响 IQ 分数。

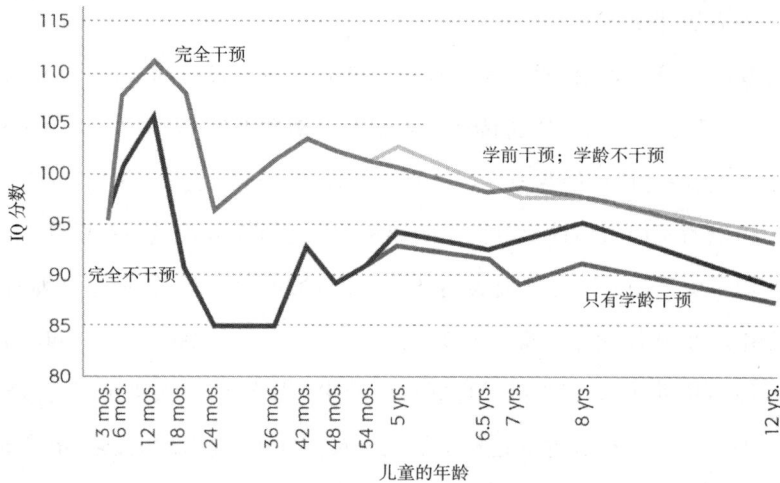

图 7.8　雷米的婴儿干预

　　在雷米的研究中,把婴儿随机地分派到实验组和控制组。实验组的婴儿受到特殊的护理("完全干预"组)。从幼儿园到小学三年级,每组一半的儿童接受额外的家庭帮助,而另一半没有接受。干预组和控制组的 IQ 分数差异甚至到 12 岁都很显著。

　　历史证据也表明,环境因素对 IQ 分数有强烈的影响。美国人和世界上其他优越民族的 IQ 分数自 1940 年起,每十年就要增加 3 分。詹姆斯·弗林分析了 73 项研究,涉及 7500 个年龄从 12 岁到 48 岁的被试。发现,"从 1932 年到 1978 年,每个团体的比奈和韦斯切勒分数(标准化团体)都比前一个团体更好"。在发展中国家(如肯尼亚和苏丹)的研究表明,当生活水平有极大改善时,IQ 分数能在更短时间内表现出提高。IQ 分数的这种上升称为弗林效应。

　　良好的环境能改变高度遗传性的特质,这一点并不奇怪。美国和英国的青少年比 150 年前的青少年平均高出 6 英寸(约 15 厘米)。身高在今天的遗传力(0.90)和 19 世纪中期的遗传力是一样的。因此,身高的增加完全可以归因于环境因素:更健康的身体,更好的营养。智力的最高遗传力估计值远远低于身高的最高遗传力估计值。因此,环境明显有影响智力和成绩的力量。例如,贫穷导致营养不良,而研究清楚表明,营养不良,特别是早年的营养不良,会损害智力发展。

<table>
<tr><td>种族和智商</td><td>7.14 理论家如何解释不同种族在 IQ 分数上的差异呢?</td></tr>
</table>

自然—育然之争在讨论智力测验分数的种族差异时也很重要。从历史上看,大多数研究都表明,美国的黑人在标准 IQ 测验上的得分平均比白人低 15 分。对其他国家黑人和白人智商的研究也得出了类似的结论。但这是为什么呢?

心理学家亚瑟·延森 1969 年发表了一篇文章。他在文章中指出,IQ 差异是由基因造成的,而不是由环境造成的。他还指出,基因对智力的影响非常大,大到让环境的影响可以忽略不计。延森甚至还想说,黑人的智力和白人的智力有着质的不同。

延森的观点,与前面雷米等人的研究结果相反。这些研究表明,种族差异更有可能是由于贫穷和缺少教育机会造成的,而不是由于基因造成的。另外,一个叫动态评价的新的测验方法支持了环境论。在动态评价中,被试在正式接受测验之前要先知道每个 IQ 子测验的目标和形式。这种方法背后的理据是:来自中产阶级的儿童对测验流程更熟悉,而且能更好地理解测验的目标(即展现能力)。然而,一些专家指出,动态评价不能取代智力测验,只能用于发现适合每个学生的有效教学方法。心理学家还需要做更多的研究,才能确定用动态评价技术测验智力的有效性。

最近几年,心理学家开始调查"刻板印象威胁"这个可能说明种族智商差异的因素。刻板印象威胁论是由心理学家克劳德·斯蒂尔首次提出的。斯蒂尔指出,当少数族裔的人听到有人谈论 IQ 分数的族裔差异时,他们会假定自己的智力低于主流群体。于是,面对 IQ 测验时,他们就不会全身心地投入,以免测出他们智力低下。这种"不投入"又会使自我预言得以实现:个体的得分低,这样便进而强化了这一刻板印象。研究表明,帮助人们谈论和克服他们自己所感觉到的刻板印象威胁,能帮助委托人在认知能力测验中取得高分。其他一些心理学家指出,尽管有研究表明刻板印象威胁确实存在,但它对智商差异的解释力非常有限。

为什么这些研究结果(显示一个族裔的 IQ 高于另一个族裔)引发的争论会激起这么强烈的情感反应? 一个原因可能是,西方社会(如美国)非常看重智力。研究表明,亚洲人不看重智力,虽然亚洲人在认知能力测验中的得分往往高于白人和其他种族的人。亚洲人所看重的是,勤奋工作和持之以恒,这些才是通向成功的道路。与亚洲人不同的是,当美国人年满 11 或 12 岁时,大多数人就相信,好的成绩更多来自能力,而不是自己的努力。心理学家暗示,这一信念使美国学生,甚至那些能力很强的学生,都无法意识到努力对于成功的重要性。该信念还有助于说明这样的研究结果:研究者在比较澳大利亚的亚洲学生和英国/爱尔兰学生的成绩测验分数后发现,亚洲学生的分数高于英国/爱尔兰学生,即使他们的 IQ 相同。这些结果表明,在实用层面,教师和家长更应该关心如何帮助每个学生充分发挥各自的智力潜能,而不是关注他们的 IQ 分数。

认知能力的性别差异　　7.15 男性和女性的认知能力有什么差异?

心理学家珍妮特·谢博利·海德研究性别差异已经 30 多年了。她指出,尽管男女在有些身体特征上的差异很大(如臂长),但男女在认知能力上的差异却很小。我们不要过分夸大这些差异,造成性别刻板。在你阅读下面关于性别差异的讨论时,一定要提高警惕,避免刻板对你的影响。

图 7.9 举出了一些男性或女性更擅长解决的问题类型。你需要记住两点:第一,性别之内的差异大于性别之间的差异。第二,即使认知能力上的性别差异总的来说很小,但男性在这些能力上的变化要大于女性(也就是说,男性的测验得分的分布范围更大)。

平均来说,18 个月的女孩掌握的词汇量大于同龄的男孩,而且这一差异要持续到童年。在一项大规模的研究中,赫奇斯和诺埃尔分析了"全国教育进展评估"的结果。"全国教育进展评估"每年对美国全国范围内的 70000 ~ 100000 名 9、13 和 17 岁学生进行阅读、写作、数学和科学测试,这些学生是全国代表性样本。研究者比较了 1971—1992 年 17 岁学生的成绩。报告说,女性在阅读和写作方面优于男性,而男性在科学和数学上则优于女性。但有趣的是,女孩在所有科目上的分数都高于男孩。研究者常常将这一结果归因于女孩做作业的方法。研究者发现,女孩做作业更努力,因此,她们的学习方法比男生更有效。研究还表明,平均来说,女孩比男孩的自律性更好。

如上所述,对美国教育进展评估数据的分析表明,男孩在数学上比女孩更优秀。2009 年的研究也得出了同样的结论。一些数据表明,激素能解释这种差异。其他研究表明,大脑结构和功能的差异造成了这种差异。例如,一些研究者认为,男性的首发优势出现在青少年期,这是因为,男性的大脑发育得比女性缓慢。然而,大多数研究者都同意,社会的影响可能更为重要。

女性比男性更擅长知觉速度测验。在这些测验中,被试必须快速找出配对的物体。例如,找出与最左边的房子配对的房子:

另外,女性能记住一个物体或一些物体是否被换过位置:

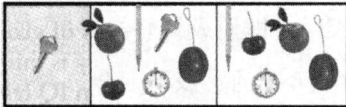

女性更擅长概念流畅性测验。例如,在一个测验中,被试必须列出具有同样颜色的物体。女性还擅长言语流畅性测验。例如,在一个测验中,被试必须列出以同一个字母开头的单词:

L _ _ _ | Limp, Livery, Love, Laser, Liquid, Low, Like, Lag, Live, Lug, Light, Lift, Liver, Lime, Leg, Load, Lap, Lucid...

女性更擅长精密手工任务——那些需要良好运动协调的任务,如将木钉插入板上的洞中:

女性更擅长数学计算:

| 77 | $14 \times 3 - 17 + 52$ |
| 43 | $2(15 + 3) + 12 - \frac{15}{3}$ |

(a)

男性比女性更擅长某些空间任务。他们擅长在头脑中旋转一个物体或操作它,如想象旋转这个立体物体:

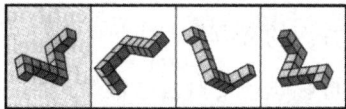

或确定打在折叠纸上的洞在纸展开后会落在纸上什么地方:

男性在面向目标的运动技能中比女性更准确,如掷飞镖:

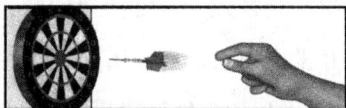

男性更擅长拆解测验。在这些测验中,一个简单图形(如左图)隐藏在复杂图形中,他们必须把简单图找出来:

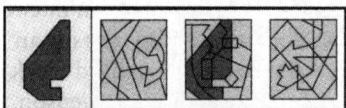

男性更擅长数学推理:如果只有 60% 的幼苗存活下来,那么需要种多少幼苗才能长出 660 棵树?

| 1100 | If only 60 percent of seedlings will survive, how many must be planted to obtain 660 trees |

(b)

图 7.9 男性或女性更擅长解决的问题类型

(a)女性更擅长的问题解决任务 (b)男性更擅长的问题解决任务

影响数学成绩的一个社会因素可能是,父母常常期望男孩在数学上比女孩更优秀。父母期望能成为一个自我实现的预言吗?它能使女孩对自己的数学能力丧失信心,决定不学高等数学吗?"能",性别差异研究者杰奎琳·艾克尔斯说。艾克尔斯的历时研究表明,父母在孩子 6 岁时认为孩子天资聪慧,这些孩子到 17 岁的时候也对自己的能力充满信心。但艾克尔斯的研究也表明,与过去相比,今天的中学生对数学能力的性别偏见要更小。这表明,教育者在提高女孩对数学的兴趣和数学成功方面的努力是有成效的。

父母影响子女对自己数学能力看法的另一个方式是,他们往往把学习好的女孩看成"勤奋的孩子",而把成绩好的男孩看成"聪明的孩子"。父母的观念或许能解释为什么在标准化数学测验中,取得高分的女孩往往把自己的成绩归因于自己的努力,而男孩则将自己的成绩归因于自己的天赋。即使成绩好的女孩,也认为自己缺少数学能力。也许这就是为什么有同样数学天赋的女孩不太会选择与数学有关的职业,而男孩却很可能会。

研究者发现,总的来说,男性在完成部分(不是全部)空间任务时比女性表现得更出色。一些研究显示,空间能力似乎与产前接触过大量雄性激素有关。另外,男性血液中的高睾丸素浓度使他们能出色地完成空间任务(如路线学习)。然而,这些发现并没有减小社会经历和期望在塑造孩子能力和兴趣方面的作用。在有些空间任务中,女性比男性做得更好。

超越智力

也许加德纳、斯滕伯格和其他提出智力多元模型的人作出的最重要贡献是:他们强调了认知功能有许多标准智力测验无法测量出的方面。例如,这些测验就无法测量出我们与他人的关系,也无法测量出我们用想象力来逃避现实局限的能力。

情感智力　　7.16 情感智力包括哪些方面?

我们对自己和他人情感的了解,会影响我们如何看待自己,如何处理与他人的关系。情感智力是把我们的情感知识应用于日常生活的能力。皮特·萨洛维和大卫·皮萨罗这两位该领域的专家认为,对于许多重要的结果变量(包括我们的职业成就),情感智力所测量的智力和 IQ 测验所测量的智力一样重要。研究支持了这一观点,情感智力与 IQ 分数不相关,但情感智力与学业成功和社会成功都相关。

情感智力包括两个方面。第一个是情感智力的个人方面,第二个是情感智力的人际方面。

情感智力的个人方面包括意识和管理自己的情感。能监控自己情感的人不太可能受情感的控制。然而,管理情感并不是说要抑制情感,也不是要说放任情感。有效的情感管理是要恰当地表达情感。情感管理也包括参加一些活动。这些活动能鼓舞士气,抚平创伤,消除焦虑。

情感智力的人际方面包括移情(或对他人情感的敏感)等。移情的一个重要体现是能读懂他人的非言语行为,如手势、声音变化、语调和面部表情。人际方面的另一个组成部分是处理与他人之间的关系,这与情感智力的个人方面和移情方面都有关系。换句话说,为了有效处理社会关系中的情感给予与接受,我们必须能够管理自己的情感,并敏锐地捕捉到他人的情感需要。

最近的一项研究发现,男性主要是在大脑左半球处理情感,特别是积极情感;而女性则更均衡地使用两个半球处理情感。这一发现可以说明两性之间的一些情感差异。你可以在"尝试"中测一下你自己的情商。

创造力　　7.17 创造力与其他认知形式有什么不同?

有些人智商高,但缺乏创造力。创造力可以看成一种想出新颖、恰当且有价值的观点和/或办法来解决问题的能力。研究表明,创造力和 IQ 之间有弱到中度的相关。你还记得特曼研究的高智商个体吗?那些人中没有一个具有高创造力。没有诺贝尔奖得主,没有普利策奖得主。那些人是天才吗?是。但那些人是具有创造力的天才吗?不是。因此,高智商不等于高创造力。

漫画家常常将创造性思维描述为灵光乍现,宛如头脑中突然亮起的灯泡。但研究表明,有用和真正的创造力很少突然闪现。大多数创造性的观点都是在酝酿了一段时间之后才产生的。大多数专家同意,真正的创造力是深入学习、长期思考、持之以恒和浓厚兴趣的产物。

创造性问题解决过程有下面四个基本阶段：

(1)准备——搜索可能有助于解决特定问题的信息。

(2)酝酿——在消化相关信息的时候，把问题放下来。

(3)启发——突然想到了正确的解决办法。

(4)转化——将想法转化成行动。

酝酿这一阶段也许是最重要的部分，是在无意识中完成的。

尝试　　　　　　　　　　　　**测一测你的情商**

情感智力对你职业成功的重要性不亚于你的工作能力。现在，请完成下面的测验。测一下你的情商，每题选一个选项。

1. 我总是能意识到自己的感觉，甚至是很轻微的感觉。

　　总是　经常　有时　很少　没有

2. 为了实现目标，我能暂时放下享乐，而不是跟着冲动走。

　　总是　经常　有时　很少　没有

3. 我不会在困难或失望面前放弃，而会一直充满希望和保持乐观。

　　总是　经常　有时　很少　没有

4. 我对他人的感觉敏感，这使我同情他们的不幸遭遇。

　　总是　经常　有时　很少　没有

5. 我能感觉到一个群体或关系的脉搏，并能说出这种不言而喻的感觉。

　　总是　经常　有时　很少　没有

6. 我能平息或抑制沮丧情感，不让它们妨碍我做该做的事情。

　　总是　经常　有时　很少　没有

　　总是＝4分；经常＝3分；有时＝2分；很少＝1分；没有＝0分。总分越高，情商就越高。

创造性思维有些什么独特性征？研究创造力几十年的心理学家 J. P. 吉尔福德认为，创造性思维者擅长运用发散性思维。发散性思维是指：对一个没有一致解决办法的问题，想出多种观点、答案或解决办法的能力。从广义上讲，发散性思维是新奇的，它整合了不同寻常的联想；发散性思维是灵活的，它从一个思路或想法快

速顺畅地转换到另一个思路或想法;发散性思维还是流利的,它能够形成丰富的想法。例如,发散性思维能帮助政策制定者找到解决问题的新办法,像如何最有效地将发达国家的剩余农产品分配给发展中国家的饥民。与发散性思维相反的是收敛性思维。吉尔福德将收敛性思维定义为 IQ 测验和成绩测验所能测量出的一类心理活动,负责解决有清楚定义和逻辑之类的问题。这类问题只有一个正确答案。例如,"每个发达国家的剩余粮食有多少?"回答这个问题所需要用的就是收敛性思维。

然而,发散性思维和收敛性思维不总是相互对立的。多数认知任务都需要同时用到这两种思维。例如,人们用发散性思维来产生创造性的观点,用收敛性思维来区分观点的好坏。同样,解决有清楚定义的问题也能用到发散性思维,因为人们会努力去想各种可能的办法。

研究者正在寻找参与发散性思维和收敛性思维的大脑区域。总的来说,进行收敛性思维时,大脑左侧的额叶更活跃;而进行发散性思维时,大脑右侧的额叶则更活跃。其他研究表明,收敛性思维的过程(如寻找事件中的模式)在大脑的左半球完成。卡尔森等人的研究测量了局部脑血流量。结果显示,正在进行高度创造性思维的人和没有进行创造性思维的人相比,额叶活动具有显著差异。图7.10(a)显示了进行高度创造性思维时的额叶活动。两侧脑都很活跃,但右侧额叶更加活跃。图7.10(b)显示了不进行创造性思维时的额叶活动。左侧的额叶非常活跃,但右侧却几乎不活跃。

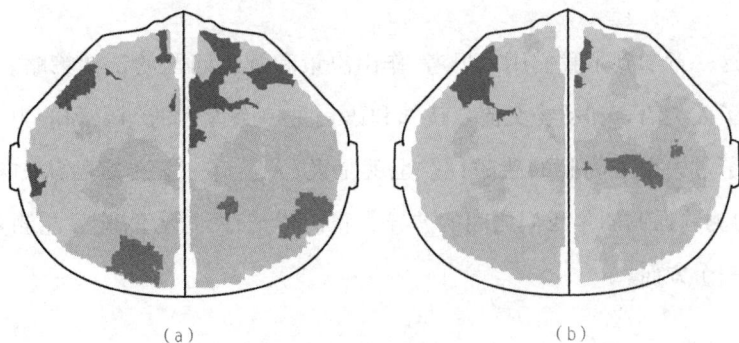

(a)   (b)

图7.10 局部脑血流量图

(a)在进行高度创造性思维时,脑左右半球都非常活跃,但右半球更加活跃(红色区域显示)。

(b)在不进行创造性思维时,只有左半球活跃。

如何测量个体创造力的差异？创造力测验强调以独特、原创的方法解决开放式的问题，或创造出艺术作品。一种创造力测验（非常用途测验）让被试尽可能多地列出一个普通物体（如砖头）的用途。另一种是后果测验，它让被试尽可能多地列出世界的改变（如重力减少50%）可能带来的后果。研究者梅德尼克等人指出，创造力的本质是，能够把各种在没有创造力的人看来遥不可及或毫不相干的想法组合起来。他们两人共同发明了远缘联想测验。

心理学家通过对一些非常有创造力的人的研究发现，这些人都有一些不同于普通人的特点。首先，他们拥有关于一个特定领域丰富的专业知识，这些知识是他们通过多年的专业学习和实践积累起来的。对新奇的经历和观点，甚至是对他人来说稀奇古怪的经历和观点，有创造力的人会持开放的心态。另外，他们似乎天生就具有好奇心和求知欲。有创造力的人喜欢独立思考，不受他人观点的影响。也许是由于他们的独立性，有创造力的人干工作并不是为了取悦他人，而是为了从工作中获得期望、兴奋和乐趣。最后，创造性的努力需要勤奋工作，坚持到底，不惧困难。例如，爱因斯坦发表了248篇关于相对论的文章；莫扎特在35岁去世之时，已经谱写了609首乐曲。

回顾

你在这一章学到了我们用以思考、作出决策和解决问题的认知策略。接下来，我们讨论了人类语言和动物交流。认知和语言是一个庞大的知识和能力系统。这一点凸显了过去智力测验的狭隘性。也就是说，人类有一套丰富的认知和语言工具，但智力测验强调的是我们之间的差异。我们要记住，智力测验只能测量人类认知功能的一个方面。

【第8章】

人类的发展

我们首先讨论几个强烈影响发展心理学这个研究人类成长、发展和一生变化的学科的几个理论。然后,我们将探讨每个主要发展阶段的挑战和发展指标。注意,身体方面的变化,是身体发生的物理变化;认知方面的变化包括思维、记忆等的变化;心理方面的变化包括我们与他人关系以及理解世界方式的变化。

发展理论

你已经学了几个发展理论。例如,在第5章中所学的学习理论能解释许多与年龄相关的变化。这些变化是由条件刺激、强化、惩罚和观察学习产生的。学习理论站在自然—育然之争的育然一边。

所有发展理论在自然—育然之争中都有自己的立场。大多数理论还讨论了发展是持续的还是分阶段的这一问题。学习理论假定,发展是持续的,并受环境的影响。与之相对,阶段理论认为,发展是分阶段的,或"跳跃前进的"。每个阶段都不同。我们首先讨论最有影响力的阶段理论——瑞士发展心理学家让·皮亚杰的理论。

皮亚杰的认知发展理论　　8.1 皮亚杰的理论是如何说明认知发展的?

由于皮亚杰(1896—1980)的研究,心理学家已经对儿童的认知过程有了了解。

发展是如何发生的　皮亚杰认为,认知发展是从一些基本图式这些在相似场景中使用的行动计划开始的。例如,一旦你享受过快餐店提供的免下车服务,你就能建构一个免下车图式,并将这个图式用于任何快餐店。每次你在不同的快餐店使用这个图式时,尽管你的经历都不一样,但你的基本行动计划却是一样的。关键是,你不必每到一个新的快餐店都从头开始,经历已经为你提供了一个可以遵循的总行动计划。

在皮亚杰看来,认知发展的本质是细化图式。例如,玩过橡皮球的婴儿建造了一个图式,这个图式在她每次见到球状物体时都会用到。图式使这个孩子期待,任何一个像球一样的物体都会弹跳。当给孩子一个李子时,她的球图式(适用于球状物体的内心行动计划)会使她把李子扔在地上,期待李子能蹦起来。这种我们把新物体、事件、经历和信息整合到已有图式中的心理过程,皮亚杰称之为同化。

当这个婴儿看见李子不会蹦起来时,她的球图式就会改变(尽管她会试着多扔几次,确保李子真的不会蹦起来!)。这个图式变化带来对真实世界更好的知识适应,因为修改后的图式包括这样的知识:一些球状物体会弹跳,但另一些则不会。我们修改已有图式并创建新图式以包括新物体、事件、经历和信息的心理过程,皮亚杰称之为顺应。

皮亚杰认为,认知发展分四个阶段,每个阶段都反映了我们推理和理解世界全然不同的方式,图式变化是这四个发展阶段的基础。这四个阶段以固定的顺序出现,前一个阶段的完成为后一个阶段奠定了基础。尽管全世界的儿童似乎都以同样的顺序通过这四个阶段,但不同儿童通过各阶段的速度却不相同。每个儿童的速度由该儿童的成熟水平和经历(如上学)决定。从一个阶段过渡到下一个阶段是渐进的,而不是突然发生的。儿童从一个阶段向另一个阶段过渡时,常常表现出前后两个阶段的特征。

感觉运动阶段　皮亚杰的第一个阶段叫感觉运动阶段(从出生到2岁)。在这个阶段,婴儿通过自己的感觉和肌动活动(身体运动)理解这个世界。婴儿的行为在刚出生时主要是反射的,然后变得越来越复杂,逐渐发展成智力行为。在这一阶段,思想局限于看得见的物体和直接感知得到的事件。婴儿学会对物体作出反应,进行操作,并将物体用在有目的的活动之中。

感觉运动阶段的主要成果是:幼儿发展起物体恒存这一概念,即意识到物体

(包括人)会继续存在,即使在视野中消失之后。物体恒存概念的发展是一个渐进的过程。如果幼儿没有看见一个物体,但能建构起对这个物体的心理表征,就说明孩子已经发展出了物体恒存概念。获得这个能力标志着感觉运动阶段的结束。

前运算阶段 皮亚杰指出,当儿童开始表现出象征功能时,他们就进入了认知发展的前运算阶段。象征功能是指:理解一个事物能代表另一个事物。儿童的行为方式帮助他们在这一阶段发展起象征图式,这对 2 ~ 7 岁的儿童尤为如此。儿童表现象征功能的两种方式是:用词语代表物体和玩假装游戏,如想象一块积木是一辆小汽车,一个布娃娃是一个真娃娃。当儿童练习使用象征时,他们越来越能够用词语和图像建构对物体和事件的心理表征。

在前运算阶段,儿童表现出皮亚杰所谓的自我中心,即他们认为,每个人的所看、所想和所感都和他们一样。结果,他们的思维常常没有逻辑。另外,他们对物体的思考主要受外表的影响。例如,一个 3 岁的孩子可能认为,饼干打碎了就不是原来的饼干了。在这个阶段,成年人试图说服孩子的努力常常是白费,因为,这个阶段的孩子还不能理解成年人的思维,即物体的外表改变了,但它的本质却没有变。

具体运算阶段 在第三个阶段是具体运算阶段(7 ~ 11 或 12 岁)。在这个阶段,新的图式使儿童能够理解,一定量的物质只要数量没有增减就保持不变,即使它的外表发生了变化。皮亚杰把这个概念叫作守恒。守恒的发展是因为新的图式能使儿童理解可逆性概念,即任何形状、位置或顺序都可以反过来。他们能思考打碎的饼干在打碎前是什么样子,意识到外表的变化并没有改变饼干的成分。你在"尝试"中可以看到,大孩子和小孩子在关于这些问题推理上的差异。

数量、物质(液体和固体)、长度、面积、重量和体积的守恒概念不是同时习得的,而是按照一定的顺序习得的,而且儿童习得它们的年龄也不一样(图8.1)。另外,处在具体运算阶段的儿童,不能把逻辑思维应用到假设的情景中去。例如,他们很难有逻辑地思考他们长大后可能从事的职业。他们也很难解决需要系统协调多个因素的问题。例如,他们常常不能解决这类推理问题:如果玛丽比比尔高,比尔比哈利高,那么哈利比玛丽矮吗? A,B,C,D 这四个字母能形成多少 2 字母、3 字母和 4 字母的组合? 直到儿童进入下一个阶段,他们才有可能解决这些问题。

守恒任务	习得年龄	原来	转换后

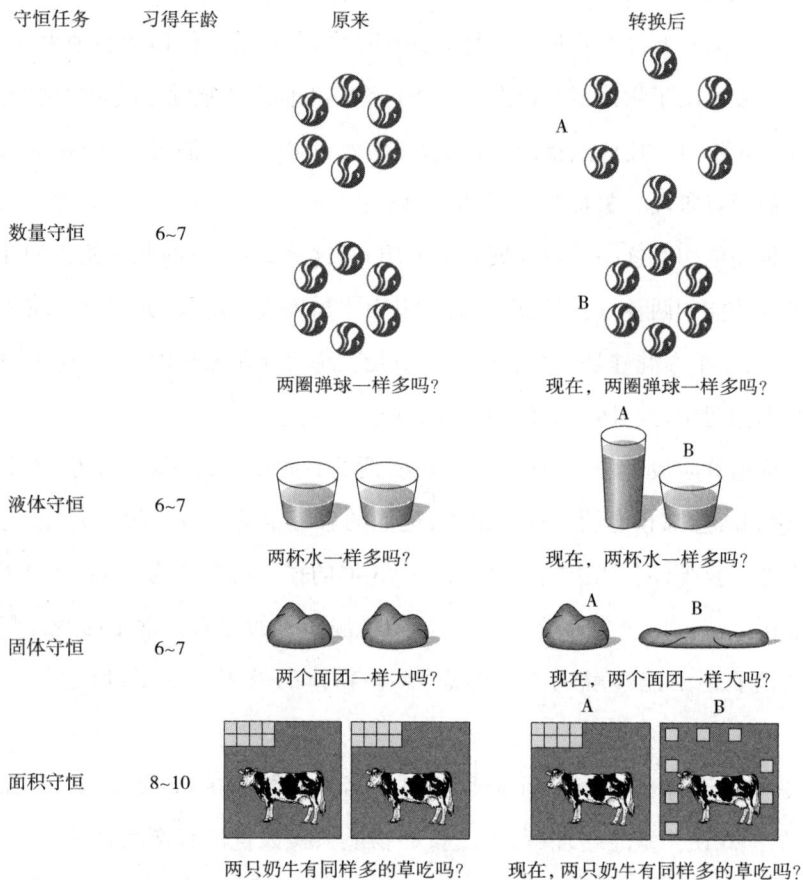

图 8.1　皮亚杰的守恒任务

皮亚杰的研究包括多种守恒任务。如果儿童能够正确解决一个问题,并对他们的回答作出具体运算推理,皮亚杰就把儿童的思维归为具体运算。例如,如果一个孩子说,"这两圈弹球一样多,因为当你移动它们时,你并没有增加或减少一个弹球",这个回答就是具体运算。相反,如果一个孩子说,"这两圈弹球一样多,但我不知道为什么",这个回答就不能算是具体运算。

尝试

体积守恒

在一名学龄前儿童面前放两个同样大小的杯子,然后在杯子里倒入同量的果汁。在孩子同意它们是等量的之后,将一个杯子里的果汁倒入另一个更高、更窄的杯子中,并将这两个杯子并排放置。现在问孩子,这两个杯子里的果汁是一样多吗? 这一阶段的孩子会坚持认为,那个高杯子里的果汁更多,尽管他们承认你并没有增加或减少杯子里的果汁。

现在,对一个小学生重复这个过程。小学生能够说明,虽然高杯子里看似有更多的液体,但将液体倒入不同的容器中并没有改变它的量。

形式运算阶段。形式运算阶段(11 或 12 岁以后)是皮亚杰第四个认知发展阶段,也是最后一个。在这个阶段,青春期前期和青春期的儿童能将逻辑思维应用到抽象、口头和假设的情景之中,并能用逻辑思维解决过去、现在和将来的问题。皮亚杰把这种能力称为假设—演绎思维。青少年能理解抽象学科(如哲学和政治),他们对理性世界感兴趣,开始形成自己的理论。然而,并非所有人都能完全获得形式运算思维。中学的数学和科学学习似乎有助于青少年完全获得形式运算思维。

形式运算思维使青少年形成种种设想。他们开始设想一个“完美”的办法来解决世界的和自己的问题。例如,父母离异后与一方生活的青少年会认为,如果自己与另一方生活,自己的生活会更好。皮亚杰用天真理想主义来指称这种思维。

心理学家大卫·艾尔肯宣称,青少年还有另一种不现实的想法:青少年自我中心。这种想法有两种形式,一种是假想观众,另一种是个人神话观念。假想观众由青少年所想象的敬佩者和批评者组成。在他们的想象中,自己永远站在舞台上。青少年可能长时间站在镜子前面试图取悦观众。青少年还夸大自己的独特感和不可毁灭感,这是一种个人神话观念。许多青少年相信,他们是不可毁灭的,是受到神灵保护的,别人的不幸(如未婚先孕或吸毒上瘾)是不会降临到自己身上的。

跨文化研究。“总结”归纳了皮亚杰的四个阶段。跨文化研究已经证实了皮亚杰提出的推理类型和阶段顺序的普遍性。但跨文化研究也表明,不同领域的认知发展速度不同。虽然皮亚杰观察的儿童在 5～7 岁就开始习得守恒概念,但澳大利亚的土著儿童在 10～13 岁才习得这一概念。但相对于量化任务(数数),土著儿童在空间任务中较早表现出了具体运算思维,而西方儿童却正好相反。这是因为土著人高度重视空间技能,而不太重视量化。在澳大利亚沙漠中,土著人需要不断迁徙、打猎、采集野果和寻找水源,他们几乎没有什么财产,也很少数数。他们的语言只能数到五,五以上的数他们就用“许多”表示了。

另一个促进认知发展的重要文化因素是正规教育。发展心理学家知道,获得正规教育的儿童比没有获得正规教育的儿童能更快地通过皮亚杰的四个阶段。另外,形式运算思维与正规教育有着密切关系。因此心理学家认为,形式运算思维是特定学习经历的产物,而不是像皮亚杰假设的那样一个普遍的发展过程。

总结　　　　　　　　　　　　**皮亚杰的认知发展阶段**

阶　段	描　述
感觉运动阶段(0~2岁)	婴儿通过感觉、活动和身体运动体验世界。在这一阶段末,幼儿发展起了物体恒存概念,并能建构不在场物体的心理表征
前运算阶段(2~7岁)	儿童能够用词语和图像表征物体和事件。他们能参与假装游戏——用一个物体代表另一个物体。他们的思维是自我中心的,也就是说,他们无法考虑别人的观点
具体运算阶段(7~11或12岁)	儿童能够在具体场景下进行逻辑思考。他们习得了守恒概念和可逆性概念。他们还能把物体排序和分类
形式运算阶段(11或12岁以后)	青少年学会在抽象场景下进行逻辑思考,学会系统地检验假设,并对理性世界感兴趣。并非所有人都能完全获得形式运算思维

与皮亚杰理论并行的理论

8.2 新皮亚杰理论家和维果斯基是如何说明认知发展的?

尽管皮亚杰对心理发展作出的巨大贡献无可争议,但他的方法和他的一些结论受到了批评。现在看来,儿童似乎比皮亚杰认为的更加聪明,成年人却似乎比皮亚杰认为的更加愚钝。然而,几十年的研究(其中大多数都旨在挑战皮亚杰的理论)强烈暗示,尽管认知发展遵循皮亚杰的四阶段顺序,但与年龄有关的认知变化过程中的许多重要问题还有待回答,而且,其他理论已经对这些问题提出了答案。

新皮亚杰理论　一些新皮亚杰理论家解释,不同年龄的儿童在解决皮亚杰的问题时所表现出的差异,是因为儿童的工作记忆发生了变化。例如,研究表明,孩子年龄越小,他们加工信息的速度就越慢。由于加工信息很慢,他们就无法在新信息把旧信息排挤出工作记忆之前,把旧信息储存到长时记忆之中。(回忆第6章提到的对遗忘干扰解释。)想一想遗忘如何影响儿童在数量守恒任务(图8.1)中的表现。如果新皮亚杰理论家是正确的,那么,低于6或7岁的儿童在看到弹球新的排列后将有可能忘记弹球原来的排列。这样一来,儿童就无法在心里比较弹球原来的和转换后的排列。与儿童不同的是,大一点的孩子能更快地加工信息,而且他们的工作记忆也更高效。这样一来,他们就能记住这两组排列以及转换弹球的过程。大一点的儿童能想出正确的解决办法,因为他们能更好地在工作记忆中整合所有相关信息。

维果斯基的社会文化理论 俄国发展心理学家维果斯基(1896—1934)主张,皮亚杰的认知发展理论过于强调儿童的内在因素。维果斯基假设,很多认知发展都源于儿童通过语言内化从社会活动中所习得信息。

你有没有注意到,儿童在拼图或画画的时候会经常自言自语?维果斯基认为,这些自发的语言行为对认知发展过程非常重要。维果斯基指出,婴儿天生就具备一些基本技能,如知觉、注意和记忆,这和许多其他物种一样。在生命的前两年,通过直接经验和儿童与社会文化世界的互动,这些技能自然发展。当儿童通过说话发展起表征观点和活动能力时,他们就常常"自言自语"。维果斯基认为,自言自语是认知发展的一个关键因素。通过自言自语,儿童能说出问题的要素,并说出解决问题的步骤以帮助自己解决问题。随着儿童能力的增强,自言自语就逐渐消退,变成喃喃自语,最后变成无言的思考。

维果斯基发现,社会经历、言语和认知发展之间有密切的关系。他指出,儿童的学习意识位于最近发展区。这个区域是儿童还不能单独完成的各种认识任务,但儿童能在父母、老师或年长同伴的指导下学会完成这些任务。这种老师或父母调整指导的方式和程度以适应儿童当前能力水平或表现的帮助方法称为支架法。在支架式教学中,对不熟悉的任务,老师或父母首先给予直接指导。但随着儿童能力的增强,老师或父母渐渐不再直接指导孩子,而让孩子自己渐渐独立完成任务。维果斯基假设,这种支架法往往出现在父母—孩子的关系之中,而且它对孩子的认知发展至关重要。

科尔伯格的道德发展理论   8.3 科尔伯格的理论是如何说明道德推理的?

劳伦斯·科尔伯格(1927—1987)提出的道德推理阶段理论,在道德发展研究中极具影响力。早在科尔伯格的研究之前,维果斯基和皮亚杰就将各自的理论应用于道德发展。维果斯基指出，文化通过语言和宗教教育塑造个体，使个体的行为符合社会文化标准。皮亚杰不否认文化在道德发展中的作用。但他假设，儿童的认知发展水平与社会向他们灌输道德价值观的努力是相互作用的。因此，道德推理发展和认知发展并行。

测量道德推理 科尔伯格通过让被试处在道德两难情境中（如海因茨抢店救妻的故事）来研究人一生中的道德推理变化。科尔伯格问被试一些开放式的问题，如"你认为海因茨应该怎么做?"在被试给出自己的观点后，科尔伯格会问他们原因。通过分析被试的回答，科尔伯格发现，他能够把道德推理分成三个水平，每个水平有两个阶段。

水平和阶段 在科尔伯格的第一个道德发展水平——前习俗道德水平，道德推理受行为的肉体后果的控制，而不是受内在是非观念的控制。肉体后果决定行为的对与错。在第一阶段，"好"行为是任何可以避免惩罚的行为；在第二阶段，"好"行为是任何得到奖励、利于自己或能得到别人回报的行为。"你奉承我，我也奉承你"是这个阶段的常见思维。儿童在10岁以前都处于前习俗道德水平。

在科尔伯格的第二个道德发展水平——习俗道德水平，个体已经内化了他人的标准，并以这些标准来判断对错。在第三阶段，有时也称为"好孩子定向"阶段，好的行为是取悦他人，帮助他人，并得到他人认可的行为。第四阶段的取向是尊重权威、固定的规则和维持社会秩序。好行为是恪守职责，尊重权威，维持社会秩序。科尔伯格认为，一个人必须进入皮亚杰的具体运算阶段后才能处于习俗道德水平。

科尔伯格的最高道德发展水平是后习俗道德水平。这一水平要求个体进入皮亚杰的形式运算阶段。在这一水平，人们不仅内化他人的标准，而且还衡量各种道德选择，意识到法律有时也会与基本人权相冲突。在第五阶段，个体相信，法律的制定是为了保护社会和个人。如果法律不能保护社会和个人，它就应该被修改。在第六阶段，伦理决策依据普遍伦理原则，强调尊重生命、正义、公平和尊严。处于第六阶段的人认为，自己必须按良心行事，即使这样要违背法律。

年龄、阶段和文化 "总结"表述了科尔伯格道德发展的六个阶段。科尔伯格指出，人们以固定的顺序依次通过这些阶段，不会跳过其中的任何一个阶段。另外，每个阶段都与一个必要的认知发展阶段相联系。习俗道德推理基于具体运算思维，而后习俗道德推理则基于形式运算思维。

总结　　　　　　　　　　　科尔伯格的道德发展阶段

水　平	阶　段
水平Ⅰ:前习俗道德水平 道德推理由行为的肉体后果控制;行为的好坏取决于身体后果——惩罚或奖励	**阶段1:** 能避免惩罚的行为就是好行为。儿童听话是因为他们害怕受到惩罚 **阶段2:** 以自我利益为中心阶段。好的行为是利于自己或能得到别人回报的行为。"你奉承我,我也奉承你"
水平Ⅱ:习俗道德水平 儿童内化他人的标准,并以这些标准判断行为的好坏	**阶段3:** 相互关系道德。"好孩子定向"儿童的行为是为了取悦或帮助他人 **阶段4:** 社会系统和良心道德。权威取向。道德是恪守职责,尊重权威,维持社会秩序
水平Ⅲ:后习俗道德水平 行为是受内心控制;这是道德的最高水平,它标志着真正的道德	**阶段5:** 契约道德;尊重个体的权利和民主制定的法律。理性评估多数人的期望和公共福利。相信如果每个公民都遵纪守法,社会将受益 **阶段6:** 最高水平的最高阶段。普遍伦理原则道德。个人的行为根据内在标准,不受法律限制或他人观点的左右

　　然而,认知发展本身还不足以推动道德推理的发展。此外,个体所处的环境还必须为他们提供充足的机会以应用他们的推理能力。直接教授道德原则也能推动道德推理的发展,尤其是父母和教师向儿童明确解释一些原则,并帮助他们将这些原则与自己生活中的道德问题联系起来。道德发展往往要滞后于认知发展(图8.2)。注意,习俗道德推理直到12岁之后才会出现,即使大多数儿童在6~7岁就达到了相应的认知发展阶段(即具体运算阶段)。同样,后习俗道德推理直到

成年后才会出现,也就是在个体具备了形式运算思维多年之后才会出现。注意,后习俗推理在成年人30岁时也很少出现。这些发现表明,道德发展是一个终生过程。

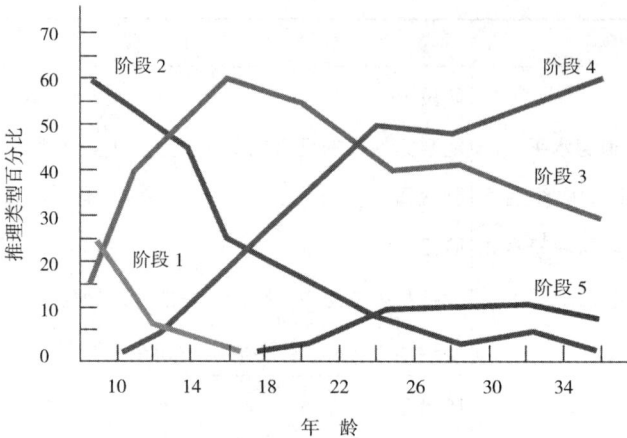

图 8.2　道德发展的历时研究

这些结果来自科尔比和科尔伯格对一组男孩的历时研究。他们每隔几年询问这些男孩科尔伯格的道德两难问题,从他们10岁一直到成年。注意,后习俗道德推理非常罕见,即便在成年后也不多见。

有很多证据表明,科尔伯格的道德推理阶段出现在所有文化中。司娜瑞在1985年综述了在27个国家所进行的45项对科尔伯格理论的研究。结果发现,所有研究群体都以同样的顺序通过这四个阶段。阶段5几乎全部出现在城市或中产阶级群体中,而没有出现在部落或乡村社会中。司娜瑞等人在2007年综述了在20多个国家进行的大量研究,结果支持了司娜瑞的早期研究。

对科尔伯格理论的挑战　关于科尔伯格理论的一个争议是性别偏见。科尔伯格指出,大多数女性处于阶段3,而大多数男性能达到阶段4。男性达到的道德推理水平真的比女性高吗?吉利根指出,科尔伯格的理论有性别偏见。科尔伯格不仅在最初的研究中没有包括女性,而且他还将道德局限于对道德两难情境的抽象推理。在最高阶段——阶段6,科尔伯格强调正义和公平,但没有强调仁慈、同情、关爱。吉利根指出,女性比男性更倾向于从同情、关爱的角度看待道德行为。她认为,男性和女性在各自道德推理的复杂性方面并没有差异。

最近的证据表明,女性的确倾向于用同情和关爱来解决道德两难问题,而男性则往往强调正义或至少认为正义和关爱一样重要。科尔伯格的理论强调权利和正义,但不太强调对他人的关爱。研究者发现,女性在道德推理中的得分和男性一样高。出于这个原因,吉利根等人认为,关爱和正义是道德推理的不同维度,它们影响男女对是非问题的判断。

最后需要指出的是,一些批评者指出,道德推理是一回事,道德行为是另一回事。科尔伯格欣然承认,人们能作出成熟的道德判断,但却不能用道德约束自己的行为。但是,通过比较道德行为完全不同的群体,研究者发现,群体不同,道德推理也不同。例如,研究者发现,不太能够设身处地替别人考虑的青少年更有可能犯罪。然而,批评者指出,了解道德发展变化如何影响人们对日常道德行为作出的决定(如员工决定违反公司的规定,在上班时间上网)没有什么用,这些批评言之有理。学习理论家暗示,这类决定是受违反规定所得的好处、被抓住的可能性和后果以及他人行为("每个人都在上网")的影响,而不是受抽象道德推理的影响。心理学家丹尼斯·克雷布斯和凯西·丹顿支持这一观点。他们发现,人们面对真实困境时表现出低水平的道德推理,而当他们判断科尔伯格研究中用到的假设情景时,会作出高水平的道德判断。不管我们同不同意科尔伯格的理论,我们都同意,道德推理和道德行为是人类发展至关重要的方面。道德高尚的人会营造出良好的社会风气。

埃里克森的心理发展理论　　8.4 埃里克森的理论是如何说明心理发展的?

皮亚杰、维果斯基和科尔伯格的理论所针对的,是发展的智力层面。道德推理当然包括对世界的推理,但它并不探讨个体是如何开始感觉到自己是家庭、社区和文化的一部分的。而在第1章谈到的精神分析学家的理论,却恰好关注发展的这一领域。我们将在第11章讨论精神分析奠基人的弗洛伊德的发展理论。但弗洛伊德理论最重要的修正者埃里克·埃里克森(1902—1994)的理论,最好是放在终生发展的语境中来讨论。因为,埃里克森提出的发展理论是唯一的一个主要终生发展理论。根据埃里克森的观点,个体要经过8个心理阶段,每个阶段都表现出一个个体与社会环境之间的冲突。只有这个冲突得到满意解决,个体才能健康发展。

根据埃里克森的观点,四个童年阶段奠定了成年时人格的基础。第一阶段的冲突是基本信任与基本不信任。在这个阶段,婴儿(出生到1岁)要发展出一种信任感或不信任感,这取决于孩子是否经常从母亲或养育员那里获得了足够的关爱。埃里克森认为,基本的信任是健康人格的基石。第二阶段的冲突是自主与害羞和怀疑。在这个阶段,儿童(1~3岁)开始表现出他们自己的独立性(常常说"不!"),并发展出身体和心理能力。第三阶段的冲突是主动与内疚。这个阶段,儿童(3~6岁)不仅表现出自治性,还开始发展出主动性。在第四阶段的冲突是勤奋与自卑。这个时候,孩子到了学龄期(6岁到青春期)。儿童开始乐于动手和做事情,并以此为骄傲。

埃里克森后面的阶段从青春期开始,但这几个阶段和实足年龄的关系没有童年期这四个阶段那么紧密。青少年和成年阶段代表着成年生活的重要主题。埃里克森指出,这些主题以固定的顺序出现,因为每个主题的解决取决于前一个主题的妥善解决。

后面的第一阶段是自我身份与角色混乱。在这一阶段,青少年经历了埃里克森所谓的身份危机。在身份危机中,青少年必须思考如何适应成人世界。埃里克森指出,健康的身份确立对下一阶段至关重要。下一阶段是亲密与孤独。这一阶段从18岁开始。在这一阶段,青年必须找到一个终身伴侣,要不然就得欣然接受孤独终老这一现实。再下来的一个阶段是繁殖与停滞。这一阶段在中年期达到顶峰。埃里克森指出,繁殖是一种想通过抚养和教育来指导下一代的欲望。最后一个阶段是自我完美与绝望。这个阶段的目标是接受生活,准备面对死亡。"总结"概括了埃里克森的心理发展各阶段。

大多数对埃里克森理论的研究都关注婴儿的信任、青少年的身份确定以及中年人的繁殖这三个方面。埃里克森对这三个阶段的预测并没有全部得到证实。好的一面是,有大量证据表明,婴儿与养育员的关系对孩子后来的发展至关重要。

相比之下,大多数考察身份发展的研究表明,这一过程的确是从青春期开始的,且一直要持续到成年早期才会结束。例如,许多大学生开始选专业时还没有为未来的职业发展确定一个主修专业,而是依据前几个学期的经历来选择专业。这种明显滞后的一个可能原因是,逻辑推理(与皮亚杰形式运算阶段相联系的推理)的发展与身份的形成有密切关系。形式运算思维在青春期缓慢发展。青少年可能要到成年早期才具有这种认知能力来进行身份发展所必要的思考。

总结　　　　　　　　　　　　　　埃里克森的心理发展阶段

阶　　段	年　　龄	描　　述
信任与不信任	出生到 1 岁	婴儿学会信任或不信任,这取决于他们是否经常从母亲或养育员那里获得足够的关爱
自主与害羞和怀疑	1 ~ 3 岁	儿童学会表达他们的意愿和独立性,他们能施加一些控制并作出选择。否则,他们就会羞愧和怀疑
主动与内疚	3 ~ 6 岁	儿童开始发起活动、制订计划和实施任务,乐于发展运动和其他能力。如果父母和教师不允许儿童这么做或让他们感到自己很傻、很讨厌,他们就会感到内疚
勤奋与自卑	6 岁 ~ 青春期	儿童开始变得勤奋并以完成任务或制作东西感到自豪。如果儿童没有得到鼓励或受到父母和教师的漠视,他们就会变得自卑
身份与角色混乱	青春期	青少年必须从童年过渡到成年,确立自己的身份,发展自我意识并考虑将来的职业身份。否则,就会出现角色混乱
亲密与孤独	青年期	青年必须与另一个人建立亲密关系,即能够与他/她分享幸福并关爱一生。避免亲密关系会带来疏离感和孤独感
繁殖与停滞	中年期	中年人必须以某种方式为下一代的发展作出贡献。否则,他们就会变得自私、情感贫乏并停滞不前
自我完美与失望	老年期	个体回顾自己的生活,如果感到满意并有一种成就感,那么,他们就感到自我完美。如果不满意,他们就会陷入失望之中

对年轻、中年和老年妇女的研究表明,繁殖能力在中年期增强,这与埃里克森的预测是一致的。然而,即使到了老年期,繁殖能力并没有减弱。因此,就像埃里克森预测的那样,繁殖能力可能更是中年期的特征,而不是青年期的特征,而且,一直到老年期,繁殖都仍然重要。

前面,我们已经大体了解了一下发展理论,现在,我们再回过头来看一看每个发展阶段的主要发展指标。胎儿发育期是出生前的时期。出生后的最初 2 年是婴儿期。2 ~ 6 岁是童年早期,6 岁到青春期是童年中期。青少年期从青春期开始,一直到个体在他们所处的文化中长大成人为止。最后,成年阶段往往划分为成年早期(18~40 或 45 岁)、成年中期(40 或 45 岁~65 岁)和成年后期(65 岁及以后)。

胎儿发育期和婴儿期

在一生中,变化最快的是哪个阶段?是怀孕的前 8 周。但出生后最初 2 年发生的变化也很快。

从怀孕到出生　8.5 胎儿发育期的每个阶段都发生了些什么?

许多人都把 9 个月的怀孕过程分成三个 3 月期。不过,这样的划分是任意的,与胎儿发育没有任何关系。事实上,胎儿发育期的最后阶段在第一个 3 月期结束之前就已经开始了。

胎儿发育期的阶段。受孕当然标志着胎儿发育期的开始,它通常发生在一个输卵管中。在接下来的 2 周时间里,受精卵(精子和卵子结合后产生的细胞)游到子宫中并附着在子宫壁上。这个阶段叫受精卵期。在这一阶段末,受精卵只有句号那么大。第二个阶段是胚胎期(第 3 周到第 8 周)。在这一阶段,身体的主要系统、器官和结构开始发育。当第一个骨细胞形成的时候,这个阶段就结束了。胚胎只有 1 英寸(约 2.5 厘米)长,1/7 盎司(约 4 克)重,但它已经初具人形,有肢体、手指、脚趾,而且许多内部器官也开始工作了。胎儿发育期的最后一个阶段是胎儿期,从第二个月末到出生。胎儿快速地成长,身体的结构、器官和系统得到进一步发育。表 8.1 描述了胎儿发育期每个阶段的特征。

表 8.1　胎儿发育期的阶段

阶　段	受孕后的时间	主要活动
受精卵期	1~2 周	受精卵附着在子宫壁上。在第 2 周,受精卵只有句号大小
胚胎期	3~8 周	身体的主要系统、器官和结构开始发育。当第一个骨细胞形成的时候,这个阶段就结束了。在第 8 周,胚胎只有 1 英寸(约 2.5 厘米)长,1/7(约 4 克)盎司重
胎儿期	9 周到出生(38 周)	身体的结构、器官和系统快速地成长和发育

在胎儿发育期的最后几周,胎儿能够对外界的刺激(特别是声音)作出反应。另外,新生儿还能记得他们在出生前受到的刺激。在一项经典的胎儿学习研究中,德卡斯珀和斯彭斯让 16 名怀孕母亲在最后 6 周的时候为肚中的胎儿朗读《戴帽子的猫》,每天读两次。在出生后的几天,这些婴儿在听母亲朗读《戴帽子的猫》或《国王、老鼠和奶酪》(这个故事他们从来没听过)时,他们对特制压敏奶嘴的吮吸方式会发生改变。通过吮吸行为,婴儿表现出对自己所熟悉故事的偏爱。

胎儿发育期的不利影响因素　尽管胎儿发育过程很神奇,但大量证据表明,很多潜在有害因素都容易影响发育中的胚胎和胎儿。一个因素是缺少产前保健,另一个是孕产妇健康。慢性疾病(如糖尿病)患者怀的胎儿可能会发育迟缓或发育过快。当母亲患有病毒性疾病(如风疹、水痘或艾滋病)时,她们生下来的孩子在身体和行为方面都可能会出现异常。

致畸剂这种物质对胎儿的发育会产生不利影响,造成先天畸形等问题。致畸剂的影响取决于它的强度和接触它的阶段。一般来说,致畸剂在胚胎期会带来最严重的影响。这段时间是身体结构发育的关键期。如果药物或其他有害物质破坏了关键时期的发育,那么,身体结构就会发育异常,而且以后也不会再发育。(注意,整个发展阶段都有关键期。在语言发展一节,你会读到另外一个关键期。)

怀孕期间使用海洛因和可卡因等毒品会导致流产、早产、低体重儿、胎儿呼吸困难、身体缺陷和胎死。酒精也会穿过胎盘屏障,而且胎儿的酒精含量浓度几乎和母亲血液中的酒精含量浓度一样。怀孕期间酗酒的女性,生下的孩子可能会患胎儿醇中毒综合征。患有这种综合征的婴儿智力迟钝,头小,眼距宽,鼻子短。这些孩子还有多动症等行为问题。一些在胎儿期接触酒精的儿童会出现胎儿酒精效应,即会表现出胎儿醇中毒综合征的一些特征,但不是很严重。卫生局局长告诫女性,在怀孕期间不要喝酒。对 1991—2005 年的数据分析结果显示,孕妇喝酒的比例大约是 13%。近年来,发动了很多全国性的宣传活动来告知孕妇喝酒的危害,但孕妇喝酒的比例并没有因此而明显减少。

吸烟会降低氧气量,增加穿过胎盘屏障的一氧化碳浓度,会使胚胎或胎儿接触到尼古丁和其他上千种化学物质。因此,孕妇吸烟会增加婴儿早产或产下低体重儿的概率。另外,由于研究者不确定大量摄入咖啡因是否会对胎儿产生不利影响,因此,最明智的办法就是减少咖啡因的摄入,每天不超过 300 毫克(3 杯咖啡)。

出生 你在第 3 章了解到,在怀孕末期,女性会分泌大量内啡肽(身体的天然镇痛剂)以应对生产时的疼痛。同时,随着子宫组织对催产素(生产时刺激子宫收缩的激素)的效果变得更加敏感,孕妇催产素的水平也在提高。有趣的是,催产素似乎还能影响女性的情感,使她们做好心理准备,以应对产前的焦虑并在产后与婴儿建立亲密关系。

到了某个时刻,女性体内的生理因素连同胎儿和胎盘发出的生化信号,触发生产。生产有三个阶段。在阶段 1,子宫收缩,子宫颈变得平坦,直径渐渐增加到 10 厘米。在阶段 2,胎儿顺着阴道来到这个世界上。在阶段 3,子宫排出胎盘。

刚一出生,医生就立即评估新生儿的健康状况。体重和胎龄(母亲怀孕的时间长短)是关键因素。低体重儿是体重轻于 5.5 磅(约 2.5 千克)的婴儿。在 37 周或 37 周以前产下的低体重儿被认为是早产儿。新生儿的体重越轻,早产的时间越早,危险性也就越大。体重稍轻的新生儿有轻微的学习和行为问题,而体重很轻的新生儿面临的问题是:严重发育迟滞,失明,失聪,甚至死亡。

知觉和运动发展　　8.6 婴儿的能力在最初 18 个月是如何变化的?

新生儿天生就具有各种条件反射,即对某些刺激天生就有反应,这是新生儿能在这个世界里存活下来的必备技能。吮吸、吞咽、咳嗽和眨眼,这些都是新生儿能立即做出的行为。新生儿会抬腿,抬胳膊或转动身体的其他部位,以避开疼痛刺激。而且,他们还会试图移开头顶上方的毯子或布。如果轻抚婴儿的脸颊,你就触发了宝宝的觅食反射。于是,婴儿就会张开嘴,积极地寻找奶嘴。另外,在婴儿出生时,所有五官都在工作,尽管这些功能还有待提高。

新生儿已经有了自己喜欢的气味、味道、声音和视觉结构。在新生儿中,听觉比视觉发展得更好。新生儿能够寻声转头。一般来说,婴儿更喜欢女性的声音。新生儿能够区分气味和味道,并偏爱某些气味和味道。婴儿喜欢甜味,并能区别咸、苦、酸三种味道。新生儿还对疼痛敏感,尤其是对触摸敏感,他们喜欢被人抚摸。

罗伯特·范茨在 1961 年认识到,婴儿对物体的兴趣可以通过他/她注视物体的时间来量度,这是一项突破性的贡献。范茨证明,婴儿喜欢人脸,并不喜欢黑白抽象图案(图 8.3)。范茨的研究表明,新生儿有自己的偏爱和区分能力,甚至有记忆识别和学习能力。

刚出生时,婴儿的视力大概是 20/600,直到 2 岁才能达到 20/20。新生儿看 9 英寸(约 23 厘米)处的物体最清楚,眼睛能随着缓慢移动的物体而转动。出生 22 ~ 93 小时的婴儿已经明显表现出了对母亲面孔的偏爱。尽管新生儿喜欢有颜色的刺激,不喜欢灰色的刺激,但他们还不能区别所有颜色,直到 4 个月时才具备这种能力。

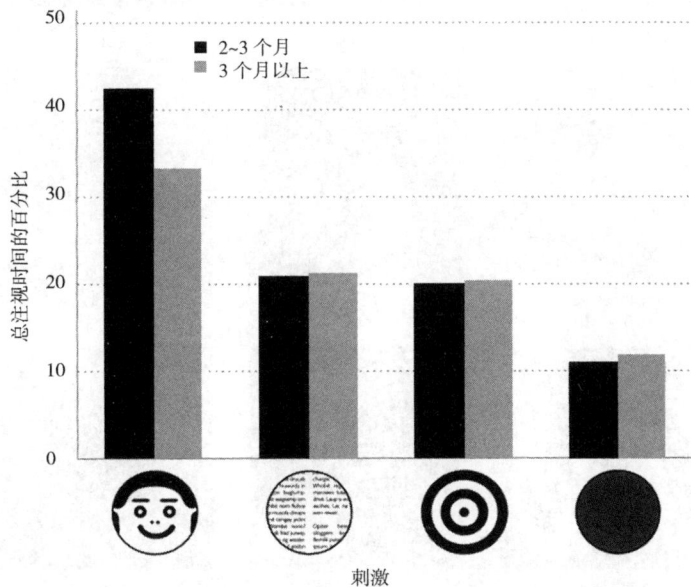

图 8.3 范茨的研究结果

通过看图片来观察和记录婴儿的眼睛运动,范茨发现,婴儿更喜欢人脸,不喜欢黑白抽象图案。

一个著名的实验是关于婴儿深度知觉的研究。吉布森和沃克在 1960 年设计了一个视觉悬崖:一块厚重的玻璃板被一块木板分成两边,一边玻璃板下就是格子图案,另一边玻璃板下几英尺的地方才是同样的格子图案。这个布置使人从一边看上去有一个突然的落差或“视觉悬崖”。大多数的 6 ~ 14 个月的婴儿在母亲的诱惑下能爬过浅的这一边,只有 3 个婴儿能爬过深的这一边。吉布森和沃克于是得出结论:大多数婴儿一开始能够爬行就能够区别深度。

和知觉能力一样,婴儿的运动能力在最初 18 个月也在逐渐增强。运动能力的快速发展主要是由成熟引起的。成熟依据婴儿自身的生物发展时间表(由遗传基因决定)而自然发生。许多运动发展指标,如坐、站、走(图8.4),都取决于中枢神经系统的成长和发育情况。

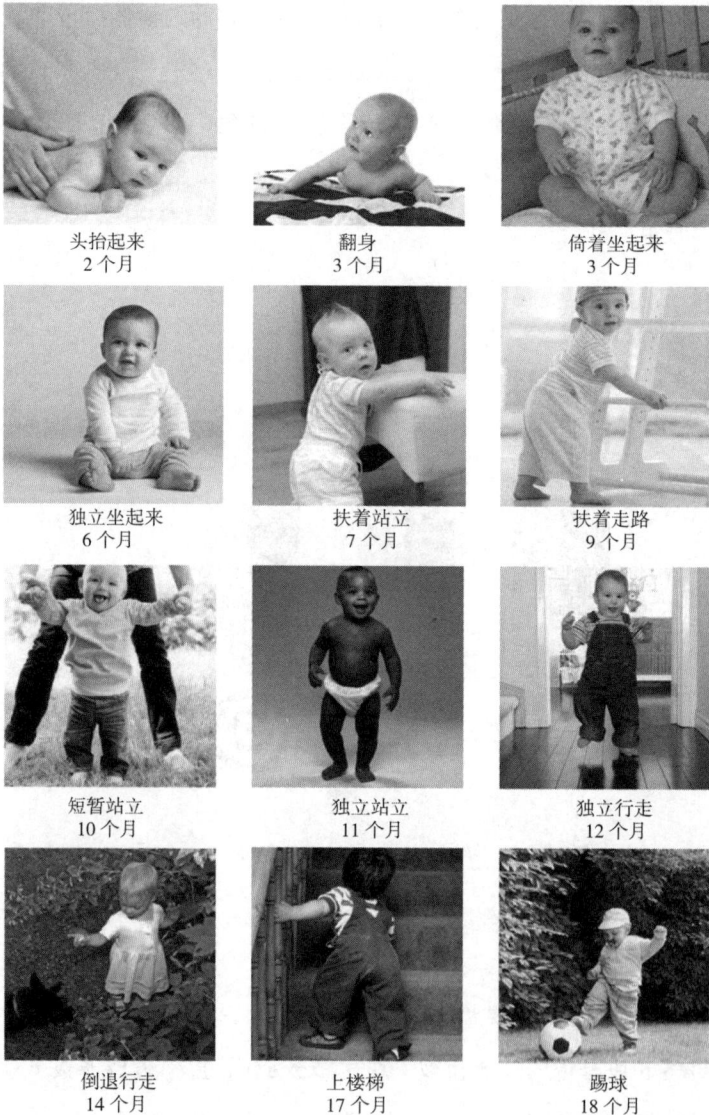

头抬起来
2个月

翻身
3个月

倚着坐起来
3个月

独立坐起来
6个月

扶着站立
7个月

扶着走路
9个月

短暂站立
10个月

独立站立
11个月

独立行走
12个月

倒退行走
14个月

上楼梯
17个月

踢球
18个月

图8.4 运动发展过程

大多数婴儿按图中所显示的顺序发展运动能力。年龄只代表婴儿获得这些运动能力的平均年龄。因此,正常且健康的婴儿完成这些发展指标的时间,可能比平均年龄要晚几个月或早几个月。

经历对运动能力的发展也会产生一定影响。例如,当婴儿处于极端不利的环境中(如严重营养不良、母爱被剥夺或感觉被剥夺)时,发展指标完成的速度就会减慢。另外,跨文化研究发现,在乌干达和肯尼亚的一些文化中,母亲用特殊的运动训练方法训练婴儿。这些婴儿获得主要运动能力的速度要快于大多数的美国婴儿。但是,加快获得运动能力的速度对发展没有持续性的影响。婴儿会依据自己的发展时间表学会走路、说话和上厕所。

特质　8.7 特质是如何影响婴儿的行为的?

每个婴儿一生下来就具有独特的行为风格或回应环境的方式吗? 也就是说,他们有独特的特质吗? 1956 年进行的纽约历时研究,调查了特质及其对发展的影响。托马斯、切斯和伯奇使用观察法和心理测验法,对 2~3 个月的婴儿进行跟踪研究,直到他们成年;同时,还对他们的父母和老师进行了访谈。这项研究发现了三种特质类型:容易相处型、难相处型、慢热型。

"容易相处型"儿童占研究群体的 40%,他们情感愉悦,适应性强,积极看待新环境和人,有规律地睡觉、吃饭、排泄。"难相处型"儿童占 10%,这些儿童情感不愉悦,消极看待新环境和人,情感反应强烈,身体机能无规律。"慢热型"儿童占 15%,他们不太合群,适应缓慢,"情感有点消极"。剩下的 35% 难以分类。

研究表明,婴儿特质的变化受遗传的强烈影响,而且在一定程度上预示着将来的不同性格。大多数研究特质的发展心理学家认为,性格是由特质与环境的不断相互作用塑造的,环境能加强、减弱或改变这些与生俱来的行为倾向。儿童对行为的调整似乎在一定程度上取决于个体特质以及家庭和环境对儿童行为风格的反应。难相处的儿童可能激起父母和他人的敌意和愤怒,这反过来又会保持儿童的消极行为。另一方面,容易相处的儿童通常会从父母和他人那里得到积极的反应,这反过来又会强化和维持儿童的行为。

依恋　8.8 婴儿对养育员依恋的原因、特征和结果是什么?

几乎所有的婴儿都会对母亲或养育人员形成强烈的依恋。但到底是什么把养育员(通常是母亲)和婴儿紧紧联系在一起的呢?

哈利·哈洛所做的一系列关于猕猴依恋情况的经典研究,加深了发展心理学家对依恋的认识。哈洛制作了两个"猴妈妈"替代品。一个"猴妈妈"的身体是金属丝网缠绕的圆筒,头是一块木头;另一个"猴妈妈"的身体也是金属丝网缠绕的圆筒,但里面有厚厚的海绵,外面裹着柔软的绒布,头也更像猴头。两个"猴妈妈"都可以拿着奶瓶喂奶。新生的猴子被单独关在笼子里面。在笼子里,新生猴子可以同时接触到布猴妈妈和金属猴妈妈。对于新生猴子来说,是布猴妈妈喂的奶还是金属猴妈妈喂的奶并不重要。但是,幼猴对布猴妈妈形成了强烈的依恋,对金属猴妈妈却几乎没有依恋。哈洛发现,猴子对母亲依恋的基础是接触性安慰,即由身体接触提供的安慰,而不是哺育。如果布猴妈妈没有出现,而把其他一个不熟悉的物体置于笼中,猴子就会蜷缩在角落,抓头、摇晃、吮吸拇指或脚趾、沮丧地哭泣。但当布猴妈妈出现时,猴子会首先抱着她,然后才会玩那些不熟悉的物体。

大量研究表明,人类婴儿也有类似的依恋。母亲抱着婴儿,抚摸婴儿,给婴儿说着话,回应婴儿的需要;另一方面,婴儿会凝视着母亲,听妈妈说话,甚至随着妈妈的声音摆动着自己的身体。一旦依恋形成,婴儿就会表现出分离焦虑,即父母离开时会感到害怕和沮丧。分离焦虑出现在8~24个月,在12~18个月时达到顶峰。在6或7个月的时候,婴儿开始害怕陌生人,即出现陌生人焦虑,而且逐渐增强,直到1岁。然后,从第二年开始就逐渐减弱。在不熟悉的场景中(如父母不在身边或陌生人突然靠近或触碰孩子),陌生人焦虑更为强烈。

依恋有着质的差异。在一项关于依恋的经典研究中,玛丽·安斯沃斯观察婴儿与母亲第一年在家里的互动情况,然后在婴儿12个月的时候,观察了母子在实验室里的互动情况。基于短暂分开后婴儿对母亲的反应,安斯沃斯等人发现了以下四种依恋模式。

第一种模式是安全型依恋(占美国婴儿的65%)。尽管与母亲分开后婴儿很沮丧,但他们会积极寻求建立新的联系,并显示出对游戏的兴趣。他们把母亲作为行动和探索的安全基础,而且比别的婴儿反应更快、更听话、更合作、更满足。另外,安全型依恋似乎能保护婴儿不受潜在不利因素(如贫穷)的伤害。上幼儿园后,他们比其他孩子表现出更好的社会能力,如维持友谊的能力。

第二种模式是回避型依恋(占美国婴儿的20%)。当母亲在身边时,婴儿通常不会搭理她;当母亲不在身边时,他们也不会沮丧。当母亲返回时,他们会极力避免和她接触或至少不马上和她接触。总的来说,这些婴儿对母亲就像对陌生人一样,并无多少依恋。母亲往往不太关爱婴儿,对他们的需求和哭泣也置之不理。

第三种模式是反抗型依恋(占美国婴儿的10% ～ 15%)。婴儿寻求并更喜欢和母亲接触。但与安全型依恋婴儿不同,这些婴儿不会自己去探索。当母亲返回时,这些婴儿会表现出愤怒。他们会推打母亲。当母亲抱起他们时,他们会继续大哭。母亲很难安慰他们。

第四种模式是无组织型或混乱型依恋(占美国婴儿的5% ～ 10%)。这是最令人困惑和最不安全的模式。当婴儿和母亲团聚时,他们会做出矛盾性的和令人迷惑的反应。母亲抱起他们时,他们不看母亲,而故意把头转向别处,或面无表情地或沮丧地看着母亲。母亲抚慰他们时,他们会露出茫然且空洞的表情,并做出奇怪且呆板的姿势。

尽管母子的依恋关系一直是研究的重点,但父亲也能和母亲一样关爱自己的孩子,父子的依恋程度并不比母子的依恋程度弱。的确,父子互动能对孩子产生很多长期的积极影响。与父亲经常互动的孩子往往具有更高的智商,他们的社交能力更好,而且能更好地应对挫折。他们解决问题的毅力也更强,他们不太可能冲动和表现出暴力倾向。与父亲关系好的孩子,对自己的孩子也好。

与父亲的互动对发展很重要,因为父亲、母亲与婴儿和儿童的互动方式不同。父亲更喜欢与儿童玩更刺激、更激烈的游戏,母亲则不会让儿童玩过度刺激的游戏,以免他们受伤。另外,父亲允许婴儿爬得更远,几乎是母亲允许距离的两倍。父亲会放手让婴儿自己探索新的刺激和环境。当然,最好是父母两方面的影响都有。

童年早期和童年中期

想一想,这有多么不可思议:出生时,婴儿唯一的交流工具就是哭,但到11岁时,孩子的平均词汇量就超过了60000。掌握语言(口语和书面语)只是众多出现在童年早期和童年中期的重要发展过程中的一个。

语言发展　　8.9 语言发展的阶段有哪些？　不同的理论家如何说明各个阶段？

在出生后的最初几个月里,婴儿通过哭泣交流不愉快的情感。然后,他们便开始快速地习得语言。语言发展取决于生理成熟(尤其是大脑的成熟)和环境中的语言输入情况。如果儿童在两岁之前没有接触过人类语言,那么,他们习得语言的能力就会受到会永久性的损坏。因此,前两年是语言发展的关键期。

语言发展的阶段　在第 2 或第 3 个月的时候,婴儿就开始呃儿阿儿地不断发出一些元音。在 4～6 个月时,婴儿开始牙牙学语。他们发出能构成语词的基本音素。在牙牙学语的第一个阶段,婴儿发出的是能构成人类所有语言的基本语音。在这一阶段,语言似乎是由生物本能决定的。因为,所有的儿童,甚至聋儿,都能发出同样多的语音。

到了第 8 个月时,婴儿开始关注出现在他们周围的语音以及语言的节奏和音调。到 1 岁的时候,婴儿就从牙牙学语阶段进入到单词阶段。婴儿最先说的词通常代表能动的物体或能抓住玩耍的物体。第 13～18 个月,孩子的词汇量陡增。到 2 岁的时候,小孩已经知道 270 个词了。

最初,孩子对词语的理解与大人不同。当他们缺少正确的词语时,会依据共同特征,用一个词来表达其他本不应该用这个词来表达的物体。这种现象叫延伸过度。例如,把任何男性都叫"爸爸",把任何四条腿的动物都叫"狗狗"。有时,孩子不能用一个词来指代同一类物体中的其他成员。这种现象叫延伸不足。例如,把自己家里养的狗叫"狗狗",但对隔壁家养的德国牧羊犬就不叫"狗狗"。

在 18～20 个月时,孩子的词汇量已达到了 50。他们开始把名词、动词、形容词组合成双词短语或双词句子。在这一阶段,孩子在很大程度上依赖于手势、语调和语境来表达他们的意思。根据不同的语调,孩子的句子可能表示疑问或/和陈述。孩子遵循严格的词语顺序。你可能会听到"妈妈喝""喝牛奶"或"妈妈牛奶",但不会听到"喝妈妈""牛奶喝"或"牛奶妈妈"。

到了 2～3 岁的时候,儿童开始使用三字词或三个以上词构成的短句。罗杰·布朗将这些短句称为电报语。这些短句遵循严格的词序,只包括关键实词,不包括复数形式、所有格、连词、冠词和介词。电报语反映了孩子对句法的理解。句法是规定句子中词语顺序的规则。当第三个词被加入进来的时候,它通常会填补双词句中空缺的位置,如"妈妈喝牛奶"。在使用电报语一段时间之后,儿童就渐渐开始增加修饰语,使自己的句子更加准确。

儿童凭直觉学会语法规则并刻板地应用这些规则。过度规律化,是儿童把语法规则错误应用到不规则词语上造成的。说英语的儿童已经掌握了"went""came"和"did",但一段时间之后,他们却错误地应用过去时规则,又开始说"goed""comed"和"doed"。这看似一种倒退,但实际上不是。这表示,儿童已经习得了英语的一个语法规则,即动词原形+ed构成动词的过去式。

语言发展的理论 学习理论家长期认为,习得语言的方式和习得其他行为的方式一样,都是通过强化和模仿。斯金纳(1957 年)在《论言语行为》一书中断定,父母有选择性地批评不正确的语言,并且通过表扬、认可和关注的方式,强化了儿童的正确语言。因此,儿童的语言表达越来越符合语法规则。班杜拉等人认为,儿童主要通过模仿习得词语和句子。然而,模仿不能解释儿童语言习得过程中的电报语和过度规律化现象。另外,父母似乎更在意儿童说话的内容,而不是他们的语法。因此,父母对内容的强化要多于对语法形式的强化。

诺姆·乔姆斯基认为,语言能力在很大程度上是天生的。他提出了一个全然不同的理论。乔姆斯基认为,大脑包括了一个语言习得装置,它使儿童容易而自然地习得语言和发现语法规则。大多数正常儿童按照同样的阶段习得语言。语言发展的生物性成熟机制与身体和运动发育的生物性成熟机制是一样的。乔姆斯基这些理论被称为语言的天生说。

语言天生说比学习理论能更好地解释这个事实:全世界儿童在语言发展过程中所经历的基本阶段一样。天生说也能解释,当所有儿童第一次学习复数形式、过去时和否定式时,他们所犯的错误类似。因此,这些错误不是通过模仿或强化习得的。

然而,一些环境因素的确促进了语言的发展。例如,如果父母常与婴儿说话,婴儿的语言能力就会更好。另外,父母用婴儿的语言与他们说话也能促进婴儿的语言习得。父母常用"妈妈语"这种高度简化的语言跟孩子说话。她们跟孩子说话用的句子短、词语简单、语速慢、声音高、语调夸张,且不断重复。耳聋的母亲也用类似的方式与婴儿交流,即她们跟孩子沟通时的手势更慢、动作更夸张,且不断重复。大多数研究者都赞成用互动论来解释语言发展。互动论承认,婴儿天生的语言习得能力有重要作用,但环境对语言的发展也产生影响。

读写能力 在现代社会,儿童除了学会说,还必须学会写。口语发展的许多方面对学习阅读至关重要。语音意识尤为重要。语音意识是指:对语言的语音模式及其字母表示很敏感。如果4岁儿童能正确回答像"如果你把[b]拿走,bat会变成什么?"之类的问题,那么,他们学习阅读就更快。另外,如果儿童对母语有很好的语音意识,那么,他们学习阅读就更容易。即使他们是在二语环境下学习阅读,他们的二语阅读速度也会更快。

儿童似乎是通过词语游戏学会语音意识的。对说英语的儿童来说,教他们儿歌有助于语音意识的发展。日本父母通过与孩子玩一种叫接龙的游戏来培养孩子的语音意识。接龙游戏的规则是:一个人说出一个词语,另一个人必须用这个词语的尾音打头接一个词语。父母和孩子一起读故事或写故事,也有助于孩子语音意识的发展。

社会化　8.10 父母的教养方式和同伴关系对社会化有什么影响?

社会化是学习社会所接受的行为、态度和价值观的过程。父母对儿童的社会化起着主要作用,同伴也能影响这个过程。

父母的教养方式 父母教养儿童的方式会影响社会化。戴安·鲍姆林特研究了父母教养方式的连续体,发现了三种不同的教养方式:专制型、权威型、放纵型。每种方式似乎对孩子的行为都有独特的影响。

专制型父母制订规则,期望孩子无条件服从,惩罚不好的行为(通常是体罚),重视对权威的服从。他们不会给规则一个理由,他们认为"因为这是我说的"就足以成为孩子服从的理由。父母往往不善于跟孩子交流,对孩子冷淡。鲍姆林特发现,以这种方式教育出的学龄前儿童沉默寡言、焦虑、不快乐。儿童(尤其是男孩子)的智力表现差,而且缺乏社会能力。然而,研究表明,在有些情况下,专制型教养方式也有益于儿童的发展。例如,在贫困社区,专制型家庭的儿童比放纵型家庭的儿童发展得更好。

权威型父母对孩子设立高标准,但这些标准是合理的。他们实施监管,但同时鼓励开放式交流和独立。他们愿意跟孩子讨论规则并给出理由。如果儿童知道为什么要设立这样的规则,那么,他们就更容易内化规则并自觉遵守这些规则。总的来说,权威型父母关爱、支持孩子,喜欢与孩子交流,尊重孩子和孩子的观点。他们的孩子更加成熟、快乐、自立、自律、果断,社会能力强,更有责任感。权威型家庭的儿童在童年中期和青春期的学习成绩更好、独立性更强、自尊心更强,而且他们已经内化了道德标准。

放纵型父母虽然关爱和支持孩子,但他们很少制定规则或要求,而且通常也不会执行这些规则。他们允许儿童自己作决定和管理自己的行为。放纵型教养方式家庭的儿童往往不成熟、冲动、依赖性强,而且,他们的自律性和自立性最差。

有的放纵型父母对孩子漠不关心。这种教养方式会导致青少年酗酒、滥交朋友、违法犯罪、学习成绩差。

在美国所有的族裔中都发现了权威性教养方式对孩子的积极影响,唯一的例外是第一代亚洲移民。对这些第一代亚洲移民来说,专制型教养方式与优异的学习成绩密切相连。发展心理学家鲁丝·赵对这个结论的解释是:亚洲文化的传统就是教孩子听话,这是关爱的表现。另外,严格的教养往往被亚洲家庭的温暖所缓和,因此儿童认为,父母是出于爱而期望他们无条件服从。但研究同时也表明,第一代移民在美国生活的时间越长,权威型教养与社会能力之间的联系就越密切。

同伴关系　友谊在 3 或 4 岁的时候开始发展,而且与同伴的关系会变得日益重要。这些早期关系通常以共同的活动为基础:两个孩子在一起玩的时候会把对方当作朋友。在小学阶段,友谊往往建立在相互信任的基础之上。到童年中期,成为同龄群体中的一员成为儿童快乐的源泉。同龄群体通常由同一种族、性别和社会阶层的儿童组成。同龄群体的社会功能是提供行为、穿着和语言的榜样。同龄群体提供客观的评价标准,儿童可以据此来评价自己的特质。同龄群体还能不断强化好行为,惩罚坏行为。同龄排斥常常会导致过度攻击行为。

性别角色的发展　　8.11 理论家是如何说明性别角色的发展的?

一直以来,社会期望男性独立好斗,女性温柔贤惠。心理学家将这种期望称为性别角色。儿童在很早的时候(2 岁左右)就能在游戏中表现出与性别角色一致的行为。心理学家用不同的理论来解释性别角色的发展。

从生物论的角度看,基因和产前性激素对性别角色发展有重要影响。可拉和海恩斯通过对产前雄性激素影响的综述发现,这些激素对儿童的游戏行为有强烈的影响。接触过产前雄性激素的女孩比没有接触过的女孩更喜欢玩男孩的玩具,如卡车、小汽车和消防车。产前雄性激素也能影响人类和其他动物的大脑发育和功能。

当然,对性别角色发展的生物影响,并不是在环境真空中发生的。例如,从婴儿期开始,儿童收到的大多数礼物都与各自的性别一致:女孩收到洋娃娃和茶具,而男孩却收到卡车和运动设备。如果有人叫某个女孩"假小子",她可能很高兴,认为这是一种赞扬;而几乎所有男孩都不喜欢别人叫他"娘娘腔",他们会认为这是一种侮辱。

社会学习理论家认为,环境影响比生物影响对性别角色发展更重要。这些理论家指出,儿童通常因为模仿与性别相符的行为而受到强化。当儿童的行为与性别不相符时(男孩涂抹口红或女孩假装刮脸),父母就会立即告知儿童(通常用责备的语气),"男孩/女孩不这样做"。然而,现在还没有证据表明,儿童在早期表现出的性别类型行为是由父母的强化导致的。模仿和强化可能在性别角色发展中起到一定作用,但它们无法完全解释这一现象。

劳伦斯·科尔伯格提出的认知发展理论指出,对性别的理解是性别角色发展的前提。科尔伯格认为,儿童经历了一系列阶段后才能习得性别概念。在2~3岁时,儿童习得了自己的性别身份,即他们感觉到自己是男性或女性。在4~5岁时,儿童习得了性别稳定性,即他们意识到男孩一生都是男孩,女孩一生都是女孩。最后,在6~8岁时,儿童理解了性别恒常性,即性别是不会发生变化的,无论人们参与什么活动,穿什么衣服。另外,科尔伯格还认为,当儿童意识到自己的性别是永恒的时候,他们就会主动寻求同性榜样,并学习与该性别相符的行为。

跨文化研究揭示,在不同的文化(萨摩亚、肯尼亚、尼泊尔和伯利兹)中,科尔伯格的性别身份、性别稳定性和性别恒常性阶段出现的顺序是一样的。研究还表明,随着儿童通过性别稳定性和恒常性阶段,他们对性别刻板印象的认识会加深,他们赋予自己作为男性或女性的价值也会增加。然而,这个理论却无法解释为什么儿童在2~3岁的时候就表现出了许多与性别相符的行为和偏好,这个时候孩子还没有习得性别恒常性。

桑德拉·贝姆在 1981 年提出的性别图式理论,能更完整地解释性别角色的发展。和社会学习理论一样,性别图式理论暗示,儿童会主动注意自己文化中的性别标准和性别刻板印象,并据此行事。和认知发展理论一样,性别图式理论强调,儿童很早就开始将性别作为组织和加工信息的方式。但性别图式理论坚持,这个过程出现得更早,那个时候儿童只习得了性别身份,而且儿童更喜欢与自己性别相符的玩具和衣服,更喜欢与同性伙伴玩耍。在很大程度上,儿童的自我概念和自尊取决于他们的能力和行为是否符合所在文化所定义的性别角色。根据性别图式理论,为了保持自尊,儿童会主动根据文化定义的性别角色行事。

青少年期

青少年这个从儿童过渡到成年的概念原本不存在。但在 1904 年,心理学家 G. 斯坦利·霍尔在他的书中首次用到这个词。他将这一阶段描述为"狂飙期",这是生理变化的必然结果。

青春期与性行为   8.12 青春期对青少年的身体、自我概念和行为有什么影响?

青少年期以青春期开始。青春期是身体快速成长和变化的阶段,以性成熟为高潮。女孩青春期的平均年龄是 10 岁,男孩是 12 岁,但是,女孩正常的青春期年龄范围是 7～14 岁,男孩是 9～16 岁。青春期开始的时候,激素激增,生长速度也随之加快。这个过程叫青少年发育陡增。平均来说,女孩的发育陡增期是 10～13 岁,男孩的发育陡增期是 12～15 岁。女孩在 16～17 岁时个子最高,男孩则在 18～20 岁时个子最高。

在青春期,男女两性的生殖器官变得成熟,第二性征开始出现。第二性征是没有直接参与生殖的身体特征,它们把成熟的男女区分开来。女性的乳房开始发育,臀部变圆;男孩的声音变低,胡须和胸毛开始出现。男孩和女孩都开始长出阴毛和腋毛。男孩青春期的一个主要标志是第一次射精,出现的平均年龄是 13 岁。女孩青春期的一个主要标志是月经初潮,出现的平均年龄是12岁,但9～16岁来月经都算正常。

青春期到来的时间早晚,会产生重要的心理后果,会带给青少年一种安全感,因为青少年发现自己和同龄人一样。许多研究发现,早熟的男孩比同龄人更高、更强壮。他们在运动上有优势,对自己的身材感到满意;他们自信、有安全感、独立、快乐;他们的学习成绩也更好。但早熟的男孩也可能更具攻击性。另外,早熟的青少年往往喜欢结交不良少年和沾染毒品。

早熟的女孩比同龄人个子高,更在意自己的身材。因此,她们更有可能患上饮食障碍。另外,她们也可能早早性交并意外怀孕,更有可能喝酒和吸毒。晚熟的女孩常常经历很大的压力,因为她们的身体发育晚于同伴,但她们可能比早熟女孩长得更高、更苗条。

青春期带来性欲的苏醒。如图8.5所示,美国青少年中的性行为在9～12年级急剧增加。一个触目惊心的数据是:在中学毕业之前,很多青少年就有多个性伴侣。个体(不管青少年还是成年人)拥有的性伴侣越多,他/她患上性病的可能性就越大。

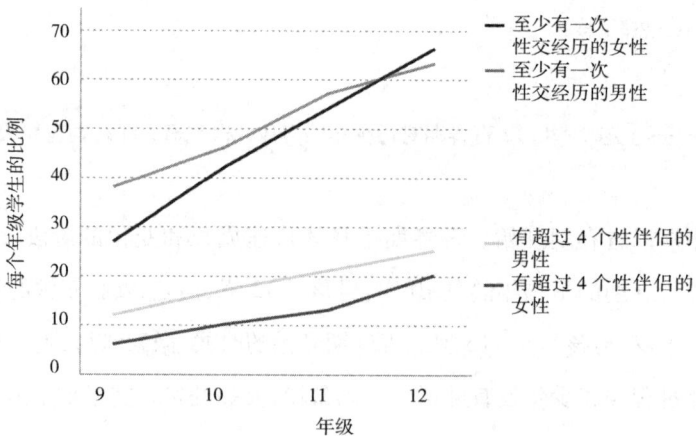

图8.5 美国中学生的性活动情况

这张曲线图显示,性活跃男孩和女孩的比例在9—12年级时急剧增加。

另外,美国青少年怀孕的比例也高于其他发达国。在美国,每1000个少女中,每年就有41人怀孕;而在日本、韩国、瑞士、荷兰和瑞典,这一比例低于7/1000。大多数的青少年怀孕发生在16岁以后。自从20世纪60年代起,青少年怀孕的比例就在下降,而未婚少女妈妈的数量却在增加。在 20 世纪 60 年代,约 80% 的少女妈妈都已结婚,但今天这一比例却只有 20%。

经常参加宗教活动且与父母生活在一起的青少年,出现性交的情况要少得多。这些青少年的家庭教养既不太放纵,也不太严厉。那些学习成绩中上和参加体育运动的青少年,也很少有性交的情况发生。

社会关系　　8.13 父母和同伴对青少年的发展有什么作用?

大多数青少年都与父母有着良好的关系。研究表明,与父母的良好关系对青少年自尊的发展很重要。前面讨论过的三种教养方式(专制型、权威型和放纵型)中,权威型教养方式似乎对青少年最有效,而放纵型教养方式最无效。在一项对 2300 名青少年的调查中,放纵型家庭的青少年比其他两种家庭的青少年更有可能喝酒、吸毒、品行不端、对学习不感兴趣。专制型家庭的青少年心理痛苦,且不太自立和自信。

即使与父母关系良好的青少年,也常常想与父母分开一段时间。对于青少年,朋友是他们情感支持和认同感的重要源泉。青少年常常在同性或同种族的同伴中选择朋友。同种族的人有相似的价值观、兴趣和背景。与同伴的交往对青少年形成自己的身份非常重要。青少年能尝试不同的角色并观察朋友对他们行为和衣着的反应。同龄群体为青少年提供了评价个人资本的比较标准和发展社会能力的动力。"解释"会告诉你同龄群体的重要性。

解释　　　　　　　为什么同龄群体对青少年非常重要?

几年前,得克萨斯州休斯敦富裕郊区的居民被震惊了。他们听说一群本地区的女孩持枪抢劫了好几家便利店。当这些女孩被捕的时候,她们把这几场抢劫当作"娱乐",并称她们这个群体叫"武装抢劫皇后"。为什么这些物质上富足的青少年要以抢劫为乐呢? 想想怎么用埃里克森的身份与角色混乱阶段来解释这些青少年的行为。

在传统社会中,青少年通过正式的成年人仪式进入成人世界。在此之后,男孩要么进入成人职业,要么当学徒。女孩要么嫁人,要么学习做家务以准备嫁人。生活在这种社会里的青少年,很少会怀疑自己的成人角色将是什么,以及如何过渡到这些角色中。所不同的是,现代工业社会已没有什么成人仪式了,青少年要自己去找寻通向成人世界的道路。另外,社会也没有为青少年提供正式的角色;一些活动对青少年来说太幼稚,而另一些活动又太成熟。因此,埃里克森的"角色混淆"状态以及由此引发的焦虑成为大多数青少年的日常经历。

埃里克森认为,同龄群体能帮助青少年应对角色混淆所带来的压力,因为同龄群体能为青少年提供一个暂时的解决办法或是一个暂时的身份定位。为了便于成员获得这个暂时的身份定位,同龄群体穿相似的衣服,听相似的音乐,一起出去玩耍,共同批评其他群体,为将来制订合理的计划。有些群体还有自己的名称。

对大多数青少年来说,处于儿童和成人之间的迷茫地带令他们无比焦虑。成为群体的一员能让他们逃离这种焦虑。但对其他青少年来说,通过群体获得身份往往会导致自我毁灭,阻碍他们过渡到成人世界之中。通过毒品来维系关系的群体就属于这一种。同样,当青少年通过犯罪活动来维系与他人的关系时,他们不仅损害了现在的安逸状态,而且还会损害他们将来的成人角色。这个道理已经向"武装抢劫皇后"的成员讲明白了。有些成员已经 17 岁。依据得克萨斯州刑法,她们已经是成人了。她们称之为"娱乐"的犯罪活动将让她们在监狱里待上好几年。这样看来,从角色混淆中获得的暂时解脱最终会破坏她们通向成人世界的道路。

当然,与有的群体相比,"武装抢劫皇后"的经历似乎微不足道。这些群体出于同样的心理社会原因,拉帮结伙,打家劫舍。最终,他们不仅没有进入成人世界,而且连自己的性命也受到威胁。与其他青少年群体不同,社会把犯罪性质的青少年群体看成一个整体,他指出,为了避免青少年终生把自己的身份定位为罪犯,社会应该制定政策,允许官员在处理青少年群体犯罪时从每个个体成员入手,允许学校、法院和其他机构判定每个青少年成员的罪行。

成年初显期   8.14 成年初显期有什么特征?

从体态上讲,18 岁的时候身体就完全成熟了。对于成年期,有选举年龄、喝酒年龄等不同的法律定义。那么,区分青少年和成年的心理和社会标准是什么呢?为了寻找答案,发展心理学家杰弗里·阿内特提出,现代社会的教育、社会和经济要求,已经产生了一个新的发展阶段,他把这个阶段称为成年初显期。这个阶段从青少年后期到 20 岁出头。在此期间,青少年在承担成年人角色之前尝试着各种选择。阿内特等人的研究表明,至少在美国,年轻人在 25 岁之前不会把自己看作成年人。

神经成像研究支持了成年初显期是一个独特阶段的观点。这些研究表明,大脑中负责理性决策、冲动控制和自我调节的区域,在这个阶段日趋成熟。在这个阶段开始的时候,个体还可能会做一些危险的事,如无保护措施的性交,但当这些大脑区域在 20 ~ 25 岁之间成熟之后,他们就不太可能做这样的事了。

成年初显期的神经变化与文化要求一起,塑造了这一发展阶段的心理特征。研究者格伦·罗斯曼及其同事假设,成人初显期必须解决五个方面的发展任务:学习、友谊、品行、工作和爱情。罗斯曼的研究表明,前三个方面的技能很容易从青少年期迁移到成年期。然而,成人初显期必须用与青少年不同的方式处理工作和爱情问题。当然,很多青少年也有工作,也谈恋爱。但成人初显期的文化,要求他们找到一个能完全获得经济独立的工作。同样,成人初显期还必须决定长期的爱情关系在他们现在和将来生活中的位置并投身于这样的关系。罗斯曼等人的研究结果表明,成人初显期在工作和爱情方面的调整比前三个方面的调整更为困难。

成年早期和中期

如前所述,成年期这个阶段长达 50 多年。该期分三个部分:成年早期(20 ~ 40 或 45 岁)、成年中期(40 或 45 ~ 65 岁)和成年后期(65 或 70 岁以上)。这些年龄只是个大概,因为没有生物或心理事件能严格区分每个阶段的始末。很明显,有些方面会发生改变。但是,成年人在很多方面都保持不变。最明显的变化主要是体态方面的变化。

体态变化和认知变化　　8.15 体态和心理在成年早期和中期有什么变化?

大多数人在 20 多岁和 30 多岁的时候,身体和精力都很好,因为这段时间是身体状态的顶峰,身体的力量、反应时间、繁殖能力,以及手的灵巧度都处于最佳状态。到了 30 岁之后,这些身体能力就略微下降。不过,一般人感觉不出来,只有职业运动员才能感觉到。中年人常常抱怨自己的体力和耐力大不如从前。但这些下降与衰老没有多大关系,而与个人的运动、饮食和健康习惯有很大的关系。中年人一个不可避免的变化是眼睛老花。老花眼是指眼睛看不清近处的物体,读书时要带老花镜。

女性到中年的一个主要生理变化是停经,这通常发生在 45 到 55 岁之间。停经标志着繁殖能力的终结。停经以及雌性激素急剧减少所带来的最常见的症状是潮热,即突然间感觉很热,令人不舒服。一些女性还经历了其他症状,如焦虑、易怒和/或情感波动,约 10% 的女性感到抑郁。但大多数女性停经后不会有心理问题。

尽管男性没有一个类似停经的生理变化,但他们的睾丸素从 20 岁起就开始逐年减少,直到 60 岁左右。在中年后期,许多男性的前列腺功能减弱,精子减少。与睾丸素和精子减少相伴随的是性欲的减退。但与女性不同的是,男性一生都有生殖能力。但是,他们的年龄越大,精子携带的 DNA 碎片就越多。目前,科学家还不确定,这种损坏是否与男性的生殖能力或妊娠结果有关系以及有什么关系。

智力功能的变化也出现在成年的早期和中期。但这些变化比你想象的要复杂一些。例如,年轻人在强调速度和机械记忆的测试中比中老年人完成得更好,但是,年长者却在一般信息、词汇、推理能力和社会判断的测试中比年轻人完成得更好,因为年长者有更多的经验和知识。成年人通常会继续学习知识和技能,尤其是当他们所从事的工作要求他们这么做时。

沙伊及其同事分析了西雅图历时研究的数据,对 5000 多位被试的智力能力进行了评价。许多被试在 50 年之中接受了 6 次测验。沙伊发现,在语言意义、空间定向、归纳推理、数字推理以及词语流畅性这五个方面,被试在 45 岁时的得分略微高于他们年轻时的得分。平均来说,被试的得分直到 60 岁之后才略微下降,这种趋势一直持续到 80 多岁。即使到了 81 岁,有一半的被试也没有表现出明显下降。这项研究还揭示了几个性别差异:女性在语言意义和归纳推理的测试中表现更好;男性在数字推理和空间定向的测试中表现更好。从 20 多岁中期一直到 80 多岁,唯一持续下降的能力是知觉速度。

为了更好地理解成年期的智力功能变化,研究者区分出了两类智力:作为个人语言能力和知识积累标志的固化智力,往往会随着年龄的增大而提高;作为抽象推理和思维灵活性标志的流动智力,在 20 岁出头时达到顶峰,并随着年龄的增大而降低。

社会发展　　8.16 成年早期和中期的社会发展主题是什么？

过去,成年人的主要社会任务是结婚和生孩子。尽管今天大多数成年人仍然会结婚和生孩子,但他们做这些事的年龄发生了巨大的变化。根据美国人口普查局的数据,在 1960 年,美国女性的平均结婚年龄是 20 岁,男性是 23 岁;今天,女性的平均结婚年龄是 26 岁,男性是 28 岁。

居住方式　政府调查显示,美国的家庭现在平均分为两种:一半是已婚夫妇居住在一起,另一半包括其他各种关系。大多数非婚家庭都是由单身成年人构成。我们以为这些单身汉不快乐或正在寻找自己的终身伴侣,但实际上他们中的大多数对自己的现状都感到满意,而且不想改变这种现状。

成年人结婚年龄增大的一个重要原因是同居的泛滥。在美国,几乎 5% 的家庭都是异性同居。另外有 1% 的家庭是同性同居。一些研究表明,如果结婚,婚前同居的一对比婚前没有同居的一对更有可能离婚。然而,这些研究结果可能会引起误导,因为它们没有考虑双方结婚意愿的坚定程度。一些更谨慎的研究表明,如果婚前同居的一对完全清楚自己的最终目的是结婚,那么他们婚姻的稳定性和满意度与婚前没有同居的一对并无二致。

与异性恋夫妻一样,同性恋夫妻对自己的性生活很满意。另外,同性恋夫妻与异性恋夫妻一样认为,当双方都投入这段感情时,他们会感到更满意。一个人与他人的亲密关系是成年人生活的一个重要方面。埃里克森的这一观点,同样适用于同性恋。

结婚和离婚　尽管今天成年人结婚的年龄不断增大,而且他们的居住方式也千差万别,但大多数成年人都会在某一个时候结婚。研究表明,超过 80% 的成年人在一生中至少会结一次婚。除了经济上的好处外,婚姻也会给男女带来很多身体和精神上的好处(如降低抑郁的比例)。

一些研究表明,不快乐和充满压力的婚姻可能对夫妻一方或双方的健康造成危害。婚姻内的冲突有时会导致离婚。然而,冲突只是导致离婚的一个原因。总的来说,离婚率最高的是青少年、无宗教信仰的夫妻(而且新娘未婚先孕)以及父母离过婚的人。

离婚常常会彻底改变一个成年人的生活,尤其是女性的生活。一方面,有孩子的女性在离婚后的生活质量会下降;另一方面,男性和女性都必须找到新的朋友和新的家庭。

为人父母 随着人们结婚年龄的增大,越来越多的夫妻将生育推迟到30岁。不管一个人什么时候为人父母,这种转型都是人一生中最困难,也是最值得去做的一个转型。在为人父母之后,父亲和母亲都更有可能表现出与他们各自性别角色相关的行为。但这种行为可能反映的是父母能脱离工作的时间长短或在其他实际生活方面上的差异,而不是他们的个人偏好。另外,研究表明,在为人父母之前的婚姻质量能预测小孩出生之后夫妻双方对婚姻的满意度。例如,在有孩子之前,夫妻很少发生冲突,这样的夫妻在他们成为父母后,对婚姻的满意度仍然会很高。

职业 关于工作和职业的问题是成年人生活的一个重要主题。"应用"讨论了心理学家对职业发展的研究。这些研究关注人格变量和职业发展阶段。先不考虑人格和阶段,我们对工作的感觉如何,我们的工作满意度不仅能预测我们在工作中的快乐程度以及我们的工作效率,还预测了我们对生活其他方面的态度。例如,工人的工作满意度与他们的爱情满意度密切相关。因此,成年人生活的这两个主题是交织在一起的。个体对一个主题越满意,他/她对另一个主题也就越满意。

成年人生活的其他方面也与他们的职业相互联系。例如,抚养孩子常常是职业女性生活中的一个关键问题。在20世纪60年代,只有18%的母亲有工作。今天,66%的母亲(她们的孩子小于6岁)和约80%的母亲(她们的孩子刚上小学)都有工作。另外,男女都同意,职业是幸福生活的重要组成部分。但研究表明,由于工作和家庭之间的冲突,在工作中,女性不太可能和男性一样地努力寻求晋升。

中年神话 你可能听说过,当成年的孩子离家之后,父母会患上空巢综合征。事实恰恰相反。孩子离家后,父母终于有机会重新审视他们的身份了,因此他们很珍视这个机会。另外,分析表明,空巢与中年人的心理障碍(如抑郁)几乎没有什么关系。因此,空巢综合征这个概念似乎没有现实基础。

同样,"中年危机"这个术语一直被用来描述中年人对自己流逝青春的焦虑。但研究否定了这个概念。40~60岁的人比年轻人或老年人更有可能经历"压力超载"。这个概念由心理学家大卫·阿尔梅达提出,指的是中年人必须在教育孩子、照顾父母、应付工作、找时间陪家人以及为退休做打算这几方面进行平衡。但阿尔梅达发现,成功应对这些挑战能提升中年人的成就感。

| 应用 | 你在职业发展过程中处于什么位置? |

你有没有想过自己最适合做什么工作?如果想过,你可能想看看两个职业发展模型。从这两个模型中,你或许可以找到理想的职业,但最终你对自己职业的满意度取决于你如何把工作和生活融为一体。

霍兰德的人格类型

约翰·霍兰德的研究非常有影响力,它塑造了心理学家对人格和职业的看法。霍兰德提出了六种基本人格类型:实际型、研究型、艺术型、社会型、企业型、传统型。他的研究表明,每种类型都与职业倾向有关(表8.2)。正如霍兰德的理论所预测的那样,人格类型与工作相吻合的人对工作更满意。因此,人格测量可能帮助你作出正确的职业选择。

苏泊的职业发展阶段

心理学家唐纳德·苏泊提出,职业发展从婴儿期开始按阶段出现。首先是成长阶段(0~14岁)。在这一阶段,你了解了自己的兴趣和能力。下一个阶段是探索阶段(15~24岁)。在这一阶段,你不断尝试并从错误中吸取教训,因此你会不断变换工作。下一阶段是确立阶段(也叫稳定阶段)(25~45岁)。在这一阶段,你开始了解你的工作和组织文化,并逐渐开始爬升。有时,你还需要接受培训。在这一阶段,设立目标也很重要。你必须决定自己的目标是什么以及如何实现目标。有经验同事的指导有助于你成功度过这个阶段。一旦你在职业中立足,就进入了维持阶段(45岁一直到退休)。这个阶段的目标是保护和维持你早年取得的成就。当然,在今天这个快速发展的社会里,人们经常会变换工作。因此,个体可能在任何时间都要重新回到探索阶段。和大多数的阶段理论一样,每个阶段的年龄没有这个阶段的相对位置那么重要。

表8.2 霍兰德的人格类型和职业倾向

类型	人格特质	职业倾向
实际型	有冲劲、阳刚、身体强壮、不善言辞、不善交际	擅长操作机械和使用工具;机械师、电工或检验员
研究型	善于思考(尤擅长抽象思维),擅长组织和规划;不善交际	擅长从事模糊、有挑战的任务;科学家或工程师
艺术型	不善交际	擅长从事非结构化、高度个性化的工作;艺术家

续表

类型	人格特质	职业倾向
社会型	外向;爱助人、善社交、需要得到关注;不喜欢智力活动和高度有序的活动	擅长从事为他人服务的工作,如医疗服务、教育服务
企业型	善言谈、独断;喜欢组织和领导他人;善于说服他人,是一个强有力的领导	擅长从事销售性质的职业
传统型	喜欢有系统、有条理的工作;喜欢接受他人的领导,自己不谋求领导职位;喜欢有一个清楚的指导方针;工作踏实	擅长从事文件档案、图书资料之类的工作

成年后期

在 20 世纪初,美国人的寿命只有 49 岁。到了 20 世纪末,美国人的寿命就上升到了 76 岁。最近的人口普查显示,65 岁以上的人占美国人口的 15%;到 2030 年,这一比例将上升到 20%。这些老年人很可能活到 100 岁。65 岁之后你对生活的看法是什么?"尝试"的数据可能会使你惊讶不已。

尝试　　　　　　　　　　**对成年后期的刻板看法**

估计一下美国 65 岁以上的人有多少表现出下列的幸福指标:

1. 独自生活或与配偶生活。

2. 收入高于贫困线。

3. 每两周至少与家人交流一次。

4. 日常活动不需要别人帮助。

5. 不需要辅助设备(如拐杖、轮椅)。

6. 每两周至少出去吃一次饭。

7. 定期参加宗教活动。

8. 性活跃。

答案:1.94% 2.90% 3.90% 4.89% 5.85% 6.60% 7.50% 8.50%

身体变化和认知变化   8.17 身体和心理在成年后期有何变化?

　　我们一直以为,大脑中的神经元会在成年后期急剧减少,但这一认识是错误的。研究表明,老年人皮质的缩减是由于白质中覆盖轴突的髓磷脂的分解造成的,而不是由于构成灰质的神经元的丧失造成的,而且这个过程在 30 出头就已经开始了。在第 2 章中你了解到,髓鞘能促进神经脉冲的快速传导。髓磷脂的分解可以解释行为减慢这个最可预测的衰老特征,神经传递速度的减慢导致身体和心理功能的减慢。随着髓磷脂的分解,大脑加工同样信息所用的时间会更长,而且反应的时间会更慢。

　　随着年龄的增大,人们越来越看不清近处的事物和黑暗中的事物,越来越听不见高频率的声音。关节变得僵硬,骨头因为钙的流失而变得更加脆弱,稍不留神跌倒就可能骨折。

　　约 80% 的 65 岁以上的美国人患有一种或多种慢性疾病,最常见的是高血压。在 65 岁以上的人群中,52% 的女性和 47% 的男性都患有高血压。其次是关节炎,它是导致关节僵硬的炎症疾病。39% 的女性和 31% 的男性都患有关节炎。但这两种病可以用药物控制,而且许多患有这些病的老年人都活得很好。

　　研究表明,身体锻炼能改善老年人的体质状况。在一项研究中,让 100 名住在养老院里、身体虚弱、平均年龄达 87 岁的老年人在健身机上锻炼他们的大腿和臀部肌肉,每周锻炼 3 次,每次 45 分钟。在 10 周之后,这些老年人爬楼梯的力量增加了 28.4%,走路的速度增加了 12%,其中 4 名甚至能够丢掉轮椅,用拐杖走路。对许多人来说,我们能保持身体健康充满活力。

　　行为减慢也能解释,为什么不同年龄的人在强调速度的认知测试上表现不同(你在前面已经读到这些内容)。但是,成年后期的智力衰退并非不可避免。身体健康,保持精神和身体活跃的老年人往往能保持自己的智力不衰退。这些老年人在词汇、理解和一般信息的测验中表现很好,而且他们解决实际问题的能力比年轻人还强。在记忆任务中,老年人在辨识任务和回忆自己专业知识任务上的表现,与年轻人不相上下。在学习新的认知策略方面,他们也丝毫不比年轻人逊色。

有几个因素与老年人的良好认知功能相关。这些因素包括高学历、复杂的工作环境、与有知识配偶的长期婚姻,以及高收入,性别也是一个因素。女性不仅比男性活得长,而且她们在老年时候的认知衰退也比男性慢。但是,智力功能能被身体问题或心理问题(如抑郁)破坏。西玛穆勒及其同仁在 1995 年发布的研究结果揭示,不断用脑的人,随着年龄的增长出现智力衰退的可能性要小得多。脑子这东西,要么你用它,要么你失去它。因此我们建议:如果你想在老年还能保持敏锐的头脑,那就请您多用脑子吧。

社会适应　　8.18 老年人面临着什么样的适应挑战?

如前所述,大多数老年人的身体和心理都很健康,但老年人确实也丧失了很多。如何适应这些丧失的东西是老年人的第一个挑战。幸运的是,大多数老年人都能有效地应对这一挑战。例如,在美国,60% 的 65 ~ 69 岁老年人和 80% 的 70 岁以上的老年人已经退休。我们对退休老人有种种偏见,但实际上他们大都乐于退休,而且也能很快适应退休生活,没有经历多少压力。总的来说,最不愿意退休的是那些受过良好教育、职高薪厚并在工作中获得成就感的人。博斯等人研究发现,只有 30% 的退休者说自己的退休生活充满压力,而且这些人大都身体不好,经济也不宽裕。

影响老年人生活满意度的另一个事件就是丧偶。对大多数人来说,丧偶是一生中压力最大的事。丧偶后,很多老年人会出现睡眠紊乱等身体问题。这些问题会损害丧偶老人的健康,使他们疲惫和焦虑。另外,由于免疫功能受到抑制的缘故,丧偶老人生病的可能性也更大,死亡率也很高,特别是在丧偶后的前 6 个月。

丧偶还常常给 44% 的女性和 14% 的男性带来另一个挑战:他们必须决定是否改变住所。在美国,所有族裔的老年人都喜欢独住,只有 5% 的老年女性和 9% 的老年男性与亲戚住在一起。在欧洲,老年人的居住方式大体与美国相同。由此推测,在这些社会中,保持独立居住的能力是老年人生活满意度的一个重要因素。

在其他各国,情况正好相反。例如,在墨西哥,90% 的老年丧偶女性与亲戚(通常是子女)住在一起。几代同堂的家庭在其他拉美国家和亚洲国家也很常见。独住对拉美和亚洲社会老年人的心理影响,与对美国和欧洲社会老年人的心理影响截然不同。如果一个社会认为老年人应该和子女住在一起,那么,在这个社会中,独住老年人的生活满意度就低于那些与家人同住的老年人。

成功老去	8.19 成功老去的要素有哪些?

老年人要保持对生活的满意程度,就必须能够适应身体和社会的变化。知道了这一点,你就能理解为什么大多数老年人都认为自己的身体是健康的(图8.6),虽然他们中的80%都患有某种慢性疾病。出现这一看似矛盾现象的原因之一是:人越老,对生活的态度往往越乐观。另外,大多数老年人学会相对地看待生活。也就是说,大多数的老年人认为,别人比他们还要差。

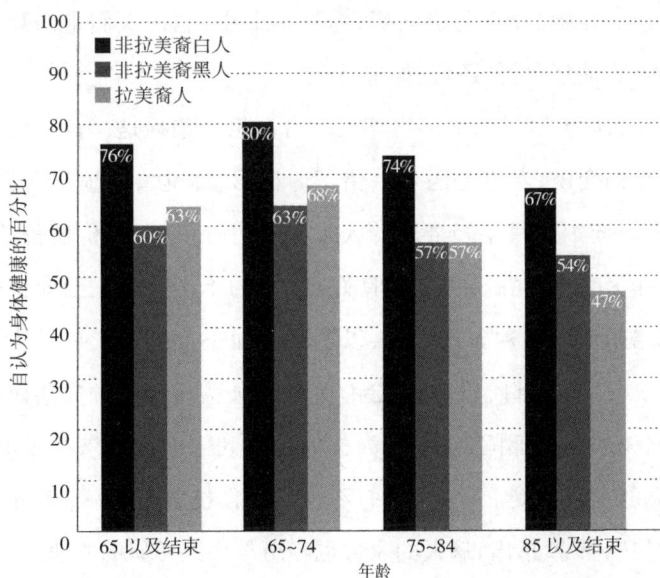

图8.6 65岁及以上老年人自认为身体健康的百分比(2004—2006年)

乐观的心态是成功老去的关键因素。成功老去是指,随着年龄的增高,个人还能保持健康的身体、健全的心智能力、社会能力,以及对生活的总体满意度。近年来,成功老去成为老龄研究的核心。约翰·罗和罗伯特·卡恩认为,成功老去有三个要素,一是身体健康,二是认知能力健全,三是能继续参与社会和生产活动。

当然,年龄增长所带来的变化,在很大程度上是我们无法控制的。然而,我们是可以有所作为的。我们可以通过健康的饮食习惯,积极用脑,积极参加社会活动,来应对年龄增长所带来的问题。所有这些,都是成功老去所应该包含的内容。例如,在中风之后,有的老年人会通过勤奋锻炼来恢复自己所丧失的能力,有的老人则陷入绝望,拒绝配合医生的治疗。毫不奇怪,那些愿意锻炼的人康复得最好。这种在严重疾病(如中风)后努力恢复健康的态度,正是罗和卡恩提出的成功老去概念的真谛。

死亡与濒临死亡　　8.20 人们走向死亡和丧亲时会作出什么反应?

每个老年人都必须应对的一个发展任务就是,接受死亡的必然性,并为死亡作好准备。当一个人患了绝症的时候,不论其年龄大小,这项任务都至为关键。伊丽莎白·库伯勒-罗斯通过对200名绝症患者的采访发现,这些患者对即将来临的死亡有共同的反应。在她《死亡与走向死亡》这本书中,她把人们走向死亡的过程分成五个阶段:否认、愤怒、讨价还价、抑郁、接受。

在第一阶段,即否认阶段,大多数病人对自己患上绝症这一诊断结果都表示震惊和不相信。他们会说,肯定是医生搞错了。在第二阶段,即愤怒阶段,病人会感到愤怒和不平,会嫉妒那些年轻健康的人。在第三阶段,即讨价还价阶段,病人试图推迟死亡。作为交换,他们会作出"良好行为"的承诺。病人会向上帝承诺一些特殊服务或承诺来生以某种方式生活,以换取参加子女婚礼或孙子毕业典礼的机会。到了第四阶段,即抑郁阶段,他们会有强烈的失落感。这种失落感以两种形式表现:对过去丧失的感到郁闷,对即将失去的也感到郁闷。如果有足够的时间,病人还会到达第五阶段,接受。这时,他们不再与死亡抗争,而是毫无畏惧地接受死亡的到来。库伯勒-罗斯指出,病人的家人也经历与病人相似的阶段。

然而,批评者否认库伯勒-罗斯阶段的普遍性以及各个阶段之间固定不变的顺序。每个人的情况都是独特的,因此,各人对自己患上绝症的反应也不会遵从某种一成不变的阶段顺序。

不同文化的人对死亡的反应也不尽相同。对西方社会的人来说,在死亡过程中保持独立是非常重要的。另外,人们常常把死亡视为敌人,必须不惜一切代价与它斗争到底。与西方人有所不同,土著印第安文化将死亡视为自然循环的一部分,因此,人们不应该畏惧死亡或与死亡作斗争。在墨西哥文化中,死亡被视为是对人生的反映。人们在死亡过程中的行为,反映出了他们是什么样的人。另外,在墨西哥文化中,人们常常谈论死亡,甚至还举办死人节来庆祝死亡。库伯勒-罗斯的五个阶段在这些文化中是不存在的。

对大多数人来说,死亡来得太快;但对其他人来说,死亡来得太慢。一些患有绝症并遭受病痛折磨的人希望死亡能够早点到来,以结束他们的痛苦。濒临死亡的病人难道除了受苦之外没有其他选择了吗? 今天,大多数医学伦理学家区分了两种安乐死:被动安乐死和主动安乐死。被动安乐死也叫"仁慈性杀人",指的是一个人(通常是医生)不用生命维持系统或延长病人生命的药物,或是撤掉生命维持系统或其他可以维持病人生命的治疗,从而加快病人死亡的进程。主动安乐死也叫"协助自杀",指的是医生或其他人(在病人的要求下)给病人注射致死剂量的药物,从而加快病人死亡的进程。

主动安乐死一直备受争议。在 1997 年,俄勒冈州法律允许医生协助病人自杀。要求死亡的大多数病人给出的原因是:自己已经丧失了对自己身体机能的控制,丧失了自主生活的能力,无法参加令自己快乐的活动。然而,当俄勒冈州的医生为这些病人开出致死剂量的处方时,病人却不愿意按照处方买药。这种现象表明,生的欲望是多么的强烈啊,即使对那些希望逃离痛苦的人来说也是这样。

除医院和养老院之外,另一种迅速崛起的选择是临终关怀院。这是一种社会机构,它比医院更人道地照顾垂死病人,而且收费还比医院便宜。有时,临终关怀就在病人自己的家里进行。与医院或养老院相比,临终关怀院能更好地照顾到不同病人的特殊需求。

最后要说的是,我们许多人都经历过哀伤过程——失去亲人的悲痛。有时,这种悲痛会持续到亲人去世多年以后。与我们很多人的想法不同,研究表明,那些一失去亲人就悲痛不已、痛哭不止、痛苦至深的人,并不会比其他人能更快地走出悲痛。其他研究发现,艾滋病人死去的时候,其男性伴侣的悲痛过程,与其他丧偶者的悲痛过程相似。

死亡和濒临死亡都不是什么愉快的话题。但记住,生命是有终点的,因此我们应该珍惜生命中的每一天。

回顾

　　我们通过对死亡和濒临死亡问题的讨论结束了本章。正如你所看到的那样，人类发展的每个阶段都有失有得。人到老年，阅历丰富，但他们的体力和精力都大不如从前。在中年的时候，许多人位高权重，但生殖能力却在减弱。对青年来说，他们要把青春享乐抛开，肩负起成年人的职责。同样，青少年无比留恋童年那无忧无虑、尽情玩耍的日子，现在，他们要用新获得的能力作出人生中的重要抉择。学龄儿童的逻辑思维能力更强，但小时候把自己当成超级英雄的那段天真时光却一去不复返了。对学龄期儿童来说，用行为来表征其他物体的能力是他们的最大所得，但他们的养育员却不再容忍他们的依赖行为了。最后要指出的是，婴儿用子宫的温暖和安全换来了看见外部世界的机会，并走上了一条长度未知，但终点确定的人生路。

【第 9 章】

动机与情感

动机

当你说某人"有动机"时是什么意思？你是认为这个人正在积极追求一个重要的目标吗？如果是，那么你就猜到了动机的一个重要方面。心理学家对动机这个词的定义比我们日常交际中的意思要更加广阔。心理学家的定义包括很多因素，这些因素促使我们追求我们通常意识不到的目标。

动机的基础　9.1 心理学家是如何对动机定义和分类的?

科学对任何一个现象研究的第一步是，对它建立一个工作定义。对心理学家来说，"动机"是一个非常广阔的概念，它包括由发起到引导和维持行为的全部过程。这样一来，动机就囊括心理和行为的很多领域。为了方便研究，我们把动机分解成几个部分和类别。

动机的组成部分　总的来说，心理学家认为动机由激活、持续和强度三个部分组成。为了理解每个部分，我们先想一想动机在备考中的作用。在激活阶段，你为实现目标而迈出第一步。你首先要搞清楚考试的范围，然后在教科书、笔记和其他资料中找到合适的材料，最后制订一个复习计划。持续是为了实现目标而不断付出的努力。换句话说，在持续阶段，你必须把计划付诸行动。在这个过程中，你必须抵御诱惑,不畏困难,坚持到底。强度是为了实现目标而集中精力,全神贯注。不管你学习是因为你对学习内容感兴趣还是想到考试失败的后果,强度都起着很大的作用。

除了把动机分解成几个部分之外,研究者还从"动力"入手,进一步加深对动机的了解。动力这个概念比动机更具体,它是驱使我们朝着目标奋斗的需求或欲望。使学生复习的动力有很多,如学生从好成绩中获得自尊,或者学生避免考试失败所带来的焦虑。不管是哪一种动力,它都能推动学生通过上面三个动机阶段。两个人的行为可能完全一样,但他们各自行为的动力基础可能完全不同。

原始内驱力和社会动机　大多数人都同意,我们有时需要充分关注自己的心理需求。原始内驱力会驱使我们满足这些需求。原始内驱力不是习得的,它包括饥饿、口渴和性。在本章的后面部分,你将了解饥饿、口渴,以及性动机。

与原始内驱力不同,社会动机是通过经历和与他人的交往而习得的。这些动机影响我们在社会环境(如工作场所和学校)中的行为。有一种社会动机是工作动机。它的功能是唤起、引导、放大和维持员工在工作中的努力。还有一种是成就动机。它的功能是促使人们在学术环境中寻求成功。

内在动机和外在动机　动力可以从自己的内部发出。例如,你努力学习是因为你对所学的科目感兴趣。你做一件事完全是因为这件事能给你带来乐趣,不是因为它能给你带来外在的奖励。这种动机就叫内在动机。

外在动力则是从自己的外部发出的。例如,一些外在刺激或诱因促使你行动起来。如果你努力学习是因为你希望得到好成绩或避免坏成绩,那么成绩就作为一种外在刺激在起作用。当我们的行为是为了获取外在奖励或避免不好的后果时,我们就是在外在动机的驱使下行事的。

根据 B. F. 斯金纳的观点,强化物能增加行为的频率。一旦行为和强化物之间的关系建立起来,对强化物的期望就会成为行为的诱因。例如,餐厅服务员期望得到一笔可观的小费,因此,他们会殷勤地为客人服务。

在现实生活中,很多行为的动机既是内在的又是外在的。你热爱你的工作,但如果工资(一个重要的外在刺激)没有了,你很可能会辞去这份工作。尽管成绩是外在刺激,但优异的成绩,尤其是在一些很难的考试中获得的优异成绩,通常会带给你一种自豪感(内在刺激)。表9.1中举了一些外在动机和内在动机的例子。

表9.1　内在动机和外在动机

	描　述	例　子
内在动机	做一件事完全是因为这件事能给你带来乐趣和值得去做	一个人匿名向大学捐助了一大笔钱作为奖学金,目的是奖励好学生。 一个孩子每星期读好几本书,因为读书很有趣
外在动机	做一件事是为了获得外在奖励或避免不好的结果	一个人同意向大学捐助一大笔钱来修建一栋楼,前提是这栋楼以他的名字命名。 一个孩子每星期读两本书,因为只有这样他才能看电视

动机的生物学理论　9.2 驱力减小理论和唤醒理论是如何解释动机的?

我们用"本能"这个词来解释为什么蜘蛛要织网,为什么鸟在冬天要向南飞。本能是指一个物种每个成员都具有的固定行为模式,它是由遗传确定的。因此,本能代表了一种生物动机。心理学家通常认为,没有真正的本能能够激发人类行为。但大多数心理学家也同意,在一些人类行为的深层是各种生物力在起作用。

动机的一个生物学理论是驱力减小理论。这一理论由于克拉克·赫尔而变得广为人知。根据赫尔的观点,为了生存,所有生物体都有某些必须得到满足的生理需求。需求产生一种叫作驱动力的内部紧张状态,人或其他生物就会产生减轻这种紧张状态的动机。例如,当你长时间没有吃食物或喝水时,你的生理需求就产生出一种紧张状态,这种紧张状态就是饥饿或口渴的驱力。于是,你就在该力量的驱使下寻找食物或水来减小这种驱力,满足你的生理需求。

驱力减小理论主要来自体内平衡这一生物学概念。体内平衡指的是,为了确保生存,身体倾向于维持一种平衡的内部状态。体温、血糖浓度、水分平衡、血氧水平等,生存所需要的一切,都必须保持在一个平衡状态。当这个状态被打破时,就会产生驱力以恢复体内的平衡(图9.1)。

驱力减小理论假定,人类总是想减少自己的紧张状态。但是,其他理论家的观点则恰好相反。他们认为,人类有时想增加自己的紧张状态。这些理论家用"唤

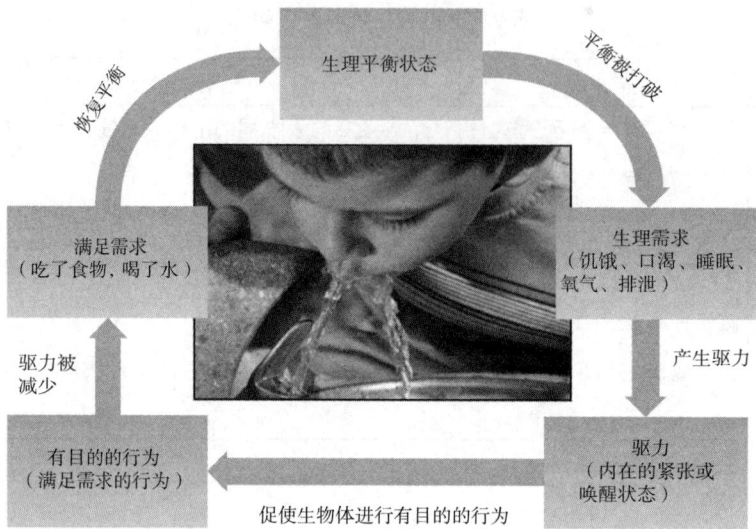

图 9.1 驱力减小理论

驱力减小理论是建立在体内平衡这一生物学概念基础上的。体内平衡是生物体保持内部平衡状态的一种自然趋势。当这个平衡被打破(被生理需求,如口渴)时,驱力(内在的唤醒状态)就会出现。然后,生物体就会采取行动来满足这个需求,从而减小驱力,恢复平衡状态。

醒"这个术语来指个人的警觉状态以及身体和心理的激活状态。唤醒水平从没有唤醒(一个人处于昏迷状态)到中等水平唤醒(一个人做日常事务)再到高水平唤醒(一个人兴奋或受到高度刺激)。唤醒理论指出,人们都想保持在一种最优的唤醒水平上。如果唤醒水平太低,我们就会做些事情来刺激它;如果唤醒水平太高,我们就会设法减少刺激(见"解释")。

当唤醒水平太低时,像探索物体、操纵物体、玩弄物体这样的好奇心和动力就会使人类或其他动物增加刺激。你在机场、汽车站,或任何一个有很多人等待的地方,看到有多少人在手机或笔记本电脑上打游戏? 等待是枯燥的,换句话说,等待没有提供唤醒源。人们往往会通过打游戏来增加自己的唤醒水平。

唤醒和表现之间常常有密切关系。根据耶基斯-多德森定律,当一个人的唤醒水平与一项任务的难度相适应时,该人的表现最佳。当一个人的唤醒水平相对较高时,该人在简单任务上的表现更好。当一个人的唤醒水平为中等时,该人在中等难度任务上的表现最好;当一个人的唤醒水平相对较低时,他在复杂或困难任务上的表现最好(图9.2)。但是,如果唤醒水平相对任务来说过高或过低,那么表现也会受到影响。例如,有的运动员常常在关键时刻"掉链子",而其他运动员却能在压力下发挥出色。也许,高压环境已经超过了"掉链子"运动员的最优唤醒水平,但对其他运动员来说却正好合适。

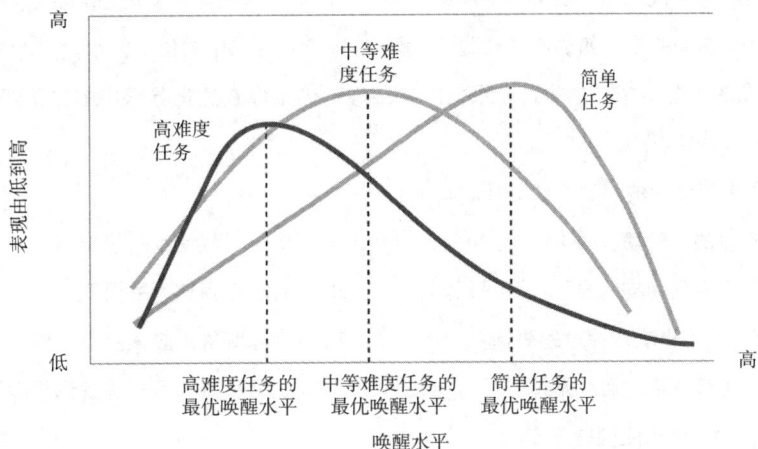

图 9.2 耶基斯-多德森定律

最优唤醒水平根据任务难度的不同而变化。对简单任务来说,唤醒水平应该相对较高;对中等难度的任务来说,唤醒水平应该中等;对高难度的任务来说,唤醒水平应该相对较低。

你为考试所做的准备是如何影响这条在考试中将被激活的唤醒曲线的?

唤醒和表现之间的关系常常从注意的角度来解释。低唤醒水平使人心不在焉,人们在需要集中精力型任务(如考试)上的表现就会下降。相反,高唤醒水平会妨碍人们集中精力,因为它占用了工作记忆的所有可用空间。考试时的理想唤醒度是,既能保持精力集中,又不会妨碍考试所需要的记忆。批评者指出,唤醒水平只不过是影响注意的诸多因素之一。另外,他们还指出,耶基斯-多德森定律的主要基础是动物实验。他们指出,不应该用唤醒理论来解释复杂的人类行为(如考试),我们还应该考虑影响人类注意分配的其他因素。

解释 为什么一些人爱好危险活动?

假如你有无穷的时间和金钱去追求你的爱好,你会选择跳伞还是园艺?想想如何用驱力减小理论和唤醒理论来解释你的选择。

驱力减小理论提出,我们都想减小自己的紧张状态,但又有什么比跳伞更让人紧张的呢?

但一些人似乎渴望这样的刺激。同样，又有什么比园艺更能让人放松的呢？辛勤耕耘的园丁会同意这种说法，但对那些喜欢跳伞的人来说，如果硬要他们照料一个园子，他们会觉得枯燥无比。因此，驱力减小理论无法解释为什么人们在选择业余爱好上各有不同。

相反，唤醒理论家认为，爱好的选择反映了一个人在感觉寻求中的位置。感觉寻求反映了我们在唤醒水平很低的时候想寻求刺激这样一个趋势。心理学家发现，感觉寻求的差异与活动的选择有密切关系。如果你喜欢跳伞，那么你在感觉寻求中的位置就很高。如果你喜欢园艺，那么你在感觉寻求中的位置就很低。如果你不确定你在感觉寻求中的位置，下面几个问题能帮助你确定。

哪一项更符合你的感觉？请选择。

1. A. 寒冷的天气使我兴奋。　　　　　B. 寒冷的天气使我不想出门。

2. A. 每天看到同样的面孔使我厌倦。　B. 我喜欢看到熟悉的面孔。

3. A. 有时，我喜欢做惊险的事情。　　B. 一个理智的人应该避免任何危险活动。

4. A. 人生最重要的目标是体验尽可能多　B. 人生最重要的目标是找到平静和快乐。
　　的事物，使人生变得充实。

5. A. 我愿意尝试跳伞。　　　　　　　B. 我绝不愿意尝试跳伞。

6. A. 我习惯渐渐入水，以使自己适应水温。　B. 我喜欢直接跳进大海或游泳池中。

7. A. 一幅好的画应该使人震惊。?　　B. 一幅好的画应该给人一种和平安全感。

8. A. 骑摩托车的人一定有某种伤害自己的　B. 我愿意骑摩托车。
　　无意识需求。

1A,2A,3A,4A,5A,6B,7A,8B 每个 1 分。算出你的总分。

0～1 分，非常低；2～3 分，低；4～5 分，中等；6～7 分，高；8 分，非常高。

如果你的分数很低，你或许现在就想制备一套园艺工具。但要注意，感觉寻求水平低也会帮助你避免潜在的危险行为，如吸毒和穿过标有"禁止通行"的街道。感觉寻求水平高的人似乎有更多的乐趣，但他们也更容易受到伤害。

动机的行为主义和社会认知理论

9.3 行为主义和社会认知理论是如何解释工作动机和成就动机的？

生物学理论有助于我们理解生理层面上的动机，但无助于我们了解更复杂的社会动机。为了更好地了解在工作和学校中的动机，我们必须从行为和社会认知视角入手。你在第5章中已经了解到,行为理论强调从结果中学习,社会认知理论则关注人们如何思考影响决定行为的榜样、结果和其他因素。

工作动机 是什么促使员工把工作干好?研究工作心理现象的心理学家叫工业/组织心理学家。他们设计行为矫正计划,通过使用强化物(如表扬、奖金、放假)来激励工人提高工作绩效。他们还使用一种叫目标设置的策略,即上司给员工设置具体的、有难度的目标,这样才会使员工更努力地工作。这样做要比仅仅告诉员工"你要尽你所能"的效果更好。组织能通过下面四种方式激励员工朝着目标奋斗:①让员工参与目标设置;②设置具体的、有吸引力的、有难度但可以实现的目标;③对员工的表现提出反馈意见;④对实现目标的员工进行奖励。

一些社会认知理论也被用来研究工作动机,期望理论就是其中的一个。根据期望理论,参与一项活动的动机是由下面三个因素决定的:①期望,人们相信更多的努力会带来更好的绩效;②工具性,人们相信干好工作会得到赏识和奖励;③效价,人们对所提供的奖励的在乎程度。多项研究支持了期望理论。这些研究表明,当员工相信更多的努力会提高他们的绩效时,当他们认为好的表现会得到赏识和奖励时,当他们在乎所提供的奖励时,他们就会更加努力地工作。

成就动机 在早期的研究中,社会认知理论家亨利·默里创造出了主题统觉测验。该测验由一系列模棱两可的图形组成。研究者要求被试看图编故事,即描述每幅图讲的是什么?图中的人在想什么?他们的感觉是什么?结果可能是什么?这些故事可以揭示被试的需求及其强度。默里发现的一个动机就是成就需求动机,它激励人做困难的事情并保持高水平的表现。成就需求永远不会得到满足,只能是越来越强。

研究者大卫·麦克里兰和约翰·阿特金森进行了很多关于成就需求方面的研究。具有高成就需求的人通过努力、能力、决心和恒心,追求有难度但可以到达的目标。这些人不会追求太容易或任何人都能达到的目标。这样的目标对他们没有挑战性,也没有趣味,因为成功实现这些目标对他们不会带来什么成就感。这些人也不会去追求太高的目标,因为成功的概率很小,追求这种目标无异于浪费时间。他们追求的是自己设立,并与自己能力相联系的目标,因此这些目标往往是现实的目标。

与高成就需求的人相反,低成就需求的人不愿意抓住机会检验自己的能力。比起对于成功的希望,他们更加害怕失败。这就是为什么他们要么设置非常低、每个人都能达到的目标,要么设置高得无法实现的目标。毕竟,谁会责怪一个人没有实现任何人都实现不了的目标呢? 完成"尝试"中的任务。这是一种可以揭示高成就需求或低成就需求的游戏。

　　另一个社会认知理论是目标取向理论,该理论对成就动机的看法稍有不同。根据目标取向理论的观点,所选择的目标取向不同,个体的成就动机就不同。选择掌握/趋近取向的学生会通过学习或参加其他活动(如上课)来增加知识和克服困难。选择掌握/回避取向的学生会采取一切办法避免学习失败(与考试失败不同)。选择成绩/回避取向的学生会以其他同学的成绩来衡量自己的成绩。他们会努力学习,确保自己的成绩至少与其他同学一样。最后,选择成绩/趋近取向的学生试图超过同学的成绩以增强自我价值感(表9.2总结了这四种目标取向。请思考你自己属于哪种取向。)研究表明,成绩/趋近取向与成绩的关系最为紧密。

| 尝试 | 你的成就需求是什么? |

　　想象你自己参加了一个套圈儿游戏。你手上有三个圈,可以用来套你面前的任何一个木桩。你每套中一个就会得到一些奖励。

　　你会用套圈套哪个木桩呢? 是离你最近的木桩 1 或 2? 还是中间的木桩 3 或 4? 还是最远的木桩 5 或 6?

- -

表9.2　目标取向

掌握/趋近
学习的目的是获得自己认为有内在价值的东西(如知识)
掌握/回避
学习的目的是避免威胁自我价值的结果(如学不会新东西)
成绩/回避
不太努力以免超过他人(成绩中等才能合群)
成绩/趋近
学习的目的是确保自己的成绩比同学好(在一门很难的课上得到 A,感觉比其他同学好;或得到 D 也很满意,因为大部分同学都没及格)

注:掌握是指朝着一个对个体来说有意义的目标奋斗。成绩是指朝着一个通过社会比较而确定的目标奋斗。趋近是指目标帮助个体朝着好的方向发展。回避是指目标帮助个体远离不好的事物。

马斯洛的需求层次　　9.4 马斯洛对动机的看法是什么?

关于动机的另一个观点与马斯洛的人本主义人格理论相关。根据这个观点,生理动机是那些所谓高层次动机的基础。马斯洛提出,动机是人类力图满足自己需求的过程。马斯洛称,人类需求的本质是分层级的。我们对食物和住房的需求位于最底层,自我实现的需求位于最顶层。自我实现是指对自己所定义的目标的追求,目的是实现个人的价值和发展。在马斯洛看来,个体如果不首先满足低层次的需求,那就无法获得自我实现(图9.3)。

图 9.3　马斯洛的需求层次

人本主义心理学家马斯洛认为,如果"较低"的动机(如对安全的需求)没有得到满足,那么"较高"的动机(如对爱的需求)就不被注意。

马斯洛理论给我们的启示是:我们必须先满足较低层次的需求才能实现个人价值。然而,这个层次也暗示,人类被最低层次的未满足的需求所驱动。例如,为什么一个学生没有实现马斯洛的尊重需求? 这可能是因为这个学生的某个/某些低层次的需求还没有得到满足。他/她可能正在挨饿(生理需求)、在学校感到不安全(安全需求)或担心被同学排斥(归属需求)。马斯洛理论能帮助教育者理解:为学生提供足够的营养,确保他们在学校的安全,支持他们的社会发展,所有这些对学业成绩的重要性,不亚于教学大纲和教学方法。

批评者常常指出,自我实现是一个难以捉摸的概念。马斯洛部分地接受了这一批评。为了更好地解释这一现象,他研究了那些他自认为正在充分利用自己才智和能力的人。马斯洛通过对一些历史名人(如林肯和杰斐逊)和作出重要贡献的人(如爱因斯坦、罗斯福和施韦策)的研究发现,这些自我实现者能够准确地觉知现实,能够作出诚实的判断,并能快速发现虚伪和谎言。他们中的大多数人都相信,他们自己有要完成某种使命,或者需要把自己的生命贡献于某项更大的事业。最后要指出的是,自我实现者的特点是那一次又一次出现的巅峰体验,这是一种对深刻意义、对洞见、对宇宙中的和谐以及宇宙之间和谐的体验。

接下来的"总结"概括了关于动机的各种理论进路。

总结 　　　　　动机的理论进路

进　路	描　述	例　子
驱力减小理论	行为由减小内部紧张状态或唤醒状态的需要所产生	通过吃饭减小饥饿感
唤醒理论	行为由维持最优唤醒水平的需要产生	爬山以获得兴奋,听古典音乐以获得放松
目标设置	通过设置具体而有难度的目标产生行为	请员工参与制订考勤奖金标准来减少员工的缺勤
期望理论	期望、工具性和效价产生行为	员工努力工作,因为他们相信自己的努力是有效的,是会得到上司注意的,而且他们自己也在乎上司的肯定
成就需求	行为由做好困难的事情和表现出高水平的需求产生	医学院的研究生选择了一个要求 6 年实习期的专业,因为他想挑战自己,实现最高、最难的目标
目标取向理论	行为取决于个人选择的目标取向	选择成绩/趋近取向的学生在考试中得到 C 也很满意,因为他得知其他同学都得了 D 或 F
马斯洛的需求层次	必须先满足较低的需求,然后人们才有动力追求较高的需求	如果学生正在挨饿或感到不安全,他们就不会把全部心思放在学习上

饥饿

在前面你已经了解到,原始驱力是一种非习得的为了满足生理需求的内在动力。例如,口渴就是一种基本的生理需求。因此,喝水的动机在很大程度上是由生理因素(如身体细胞中的含盐量)制约的。那饥饿呢?

内部提示与外部提示　9.5 内部提示和外部提示是如何影响进食的?

和口渴一样,饥饿也是受生理因素的影响。例如,你在第4章了解到,进食会刺激大脑的愉悦系统。我们吃饭的一个原因是,吃能让我们愉悦。但一些研究者推测,和有些毒品一样,大脑的愉悦系统可能会出现问题,如食物无法引起愉悦感,从而使吃饭成为一种强迫性的行为。一个人可能会特别贪食或厌食,不管自己是否饥饿,是否能享受进食带来的愉悦,也不考虑贪食或厌食的后果。

过度贪食或厌食还可能由大脑中的进食/饱足系统的功能紊乱造成。研究者在多年前就发现,外侧下丘脑是刺激进食的中枢。刺激进食中枢就会刺激动物进食,即使动物已经吃饱了。当进食中枢被破坏时,动物一开始会拒绝进食。腹内侧下丘脑是抑制进食的饱足中枢。如果切除腹内侧下丘脑,动物就会吃个不停,从而导致过度肥胖。另外,在消化过程中,胃肠道分泌的一些物质(如缩胆囊素),也可以作为饱足的信号。

最近的研究表明,把外侧下丘脑看作进食中枢和把腹内侧下丘脑看作饱足中枢,这无助于我们理解这些器官中的神经元是如何影响进食和体重的。一方面,动物最终能从外侧下丘脑的损伤中恢复过来并开始进食。同样,腹内侧下丘脑的损坏也不是永久性的。腹内侧下丘脑受到损坏的老鼠,最终能停止过度进食。另一方面,腹内侧下丘脑受到损坏的老鼠也不太愿意通过劳动(如按压杠杆)来获取食物,而且它们对食物更加挑剔。总的来说,我们很难看出腹内侧下丘脑的损坏是如何导致肥胖的。尽管下丘脑在进食行为中的确起了作用,但研究者还无法确定,下丘脑的作用是如何受到自身神经元和身体管理系统的其他部分所发出的生化信号的影响的。

血糖浓度的变化以及调节血糖浓度的激素,也可以影响饥饿感。肝脏中的营养探测器监控着血液中的葡萄糖浓度,并将信息传给大脑。在接收到葡萄糖水平低的信号后,大脑就会刺激饥饿感。同样,胰岛素的作用是将葡萄糖分解为细胞可以使用的能量。胰岛素的上升会使人感到饥饿,而且想吃甜食。事实上,胰岛素长期分泌过多会刺激饥饿感,并常常会导致肥胖。

你从日常生活中得知,饥饿感也可以由外部信号刺激。当闻到咝咝作响的牛排和烤箱中的巧克力薄饼散发出的阵阵香味时,你会做什么呢?对很多人来说,吃饭时间一到,食欲就会增强。表9.3总结了刺激和抑制进食的因素。

表9.3　抑制和刺激进食的生物和环境因素

	生物因素	环境因素
抑制进食的因素	腹内侧下丘脑的活动 血糖浓度升高 腹胀 缩胆囊素（饱足信号的激素） 特定感官的饱足感	色香味皆差的食物 习得性味觉厌恶 习得性饮食习惯 想保持苗条 对压力和不愉快情感的反应
刺激进食的因素	外侧下丘脑的活动 低血糖浓度 胰岛素的增加 胃的收缩 空腹	色香味俱全的食物 习得性饮食偏好 周围的人都在吃 高脂和高糖的食物 习得性饮食习惯 对乏味、压力和不愉快情感的反应

解释体重的差异　9.6 什么因素导致个体的体重差异?

健康专家用体重和身高的比值来衡量一个人的体重,这个比值叫身体质量指数。身体质量指数小于18.5表明体重不足,超过25表明体重超标。用下面这个公式计算你的身体质量指数:

身体质量指数 = 体重(千克)÷身高(米)的平方

为什么人的体重会有差异呢？遗传是一个原因。通过对多项研究(涉及的被试超过 100000 人)的综述发现,74% 的同卵双胞胎有相同的体重,而只有 32% 的异卵双胞胎有相同的体重。研究者报告,体重的估计遗传力在 0.50 和 0.90 之间。超过 40 种基因似乎都与体重调节有关。

但是,是遗传的什么因素影响了体重呢？研究者弗里德曼及其同事发现,是激素瘦蛋白。它影响下丘脑,也许是调节体重的一个因素。瘦蛋白由身体的脂肪组织产生。因此,身体脂肪的减少会引起瘦蛋白的减少。瘦蛋白的减少会刺激进食,因为身体"认为"自己可能处在饥饿的危险之中。当瘦蛋白大量增加时,体重就开始减轻,因为瘦蛋白能抑制胃口。在一项研究中,肥胖的老鼠被注入瘦蛋白后,体重在 2 周内减轻了 30%。然而,人的身体似乎对瘦蛋白的影响有一定的耐受性。研究者正在寻找一种抵消这种耐受性的方法,希望研究出基于瘦蛋白的抗肥胖药。

代谢率是指身体燃烧卡路里产生能量的速度,也受基因的影响。另外,定点理论暗示,每个人的体重都部分地由基因决定。定点这个在既不减肥又不增肥情况下所保持的体重,受到身体中脂肪细胞数量和代谢率的影响,而这两者都受基因的影响。

研究者认为,脂肪细胞向下丘脑发出生化信号,报告它们自己所储存的能量有多少。受基因的影响,下丘脑"判断"储存多少能量合适？这一领域的一个最重要的研究方向就是找出这些生化信号,并对它们进行干预,以降低肥胖人群的定点水平。

肥胖与减肥   9.7 研究对肥胖和减肥有什么建议?

近年来,由于超重与健康问题(如心脏病和关节炎)之间的关系,体重已成为一个重要的公共健康主题。如图 9.4 所示,在过去的 30 年间,超重(身体质量指数介于 25~29.9 之间)和肥胖(身体质量指数超过 30)的人数急剧增加。在美国,有超过 1/3 的成年人为肥胖。

大多数肥胖的人要求医生帮助他们把体重降到一个健康水平。许多人患有与超重相关的疾病(如糖尿病)。任何减肥计划都必须谨慎实施,以免加重其他疾病。

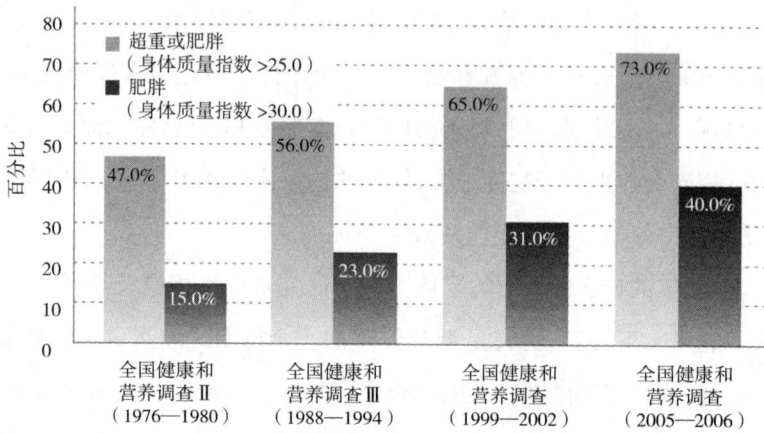

图 9.4　美国成人(年龄在 20～74 岁)超重和肥胖的比例

肥胖儿童也要在医生的帮助下减肥,因为限制热量型饮食会阻碍他们的成长发育。

　　由于某些未知的原因,一些肥胖的人似乎不能遏制体重持续上长的势头。对这些人来说,胃分流手术(一种削减胃容积的手术)也许是唯一的办法。只有身体质量指数超过 40 的人才适合做胃分流手术。身体质量指数介于 35～39 的人,如果患有与肥胖相关的疾病(如糖尿病或高血压),也可以考虑手术。胃分流术不但能把超过 80% 的肥胖病人的体重降到肥胖值以下,而且还能缓解与肥胖相关的症状。但医生强调,要做胃分流手术的人必须愿意在手术后改变生活方式,如实行健康饮食和定期锻炼。这些改变是必需的,因为即使手术削减了胃的容积,但术后反弹的可能性非常大。另外,胃分流手术也有风险(术后感染)。总的来说,病人越胖,术后并发症的可能性就越大。

　　对于不胖的人来说,成功减肥的原则很简单。没有必要把自己辛辛苦苦赚来的钱花在那些特殊食物、补品或最近出现的很受欢迎的时尚食品上。明尼苏达州的梅奥诊所把你需要知道的所有减肥信息都发布在了网上。表9.4 总结了梅奥诊所推荐的一些减肥策略。登录诊所的网站,输入你的个人信息,你就能得到一份为你量身定做的减肥计划,包括食谱和菜单。

　　食欲调节和能量代谢的复杂过程,解释了为什么节食常常没有作用。任何有效的减肥计划,都必须帮助人们减少能量的摄入(少吃),增加能量的消耗(多运动),或双管齐下。不幸的是,大多数试图减肥的人都只注重减少卡路里。

表9.4　梅奥诊所的六个减肥策略

作出承诺
减肥是一项需要付出努力的任务。你在完成这项任务的过程中可能遇到挫折。坚持朝着你的减肥目标奋斗
得到情感支持
把你的目标告诉周围的人,他们会支持和鼓励你。如果可能的话,参加一个非正式的减肥小组,或建议一名也想减肥的朋友和你组成"问责伙伴",相互监督
设置现实的目标
研究一下你的体型和适合你的体重。时间范围也很重要,减肥是一个长期的过程,在这个过程中,你必须坚持合理饮食和定期锻炼
享受健康食物
永久性改变你的日常饮食习惯是最有效的减肥办法。梅奥诊所声明,极端限制热量(女性每天少于1200卡路里,男性每天少于1400卡路里)对健康是有害的
保持经常运动
运动对减肥至关重要。选择一个你喜欢的运动,或在你运动的时候听你喜欢的音乐。这能鼓励自己锻炼
改变生活方式
制订一整套饮食和锻炼计划,心里想着,你制订的是一个终身的减肥计划

饮食紊乱　9.8 饮食紊乱的特征是什么?

饮食紊乱是一种心理紊乱。在这种情况下,一个人的饮食和节食远远超过了人们日常饮食和节食的极限。有一种饮食紊乱是神经性厌食,特点是对长胖有着非理性的恐惧,强迫性节食到了绝食的地步,且过度减肥。一些神经性厌食患者的体重减少了20%~25%。这种紊乱通常从青少年就开始了,而且大多数都是女性。大约1%~4%的女性有这种紊乱。女性中饮食紊乱的泛滥是一个普遍现象,并不局限于某一种文化。对挪威成年人的大规模调查发现,女性患有饮食紊乱症的概率是男性的两倍。

节食(包括过度节食)和神经性厌食有着重要的区别。一方面,患神经性厌食的人对身材的知觉是极度扭曲的。不管变得有多消瘦,他们仍然觉得自己很胖。研究者发现,这种不现实的知觉可能是思维扭曲所致。另外,大多数患有厌食症的人还患有另一种精神疾病,而且在有些研究中这一比例高达74%。这些发现向我们暗示,对有些患者来说,厌食症可能只是一种更严重的精神疾病的一部分。

厌食症患者不仅经常绝食,而且还疯狂地锻炼,以加快自己减肥。厌食症患者并不一定就避免食物或不吃东西,大多数厌食症患者都喜欢食物和制作食物的过程,很多人竟练就了这样一种技术,看起来是在吃东西,但实际并没有下咽。为了做到这一点,厌食症患者会习惯性地咀嚼并吐掉食物,而且他人往往还察觉不到。

在患有厌食症的年轻女性中,持续而显著性的体重减轻最终会导致闭经。一些人甚至会患上低血压、心脏功能受损、脱水、电解质紊乱和不育症,以及大脑中灰质的减少,而这个减少是不可逆转的。另外,长期的绝食会改变胃黏膜结构。即使厌食症患者恢复了正常饮食,这些人的消化系统也很难恢复正常。不幸的是,20%的厌食症患者最终要么饿死,要么死于器官损坏引起的并发症。

饮食紊乱的病因很难确定。大多数的厌食症患者举止良好,在学术上很成功。饮食紊乱症的心理危险因素包括:过度在意外表,担心自身的吸引力,在以瘦为美的社会环境中感到有压力。一些研究者认为,患厌食症的年轻女性试图控制自己生活的一部分,而这些部分她们感觉在其他方面是无法控制的。

厌食症很难治疗。大多数的厌食症患者都坚定地绝食,而且坚信自己没有错。治疗的关键是让这些患者增加体重。可以让病人住院,给病人吃一定量的饮食。如果病人的体重或进食量稍有增加,就要给予奖励。治疗通常包括心理治疗和/或自助小组。一些研究表明,抗抑郁的药物有助于治疗厌食症。一些人认为,富含蛋白质的营养品有助于厌食症患者恢复正常的胃口。结合药物治疗、营养治疗和心理治疗的多元治疗方案,是最有效的办法。但不管用什么方法,大多数厌食症患者都会复发。

多达50%的厌食症患者同时还患有慢性疾病暴食症。暴食症的特点是不断和无法控制地暴饮暴食,而且没有患厌食症的人也可能患上暴食症。许多暴食症患者都来自常常批评他人外表的家庭。

暴食症有两个主要特征:①在同一时间吃掉比正常人多得多的食物;②感觉自己无法停止吃喝或无法控制食量。暴饮暴食者所吃的食物常常含有大量的糖分,如饼干、蛋糕和糖果。这些人常常一边暴饮暴食,一边暴吐暴泻,包括使用自我催吐和/或用大量泻药和利尿剂。暴食症患者常常也节食和锻炼。运动员最易患这种病。

暴食症还会引起很多身体问题。呕吐中的胃酸会腐蚀牙齿,过量使用泻药和利尿剂也会打乱身体的化学平衡。暴食症患者有慢性喉咙痛和其他症状,包括脱水、唾液腺肿大、肾损伤和脱发。暴食症还有一个强烈的情感问题,即暴食症患者也意识到自己的这种饮食模式不正常,但深感到无法控制。因此,抑郁、内疚、羞愧随之而来。一些证据表明,神经递质 5-羟色胺功能的减弱似乎造成了暴食症。

暴食症往往出现在青少年后期,有 1/25 的女性患有这种病。和厌食症患者一样,很多暴食症患者都患有强迫症。另外,有 1/3 的人还会表现出自残行为,如故意砍伤自己。

在暴食症患者中,大约有 10%～15% 的是男性,同性恋或双性恋似乎会增加男性患暴食症的风险。另外,研究者正在寻找导致暴食症的文化因素。例如,土耳其的西化态度与这个国家传统的价值观相抵触,从而增加了暴食症的病例。一些土耳其人屈服于西方媒体宣扬的骨感美。

和厌食症一样,暴食症也很难治疗。如果病人还患有人格障碍或过于内向,无法有效地与治疗师交流,那么,治疗就更加困难了。一些行为矫正法有助于消除暴食行为,如认知行为疗法已成功用于纠正暴食症患者的饮食习惯和他们对身材和体重的扭曲认识。一些抗抑郁药物也可以减轻暴食症的症状。

性动机

阿尔弗雷德·金赛及其合作者的两本著作,《男性性行为》(*Sexual Behavior in the Human Male*)(1948 年出版)和《女性性行为》(*Sexual Behavior in the Human Female*)(1953 年出版),动摇了很多人关于性的看法。尽管这两本著作受到其他研究者在理论和方法层面的质疑,但大多数人都承认,性这个话题在金赛的研究之后才得到了更开放的讨论。我们将首先探讨性态度和性行为的文化和性别差异。

性态度和性行为   9.9 不同文化和性别的性态度和性行为有什么不同?

如你所料,全世界绝大多数的成年人都是性活跃的。正如表9.5所示,不同文化的平均性交频率存在很大差异。调查表明,16岁及其以上的男性和女性每年性交的次数有很大差异:在日本仅仅45次,在希腊则高达138次。当然,个体差异也很大。一些人每天性交多次,而其他人从不性交。也许性交频率高的原因是人们喜欢性交,而且人们的观念也发生了很大的变化。但为什么日本的性交频率那么低呢? 日本官员担忧本国不断下降的出生率和不断增加的老年人口。日本官员认为,造成这个结果的原因是工作时间长、抚养孩子的成本高,以及越来越多的女性以事业为重而不愿意做母亲。当然,这些趋势在发达国都很普遍。但是,这不能解释为什么日本国民的性交频率低于其他国的国民。

表9.5　杜蕾斯全球性调查(2005年)

国　别	上一年性交的频率	对性生活满意的比例/%
希腊	138	43
美国	113	52
智利	112	50
南非	109	46
加拿大	108	46
意大利	106	36
以色列	100	36
中国	96	22
瑞典	92	45
日本	45	24

你在第8章已经知道,性是贯穿人一生的活动。在一项大型调查(涉及13个国家年龄在40~80岁的人)中,研究者发现,有83%的男性和66%的女性在上一年至少性交过一次。女性性交频率低的一个原因是,这项调查中的很多老年妇女都是寡妇。但所有年龄阶段的男性和女性都有不同的性态度和性行为。

平均来说,男性对性更有兴趣,而且想性的时间也比女性多。男性对纯粹的性交更感兴趣,而且对性的态度更加宽容。但自 20 世纪中期以后,性行为和性态度的性别差异越来越小。心理学家布鲁克·威尔斯和琼·特温吉对 1958 年到 1987 年的性态度调查结果的分析发现,年轻女性(12 ~ 27 岁)对婚前性行为的赞同率急剧增加,从早期的 31% 猛增到 1987 年的 91%。行为也发生了变化。特温吉的分析表明,在 20 世纪 50 年代,大约 13% 的少女承认有过性行为。到了 90 年代,这一比例增加到 47%。最近的调查也表明,尽管在性态度和性行为上仍然存在着性别差异,但历史证据告诉我们,这一差距已经缩小。然而,批评者指出,真正发生改变的不是人们的性态度和性行为,而是人们更愿意谈论自己的性经历了。

为什么会存在这些性别差异呢?进化论心理学家解释,这些差异是进化对男女交配行为的影响造成的。许多研究者用"亲代投入"这个术语来指代男性或女性在成为父母方面必须投入的时间和努力。根据亲代投入理论,女性和男性采用的交配方式与各自的投入相适应。在抚养孩子方面,男性被认为只会做短期的投入,因此,他们往往会追求年轻、健康(外表具有吸引力被认为是身体健康的标志)以及适合生孩子的女性。由于抚养孩子要求女性做出很大的投入(9 个月的怀孕期和长期的哺育期),因此,她们喜欢年纪大一点、有稳定工作和可观收入、大方、重感情且足够强壮的男人,这样的男人能保护家人。很明显,这些性别差异并不局限于某一个文化,它们出现在 37 个不同的文化中。

你在第 1 章已经了解到,巴斯的研究还表明,男性大都看重忠贞,这可能是因为他们想确保孩子是自己的。与之不同的是,女性更看重情感忠诚,即她们更看重男人的专一。其他研究者也有类似的发现。另外,巴斯及其同事在对老年人(平均年龄=67 岁)和年轻人(平均年龄=20 岁)的研究中也有类似的发现。

进化理论预测,女性在排卵期的性欲最强,因为她们在排卵期最有可能怀孕。同样,维也纳研究者卡尔·格兰玛的研究表明,男性睾丸素水平的升高与信息素这种产生气味的激素有关。信息素出现在女性排卵期的阴道分泌物中。因此,如果女性伴侣处在排卵期,男性的性欲很有可能也最强。

其他研究者质疑,女性对配偶的选择和对忠诚的看重是否在本质上完全由生物因素决定。研究者伍德和易格丽引用的研究表明,当男性和女性面对的经济和社会条件平等时,配偶选择方面的性别差异会显著变小。这种情况在 21 世纪的发

达国正在变为现实。换句话说,当女性在经济上依赖男性时,进化心理学家描述的
"配偶规则"就适用,但当女性获得独立时,配偶选择的性别差异就会变小。在平等
的条件下,配偶的外表对女性和男性而言都一样重要。而且,女性的挣钱能力将得
到男性更多的关注。

易格丽和伍德可能是对的。研究表明,在男女平等的社会中,婚姻状况和收入
相关。历时和前瞻性研究表明,女性的经济地位越高,她们结婚的可能性就越大。
另外,年纪大的女性能区分忠贞和忠诚;而对大学生来说,两者之间的区别微乎其
微。年轻女性对忠诚的理解与男性更接近。今天的男性不再只看重女性的外表和
生孩子的能力了,而今天的女性也比她们的母亲和祖母更看重男性的忠贞了。

性欲和起性　　9.10 人类的性反应周期有哪些阶段?

威廉·马斯特斯博士和弗吉尼亚·约翰逊博士在1954年首次对人类的性反应
进行了实验室研究。他们通过电子传感器对被试的性交行为进行了监控。马斯特
斯和约翰逊得出结论,男性和女性都经历了四个阶段的性反应周期。

兴奋阶段是性反应的起始阶段。视觉信号(如看见对方的内衣)更有可能激起
男性的兴奋。温柔、充满爱意的抚摸加上绵绵爱语更有可能激起女性的兴奋。男
性可以立即起性,而女性的起性则需要一个逐渐推进的过程。双方的肌肉都变得
紧张,心跳开始加速,血压开始升高。随着更多的血液注入生殖器中,男性的阴茎
勃起,女性的阴蒂也勃起。随着三分之二阴道的伸长、内阴唇的胀大,阴道会分泌
出润滑液,女性的乳头变得又硬又挺。

在兴奋阶段之后,男女都进入高原阶段。在这一阶段,兴奋持续上升,血压继
续升高,肌肉继续紧张,呼吸变得沉重、急促。男性的睾丸增大,含有精子的液体会
从阴茎滴下。女性的外阴部充血肿胀,阴蒂缩回阴蒂包皮中,乳房继续增大。在高
原阶段,兴奋持续增加。

性高潮是最短的阶段,也是性快感的最高阶段。这一阶段的标志是,积聚的性
紧张突然释放,无意识的肌肉收缩会控制整个身体,而且生殖器也会有节律地收
缩。性高潮对男性来说可分为两个阶段。第一个阶段是,他意识到他控制不住快
要射精了;第二个阶段是射精,精液从阴茎中喷射而出。女性的性高潮体验和男性

差不多,女性的肌肉有节律地收缩,她们的性高潮通常持续更久,40% ~50% 的女性都会经历性高潮。

性高潮过后是消退阶段。在这一阶段,身体恢复到没有起性前的状态,男性进入了不应期。在不应期内,男性不能再次经历性高潮。不应期可能持续几分钟到几个小时。女性没有不应期。如果再次受到刺激,女性还会经历下一个性高潮。

性反应周期受到激素的强烈影响。生殖腺产生激素,卵巢生产雌性激素,睾丸生产雄性激素。肾上腺也会产生少量的这些激素。女性的雌性激素和黄体酮远远多于男性,它们被称为女性性激素。男性的雄性激素远远多于女性,它们被称为男性性激素。

睾丸素是最重要的雄性激素,它影响男性性特征的发育和维持并影响性动机。男性必须有足够量的睾丸素才能维持性兴趣和勃起,女性也需要少量的睾丸素以维持性兴趣和性敏感。如果男女性缺乏性兴趣和性活动,可以使用睾丸素贴片或软膏。然而,研究者指出,许多激素与睾丸素一起调节性反应周期。研究者警告,仅仅通过药物操纵睾丸素还不足以解决性功能问题。在第 12 章,你将了解更多的性功能障碍问题。

心理因素在起性过程中起很大的作用。性行为的部分心理本质来自人们从各自文化中学到的习俗和做法。性行为的文化差异很大。不同文化对可以开始性行为的年龄、性伴侣、条件、环境、性交的体位以及可以接受的具体性交动作,都很不一样。另外,不同的文化对男性和女性吸引力的界定也大相径庭。

性幻想也能影响起性,男女都可能在性交过程中产生幻想。大多数性幻想的对象是个人当前或过去的配偶或虚构的情人。性幻想有性别差异,男性更多地想象自己与对方发生性关系,而女性更多地想象其他人对自己发生性关系。男性的幻想通常包括更具体的视觉图像,而女性的幻想则充满了情感和浪漫元素。虽然95% 的男性和女性都承认自己有过性幻想,但大约 25% 的人对性幻想心怀愧疚。然而,研究似乎表明,性幻想的次数越多,性生活就越满意,性问题也就越少。

性取向　　9.11 关于性取向的研究显示了什么?

现在,我们把注意转向性取向这个关于个体性偏好、情欲和性活动指向的话题。异性恋是对异性作出性反应的群体;同性恋是对同性作出性反应的群体;双性恋则是对同性和异性兼作出性反应的群体。

　　普遍性　要估计同性恋的普遍性非常困难。其中的一个问题是,人们有时会对研究者询问的私人问题给出不准确的答案,这一点你在第 1 章已经了解到。但最大的困难是对同性恋本身的界定。如果一个人曾经喜欢过同性的人,那他/她是否就是同性恋呢? 如果他们或她们之间只有一次性行为呢? 如果研究者将同性恋限定为那些目前与同性的人发生性关系的人,这样会低估同性恋的普遍性吗? 这些问题反映了两点:第一,性取向没有严格的分类。性表达可以被视为一个连续体,从对同性关系完全没有兴趣也没有与同性发生过性关系,到只对同性关系感兴趣且与同性发生过性关系。第二,当我们解释对同性行为的调查数据时,必须先了解研究者对同性恋的定义,他们询问的问题以及他们分析数据的方法。

　　由于定义性取向的复杂性以及人们不愿谈及自己的隐私,对同性恋普遍性的可靠研究非常少。这就是为什么研究者继续参照几十年前的研究,并将它们与最近的数据相比较以确定同性恋的普遍趋势而不是它的百分比。例如,金赛及其同事在 20 世纪四五十年代估计,4% 的男性被试是同性恋,2% ~3% 的女性被试是同性恋。但金赛同时也发现,几乎有一半的男性和 1/3 的女性报告,他们曾经喜欢过同性的人。在一项对性取向最重要的调查中,劳曼及其同事报告,在自称是同性恋或双性恋的美国人中,男性占 2.8% ,女性占 1.4% 。但 5.3% 的男性和 3.5% 的女性说,他们曾经与同性的人发生过至少一次性关系。有 10% 的男性和 8% ~9% 的女性说,他们/她们有同性欲望。金赛和劳曼的数据表明:第一,同性恋和双性恋在男性中更普遍;第二,同性吸引和短暂的同性关系比专一的同性取向更普遍。

　　最近对同性恋普遍趋势的研究与早期的研究既有一致之处,也有相悖之处。例如,对美国数千名受访者调查显示的同性恋性别差异,与金赛和劳曼当年的研究结果相似。有 2% 的男性受访者和 1.3% 的女性受访者自称是专一的同性恋。但是,这一结果与早期对双性恋性别差异的研究结果恰好相反。早期研究发现,约有 2.8% 的女性自称是双性恋,而只有 1.8% 的男性自称是双性恋。研究者假设,是过去的研究方法造成了这一不一致的结果。现在,研究者让受访者在电脑上作答而不是对他们进行面对面的访谈或电话采访,从而使受访者能更诚实地回答调查问题。

　　另一个新发现是,有 11% 的女性称自己与另一个女性有过性行为,而男性只有

6%。这仍然是电脑问卷与访谈这两种方法的差异造成的。但研究者指出,这个结果可能是由研究者问男性和女性的问题不同所致。研究者问男性,"你有没有与另一个男性发生过肛交或口交?"而问女性,"你有没有与另一个女性发生过性关系?"研究者问女性的问题太宽泛,而问男性的问题太具体。这种具体性排除了其他性交方式,从而人为地限制了被试的回答。这项调查为我们了解当前同性恋的普遍性提供了宝贵的数据,但它也提醒我们,在对一项调查的结果下结论之前,需要先了解它的调查方法。

原因 大量证据支持了一些遗传易感性增加了男女同性恋的概率这一假设。双胞胎研究表明,男同性恋的同卵双胞胎有 50% ~ 60% 也是同性恋,女同性恋的同卵双胞胎有近 50% 也是同性恋。然而,研究者还不确定造成同性取向的基因或基因可能影响性取向的分子机制。

在过去几年中,研究者考察了产前激素和性取向之间的关系。许多研究都关注这些激素与身体左右两侧不一致性之间的关系。一个差异是,左右手的第二和第四个指头的比值。我们知道,产前雄性激素含量的波动能导致这些不一致性。研究者推测,如果产前雄性激素导致性取向,那么,这种身体的不一致性应该更多地出现在同性恋而不是异性恋中。研究表明,情况的确如此。

神经科学家西蒙·列维在 1991 年报告,男异性恋下丘脑中掌管性行为的区域比男同性恋者的要大两倍。批评者很快指出,列维试验中的所有男同性恋被试都死于艾滋病。许多研究者质疑,列维观察到的大脑差异是由艾滋病造成的,与性取向没有关系。但最近的动物研究也表明,下丘脑与性取向之间的确有关系。在圈养的绵羊中,大约有 10% 的公羊表现出同性恋行为。研究者发现,与列维的被试一样,同性恋公羊的下丘脑比正常公羊的下丘脑更小。

许多心理学家(如夏洛特·帕特森)建议,研究性取向时,应该把它视为先天和后天之间复杂作用的结果,使用与发展心理学家用来解释其他现象相似的理论模型。例如,发展心理学家常常研究家族特征如何影响儿童特征和行为的发展。贝尔、温伯格和哈默斯密斯就从这个角度研究了同性恋。他们对 979 名同性恋被试(293 名女性、686 名男性)进行了深入的面对面访谈,另外还访谈了 477 名异性恋被试。研究者发现,家庭生活中的因素没有一个能单独影响异性恋或同性恋的形成。

对男女同性恋者的社会态度

9.12 在最近几十年，对同性恋的社会态度发生了什么转变？

如果不考虑同性恋以前面对的社会压力以及社会对同性关系的日益宽容，那么，关于性取向的讨论就是不完整的。例如，在 1973 年之前，美国精神病学协会一直认为同性恋是一种精神疾病。现在，它并不这么看了。由于这些转变，同性恋者渐渐"走了出来"，勇于承认和表达自己的性取向。同性恋者的心理和异性恋者的心理一样健康。

同性恋恐惧症是指对同性恋怀有强烈的、非理性的恐惧或敌意。这会导致对同性恋者的歧视，甚至攻击。幸运的是，大多数人对同性恋的看法还没有发展到同性恋恐惧症这样的地步，但对同性恋的否定态度在美国仍然常见。男性更倾向于表达这种看法。例如，在一项调查中，有 54% 的女性认为，同性恋在道德上是可以接受的，而只有 45% 的男性赞同同性恋关系。

重要的是，大多数人都反对歧视同性恋者（这种歧视是非法的）。调查显示，超过 3/4 的美国人认为，同性恋不应该成为公立学校不雇用教师的理由。同样，绝大多数美国人，包括那些强烈反对同性恋行为的人，都坚定地支持同性恋者站出来，说出自己的看法并影响公共政策。可见，人们反对的只是同性恋行为本身，而不是搞同性恋的人。

情感

我们行为动机在很大程度上都是受情感状态驱使的。事实上，在英语中，"情感"一词的词根是"动"。这体现了动机和情感之间的密切关系。心理学家将"情感"定义为一种状态，包括生理唤起、对产生这种状态的刺激的认知评价，以及表达这种状态的行为。然而，情感到底是什么呢？

情感理论　　9.13 解释情感的理论都有哪些?

通常,心理学家从这三个方面研究情感:身体、认知和行为。这三个因素似乎是相互依存的。例如,在一项研究中,对心跳变化(身体因素)更敏感的被试认为,自己对情感的主观体验(认知因素)比别的被试更强烈。但身体和认知因素都不能完全决定如何表达情感(行为因素)。另外,心理学家一直在争论,在情感体验中哪个因素的作用最大。

美国心理学家威廉·詹姆斯指出,一个事件导致生理唤起和身体反应,之后个体把这个身体反应感知为情感。在詹姆斯提出其理论的同时,丹麦心理学家卡尔·朗格也提出了几乎相同的理论。詹姆斯-朗格情感理论在 1922 年暗示,自主神经系统的不同唤起模式产生了不同的情感,而且生理唤起似乎出现在感知到情感之前(图9.5)。

| 刺激情境 | → | 生理唤起,行动 | → | 情感的体验是基于对唤起和行动的解释 |

图9.5　詹姆斯-朗格情感理论

詹姆斯-朗格情感理论与主观体验恰好相反。如果一条狗冲着你叫,詹姆斯-朗格情感理论作出的解释是:你的心跳开始加快,而且只有当你感知到心跳加快时才感到害怕。

另一个早期的情感理论挑战了詹姆斯-朗格情感理论。这个理论是由沃尔特·加农在 1927 年提出来的。他是研究"战逃"反应和体内平衡问题的领军人物。加农主张,由情感产生的身体变化不够明显,不足以使人们辨别不同情感之间的差异。之后,生理学家菲利普·巴德扩展了加农的理论。加农-巴德理论暗示,人们感知到一种情感时会发生一系列的连锁反应:感官接收到诱发情感的刺激,然后将它们传递给大脑皮层(它提供对情感有意识的心理体验)和交感神经系统(它产生生理唤起状态)。换句话说,感知到一种情感(害怕)与体验到生理唤起(心跳加快)几乎同时发生,而不是一方造成了另一方。

斯坦利·沙克特认为,早期的情感理论忽略了一个关键因素,即忽略了对唤起状态产生原因的主观认知解读。沙克特和辛格在1962年提出了双因素理论,也叫沙克特-辛格理论。根据这个理论,一个人要能感知到情感,必须发生两件事情:①这个人必须首先被生理唤起;②这个人必须对这个生理唤起作出认知解读,从而该人可以把该生理唤起标记为一个具体的情感。因此,沙克特得出结论说,只有当一个人被生理唤起并能对其作出解释时,真正的情感才能出现。

最强调认知层面的情感理论是由理查德·拉扎勒斯在20世纪90年代提出的。根据拉扎勒斯理论,认知评价是情感反应的第一步;情感的所有其他层面(包括生理唤起)都取决于认知评价。这一理论与人对情感的主观体验顺序最接近。当面对刺激(即一个事件)时,人们首先要评价它。这个认知评价决定了人们是否会作出情感反应。如果作出反应,是什么样的反应?简言之,拉扎勒斯指出,当人们对事件或情境作出积极或消极(但不是中性)的认知评价时,情感就会被激发。

拉扎勒斯理论的批评者指出,一些情感反应是瞬时的,即转瞬即逝的,因此,人们无法作出认知评价。拉扎勒斯回应道,一些心理过程是发生在无意识状态下的。必须有某种认知意识,不管多么短暂,否则人们就不知道他们作出的反应是什么,或他们感知到的情感是什么,是害怕,是高兴,还是尴尬?另外,研究者发现,重新评价或改变个人对情感刺激的看法能减小生理反应。

"总结"概括了四个主要的情感理论。

总结		情感理论

理 论	观 点	例 子
詹姆斯-朗格理论	事件导致生理唤起。只有当你解释了这种生理反应之后才能体验到情感	半夜回家时你听见背后有脚步声。你的心跳加快并开始颤抖。你将这些生理反应解释为害怕
加农-巴德理论	事件同时导致生理反应和情感反应。一方并不导致另一方	半夜回家时你听见背后有脚步声。你的心跳加快,开始颤抖并感到害怕
沙克特-辛格理论(双因素理论)	事件导致生理唤起。你必须找出生理唤起的原因才能体验到情感	半夜回家时你听见背后有脚步声。你的心跳加快并开始颤抖。你知道晚上独自回家很危险,因此你感到害怕
拉扎勒斯理论	事件发生——作出认知评价——感知到情感——生理唤起	半夜回家时你听见背后有脚步声。你想可能是强盗,因此你感到害怕,你的心跳加快,开始颤抖

情感与大脑　　9.14 情感神经学家对情感和大脑都了解些什么?

　　研究者用你在第2章了解到的很多技术来研究情感的神经机制,如用脑电图成像、核磁共振成像、功能磁共振成像、正电子发射层析扫描等技术。这个领域称为情感神经学。他们发现的一个事实是:每种情感在脑中似乎都有独特的系统(图9.6)。另外,研究者还发现了几种大脑结构,它们在情感体验中起着关键性的作用。

　　你在第2章中学到,杏仁核是边缘系统的一部分,它与害怕紧密相连。五官感受到的信息直接传给杏仁核,杏仁核立即作出反馈,不需要大脑的主要"思考"区域皮质的参与。但和反射作用一样,当皮质"赶上"杏仁核后也立即发挥作用。一旦皮质发挥作用,它就会通过解读引起害怕的情境来缓和杏仁核的害怕反应。皮质控制杏仁核害怕反应的能力,对我们克服害怕至关重要。当人们成功克服了考试带来的害怕时,就得感谢皮质。

　　当害怕的情感首先被激活时,很多大脑过程处于无意识状态。过一会儿人们

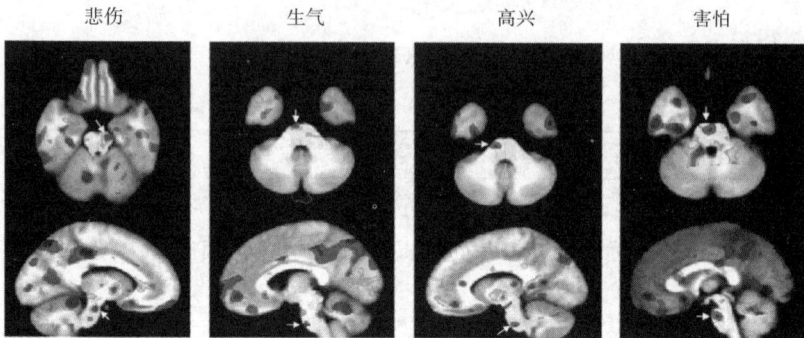

悲伤　　　　　生气　　　　　高兴　　　　　害怕

图 9.6　情感的神经成像

正电子发射层析扫描显示,不同情感对应不同的大脑激活模式。红色区域表示激活部分,紫色区域表示没有激活部分。

才意识到害怕,因为皮质监控伴随情感的生理信号,如心率的改变。皮质用这些信号将当前情境与储存在记忆中的诱发情感的经历联系起来。皮质的这种监控功能使我们在逻辑和信息不够用的情况下,用储存的情感信息来作出决定。因此,皮质受损伤的人很难作出这种情感决定。研究者发现,这种人很难想出有效的策略来玩那些需要直觉判断的游戏。举个例子:假设你在玩电子游戏,这款游戏要求你立即判断出你所操控的人物是应该向左转,向右转,进门,还是跳跃。你没有时间对这些行动的种种可能后果进行逻辑分析。你必须依赖直觉作出决定。你皮质中的情感监控系统会指导你根据储存在记忆中的选择及其诱发的情感作出决定。我们在日常生活中有时也需要快速作出决定,如当你注意到天上有乌云时决定带伞,这也是皮质在起作用。

当然,决策过程有时必须忽略情感因素。例如,我们必须抵御当前的诱惑,实现长期的目标。在这种情况下,情感神经学家指出,前扣带回(围绕胼胝体带的前端)与皮质一起抑制当前诱惑引发的情感。这样,我们就能全身心地投入长期目标而不会冲动行事。研究者发现,前扣带回的晚熟与小男孩严重的行为问题之间有关系。同样,动物研究发现,前扣带回的损坏扰乱了动物的社会关系。当你想一下抑制冲动对社会关系有多么重要时,你就能理解这个发现。例如,大多数人都同意,如果你每次生气都责骂你的老板,你的仕途一定不会顺利。由于有了前扣带回,你就能为了长远的利益而抑制骂自己老板的冲动。

情感的性别差异　　9.15 男性和女性的情感有什么差异?

　　男性和女性在体验情感的方式上有显著差异吗? 依据进化的观点,男女对这个问题的回答是不同的:如果有人背叛了你或严厉批评了你,你的第一感受是什么? 男性更有可能回答他们感到生气;女性更有可能回答她们感到受伤、沮丧或失望。当然,男女都会表达愤怒,但方式不同。男性和女性都会在私下里(如在家)泄愤,但女性不太可能在公众场合这么做。原因是,男性和女性的情感表达规则至少在某种程度上是不同的。美国研究者发现,总的来说,社会期望女性抑制消极情感,表达积极情感,而社会对男性的期望则刚好相反。

　　研究者还发现,情感反应的强度也有性别差异。格罗斯曼和伍德测试了男女被试对五种基本情感(乐、爱、恐、哀、怒)反应的强度。他们发现,除"怒"以外,女性对其他情感的反应更强,更频繁。她们有更多的喜悦,更多的哀伤,更多的恐惧和更多的爱! 但这些都是自我报告的结果。格罗斯曼和伍德如何知道女性真的就强烈感受到了这四种情感呢? 研究者用肌电图仪(一种测量面部肌肉紧张度的仪器),测量了被试在观看描述各种情感的幻灯片时的生理唤起。研究者发现,女性的情感体验不仅比男性更强烈,而且她们产生的生理反应也更剧烈。其他研究者同意,总的来说,女性情感反应更强烈,她们能体验更多的喜悦和忧伤。

　　在另一项有趣的研究中,研究者测量了在丈夫和妻子讨论各自关系中的积极事件和消极事件后,皮质醇这种随着情感唤起而增加的应激激素的含量。研究者发现,在讨论消极事件后,女性的皮质醇含量增加,而男性的皮质醇含量则保持不变。这一发现表明,女性对消极情感的生理反应比男性更敏感。

情感表达　　9.16 人类是如何表达和影响情感的?

　　对人类来说,表达情感和呼吸一样自然。情感的两位主要研究者保罗·艾克曼和卡罗尔·伊扎德都坚称,基本情感的数量是有限的。基本情感是与生俱来的和普遍的。也就是说,基本情感出现在所有的文化之中,传达它们的面部表情也一样,而且是根据儿童发育的生物时间表逐渐显现出来的。通常被认为的基本情感有害怕、生气、厌恶、惊讶、高兴、悲伤或沮丧。伊扎德指出,每种基本情感背后都有独特的神经回路。利文森等人指出,每种基本情感都有特定的自主神经系统活动。

在研究情感的范围时,艾克曼在1993年建议把情感比作家族。生气家族包括烦闷、恼怒、生气、气冲冲和暴怒。根据艾克曼的看法,如果存在生气家族的话,这些家族也有各种情感表达的形式。例如,怨恨就是一种生气形式,是一种受到委屈的感觉。艾克曼和弗里森主张,面部表情的细微差别能传达出这种情感的强度。

达尔文坚持,大多数情感及传达它们的面部表情都是由基因遗传的,并且是整个人类的特征。如果达尔文是对的,那么,每个人标注情感的方式都应该是一样的(见"尝试")。你标注情感的方式和他人的一样吗?为了验证自己的假说,达尔文让世界各地的传教士和不同文化的人记录每种基本情感的面部表情。基于这些数据,他得出结论说,面部表情在不同文化中是相似的。现代研究者也同意达尔文的说法。

其他研究者找到了普遍性和文化差异的证据。谢勒和沃尔博特发现,五大洲37国国民的情感体验模式有很多重合之处。他们还发现,诱发和调节情感的方式以及社会共享情感的方式有重要的文化差异。最近的研究表明,亚洲人比西方人更注意情感的表征(如语气)。

尝试　　　　　　　　识别基本情感

仔细看这六张照片,每种情感对应的面部表情是什么?

a. 高兴　b. 悲伤　c. 害怕　d. 生气　e. 惊讶　f. 厌恶

1. _____　2. _____　3. _____　4. _____　5. _____　6. _____

答案:1. d　2. c　3. f　4. e　5. a　6. b

另外,每种文化似乎都有面部表情的"口音"。这种口音是指:一个文化中大多数成员在表现某种面部表情时所使用的微小肌肉运动模式。换句话说,日本人、美国人和德国人笑的方式各不相同。这些差异足以影响人们对情感的感知,即使他们来自非常相近的文化。在一项经典研究中,研究者发现,美国白人比欧洲白人能更快地识别其他美国白人的面部表情。

每个文化都有不同的表达规则,即如何表达情感以及在特定场合如何恰当表达情感。一个社会的表达规则通常要求这个社会中的人在特定场合通过表达某种情感以掩盖某些真实的感觉。例如,美国的表达规则要求美国人在葬礼上表现出悲伤,掩盖没有获胜的失望或对食物的厌恶。日本文化的表达规则规定,当有他人在场时,人们必须掩盖消极情感。在东非,传统的马塞族年轻男性要表现出坚定无情的面孔,并要"长时间凝视着他人"。

同一个文化的不同群体之间也有不同的表达规则。例如,研究者发现,在大多数工作场所,上司期望员工表达积极的情感。研究者发现,美国青少年从同伴中学到表达情感的一个潜规则是:不要在公共场合表达情感。这种对情感的压抑使美国青少年看上去冷漠、粗鲁。心理学家推测,遵循这些潜规则可能导致青少年与父母和老师之间的沟通问题。

人们能通过控制面部表情控制情感吗?面部表情的肌肉运动产生了对应的情感,这称为面部反馈假说。一些证据支持了这一假说。在经典研究中,艾克曼及其同事表示,情感的生理指标(如心率和肌肉紧张)会随着被试面部表情的改变而改变。最近,研究者发现,人们的面部表情与其说改变了人们的情感,不如说改变了人们真实感受到的情感的强度。如果你生气了且表露出生气的表情,那么你就会更生气。这些发现也可以这样解释:抑制你的面部表情是控制情感进一步发展的第一步。

如果我们能控制住自己的情感,这是好事还是坏事呢?你可能听说过,"排放"怒气能使你好受些,但没有证据支持这个说法。事实上,"排放"怒气反而会使你更难受。而且,"排放"怒气还能导致攻击行为。研究建议,与发泄愤怒相比,学会调控和管理愤怒是更好的选择。

今天最有影响力的临床心理学家之一马丁·塞利格曼也赞同这一观点。他认为,人们能够而且应该控制自己的情感,以保持积极的情感状态(如高兴),避免消极的情感状态(如生气)。他还进一步指出,心理学过于关注人类的弱点,如心理障碍。如果心理学能大力研究人类的优点(如乐观),它就能帮助人们控制情感。这种研究思路叫积极心理学。积极心理学家芭芭拉·弗雷德里克森指出,积极情感能使我们想办法使用或修改过去的有效策略以解决新的问题,而消极情感只能让我们看到问题,而不会让我们想办法去解决问题。"应用"告诉你如何保持积极情感。

寻找快乐

快乐与生活满意度密切相关——感到快乐的人也对自己的生活满意。当然,每个人的生活中都有些因素无法改变,而且有些因素导致人们不快乐,但人们能用一些策略来控制自己对生活的情感反应方式。

摘掉你的玫瑰色眼镜

积极看待生活是保持快乐的重要因素。你知道"透过玫瑰色的眼镜看世界"这句话是什么意思吗?这句话的意思是,看到的事物比实际的会更加美好。心理学家丹尼尔·吉尔伯特研究了决策和快乐之间的关系。他指出,基于我们认为能使自己快乐的事物所作出的决策,常常使我们失望。例如,我们认为新房子会使我们快乐,于是我们拼命省钱,买房,最后辛苦搬家。但很快我们发现,新房子并不会给我们带来所期望的快乐。吉尔伯特指出,我们对待关系也是一样。我们约会、结婚、离婚、生小孩、与疏远的亲戚和好、与麻烦的亲戚断绝关系、参加俱乐部以结交新朋友,等等。最后发现,在经历了千般风雨之后,我们还是回到了原来的情感状态。

数一数你的幸福

也许我们能学会怀着感恩的心情看待我们已经拥有的,从而避免吉尔伯特描述的希望—失望循环。心理学家马丁·塞利格曼及其同事用很多练习,训练人们关注生活中的积极面,从而增加人们的幸福感。其中一个练习是"三件好事"。塞利格曼让被试记录每天发生的三件好事。结果发现,被试在持续记录仅一周之后就报告说,自己感到更幸福了。那些在试验后继续记录的人获得了持久的幸福感。

保持忙碌

如果你忙于一件事而忽略周围环境的话,你也会感到快乐。心理学家将这种状态称为"流动"。这是一种忘我地投入一个活动的状态。当从事某种需要技术的活动时,人们会报告说自己更快乐,不管这些活动是工作、游戏,还是开车。

你可能无法控制生活中的每个方面,但你能控制自己看待这些方面的态度。

回顾

　　读完了动机和情感,你能明白,乐观对我们本章讨论的各个话题有什么作用。例如,就工作动机而言,乐观的人更愿意接受新的挑战,从而比悲观的人更能抓住机会。同样,在恋爱关系中,乐观的想法,即相信个人有能力创造好结果的想法,会激励个人迎难而上,不怕被拒绝。因此,乐观的人恋爱成功的可能性更大。如果你发现自己有点悲观,那你就需要咨询心理专家。这些心理专家知道如何帮助你形成积极的人生观。

【第 10 章】

健康和应激

应激的来源

用日常语言说，"应激"就是"压力"。可心理学家对应激的定义是：个体对威胁或挑战自己以及要求自己作出某种适应或调整的环境作出的生理和心理反应。应激源就是能产生应激反应的刺激或事件。我们都同意，诸如换工作、分手等重大事件都会引起应激反应。但这些事件与日常生活中的应激源相比，哪个引起的应激反应更大呢？有证据表明，有的时候前者更大，有的时候后者更大。

生活事件法　　10.1 生活事件法是如何描述应激的?

描述、测量和解释应激的一个方法就是生活事件法。该方法认为，一个人的幸福感能被重大生活变化所威胁。这种方法包括大多数人在某一个时候经历的事件，如开始和结束一段恋爱关系。它还包括大多数人从来没有或很少亲身经历过的事件，如战斗、性侵犯和自然灾害。

社会再适应评定量表　托马斯·霍姆斯和理查德·拉赫的经典研究是这一方法的代表。霍姆斯和拉赫研发了社会再适应评定量表来测量应激。该量表将生活事件按照应激反应的大小排序，给每一个事件都赋予一个应激值。带来最大生活变化和要求作出最大适应的生活事件产生的应激反应最大，不管这个事件是积极的还是消极的。量表上的 43 个生活事件从丧偶(应激值为 100)到收到交通罚单之类的轻微触犯法律(应激值为 11)排序。完成"尝试",计算出你自己生活的应激分数。

霍姆斯和拉赫认为,生活应激程度与健康有关。研究者称,得分在 300 分及以上的人,在两年内患严重疾病的可能性是 80%;得分在 150~299 分的人,在两年内患病的可能性是 50%。近期研究还表明,霍姆斯和拉赫赋予生活事件的权重适用于北美的成年人,而且社会再适应评定量表的分数与各种健康问题密切相关。

社会再适应评定量表的一个主要问题是,它只赋予每个生活变化一个应激值,而没有考虑个体如何应对每个应激源。一项研究发现,社会再适应评定量表的分数的确有效地预测了多发性硬化病人的病情发展。使用有效应对策略的病人与没有使用有效应对策略的病人相比,前者的病情发展更为缓慢。

灾难性事件　灾难性事件对直接经历这些事件的人和间接听说过这些事件的人都会产生应激,如 2001 年的"9·11"恐怖袭击、2004 年的印度洋海啸、2005 年袭击美国墨西哥湾的飓风,以及 2010 年的海地地震。大多数人能够应对灾难带来的应激。但对有些人来说,这些事件能导致创伤后应激障碍。这是一种对灾难性事件(如空难或地震)或严重的慢性应激(如参战的士兵或生活在暴力犯罪泛滥社区中的居民)的长期和严重应激反应。

研究表明,这些创伤性事件的影响可以持续多年,对那些亲身经历过它们的人来说尤为如此。例如,对纽约市民的调查显示,有些人在"9·11"事件后的 6 年里一直有创伤后应激障碍症状。另外,创伤后应激障碍有时在事件发生后多年才会出现。在一些情况下,应激障碍是由创伤性事件的周年纪念引发的。例如,美国心理健康专家报告,从退伍军人管理局寻求心理创伤治疗的"二战"老兵人数在"二战"结束 50 周年后急剧增加。研究者假设,大脑中与年龄相关的变化降低了老兵应对创伤性情感的能力。这种影响在同时患有痴呆症的老兵中尤为明显。

创伤后应激障碍常常伴有幻觉重现、噩梦或侵入性重现创伤记忆,使患者感觉到自己好像又重新经历了这个创伤性事件一样。患者变得越来越焦虑,而且很容易被惊吓,尤其是面对那些使自己想起创伤性事件的事物时。许多战争或灾难性事件的幸存者具有幸存者内疚感,因为他们活着而其他人死了;一些人认为自己或许可以挽救他人的生命。越战老兵经历的极端内疚感极易使这些人自杀或想自

心理学的世界

杀。一项对创伤后应激障碍女患者的研究显示,她们患上首发抑郁症的可能性是正常女性的两倍,酗酒的可能性是正常女性的三倍。创伤后应激障碍患者还会出现像无法集中精力这样的认知困难。

尝试 发现你的生活应激分数

为了评定你生活的变化程度,看看下面哪些事件在你生活中曾经发生过。算出总分,这就是你生活的应激分数。

顺序	生活事件	应激值	你的分数	顺序	生活事件	应激值	你的分数
1	丧偶	100	___	23	孩子离家	29	___
2	离婚	73	___	24	与姻亲的关系不好	29	___
3	分居	65	___	25	杰出的个人成就	28	___
4	入狱	63	___	26	配偶开始或停止工作	26	___
5	亲属的去世	63	___	27	上学和毕业	26	___
6	受伤或生病	53	___	28	居住条件的改变	25	___
7	结婚	50	___	29	习惯的改变	24	___
8	被解雇	47	___	30	与老板的关系不好	23	___
9	婚姻和解	45	___	31	工作时间或环境的改变	20	___
10	退休	45	___	32	搬家	20	___
11	家庭成员生病	44	___	33	转学	19	___
12	怀孕	40	___	34	娱乐活动的改变	19	___
13	性障碍	39	___	35	宗教活动的改变	19	___
14	添丁	39	___	36	社会活动的改变	18	___
15	业务调整	39	___	37	小额贷款(买车或电视)	17	___
16	经济状况的变化	38	___	38	睡眠习惯的改变	16	___
17	朋友去世	37	___	39	家庭聚会次数的改变	15	___
18	换工作	36	___	40	饮食习惯的改变	15	___
19	夫妻争吵的次数增多	35	___	41	假期	13	___
20	大额贷款(买房)	31	___	42	圣诞节	12	___
21	取消抵押或贷款的赎回权	30	___	43	轻微触犯法律	11	___
22	工作职责的改变	29	___		你的总分		___

日常应激源 10.2 烦心事、精神振奋事以及选择是如何影响应激的?

什么产生的应激反应更大？重大生活事件,还是每日发生的琐碎烦心事？理查德·拉扎勒斯认为,日常应激源(他称之为烦心事)比重大生活事件产生的应激反应更大。日常的烦心事包括令人恼怒沮丧的经历(如排队、堵车等)。关系(如被人误解、与同事或顾客很难相处)是烦心事的另一个主要源泉。环境因素(如汽车噪声和污染)也是城市居民常常抱怨的烦心事。

为了阐明拉扎勒斯方法的有用性,凯纳等人研发了烦心事量表,以评估各种烦心事。与霍姆斯和拉赫研发的社会再适应评定量表不同,烦心事量表考虑了这样一个事实:每个人的烦心事都不同,而且,同一个烦心事所产生的应激反应也因人而异。因此,人们要在量表上选出自己的烦心事,并在3级量表上评定这些事的严重程度。

在6个月的时间里,研究者研究了75对美国夫妻。结果发现,烦心事量表测出的日常应激与现在和将来的"健康问题"(如流感、喉咙痛、头痛和背痛)有显著关系。研究者还指出,伴随重大生活事件的微小烦心事,比重大生活事件本身能更好地预测一个人的心理困扰程度。

拉扎勒斯指出,精神振奋事件或生活中的正面事件能中和许多烦心事。拉扎勒斯及其同事还创建了精神振奋事件量表。和烦心事量表一样,人们要在精神振奋事件量表上选出能使自己精神振奋的事件。研究显示了烦心事、精神振奋事件与个人幸福感之间的关系。忙乱的一天似乎增加了烦心事,减少了精神振奋事件,因此减弱了个人的幸福感。然而,一些人眼中的精神振奋事件在他人看来却是应激源。对中年人来说,精神振奋事件往往与健康和家人有关。对大学生来说,精神振奋事件是使自己开心和愉快的事。

烦心事和精神振奋事不是唯一的日常应激源。选择也会产生应激反应。人们常常要面临鱼和熊掌不可兼得的选择。这种两难的局面称为"取此—取彼"冲突。有些取此—取彼冲突很微小,如选择看哪部电影;有些则会产生重大后果,如要事业还是要孩子。在"非此—非彼"冲突中,个体必须在两个都不想要的选择中选出其中的一个。例如,你想避免考前复习,但同时你又想避免考试不及格。在"取此—非此"冲突中,个体只有一个选择,这个选择既有有利的一面,也有不利的一面,个体既想选又不想选,如想过一个美好的假期,但又舍不得花光自己的积蓄。

工作中的应激　　10.3 是什么因素影响了员工的舒适区？

你的老板是不是很难共事？如果是，那么你就很熟悉与工作相关的应激。这种应激与生活事件和日常应激源都不相同。工作应激是独特的，因为它与个体的工作环境有很大关系，而与生活事件或日常应激源的关系不大。

阿尔布雷克特指出，如果人们想有效地工作并在工作中获得满足感，那么，他们的舒适区就必须包括下面九个因素（图10.1）：

- **工作负荷**　太多或太少的工作都使人们感到焦虑、沮丧和没有收获。

- **明确的职责描述和评价标准**　模糊的工作职责和绩效评价标准会引起焦虑。职责描述太死板而不给员工留出创造性空间也会导致焦虑。

- **物理因素**　温度、噪声、湿度、污染、宽敞度以及工作的身体姿势（站着还是坐着）。

- **职业声望**　收入低且地位低的人会感到心里不舒服，而名人又常常无法应对成名所带来的压力。

- **问责**　当人们对他人的身体或心理健康负责但却无法控制很多事情的发生时（如空中交通指挥员、急诊室的护士和医生），问责过载就会发生；当人们感到工作无意义时，问责欠载就会发生。

你如何按照应激潜力将这些因素排序？哪些因素造成的应激反应最大？哪些可能造成的应激反应最小？

图 10.1　工作应激的各种因素

为了使员工有效地工作并从工作中获得满足感，员工的舒适区必须包括这九个因素。

- **任务多样性**　为了工作得更好，人们需要适量的多样性和适量的刺激。

• 与人接触 一些人在工作中几乎不与人接触(如森林巡视员);其他人却不断与人接触(福利和就业办公室人员)。不同的人需要和能忍受的接触程度是不同的。

• 身体挑战 有的工作对身体素质有较高的要求(如建筑和职业运动),而有的工作对身体素质几乎没有要求,还有些工作(如消防或公安)会危及生命。

• 心理挑战 超出人们心理承受能力的工作以及几乎没有心理挑战的工作都会使人们感到沮丧。

由于职场中的性别歧视和性骚扰以及很难兼顾工作和家庭,工作应激给女性造成的问题尤为严重。研究表明,工作应激对职业女性的健康和幸福感会产生负面影响。

工作应激可以产生不同的结果,最常见的是工作效率降低。但工作应激也能造成旷工、拖沓、事故、物质滥用和士气低落。慢性应激还能导致工作倦怠。工作倦怠的人会感到身心疲惫,认为自己无法改变当前的状况。感到自己工作没有得到重视的人更有可能表现出工作倦怠。例如,一项调查显示,英国几乎一半的社会工作者都有工作倦怠。感到自己的工作没有得到重视是这一状态的最好预测因素。

应激的社会来源   10.4 应激有哪些社会来源?

与工作应激一样,社会应激是能给个体带来生活挑战的整体社会环境。种族歧视是少数族裔面临的一个应激源。同样,经济地位(如贫穷和失业)也是一个应激源。

种族歧视 一些理论家提出,历史种族歧视是社会应激的一个来源,例如,一些族裔(如西班牙裔美国人、印第安人和非裔美国人)在历史上曾遭受压迫。对历史种族歧视感兴趣的研究者主要关注非裔美国人。许多研究者指出,非裔美国人中患高血压的比例很大,这可能是由于历史种族歧视所产生的应激造成的。调查显示,非裔美国人比其他少数族裔经历了更多的种族应激。担忧种族歧视的非裔美国人对实验诱导应激源(如突然的噪声)的心血管反应,比不太担忧种族歧视的非裔美国人更强烈。至少一项研究证明,非裔美国人对种族歧视的感知与高血压之间存在关系。研究者发现,自称在工作中遭遇很多种族应激源的非裔美国人,比没有遭遇太多种族应激源的非裔美国人更容易患高血压。

非裔美国人比其他少数族裔有更强烈的种族认同感,这一因素有助于缓和种族应激的影响。但一些研究表明,人格特征(如敌意)会增加种族应激的影响。因此,历史种族歧视与心血管健康之间的关系是非常复杂的,而且还因人而异。

社会经济地位 "社会经济地位"这个术语常用来指收入差距,但它不仅包括经济资源,职业和教育也是社会经济地位的组成要素。这些因素相互作用,影响个体的地位,而且这些相互作用会随着环境的变化而变化。例如,在一些社区,警察的地位很低,即使警察的教育水平和收入都高于社区的其他居民。社会经济地位是一个非常复杂的因素。

虽然复杂,但对健康的大规模研究需要收集收入和教育水平等方面的数据,之后才能把人划分为不同的社会经济地位类别。社会经济地位低的人常常患有与应激有关的疾病(如感冒和流感)。另外,健康危险因素(如低密度脂蛋白胆固醇)在这些人中间也更常见。

其他因素也有助于解释社会经济地位与健康之间的关系。例如,我们常常发现,社会经济地位低的人的应激激素比社会经济地位高的人高。通过进一步研究这一关系研究者发现,在社会经济地位低的人群中,有一些行为和社会因素能解释地位和应激激素之间的关系。这些因素包括:高吸烟率、狭小的社会圈子,以及不规律的饮食。这并不是说每个低收入的人都有这些问题,而只是说这些因素在低收入人群中更为普遍。这些因素的出现,影响了低收入人群的健康,形成了社会经济地位与这些因素之间的关系。

失业 失业是社会经济地位中与应激和健康有关的另一个因素。被解雇的人在随后几个月里很容易患上与应激相关的疾病。这对低、中、高收入群体都是如此。这种一致性是由失去收入后的经济紧张和未来找工作的不确定性造成的。失业的应激也在于它减少了人们的掌控感。

文化适应应激 适应一个新文化也会产生很大的应激,这种现象叫文化适应应激。一些理论家指出,具有融合取向的移民(能够融入新文化的社会结构,但同时保持本土文化)能很好地应对文化迁移所产生的应激。研究表明,具有融合取向的移民对自己的生活更满意。因此文化心理学家建议,学校和其他机构应该鼓励移民在适应新环境的同时,保持自己原有的本土文化。

健康—应激关系

毫无疑问,应激影响我们的生活质量,但它是否真的能威胁我们的健康? 对这个问题的回答在一定程度上取决于我们对健康的定义,还取决于我们对应激的生理和心理影响以及保护我们身心健康因素的分析。

健康和疾病的生物心理社会模型

10.5 生物心理社会模型是如何解释健康和疾病的?

几个世纪以来,研究者一直将健康定义为不生病。这种解释健康的方法叫生物医学模型。该模型专门从生物因素的角度来解释疾病。因此,它对疾病的关注超过了对健康的关注。在一些情况下,生物医学模型能很好地解释疾病。例如,链球菌会造成呼吸系统的多种感染,抗菌素能杀死链球菌,患者不久就会康复。但为什么不是每个感染链球菌的人都会生病呢?

个体对病原体(如链球菌)反应的差异表明,生物医学模型还不足以解释健康。因此,为了全面地解释健康,研究者和医生转向了生物心理社会模型。这是一种除了生物因素,还包括心理和社会因素的模型。如图 10.2 所示,这些解释常常包括心理因素。另外,生物心理社会模型除了回答什么使我们生病这个问题之外,还试图回答什么使我们健康这个问题。

心理学家对心理因素如何影响健康和疾病很感兴趣,因此,他们创立了健康心理学这个专门的领域。健康心理学家用心理学原理来预防疾病,帮助生病的人恢复健康。另外,对健康心理学家来说,健康的概念不仅仅指不生病,它还包括身体、心理和社会层面上的健康。健康心理学的范围很广,它的一个重要目标就是,改善健康专家与病人之间的沟通;另一个目标是,找出造成这些疾病(如慢性疼痛、哮喘、心脏病、糖尿病、癌症)的心理、行为和社会因素。健康心理学家还设计出了能改善健康的行为矫正办法。

健康心理学家发现,应激在上述每个方面都会造成个体差异。例如,一些病人

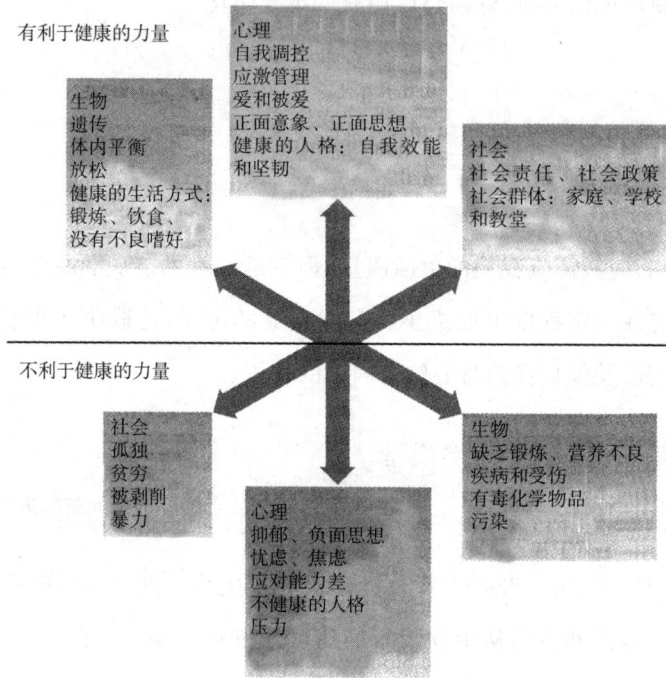

图 10.2   健康和疾病的生物心理社会模型

生物心理社会模型除了关注疾病,还关注健康。该模型坚持,健康和疾病都是由生物、心理和社会因素的共同作用决定的。大多数健康心理学家都赞成这个模型。

觉得与健康专家交流病情非常有压力。研究者假设,应激会分散这些病人的注意力,使他们不会注意医生的嘱咐。因此,他们不太可能遵照医嘱。如果病人知道如何有效地管理自己的应激反应,他们就能更好地遵照医嘱。

健康心理学的另一个重要发现是:应激管理训练能直接改善人们的健康状况。例如,如果教会慢性疼痛患者一些应激管理技巧(如冥想),那么,他们就能更有效地缓解不适感。同样,这些训练能帮助应激容忍度低的人改变不良习惯(如戒烟)。

健康—应激关系的生理学机制   10.6 或战或逃反应是如何影响健康的?

在第 2 章了解到,交感神经系统对威胁(应激源)作出反应时会让身体做好抵抗或逃跑的准备。这些准备是通过增加心率、血压和呼吸率,同时关闭一些不必要的系统(如消化系统)实现的。这套反应称为战逃反应,因为它使得我们能够战胜或逃离应激源。当应激源消失之后,副交感神经系统会逆转战逃反应过程,使身体恢复正常。但当应激源长期存在且人们不能适应它时,这种维持战逃反应的趋势就会威胁身体健康。

长时间维持战逃反应会以直接和间接两种方式影响健康。第一,研究表明,战逃反应相联系的生化物质会直接影响身体机能。例如,当我们面对应激源时,我们的身体会释放出大量的神经肽 Y。神经肽 Y 能缓解焦虑,有助于我们适应应激,但它也会收缩心脑血管,极易造成血栓,从而引起中风和心脏病。

第二,战逃反应会抑制身体的免疫系统,从而间接影响健康。免疫系统由许多各司其职的细胞和器官组成。免疫系统的作用是识别、找到和消灭进入身体的细菌、病毒、真菌、寄生虫和任何其他异质。免疫系统的关键组成部分是白血细胞淋巴球,包括 B 细胞和 T 细胞。B 细胞由骨髓产生,T 细胞由胸腺产生。所有的异质细胞(如细菌、病毒等)都称为抗原。B 细胞产生的蛋白质称为抗体。抗体能有效消灭血液和身体组织周围液体中的抗原。T 细胞能消灭寄生在身体细胞中的有害异质。

在心理神经免疫学这一领域,心理学家、生物学家和医学家共同研究心理因素对免疫系统的影响,包括应激、情感、思维和行为的影响。研究表明,应激与许多传染病都有关系,如口腔疱疹和生殖器疱疹、单核细胞增多症、感冒和流感等。应激会降低某些疫苗的效果并减少免疫系统的 B 细胞和 T 细胞。

在应激反应消失很长时间之后,应激还会继续抑制免疫系统。通过比较那些正面临重大考试的医学院学生(实验组)与那些正在休假的医学院学生(控制组)身体中的抗体数量,研究者发现,实验组学生的抗体数量明显低于控制组。这一现象在考试结束 14 天之后依然存在。但到这个时候,学生意识不到自己还在经历应激反应,因此他们会报告说自己没有感觉到应激。

除了学习压力之外,夫妻关系紧张和缺乏睡眠也会减弱免疫系统的功能。同样,在丧偶后的最初几个月中,寡妇/鳏夫的免疫系统功能非常弱,因此,死亡的可能性极大。严重的丧偶之痛会减弱免疫系统的功能,增加寡妇/鳏夫在随后两年内患各种身体和心理疾病的危险。

应激反应理论   10.7 理论家是如何说明应激的生理和心理反应的？

如你所见,长期的应激反应有害健康。但身体不仅仅屈服于应激源,它还利用各种资源保护自己不受应激源的伤害。应激反应理论告诉我们身体是如何做到这一点的,其中一个重要理论关注身体的生理反应,还有一个理论关注身体的心理反应。

全身适应综合征   汉斯·塞里(1907—1982)是研究应激与健康关系的专家,他创建了应激研究领域。塞里提出的应激概念的核心就是全身适应综合征,即有机体面对应激源时的可预测性反应序列。该序列由三个阶段组成:警觉阶段、抗拒阶段和衰竭阶段(图10.3)。

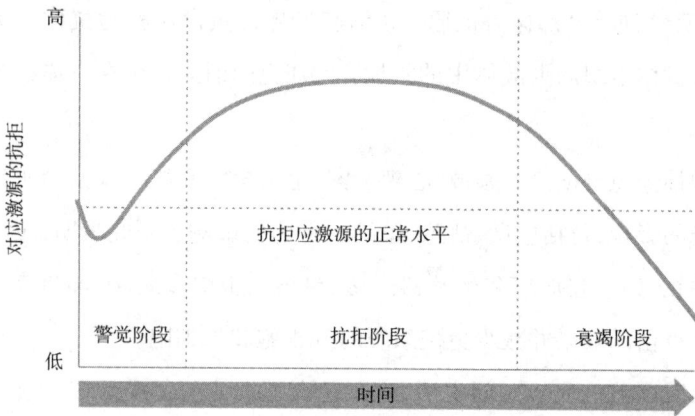

图 10.3   全身适应综合征

塞里提出的全身适应综合征的三个阶段是(1)警觉阶段,在这一阶段,人们的情感被唤起,身体的防御部队被调集以准备战斗或逃跑;(2)抗拒阶段,在这一阶段,人们做出强烈的生理努力以抗拒或适应应激源;(3)衰竭阶段,如果有机体没有能力抗拒应激源,这一阶段就会出现。

第一个阶段是警觉阶段。在这一阶段,肾上腺皮质分泌糖皮质激素,使心率增加,血压和血糖升高,为个体应对应激情境(即或战或逃综合征)提供大量的能量。接下来,有机体进入抗拒阶段。在这一阶段,肾上腺皮质继续分泌糖皮质激素以帮助身体抗拒应激源。抗拒阶段的长短取决于应激源的强度和身体的适应能力。如果有机体最终没有能够成功抗拒应激源,那就会进入衰竭阶段。在这一阶段,有机体所有储存的能量都被耗尽,崩溃和死亡随之而来。

塞里发现,应激的最大害处是由长期分泌的糖皮质激素造成的。糖皮质激素能导致血压永久上升和肌肉萎缩,还能抑制免疫系统,甚至损害海马。得益于塞里的研究,医学专家现在了解了长期而极端的应激与某些疾病之间的关系。

拉扎勒斯的应激认知理论 使我们心神不安的到底是应激源本身呢,还是我们看待应激源的方式? 理查德·拉扎勒斯认为,造成应激反应的不是应激源本身,而是人们感知它的方式。拉扎勒斯认为,当面对一个潜在的应激事件时,人们会专注于一个包括初级评估和次级评估的认知过程。初级评估是对情境的意义和重要性的评估,即评估情境对于个人健康的影响是积极的,无关的,还是消极的。评估为应激的事件包括:①危害及其损失,即已经造成的损害;②威胁,即潜在的损害;③挑战,即成长或获益的机会。人们对威胁、危害或损失的评估是相对于自己看重的事情而作出的,这些事情包括友谊、身体、财产、经济、自尊。把一个情境评估为会给自己带来威胁、危害或损失时,人们就会经历负面情感,如焦虑、害怕、生气和怨恨。把一个情境评估为会给自己带来挑战时,人们就会经历正面情感,如兴奋、希望和渴望。

在次级评估阶段,如果人们判断这个情境在他们的控制范围内,他们就会评估可用的资源——身体资源(健康、能量和体力)、社会资源(人脉)、心理资源(技能、士气、自尊)、物质资源(金钱、工具和设备)和时间。然后,他们就会考虑各种选择并决定如何应对应激源。他们感到的应激程度在很大程度上取决于他们的资源是否足以应对威胁,以及在这个过程中这些资源被利用的程度。图10.4 总结了拉扎勒斯和福克曼的应激心理模型。研究支持了他们的观点:对应激源的生理、情感和行为反应在一定程度上取决于对应激源的评估(挑战还是威胁)。"总结"概括了应激反应的理论。

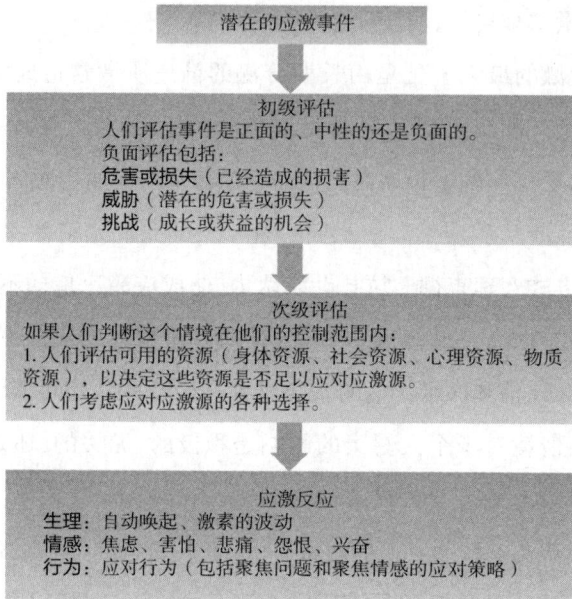

图 10.4　拉扎勒斯和福克曼的应激心理模型

　　拉扎勒斯和福克曼强调人们对应激源的感知和评估的重要性。应激反应取决于初级评估和次级评估的结果,取决于人们是否有充足的资源应对威胁以及在这个过程中资源被利用的程度。

总结　　　　　　　　**应激反应的理论**

理　论	描　述
塞里的全身适应综合征	三个阶段:警觉、抗拒和衰竭
拉扎勒斯的应激认知理论	初级评估(评估应激源)和次级评估(评估资源和选择)

危险与复原　　10.8 什么因素促使人们在应激面前复原?

　　幸运的是,应激源和我们的反应不是决定我们的身体如何对应激作出反应的唯一因素。通过危险/复原模型,我们能更好地理解应激和其他因素之间是如何相互作用,如何共同影响我们的健康的。危险/复原模型提出,危险因素和保护因素相互作用,保护我们不生病。危险因素(如应激)增加了我们生病的概率。保护因素抵消危险因素的作用,使我们从这些危险因素的作用中"反弹"或复原。研究者发现了几个促进复原的因素。

应对策略 如果你和大多数人一样,你经历的应激已经帮助你形成了一些应对策略。应对是指:人们通过行动和思想努力对付过于苛刻的要求。聚焦问题的应对是一种直接的行动,它包括减少、修改或消除应激源本身。如果你在历史考试中得分很低并将该结果评估为一种威胁,那你就会更努力地学习、与老师讨论问题、组成学习小组、找一个家教,或者干脆放弃这门课(见"解释")。

聚焦情感的应对是,重新评估应激源以减少它对情感的冲击。研究表明,聚焦情感的应对能有效管理应激。如果丢了工作,你可能认为这并不是一件坏事,而是一个挑战,一个机会;你或许能找到薪水更高的工作。忽略应激源这种聚焦情感的应对方法,能有效管理应激。研究者研究了116名心脏病患者的情况。所有被试都报告,自己担心心脏病的复发。但那些试图忽略这种担忧的病人不太可能表现出与焦虑相关的症状(如噩梦和幻觉重现)。聚焦情感的其他应对策略也许更有用,如写日记,记录你的担忧及其变化历程。

把聚焦问题和聚焦情感这两种应对结合起来是最佳的应激管理策略。例如,心脏病人可以忽略自己的担忧(聚焦情感的应对),同时改变自己的生活方式(聚焦问题的应对),如增加运动。另外,使用聚焦情感或聚焦问题应对策略的人往往比那些使用行为策略(如暴饮暴食、节食、吸毒、酗酒或社会退缩)的人更加健康。

一些应激情境是可以提前预测的,因此人们可以使用前摄应对策略。前摄应对是在潜在应激情境出现之前就采取行动防止它的出现或减少它的后果。使用前摄应对策略的人预测可能出现的应激事件或情境,并为此做好准备。例如,与上大学相联系的一个应激源是,每学期开学的时候,大学书店都非常拥挤。为了避免排长队,你可能会在网上买书或提前去书店买书。父母带着孩子最喜欢的零食或玩具去亲戚家或医院,以免孩子饥饿或哭闹。这些都是前摄应对策略。

乐观 乐观的人往往能更有效地应对应激,这又进而降低了他们生病的危险。乐观的人有一个共同的特征,那就是他们通常都期待好的结果。这种正面的期待能使他们比悲观的人(往往期待坏的结果)更好地应对应激。同样,乐观的人似乎能够在最糟糕的情境中发现好的方面。而悲观最致命的一点就是让人绝望。对大量芬兰人的历时研究表明,报告自己有点绝望和非常绝望的人的死亡率,是报告自己不绝望或很少绝望的人的 2～3 倍。

坚韧　通过对应激程度非常高的男性主管的研究,心理学家发现,区分健康和疾病有三个心理特征。这三个心理特征总称为"坚韧"。它们分别是承诺、控制和挑战。坚韧的人感到自己对工作和生活都负有责任。这些人不会把自己看作生活的牺牲品,而会把自己看作生活的主人,能够控制结局和后果。这些人努力解决自己的问题,欢迎生活中的挑战,把挑战看作成长和进步的机会而不是威胁。其他研究者发现,坚韧与老年人的主观幸福感有关。

信仰宗教和参与社会活动　另一个有助于复原的个人因素是信仰宗教。例如,对 42 项研究(一共涉及 126000 名被试)的分析表明,信仰宗教与身体健康呈正相关,与患癌症、心脏病和中风的概率呈负相关。为什么信仰宗教与健康有这样的关系呢? 研究者目前正在验证各种假设。一个观点是:参加宗教活动与健康习惯和正面情感有关。例如,定期去教堂的人不太可能过度吸烟或饮酒。另外,他们更有可能说:对自己的生活很满意。

说明　　　　　为什么突击测验能促进学习?

一天,你的老师走进教室,宣布"大家早上好,我们今天上课前先做一个测验"。听到这句话时,你回想起昨天晚上你看了电视而没有复习,于是你的心跳加速。这表明你的交感神经系统引发了战逃反应,而且你正在经历痛苦的应激。但你抑制住了跑出教室的冲动,决定再也不要在这门课上被打个措手不及了。下次你想看电视的时候,会强迫自己先学习。各种应对策略在这一连串的事件中起到了什么作用呢?

如你所知,面对自己无法应对的应激源时,我们就会使用聚焦情感的应对策略。面对你毫无准备的突然测验就是这种情况。为了对抗战逃反应,你修改自己对当前情境的判断以间接地平息自己的激动情感。这就是为什么"下次做好准备"的决定会让你好受点。

聚焦问题的应对策略关注应激源本身并试图对应激源予以修改。很明显,下次做好准备的决定对解决当前的问题是没有用的。你还是要坚持实施你的目标。如果你这么做了,那你就使用了聚焦问题的应对策略。你对这个应激源施加一定的控制。如果我们认为自己能够控制得住该应激源,那么就能更有效地应对它。

这些应对策略对学习有什么用呢? 假设下次你已经复习了规定的章节,当老师突然宣布测验时,你的情感反应就没有那么强烈了。但是,只有真正学到了东西,你才能在测验中取得好成绩。换句话说,突然测验让有准备的学生知道他们的学习策略是否有效。如果你花了时间复习,但你测验的成绩还是不好,那么你就需要改变自己的学习策略。当然,这也是老师进行突然测验的初衷。研究表明,不管老师是否将测验成绩计入总分,突然测验都能有效地鼓励学生课后复习,对学生的学习有帮助。

研究者还注意到,信仰宗教有助于健康,因为它为人们提供了参与各种社会活动的机会。为了支持这一结论,健康心理学家引用了参与各种社会活动(如在社区机构当志愿者)能促进健康的研究。在一项研究中,研究者将带有感冒病毒的滴鼻剂滴入志愿者的鼻中。在随后的几天中,151 名女性被试和 125 名男性被试明显表现出病毒性感染的症状,而其他被试却没有表现出这一症状或症状较轻。有丰富社会生活(例如,常常与配偶、孩子、父母、同事、朋友等交流)的被试似乎不易受到病毒感染的侵袭。这种保护不分年龄、种族、性别、受教育程度和季节。

社会支持   信仰宗教和参与社会活动还可以为人们提供更有力的社会支持。这是一种在个体需要支持的时候,配偶、亲友、邻居、同事、支持小组或其他人所提供的支持。这种支持可以是物质、信息、建议,也可以是情感上的支持。它还可以是爱、尊重和关心。

社会支持似乎对身体的免疫系统、心血管系统和内分泌系统都有积极影响。社会支持还能鼓励人们形成健康的习惯以减少应激的影响,这样,人们就不太可能用不健康的方式(如吸烟或喝酒)来应对应激。另外,社会支持还可以减轻慢性疾病患者(如肾病患者)的抑郁程度,提升人们的自尊。

值得注意的是,研究者区分了感知性支持和获得性支持。感知性支持是一个人认为在自己需要帮助的时候可以获得的帮助。获得性支持是一个人实实在在从他人那里所获得的帮助。有趣的是,许多研究发现,感知性支持比获得性支持更为重要。其他研究表明,感知性社会支持越高,抑郁的程度就越低。感知性支持与其说是亲友能提供的实实在在的帮助,还不如说是个体性格的作用。一项历时研究表明,具有爱社交、乐于助人性格的大学生,在成年后更有可能报告说,自己的感知性社会支持高。这些结果都表明了心理因素对健康的重要性。

控制感   复原还受控制感的影响。控制感是我们所感觉到的自己对自己生活的控制程度。兰格和罗丹在 20 世纪 70 年代研究了控制感对养老院里老年人的影响。研究者给予一组老年人一定的控制权。他们可以控制自己的生活,如让他们自己选择房间的布置方式和看电影的时间。结果发现,这些人的健康和幸福感都有所改善,而且他们的死亡率也低于没有被给予控制权的一组。在 18 个月内,没有被给予控制权的老年人中有 30% 去世;而给予控制权的老年人中只有 15% 去世。控制感对癌症病人也很重要。一些研究者认为,对日常身体症状和情感反应的控制对癌症病人来说或许比控制疾病本身还重要。

很多研究表明,当有力量做某事时,我们不太会出现应激反应,不管我们有没有做这件事。格拉斯和辛格在 20 世纪 70 年代初让两组被试都听同样的噪声。他们告诉一组被试,如果有必要的话,他们可以按下开关关掉噪声。这些被试的应激反应较小,即使他们并没有关掉噪声。弗莱德兰等人认为,当应激源使人们丧失了控制力时,人们会努力重建控制力。如果未能做到这一点,人们就会试图在生活的其他方面增加自己的控制感。

总结	促进复原的因素

因　素	描　述
应对策略	聚焦问题的应对指向应激;聚焦情感的应对指向对应激源的情感反应;前摄应对是指采取行动以预防未来的应激
乐观	对未来的正面期待
坚韧	对工作和生活负责;对结果的控制;把应激源看作挑战
宗教信仰	健康的习惯、积极的情感、参与社会活动
社会支持	家人、朋友或他人提供的物质和情感支持;感知性支持也许比实际的支持更重要
控制感	认为个人对应激源有某种程度的控制

健康与疾病

如前所述,健康心理学家用生物心理社会模型来更好地预防和治疗某些疾病。例如,心理学家已经深入研究了心脏病和癌症这两种致命疾病的预防和治疗。另外,生物心理社会模型还有助于健康心理学家健康及疾病的性别差异和族裔差异。

　10.9 生活方式、遗传和人格对冠心病有什么影响?

为了存活,心脏肌肉需要血液提供稳定且充足的氧气和营养。冠心病是由冠状动脉狭窄或堵塞造成的,而冠状动脉就是为心肌输入血液的血管。在前面学过,与应激有关的生化物质在这一过程中起了重要作用。尽管冠心病是美国人死亡的首要原因,占总死亡人数的 25% ,但由冠心病导致的死亡病例在过去 40 年间下降了 50% 。

作为现代人的健康问题,冠心病在很大程度上是由于生活方式造成的,因此,它是健康心理学家研究的重要领域。久坐的生活方式是导致冠心病死亡的主要危险因素,如一个人在工作中大部分时间都是坐着的,每周的锻炼时间少于三次,每次少于 20 分钟,其他危险因素是高血清胆固醇、吸烟和肥胖。

家族史也是一个重要的危险因素。家族史和冠心病之间的关系既是遗传的也是行为的。例如,父母都有高血压但自己并没有高血压的人,会表现出和父母一样的情感反应和应对策略。

性格类型也是一个危险因素。经过深入研究,心脏病学家迈耶·弗里德曼和雷·罗森曼得出结论,A 类人格的人容易患冠心病,B 类人格的人不容易患冠心病。

具有 A 类行为模式的人有强烈的紧迫感。他们没有耐心,争强好胜,有敌意,易怒。他们"陷入了一场永不停歇的战斗中,期望在最短的时间内取得最大的成就"。与 A 类行为模式的人不同,具有 B 类行为模式的人很放松、随和,没有紧迫感。这类人有耐心,没有敌意,能够痛痛快快地放松而且没有负罪感。他们玩的目的是放松、娱乐,而不是想表现出自己的优越感。然而,B 类人和 A 类人一样聪明,一样有雄心壮志,一样能取得成功。

研究表明,A 类人格的致命弱点不是紧迫感,而是生气和敌意,这两者都会诱发攻击性和反击性气质。不同的文化和性别中都存在这些联系。

进一步的研究发现,生气和敌意可能是一个更复杂因素的一部分,这个因素还包括其他的情感抑郁因素。当生气和敌意被认为是单一因素时,两者都可能导致冠心病。统计分析表明,加上其他抑郁因素(如焦虑和愤世嫉俗)后,导致冠心病的就不只是某一个因素,而是整个负面情感。

这一发现使得研究者提出了一个新的类型,D 类行为模式。D 类行为模式的人表现出长期的情感抑郁模式和抑制负面情感的趋势。研究者调查了心脏病突发后参加康复项目的男性,他们发现,D 类人的死亡概率是其他人的四倍。研究者推测,D 类人格的人之所以死亡率如此高,是因为这类人的身体易于受到侵入性治疗方式(如手术)的炎症感染。但是,要了解与 D 类人格相关的生理学机制,我们还需要做大量的研究。

然而,不管性格和冠心病之间有什么生理联系,它与健康行为和社会支持之间的关系是同样重要的。例如,持有消极人生观的人(如 D 类人格的人)不太可能在完成一个戒烟疗程后彻底戒烟。另外,研究者发现,如果冠心病患者的配偶是 D 类人格,那么配偶就不太可能支持患者进行康复。正如你所见,心脏病的人格分类是非常全面的。敌意不仅能可靠预测冠心病,也能造成一般疾病。

癌症	10.10 心理因素是如何影响癌症病人的生活质量的?

癌症是美国人死亡的第二大原因,占全部死亡病例的 23%。癌症主要出现在成年人中,大约有 30% 的美国人会得癌症。年轻人也未能幸免,癌症是夺去 3 ~ 14 岁儿童生命的罪魁祸首。

癌症是很多疾病的总称,它能侵入有机体(无论是人、动物还是植物)的任何一个细胞。正常细胞会分裂,但它们知道什么时候停止分裂。与正常细胞不同的是,癌症细胞不会停止分裂。除非被及时发现和消灭掉,不然它们就会不断成长和扩散,直到把有机体杀死为止。健康心理学家指出,不健康的饮食、吸烟、过度饮酒、滥交性行为,以及过早的性行为(尤其是女性),都有可能造成癌症。另外,虽然现在还没有确凿的证据证明应激也能造成癌症,但它能影响癌症病人对治疗的反应和应对方式。

在美国,每年有 150 万人被诊断为癌症,这些人很难适应这一疾病以及与之相联系的应激源。研究者指出,癌症病人不仅需要药物治疗,还需要能影响患者生活质量的心理和行为治疗。卡弗等人发现,在手术后最初 3 ~ 6 个月中保持乐观的生活态度、接受事实和保持幽默感的乳腺癌患者,都不太抑郁。否认(即拒绝接受事实)并想放弃治疗的病人,都非常抑郁。研究者发现,应对癌症最有效的策略是社会支持(如自助小组)、乐观的心态,以及分散注意力。不使用这些策略而去幻想、否认和退缩的患者,会更加抑郁。

性别与健康　　10.11 男性和女性在健康方面有什么差异?

　　由美国政府资助的大多数医学研究都没有将女性作为被试。没有研究女性健康需求的一个领域就是心脏手术后的死亡率问题。女性在心脏手术后比男性更容易死亡。至今为止,研究发现,术后存活率的男女差异已经缩小,但研究者仍然在调查为什么女性的术后死亡率高于男性。一个原因是,女性的术后感染率和中风率高于男性。女性的输血比率高于男性,这造成女性术后的感染率高。在心脏手术过程中或手术之后,接受输血的男女病人的感染率,比没有接受输血的病人高,而在术中或术后要求输血的女性数量是男性的2倍。

　　但总的来说,男性的死亡率高于女性,虽然女性的健康程度不如男性。这一看似矛盾的结论困扰了研究者数十年。可能的一个原因是,寻求医疗保健的女性多于男性。但这还远远不能解释健康和疾病的性别差异。

　　最近几年,研究者开始考察致命疾病发展轨迹在不同性别中的差异。例如,男性和女性因吸烟而患肺病的概率差不多相等,但出于未知原因,男性患病的严重性要高于女性。这可以从入院治疗的男女人数差异中看出,而且男性也更容易死亡。研究者试图从性别的生理差异(如激素含量)入手,探寻造成这些差异的原因。一些研究者指出,我们还必须考察性别的生理、心理和社会差异之间的相互作用。

族裔的健康差异　　10.12 研究者是如何解释族裔间的健康差异的?

　　和性别一样,族裔也有健康差异。记住,用来收集健康数据的方法常常会掩盖政府机构跟踪调查的五个主要族裔,即美国白人、非裔美国人、西班牙裔美国人、亚裔美国人和太平洋岛民,以及印第安人的重要健康差异。下面是这一领域的一些主要发现。

　　族裔的健康差异　非裔美国人患慢性疾病的比率高于美国白人。例如,非裔美国人患糖尿病、关节炎和高血压的比率更高。非裔美国人死于心脏病的比率要比美国白人高40%,死于癌症的比率要比美国白人高30%。即使同样年龄的非裔美国人和美国白人患相似的疾病,非裔美国人的死亡率仍然要高于美国白人。非裔美国人患艾滋病的比率是美国白人的3倍。

西班牙裔美国人患高血压的比率高于美国白人,但患心脏病的比率不高。西班牙裔美国人患糖尿病的比率显著高于其他族裔。

亚裔美国人要相对健康一些。然而,不同族裔之间存在巨大差异。例如,越南女性患宫颈癌的比率是美国白人女性的5倍。亚裔美国男性的年龄调整死亡率要比美国白人男性低40%,但中风的死亡率要比美国白人男性高8%。

印第安人患糖尿病的比率要高于美国白人。印第安人酗酒的比率很高,因此,患肝病的比率也很高。印第安人死于肝病的比率要显著高于其他族裔。

解释族裔差异　如何解释这些差异呢?如前所述,历史种族歧视是一个可能的原因。另一个原因是社会经济地位。大约1/5的非裔美国人、印第安人和西班牙裔美国人,都过着非常贫困的生活。因此我们可以推论,与贫穷相关的因素造成了不同族裔之间的健康差异。这些贫穷相关的因素包括营养不良、无法获得医疗保健,以及教育水平低下等。

但通过对种族、收入和健康之间关系的进一步研究,研究者得出了不同的结论。例如,在一项研究中,研究者发现,中产家庭的非裔美国孩子和美国白人孩子在健康方面很相似;但非裔美国孩子患哮喘的比率要高于美国白人孩子。大规模的健康研究也表明,生活在贫穷之中的美国白人和非裔美国人在老了之后,都可能出现腿脚不灵便,但贫穷的西班牙裔美国老人出现腿脚不灵便的比率要比前两者低50%。

这些发现表明,族裔在社会经济地位方面的差异不会完全造成健康的差异。那么,是什么因素造成这些健康差异的呢?生物伦理学教授皮拉尔·奥索里奥和社会学家特罗伊·达斯特暗示,造成健康差异的是种族模式。种族模式是一个族裔的人通过共同的行为模式(如饮食)保持自己集体身份的倾向。另外,族裔的居住条件也会导致健康问题。例如,西班牙裔美国人集中居住在美国西南部的沙漠地带。这些模式导致不同族裔之间危险因素和保护因素比率的不同。

生活方式与健康

由于电脑和网络的普及,发达国家的人与发展中国家偏远地区的人都有一个重要的共同点:都倾向于上网查找健康方面的信息(见"应用")。如果你在网上查找过健康信息,你就知道任何与健康有关的词都会搜索出很多网站,这些网站提供的信息大都是你已经知道的:对大多数人来说,健康的头号敌人是我们自己的习惯——缺乏锻炼、睡眠过少、酗酒和吸毒、不健康的饮食和暴饮暴食。什么能使一个人改变不健康的生活方式呢? 也许就是虚荣心。健康心理学家发现,比起单纯的说教,如果人们认为行为改变会使自己看上去更帅、更美、更年轻,那么,这些健康的习惯就更容易被接受。但是,仍有一些威胁健康的行为值得我们每个人严肃对待,最危险的行为就是吸烟。

应用	解读网上的健康信息

网上的信息到底有多可靠? 美国医学协会资助了一项关于健康网站的大规模调查。调查发现,网站提供的信息良莠不齐。英国医学协会资助了一项关于儿童发烧该如何处理的网络调查。结果发现,大多数网站所提供的信息都是错误的。另外,在四年后的一项后续研究中,研究者发现,大约一半的网站都打不开了,剩下的网站并没有改进所提供信息的质量。

尽管有这些不如意,但医生还是承认网络在帮助病人了解和改善自己健康方面的潜在价值。由于很多老年人开始使用网络来了解健康知识,美国退休人员协会(2002 年)公布了上网查找健康信息的一些方法:

• 记住,没有法律规定哪些信息可以发布在网上,哪些不可以发布在网上。与学术期刊(通常是由本领域的专家撰写和审查)不同,网上的文章可以由任何人发布,也不需要任何审查。如果没有专业知识,我们很难判断信息的真实性。

• 考虑来源。一般来说,由医学院、政府机构和公共健康机构资助的网站比较可信。其他网站值得怀疑,尤其是推销某种产品的网站。

• 寻求第二方观点。询问你的医生或阅读不同来源的信息。

• 检查引用文献。引用可信来源(如书和其他网站,你可以在网上、图书馆或书店里找到这些信息)的网站比没有提供引用文献的网站更可靠。

- 这个信息是否过时? 健康信息更新非常快,确保你读到的是最新的发现和建议。

- 是否好得让人无法相信? 在生活的所有领域,如果一件事听上去好得让人无法相信(如维生素能治好癌症),那这件事就不太可能是真实的。试着找到支持某一说法的实验和安慰剂对照研究。

使用这些方法,你就能更好地在网上查找健康信息。

吸烟与健康　　10.13 吸烟是如何影响健康的?

在美国,吸烟一直是疾病和死亡的罪魁祸首。在美国成年人中,吸烟的比率已经下降,现在已不到20%。另外,现在吸烟已经被视为社会不可接受的行为。但不同性别和族裔的吸烟习惯有很大差异。印第安男性(31%)和女性(24%)的吸烟率最高,而亚裔美国男性(17%)和女性(5%)的吸烟率最低。

吸烟增加了患心脏病、肺癌、其他与吸烟有关癌症和肺气肿的概率。研究者发现,吸烟会抑制肺部 T 细胞的活力,增加呼吸道感染和患肿瘤的危险。吸烟还会增加患慢性支气管炎和其他呼吸道疾病的概率;吸烟引发的火灾可能造成伤亡;如果母亲吸烟,她生下的孩子可能体重不足或发育迟缓。另外,怀孕期间吸烟的母亲生下的孩子往往更有可能患焦虑症和抑郁症,而且这些孩子长大之后吸烟的可能性是其他孩子的 5 倍。被动吸烟者吸入烟雾弥漫的空气后也会生病。研究表明,长期接触二手烟的非吸烟者患心脏病的概率是没有接触二手烟的非吸烟者的 2 倍。

戒烟的方法有很多,但这些方法的成功率具有误导性。除了想戒烟的愿望和采取戒烟措施之外,还有很多因素决定了一个人能否成功戒烟。如果一项研究表明,只有 20% 的吸烟者在使用尼古丁替代品(如口香糖)后成功戒烟了,那么,这说明除了尼古丁上瘾之外还有其他因素妨碍人们戒烟。

吸烟者的生活状态也会影响戒烟的结果。在一项研究中,研究者调查了 600 名大学生被试。他们发现,认为自己生活不太有压力的学生比认为自己生活有很大压力的学生更容易成功戒烟。在 18 个月的研究中,学生的平均戒烟成功率是18%,压力不大的学生戒烟的成功率是 52%。与之相反,压力很大的学生戒烟的成功率只有 13%。这些结果告诉那些想戒烟的人,选择一个"戒烟日"是个好主意。将戒烟日定在压力之后(如期末考试后),而不要定在压力之前,这样效果会更好一些。

你经常饮酒吗? 许多美国人经常饮酒。在第 4 章讲过,物质滥用是不断使用一种物质,这种物质会妨碍你在家庭、学校和工作中扮演的角色,并能导致法律困境或心理问题。酒精也许是最经常滥用的物质,而且酗酒导致的健康代价是惨重的,包括死亡、巨额医疗费、失业和家庭问题等。

当饮用过量时,酒精能损害身体的几乎每个器官,对肝脏的损害最大。另外,即使一个人之前滴酒不沾,他/她也会由于短时间内饮酒过量而死亡(表 10.1)。一项挪威的历时研究调查了 40000 名男性被试,结果发现,酗酒者在 60 岁之前的死亡率要显著地高于不喝酒的人。酗酒者死于车祸或心脏病的概率是不喝酒的人的 3 倍,死于癌症的概率是不喝酒的人的 2 倍。

研究者用核磁共振扫描发现了酗酒者的大脑损伤。CT 扫描也显示,很多酗酒者的大脑都出现了萎缩,虽然有的人还很年轻,有的人的认知功能还很正常。另外,酗酒还可能导致认知障碍,这种障碍停止饮酒后还会持续数月之久。最近研究发现的唯一好消息是,酒精对大脑的损伤似乎是可以逆转的。只要长时间不饮酒,大脑的损伤就会得到部分恢复。

从 20 世纪 50 年代后期开始,美国医学协会就声称,酗酒是一种疾病,一旦沾上就终身难愈。根据这一观点,即使少量饮酒也会让人产生对酒精无法抵制的欲望,使人无法控制自己的饮酒行为。完全戒酒是唯一有效的办法。匿名戒酒互助会也赞同,酗酒是一种疾病,完全戒酒是治疗这一疾病的唯一办法。有一种药能使戒酒更为简单。研究者报告,阿坎酸这种药有助于预防戒酒后的反弹。

表 10.1 酒精中毒

饮多少酒才会引起酒精中毒呢？
这取决于个体的体重和对酒精的耐受程度
1 个小时内喝 8 ~ 10 杯酒就足以造成酒精中毒
有没有快速醒酒的办法？
没有。没有任何办法能快速消除体内的酒精
咖啡、冷水浴、散步和睡觉都没有用
酒精中毒的迹象有哪些？
恍惚、昏迷或无法唤醒
被人掐也没有反应
睡着的时候突然呕吐
抽搐
呼吸减慢(每分钟少于 8 次)
不规律的呼吸(两次呼吸之间间隔 10 秒或更久)
体温降低,皮肤发青、苍白
如果有人酒精中毒,我该做些什么？ 打 120
与他/她待在一起
防止他/她因呕吐而窒息
告诉护理人员他/她喝的是什么酒以及喝了多少

一些研究发现了酗酒的遗传影响,支持了酗酒是一种疾病的观点。例如,已故神经科学家亨利·贝格莱特及其同事收集的大量证据表明,酗酒者的大脑对视觉和听觉刺激作出的反应跟常人有所不同。另外,许多酗酒者的亲属,甚至从不饮酒的孩子和大人,都表现出同样的反应模式。表现出这种模式的酗酒者的亲属更有可能酗酒或对其他物质上瘾。贝格莱特指出,总有一天,他在研究中使用的大脑成像技术可以用来确定酗酒者的哪些亲属更容易上瘾。

性病 10.15 细菌性病和病毒性病有什么区别?

美国最常见的传染病是什么? 是衣原体病,这是一种通过性接触传染的病。

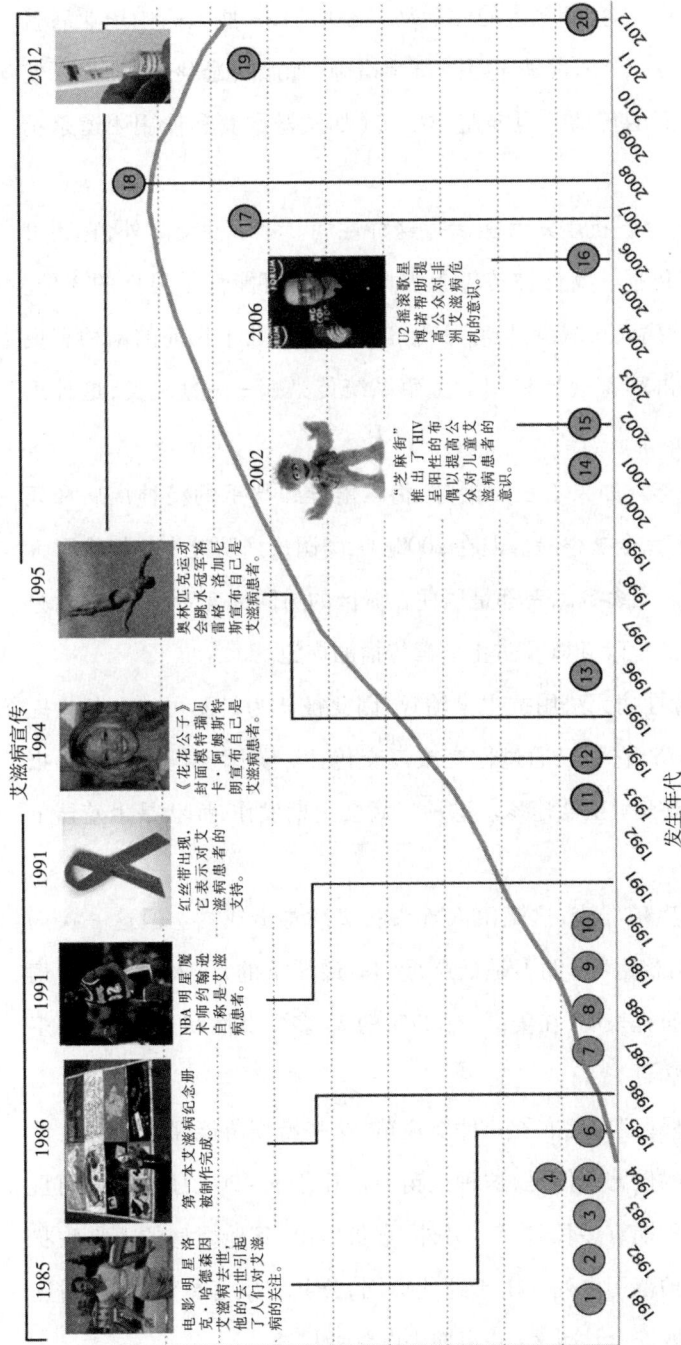

图 10.5 艾滋病史的里程碑

来源: Kaiser Family Foundation (2010).

（纵轴）美国艾滋病死亡人数/万

（横轴）发生年代

1. 疾病控制中心报告，在年轻男同性恋中发现了卡波氏肉瘤病例。
2. 疾病防控中心命名了获得性免疫缺陷综合征（艾滋病）。
3. 官员警告公众，输血可能传染上这种疾病。
4. 研究者找出了艾滋病的病因，它是由人类免疫缺陷病毒（HIV）导致。
5. 官员发布公告，静脉注射毒品可能感染上这种疾病。
6. 血库开始做 HIV 筛查。
7. 食品及药品管理局批准了艾滋病的试验性药物。
8. 疾病防控中心将艾滋病手册寄给美国的每个家庭。
9. 政府修改政策，加快药品审批过程。

10. 食品及药品管理局批准使用 AZT 来治疗患艾滋病的儿童。
11. 政府对女性艾滋病患者进行了大规模研究。
12. 食品及药品管理局批准使用 AZT 来治疗患艾滋病的孕妇。
13. 在美国，艾滋病病例数量自 1982 年以来首次降低。
14. 价格较低的艾滋病仿制药问世。
15. 食品及药品管理局批准了第一例手持验血查 HIV 的办法。
16. 食品及药品管理局批准了艾滋病三重药物治疗法。
17. 专家推荐，包皮环切手术能降低 HIV 传播的风险。
18. 自 2004 年以来，接受抗逆转录病毒药物的贫穷国家成年艾滋病患者的人数增加了 7 倍。

艾滋病宣传

1985 电影明星洛克·哈德森因艾滋病去世，他的去世引起了人们对艾滋病的关注。

1986 第一本艾滋病纪念册被制作完成。

1991 NBA 明星魔术师约翰逊自称是艾滋病患者。

1991 红丝带出现，它表示对艾滋病患者的支持。

1994 《花花公子》封面模特福贝卡·阿姆斯特朗宣布自己是艾滋病患者。

1995 奥林匹克运动会跳水冠军格雷格·洛加尼斯对自己宣布是艾滋病患者。

2002 "芝麻街"推出了 HIV 呈阳性的布偶以提高公众对儿童艾滋病危机的意识。

2006 U2 摇滚歌星博诺带助提高公众对非洲艾滋病的意识。

性病是主要通过性接触传染的疾病。在过去的 30 年,性病的感染率急剧增加。部分原因是人们对性的态度更宽容,年轻人的性活动日益增加,一些人高中毕业后就有多个性伴侣(图 8.5)。另一个因素是非阻隔避孕措施(如服用避孕药)的大量使用。这种措施不会防止性病的传播。阻隔避孕措施(如戴避孕套和使用阴道杀精剂)能提供一些保护。

衣原体病是一种细菌性病,抗生素就能治疗这种性病。除了性交之外,它还可以通过生殖器接触的方式传播。女性被传染上衣原体病的可能性是男性的 3 倍。最近几年,淋病这种细菌性病大量减少,但存活至今的菌种比几十年前的菌种有更强的抗药性。衣原体病和淋病都会导致妇女生殖系统传染病——盆腔炎,这种病会导致不育。

另一种细菌性病是梅毒。如果不及时治疗,梅毒能导致严重的精神疾病和死亡。有一段时间,梅毒几乎完全被根除。但在 2008 年,美国疾病防控中心报告了大约 46000 个梅毒感染病例。大多数患者都是居住在城区的男同性恋者。近年来,公共健康官员大力宣讲梅毒的危险性以及防止梅毒传播的措施。

与细菌性病不同,病毒性病无法用抗生素治疗,因此被认为是不可治愈的。一种病毒性病就是生殖器疱疹,它可以通过性交或口交传播。美国疾病防控中心报告,美国有 17% 的成年人患有生殖器疱疹。这种疾病会定期发作,症状是生殖器上长出伴有疼痛感的小水泡。

更严重的病毒性病是生殖器疣,这是由人乳头状瘤病毒造成的。但这一疾病的主要症状(生殖器上长出赘生物)倒不是最严重的。最严重的是,人乳头状瘤病毒很有可能导致宫颈癌。研究表明,在美国,有 29% 的 20 多岁女性和 13% 的 30 多岁女性感染了人乳头状瘤病毒。

最近,美国食品及药品管理局批准了一种新疫苗,这些新疫苗能保护年轻女性不受四种人乳头状瘤病毒的侵害。但是,这种疫苗只能用于 9~26 岁的妇女,而且研究者尚不知道疫苗的保护期有多长时间。另外,官员指出,其他类型的人乳头状瘤病毒不在这种疫苗的保护范围之列。出于这些原因,公共健康官员声明,注射这种疫苗的女性应该继续采取安全性行为,并定期去医院做检查。

最严重的性病就是艾滋病,这是一种由人类免疫缺陷病毒(HIV)所导致的疾病。这种病毒会攻击免疫系统,直到免疫系统完全丧失功能为止。尽管美国在

1981 年就诊断出第一例艾滋病,但迄今为止还没有治疗艾滋病的办法。"尝试"测试你对艾滋病的了解情况。

在长期探寻如何有效治疗艾滋病的过程中(图 10.5),研究者取得了两大成就。第一,研制出能防止孕妇把自身携带的 HIV 传播给胎儿的药物(如 AZT),从而挽救了成千上万条生命。在 20 世纪 90 年代,每年都有大约 2000 名婴儿被诊断出携带艾滋病病毒。由于产前 HIV 筛查的普及和这些药物的出现,在 2007 年,只有不到 100 名婴儿被诊断出携带艾滋病病毒。

第二,研制出抗逆转录病毒的药物。该药物通过破坏 HIV 入侵健康细胞(从而破坏免疫系统)的能力,挽救了成千上万的艾滋病患者。目前,联合国联手世界银行、所有的发达国家、大企业、慈善基金会和明星代言人(U2 歌手博诺),正在努力地向 HIV 感染率非常高的发展中国家及地区(如撒哈拉以南的非洲国家)提供抗逆转录病毒药物。初步结果表明,这些努力是非常有效的。在发展中国家和地区,新增艾滋病例的数量没有增加,甚至有所下降。除此之外,母婴传播艾滋病的比率和感染 HIV 婴儿的死亡率也在下降。

尝试　　　　　　　　　**艾滋病小测验**

判断下列说法的正误。

1.艾滋病是一种单一疾病。

2.艾滋病症状因国家和危险人群的不同而差异很大。

3.最易感染艾滋病的人群是:不戴避孕套性交的人群,共用针头吸毒的人群,艾滋病母亲生下的婴儿。

4.艾滋病是传染性最强的疾病之一。

5.一个防止染上艾滋病的办法是:使用油性润滑剂和避孕套。

答案:

1.错误。艾滋病不是一种单一疾病。它会严重损害免疫系统,使患者极易感染各种疾病。

2.正确。在美国和欧洲,艾滋病患者可能会患上卡波氏肉瘤(一种罕见的皮肤癌)、肺炎和肺结核。在非洲,艾滋病患者通常因高烧、腹泻和肺结核引发的症状而日渐衰弱。

3.正确。这些人群极易感染艾滋病。筛查献血者和化验血液已极大地降低了输血感染艾滋病的风险。今天,由于艾滋病在异性恋中的传播(尤其在非洲),女性感染艾滋病的人数急剧上升。

4. 错误。艾滋病不是传染性最强的疾病之一。你不会因为接吻、握手或使用艾滋病人的物品而感染艾滋病。

5. 错误。不要使用油性润滑剂,它会破坏避孕套。乳胶避孕套加上杀精剂会更安全。了解你伴侣的性史,包括 HIV 检查结果。不要与妓女发生性关系。

研究者认为,HIV 主要通过血液、精液、性交过程中生殖器的分泌液传播,或者通过静脉注射毒品传播。在美国,大约有11%的艾滋病患者是静脉注射的吸毒者,但男同性恋者占了 HIV 携带者和艾滋病患者的绝大多数。肛交比正常性交更危险,因为直肠组织通常在插入的过程中容易撕裂,使得 HIV 轻而易举地进入血液。但艾滋病不局限于男同性恋群体,大约有 30% 的艾滋病患者是女性。图 10.6 描述了在 2007 年,四种不同传播方式的感染率:①男性与男性的性关系;②男性与女性的性关系;

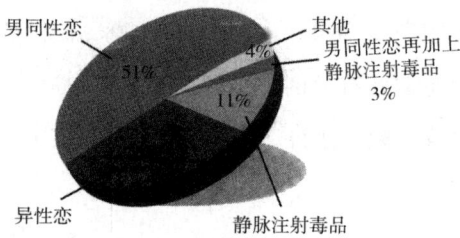

图 10.6 在美国,艾滋病是如何传染的

③静脉注射毒品;④男性与男性的性关系再加上静脉注射毒品。新增艾滋病例的 1/3 都来自同性恋性关系。

研究者最近发现,包皮环切手术能极大降低 HIV 传播的风险。因此,在男性艾滋病患者比率非常高的许多发展中国家(如乌干达),公共健康官员已经开始向公众推广这一手术以及其他可以降低传染风险的办法。筛查和治疗其他性病对防止 HIV 也至关重要。研究表明,感染 HIV 的人如果同时患上另一种性病,他/她体液中的 HIV 病毒的传染性就会更强,与他/她发生性关系的人感染 HIV 的可能性也就会更大。

艾滋病人的心理反应是什么?患者对 HIV 呈阳性的反应常常是震惊、困惑或不相信。另一种常见的反应是生气,对过去或现在的性伴侣生气,对家人生气,对医生生气,或者,对整个社会生气。通常,有些人会感到内疚,认为这是对自己不良性交行为或吸毒的惩罚。其他人会否认,忽视医生的建议,继续过平常的生活,好像什么事儿都没发生一样。当然,人们还会害怕:害怕死亡;害怕精神和身体的衰退;害怕被朋友、家人和同事排斥;害怕性排斥;害怕被抛弃。从震惊、生气、内疚到害怕的情感波动,会导致严重的慢性抑郁和情感淡漠。一旦出现情感淡漠,艾滋病人就不太愿意配合治疗。

随着艾滋病的发展,40%的患者会出现大脑损伤。随着艾滋病进一步攻击患者的免疫系统,患者的皮质会逐渐萎缩,导致运动和语言障碍。皮质萎缩会使艾滋病人患上艾滋病痴呆症,症状与老年痴呆症相似。研究者指出,一些 HIV 呈阳性,但还没有完全发展成艾滋病的人,也会出现皮质萎缩。目前的研究就是要找出了解这种病毒作用的最好方法。

为了在心理上与艾滋病做斗争,艾滋病人、HIV 感染者以及他们的爱人需要了解这种疾病。心理治疗、自助小组以及抗抑郁和抗焦虑的药物,都能帮助艾滋病人和 HIV 感染者。自助小组和小组治疗可以让一些病人感到家的温暖。

饮食和锻炼　　10.16 饮食和锻炼是如何影响健康的?

在第9章中,你已经了解到肥胖与原始动力饥饿之间的关系,知道身体质量指数超过 30 就是肥胖。肥胖会增加个体患多种慢性疾病的危险。这些疾病包括:高血压、II 型糖尿病、胆病、关节炎和呼吸障碍。另外,肥胖的人更有可能患冠心病,而且这些人身体里的低密度脂蛋白胆固醇(坏胆固醇,它会诱发心脏病)含量也较高。

摄入某种营养物质不足的人也会出现健康问题。例如,缺铁会导致贫血症,会损坏血液向全身体器官运送氧气的能力;缺钙会造成骨质疏松;缺叶酸会增加孕妇生下患脊柱缺陷婴儿的危险。

经常食用快餐的人更有可能肥胖和营养不良。因此营养专家建议,我们应该少吃或不吃这些食物。为了帮助人们实现这个目标,营养专家制订了多种办法来改进饮食质量。其中一个是"每天 5 份蔬果"计划,建议人们每天至少食用 5 份蔬菜和水果。另一个办法是仔细阅读加工食物的标签,避免食用含有大量饱和脂肪、反式脂肪和钠的食物,因为这些食物会增加低密度脂蛋白胆固醇含量。人们可选用含有大量非饱和脂肪的食物,这种食物能增加高密度脂蛋白胆固醇(好胆固醇)的含量。

研究表明,定期锻炼有助于身体和心理健康。但是,很多人仍然不愿意锻炼。有超过 1/3 的美国人完全不锻炼。一些人不愿意动,另一些人抱怨加入健康俱乐部的费用太高,或天气不好。这些人错失了最简单又最有效的健身方式。

有氧运动(如跑步、游泳、快走、骑自行车、划船和跳绳)是以不断、重复的方式使用大肌肉群的锻炼,它能增加氧气的摄入量、呼吸和心跳的速率。为了改善心血管健康和耐力以及降低心脏病的危险,个体应该定期进行有氧运动:每周 5 次,每次 20～30 分钟。每周少于 3 次、每次少于 20 分钟的有氧锻炼,对心脏没有明显的作用;每周超过 3 个小时的锻炼对于进一步降低心血管危险的作用仍然未知。然而,每周锻炼超过 3 个小时的人比锻炼时间少的人,能更成功地减肥和保持体重。

如果你还没有被说服,那就请看锻炼的下列好处:

- 改善心情;
- 抵抗慢性疾病,如高血压、糖尿病和骨质疏松症;
- 控制体重;
- 提高能量水平;
- 改善睡眠;
- 改善性生活;
- 增加生活的乐趣。

锻炼似乎还能减缓身体的衰老速度。例如,力量训练可以降低骨骼肌衰老症这一肌肉衰退的老年病。这种训练似乎还能防止骨质的流失,从而预防骨质疏松症。另外,锻炼身体能改善老年人的平衡能力、协调能力和耐力。

另类医疗　　10.17 另类医疗有哪些益处,有哪些风险?

美国人每年要花数十亿美元在另类治疗上,包括草药、按摩、自助小组、大量摄取维生素、偏方,以及顺势疗法等。在一项调查中,美国全国科学基金会发现,有 88% 的美国人相信,存在一些没有被医学专家承认的防治疾病的办法。在美国,有 40% 的成年人和儿童每天至少服用一片维生素来防治某种疾病。另外,有 38% 的成年人和 12% 的儿童使用某种非医学疗法来治疗某种疾病。图 10.7 显示了最普遍的另类疗法。图中的"其他"类包括针灸、生物反馈、意向引导、渐进放松、催眠、普拉提等各种另类疗法。

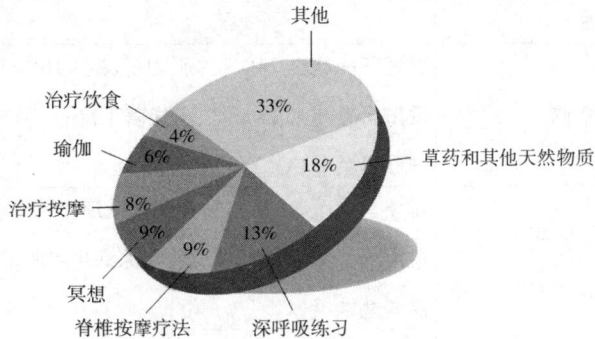

图 10.7　另类疗法

在美国,有38%的成年人和12%的儿童使用一种或多种另类疗法来防治某种疾病。"其他"类包括针灸、生物反馈、意向引导、渐进放松、催眠、普拉提等各种另类疗法。

　　美国全国科学基金会把另类医学定义为,任何一种还没有被科学证明为有效的治疗或疗法。甚至一个简单的做法(如服用维生素)都属于另类医疗。如果你服用维生素 C 来防治感冒,你就使用了另类疗法,因为科学还没有明确表示服用维生素 C 可以有效防止感冒。

　　使用另类治疗的大多数人不会告诉医生自己这么做了。健康专家认为,这种保密倾向是使用另类医疗的主要危险。健康专家指出,许多疗法,特别是涉及补品的疗法,都具有药理作用,它们会妨碍医生的治疗。因此,使用另类疗法的人应该告诉医生自己在使用另类疗法。尽管怀疑另类疗法的有效性,但医生需要了解这一信息以便能更有效地实施治疗。另外,对另类疗法的深信不疑还会拖延个体寻求医疗的时间。

　　尽管一些另类疗法在防治疾病方面可能有用,但大多数健康专家认为,改变生活方式带来的益处比任何另类疗法的效果都要大。不幸的是,许多人不愿改变自己的生活方式,因为这些人要么认为改变自己的生活方式在短期内看不出效果,要么认为这太难办到了。表 10.2 显示了改变生活方式所带来的各种益处。其中一些改变很容易办到,值得你努力一试。

表 10.2　改变生活方式的益处

改变生活方式	益　处
如果超重,就减 10 磅	甘油三酯减少 34%;总胆固醇减少 16%;高密度脂蛋白胆固醇含量增加 18%;血压显著下降;患糖尿病、睡眠呼吸暂停和骨关节病的危险下降
每天在饮食中增加 20～30 克纤维	排便功能改善;患结肠癌和其他消化系统疾病的危险下降;总胆固醇减少、血压降低、糖尿病患者和非糖尿病患者的胰岛素功能改善
每天进行适度的体育锻炼(例如,上下楼梯 15 分钟;花 30 分钟洗车)	焦虑感和悲伤感降低;骨密度增加;患糖尿病、心脏病、高血压和其他缩短寿命的疾病的危险下降
戒烟	即时的效果:循环改善;血液中一氧化碳的含量降低;脉搏和血压稳定;嗅觉和味觉改善;肺功能和耐力增强;肺部感染(如患肺炎和支气管炎)的危险下降。 长期的效果:患肺癌的危险下降(每戒烟一年,患肺癌的危险就显著下降一次);患其他与吸烟有关疾病(如肺气肿和心脏病)的危险下降;癌症复发的危险下降
从括号中标出的年龄开始,每年或每 5 年做一次身体检查	女性:(21)如果性生活频繁,做衣原体病和宫颈癌筛查;(35)胆固醇检查;(50)乳房 X 线照片和结肠直肠检查;(65)视力和听力检查 男性:(30)心电图和胆固醇检查;(40)前列腺癌 PSA 检查;(50)结肠直肠检查;(65)视力和听力检查

回顾

在本章,通过控制那些可控制的应激源,我们能够有效地应对应激。这对健康也是一样。表 10.2 列出的改变太多,但你不必全部都做。你可以从其中的任何一个开始。即使你不会做出第二个改变,你还是会比改变之前更加健康,活得更久。

第 11 章

人格理论与人格评估

精神分析理论

"人格"是指一个人独特的行为、思维和感觉模式。你在第 1 章中已经读到一个重要的人格理论。"精神分析"不仅指弗洛伊德的精神分析疗法,还指他提出的这个很有影响力的人格理论。精神分析理论的核心是,无意识力量塑造了人的思想和行为。

■弗洛伊德的人格理论　　11.1 弗洛伊德提出了什么概念来解释人格?

弗洛伊德提出,意识有三个觉知层面:意识、前意识、无意识。意识包括我们在任何时刻所觉知到的任何事物:思想、感觉或记忆。前意识像长时记忆,它包括此时此刻我们没有觉知到的所有记忆、感觉、经历和知觉,所有这些都很容易上升到意识。

最重要的层面是无意识。弗洛伊德认为,无意识是人类行为最主要的驱动力。无意识包括我们曾经有意识的记忆,但由于它们太不愉悦或会引起焦虑而被抑制(不自觉地移出意识)。无意识还包括所有的本能(性和攻击)、希望、欲望,人们从不允许它们进入意识。弗洛伊德追踪了心理障碍的根源,认为它们就是这些冲动和被抑制的记忆。他提出了人格的三部分模型来解释无意识、前意识和意识的相互作用。

本我、自我与超我 弗洛伊德提出了人格的三个系统。图 11.1 表述了这三个系统以及它们与觉知的意识、前意识和无意识三个层次的关系。这些系统并不以实体存在，它们仅仅是概念或看待人格的方式。

本我是人格中唯一与生俱来的部分，它常常被比作从未长大的新生婴儿。它是遗传的、原始的、难以接近的，而且完全是无意识的。本我包括：①生的本能，它们是性本能和生物欲望（如饥饿感和口渴感）；②死的本能，它解释了人为什么会有攻击性和毁灭性的冲动。本我遵循快乐原则，竭力寻求快乐，避开痛苦并获得即时满足。本我是力比多的来源。力比多是推动整个人格的精神能量，但本我只能幻想和提出要求。

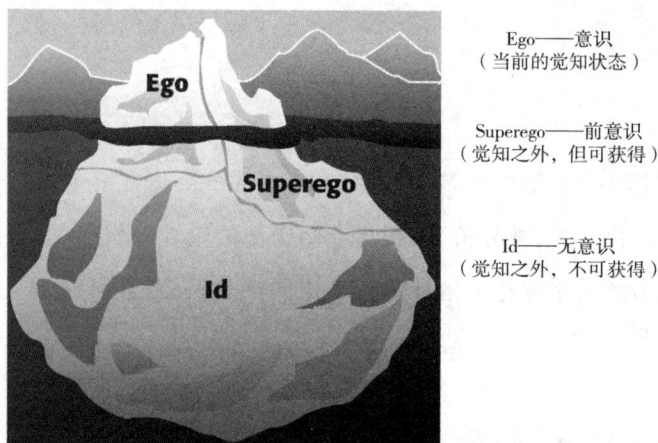

图 11.1 弗洛伊德的人格概念

弗洛伊德认为，可以把人格概念比作一座巨大的冰山，它包括三个部分：本我、自我和超我。本我完全是无意识的，因此，它完全浸在水下。自我在很大程度上是有意识和可见的，只有少部分是无意识的。超我处于意识和无意识之间。

自我是人格中有逻辑、有理性和现实的部分。自我发展于本我并从中汲取能量。自我的一个功能是满足本我的欲望。由于自我大都是有意识的，因此它遵循现实原则。它在决定恰当的时间、地点和物体来满足本我的欲望时，会考虑现实世界的限制。可能性艺术是它的指导原则，有的时候它必须作出妥协，如不要牛排或龙虾，吃顿快餐充饥即可。

当孩子 5 岁或 6 岁时，超我这个人格的道德部分就形成了。超我有两部分：①良知，包括孩子受到惩罚和感到内疚的所有行为；②自我理想，包括孩子获得表扬或奖励，以及感到骄傲和满意的所有行为。起初，超我只反映了父母对好行为的期望，但它的界限会渐渐拓展，最终会包括社会对好行为的期望。在寻求道德完美的过程中，超我设立指导原则，限制自我的随心随欲。超我比任何外在权威（包括自己的父母）都更苛刻，它不仅评判行为，而且还评判思想、感觉和欲望。

防御机制 如果本我、自我与超我的目标相容，那么一切都会顺利。但本我对快乐的要求常常与超我对道德完美的期望发生直接冲突。有时，自我需要保护自己免受焦虑的攻击。这种焦虑是由本我的过度要求和超我的苛刻评判产生的。当不能直接解决问题时，自我就会使用防御机制这一用来防御焦虑和保持自尊的策略。所有的人都在不同程度上使用了防御机制，但弗洛伊德认为，过度使用防御机制对心理健康有害，研究也支持了弗洛伊德的观点。表 11.1 列出并定义了各种防御机制。

表 11.1　弗洛伊德的防御机制

防御机制	描　述	例　子
压抑	不自觉地将不愉快的记忆、想法或知觉移出意识或防止性冲动和攻击性冲动进入意识	吉尔忘记了童年时期遭遇的创伤性事件
投射	将自己不好的特质、想法、行为或冲动归咎于他人	一个非常孤独的离异妇女指责所有男性都不会关心人
否认	拒绝承认危险的存在	艾米没有把龙卷风警告当回事儿，因此受了重伤
合理化	为一个行动或事件提供一个有逻辑、有理性或被社会接受的理由，而不是它的真正理由	弗雷德告诉朋友，他没有找到工作是因为他没有关系
退行	退回到发展的早期阶段，以降低焦虑	苏珊一被批评就大哭
反应形成	表达夸张的想法和情感，它与恼人的无意识冲动和欲望相反	鲍勃以前是色情文化的消费者，但现在却大力批判色情文化
置换	用一个不太具有威胁性的物体或人来替代原来的性冲动或攻击性冲动的对象	比尔被爸爸打了之后去打他的小弟弟
升华	将性能量和攻击性能量注入社会可接受的，甚至敬佩的追求中去	提姆在生气和沮丧的时候会去健身房健身

弗洛伊德认为,压抑是最常用的防御机制。该机制将痛苦或危险的记忆、想法或知觉移出意识,将它们存放在无意识之中。它还防止无意识的性冲动和攻击冲动上升为意识。很多研究都表明,人们的确试图压抑不愉快的想法。弗洛伊德相信,被压抑的想法会潜伏在无意识中,造成成年人的心理障碍。他认为,治疗这种障碍的办法就是把这些被压抑的想法带回意识。这就是弗洛伊德精神分析疗法的基础。

发展的心理性阶段　　11.2 在弗洛伊德理论中心理性阶段有什么作用?

弗洛伊德说,性本能是影响人格最重要的因素。它与生俱来,通过一系列心理性阶段得以发展。每个阶段都集中在身体的某个能带来愉悦感的特定部位(性感区),围绕这个部位会产生一个冲突。如果这个冲突没有得到解决,那么孩子就会形成固着。这意味着孩子仍将性欲(精神能量)的一部分投入那个阶段,而没有太多能量应对下一个阶段的挑战。过度沉湎于任何一个阶段会使人在心理上不愿意进入下一个阶段,而太少的满足感会使人试图弥补没有得到满足的需求。弗洛伊德认为,某一个阶段的困难会导致某种人格特征。"总结"概括了弗洛伊德的心理性阶段。

弗洛伊德理论中最具争议的一个问题是,生殖器阶段的中心主题俄狄浦斯情结(恋母情结)。弗洛伊德用古希腊悲剧《俄狄浦斯王》的主人翁来命名这个情结。在这个戏剧中,命运不幸的国王发现自己无意中娶了自己的母亲。当这个情结用来描述女性时,它就变成厄勒克特拉情结(恋父情结)。这个名字取自于一部类似的戏剧。在这个戏剧中,主人翁是女性。在19世纪后半叶,这两部戏剧在欧洲非常流行。弗洛伊德认为,这两部戏剧之所以能够流行是因为它们的主题——爱自己的异性父母——代表了全人类在发展早期必须解决的一个普遍冲突。

基于这个普遍性的假定,弗洛伊德主张,在阳具阶段,男孩将他们的性愿望集中在母亲身上并将父亲视为情敌。男孩通常会认同自己的父亲身份,抑制自己对母亲的性愿望,从而解决俄狄浦斯情结。随着身份认同的出现,孩子会表现出父亲的行为举止和超我标准。孩子通过这种方式形成超我。

总结		弗洛伊德提出的发展心理性阶段	
阶　段	身体部位	冲突/经历	与该阶段相关的成年人特质
口唇阶段(0~1岁)	嘴	断奶 从吮吸、吃、咬中获得口唇满足	乐观、轻信、依赖、悲观、被动、敌意、讽刺、攻击性
肛门阶段(1~3岁)	肛门	排便训练 从排泄粪便中获得满足	过分爱干净、爱整洁、吝啬、邋遢、叛逆、破坏性
阳具阶段(3~5或6岁)	生殖器	恋母情结 性好奇 手淫	轻浮、虚荣、滥交、骄傲、贞洁
潜伏阶段(5或6岁~青春期)	无	性冷静期 对同学校、爱好和同性朋友感兴趣	
生殖阶段(从青春期开始)	生殖器	性兴趣的复活 建立成熟的性关系	

弗洛伊德提出的女孩在阳具阶段的发展过程(厄勒克特拉情结)同样具有争议。当她们发现自己没有阴茎时,她们就会形成"阴茎妒忌",于是她们就会转向自己的父亲,因为他有这个器官。她们对父亲有性的欲望并将母亲视为情敌。最终女孩也会经历由这种敌意产生的焦虑。她们会抑制自己对父亲的性欲望并认同自己的母亲身份,形成超我。

弗洛伊德认为,没有解决这些冲突会给男孩和女孩带来严重的后果:巨大的内疚感和焦虑感会持续到成年期并导致性问题,与异性交往困难或同性恋。

评价弗洛伊德的贡献　11.3 现代心理学家是如何评价弗洛伊德的观点的?

你相信一个人能被自己所意识不到的冲动驱使吗? 你相信一个人当前的问题是由早就遗忘的童年创伤或情感冲突造成的吗? 如果你相信,那么,你就深受弗洛伊德精神分析理论的影响。弗洛伊德的观点对社会是有利还是有害？就这个问题，心理学家持有不同的观点。批评家(如 E. 福勒·托里)指出，精神分析理论给西方文化带来的后果是，对性愉悦的过度强调。弗洛伊德的支持者指出，他的理论使人们更加意识到性在自己生活中的重要性以及早期童年经历对后期发展的重要意义。支持者还指出，批评者常常曲解弗洛伊德的观点。

那弗洛伊德理论的科学地位呢？一些人指出，弗洛伊德对防御机制的研究是很多理论的先驱，如拉扎勒斯认知评价理论，即认知评价影响情感体验。另外，精神分析理论的一些方面(如弗洛伊德对家庭动力学的强调)对于解释心理障碍仍然非常重要。再者，今天的心理动力疗法直接取自于弗洛伊德的精神分析疗法。

然而，你在第 4 章了解到，对梦境的神经学研究方法已经赶超了弗洛伊德对梦境的象征主义学说。同样，你在第 6 章也了解到，一般来说，人们不会像弗洛伊德所说的那样压抑创伤性记忆。之所以会出现对精神分析理论的种种挑战，在很大程度上是因为：精神分析家没有用除了分析临床案例之外的其他方法充分检验精神分析理论中的因果假设。另外，少数观察者指出，在 20 世纪初，许多治疗师全盘接受了弗洛伊德的理论。这与弗洛伊德自己对精神分析的看法相悖。弗洛伊德认为，精神分析作为一个科学理论，应该和其他理论一样接受检验。

当现在可以检验弗洛伊德的假设时，我们发现，检验结果并不完全支持这些假设。例如，弗洛伊德提出，精神发泄(释放被压抑的情感)对人的心理健康有益。但研究否定了这一看法。研究表明，表达负面情感(如生气)实际上会加剧这种情感。弗洛伊德指出，童年期的创伤会导致成年期的心理障碍。这一观点也没有完全得到支持。研究发现，在童年期受到性侵害的妇女中，有超过 70% 被诊断患某种心理障碍。但同时研究也表明，受害者的个体差异比性侵害本身能更好地预测成年后的结果。许多性侵害受害者表现出强大的复原力，她们克服了早期经历潜在的危害，这超出了精神分析家的预料。

新弗洛伊德主义学者

11.4 新弗洛伊德主义学者的观点与弗洛伊德的观点有什么差异？

有没有可能建构这样一种理论，它基于弗洛伊德理论的优点而避开它的缺点？一些被称为新弗洛伊德主义学者的人格理论家就试图建构这样的理论。这些理论家中的大多数最初都是弗洛伊德的追随者,但后来都与他分道扬镳。

　　最重要的新弗洛伊德主义学者之一是卡尔·荣格(1875—1961),他并不认为性本能是人格的主要因素,他也不相信人格几乎完全是在童年早期形成的。荣格认为,中年对人格发展更为重要。荣格认为人格由三个部分组成:自我、个人无意识、集体无意识(图 11.2)。他认为自我是人格的有意识成分,它执行日常活动。和弗洛伊德一样,他认为自我的重要性次于无意识。

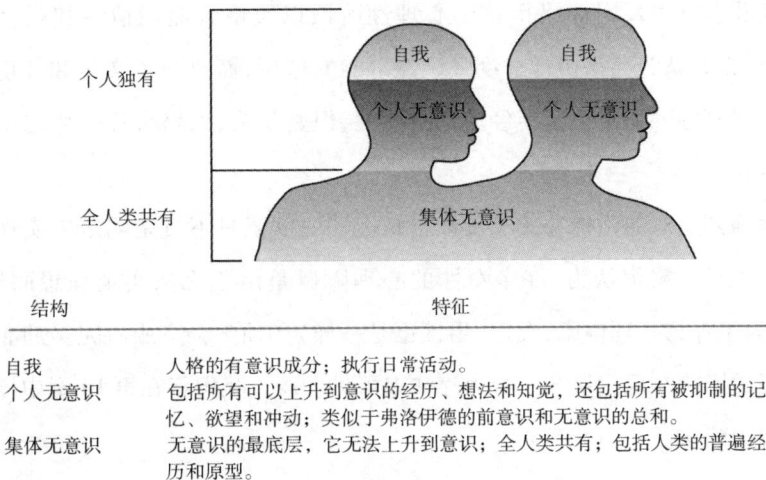

结构	特征
自我	人格的有意识成分;执行日常活动。
个人无意识	包括所有可以上升到意识的经历、想法和知觉,还包括所有被抑制的记忆、欲望和冲动;类似于弗洛伊德的前意识和无意识的总和。
集体无意识	无意识的最底层,它无法上升到意识;全人类共有;包括人类的普遍经历和原型。

图 11.2　荣格的人格理论

　　和弗洛伊德一样,荣格认为人格由三个部分组成。自我和个人无意识是每个人所独有的。集体无意识解释了不同文化的神话和信仰的相似性。

　　个人无意识由个人的经历塑造,因人而异。它包括所有可以上升到意识的经历、想法和知觉,还包括被抑制的记忆、欲望和冲动。集体无意识是无意识的最底层,它无法上升到意识。集体无意识包括人类的普遍经历。这就是为什么文化虽然在时间和空间上相隔万里,但不同文化仍然会有相似的神话、梦境、象征和宗教信仰。另外,集体无意识还包括荣格称之为原型的东西。原型是以特定方式对人类普遍情境作出反应的遗传倾向。荣格指出,人类信仰神、魔、英雄的倾向都是由遗传的原型造成的,这一原型反映了人类的共同经历。

　　另一位新弗洛伊德主义学者是阿尔弗雷德·阿德勒(1870—1937)。他强调人格的统一性,而不是把人格分成本我、自我和超我。阿德勒还指出,克服童年期获得的自卑感驱使了我们大多数行为。他主张,人们在早期就形成了"生活作风",这是儿童以及后来的成人努力获得优越感的独特方式。有些时候,自卑感过于强烈以至于妨碍了个人的发展,阿德勒将这种情况称为自卑情结。由于阿德勒的理论强调每个人努力获得优越感的独特性并"创造性自我"这一个体人格的有意识和自觉成分,因此,该理论被称为个体心理学。

另一位新弗洛伊德主义学者是卡伦·霍妮(1885—1952)。霍妮的研究主要关注精神症人格和女性心理学这两个主题。霍妮反对弗洛伊德将人格划分为本我、自我和超我。她也反对弗洛伊德的心理性阶段以及俄狄浦斯情结和阴茎妒忌概念。另外,霍妮认为弗洛伊德过度强调性本能的作用,而忽视了文化和环境对人格的影响。尽管她强调早期童年经历的重要性,但她认为,人格会在一生之中不断地发展和变化。

霍妮强烈反对弗洛伊德关于女性结婚生子的欲望只不过是阴茎未实现欲望的投射这一观点。霍妮认为,许多女性的心理障碍是由于无法实现理想而造成的。她指出,为了保持心理健康,女性(男性也是一样)必须学会克服对完美的非理性追求。霍妮的影响在现代认知—行为疗法中可见一斑。我们将在第13章中详细讨论认知—行为疗法。

人本主义理论

人本主义心理学假定人具有成长和实现自己最大潜能的自然倾向。因此,人本主义人格理论比弗洛伊德的精神分析理论更乐观。然而,和弗洛伊德的理论一样,这些理论也常常被批评为难以被科学验证。

两个人本主义理论　　11.5 人本主义学家如何解释人格?

亚伯拉罕·马斯洛(1908—1970)认为,激励因素是人格的根基。你在第9章已经了解,马斯洛建构了需求层次,从最底层的生理需求到安全需求—归属和爱的需求—尊重需求—最高层的自我实现的需求。自我实现意味着充分发挥自我潜能。一个健康的人会不断完善自己。

马斯洛在研究中发现,自我实现者能正确地感知现实,即能够作出诚实的判断并能快速发现虚伪和谎言。大多数人都相信,自己必须有所成就或将自己的生命贡献于人类事业。自我实现者往往不会依赖外界权威或他人,这些人的行为受自己内心的驱使,自主又独立。最后,自我实现者的标志性特点是频繁出现巅峰体验——体验深刻的意义、见解,并与自然合为一体。现在的研究者修改了马斯洛对自我实现的定义,使之包含了有效的人际关系。

根据另一位人本主义心理学家卡尔·罗杰斯(1902—1987)的观点,我们的父母设立了价值条件,即他们所奖赏的条件。价值条件迫使我们依照他人而非自己的价值观生活和行事。为了努力获得正面关注,我们抑制自己的一些行为,否认或歪曲自己的一些感知,并封锁自己的一些体验,从而否认了真正的自我。这样一来,我们就会经历焦虑和压力,我们的整个自我结构都可能受到威胁。

对罗杰斯来说,心理疗法的一个主要目标是使人敞开体验的大门,依照自己而非他人的价值观生活,从而获得正面关注。罗杰斯把这种疗法称为人本疗法。他不愿使用"病人"这个词,而使用了"委托人"(罗杰斯的疗法将在第 13 章中详细讨论)。罗杰斯相信,治疗师必须给予委托人无条件的正面关注:无条件的关爱和无偏见的接受,不管他/她说了什么,做了什么,或者想做什么。无条件正面关注的目的是减少威胁,消除价值条件,使他/她做一回真正的自我。如果成功了,这个疗法能帮助"委托人"成为生活完满的人——以最优的水平发挥作用,依照自己的内在价值系统生活得充实而自然。

尽管人本主义学家一直被批评为不科学,而且看不到、听不见也发现不了人类灵魂的邪恶之处,但他们激发了对积极人格特征的研究,包括利他主义、合作、爱、接受他人,尤其是自尊。我们中的大多数人不会仅仅根据自己在某一方面的能力,就对自我价值形成一个整体性的观点。我们认为每个人都有自己的优点和缺点。

自尊　11.6 心理学家对自尊了解多少?

你听到过关于自尊对心理健康重要性的讨论。自尊是一个人的自我价值感。尽管人本主义学家被批评为不科学且看不到、听不见也发现不了人类灵魂的邪恶之处,但他们却激发了对正面人格特征的研究,包括利他主义、合作、爱、接受他人,尤其是自尊。完成"尝试"以评估你当前的自尊水平。

自尊是如何发展的？自尊的高低取决于实际特质与想要的特质之间的差距。例如，一个对音乐一窍不通的人想成为音乐家，那他的自尊必定很低。但我们大多数人不会根据自己在某一方面的能力就对自我价值形成一个整体的观点。相反，我们会认为每个人都有自己的优点和缺点。当我们的优点存在于我们所看重的领域时，我们的自尊就高。相反，在我们不看重的领域取得再杰出的成就也不会影响我们的自尊。如果一个好的水管工认为成为好的水管工并不重要，那么他的自尊就低，而一个不会修理漏水水龙头的人对水管工的技能则会敬佩不已。

发展心理学家发现，自尊从童年期到成年后期都很稳定。因此，我们在童年期形成的自我价值信念能影响我们的一生。儿童和青少年在各个领域（如学习、运动、艺术）对自己能力形成的信念，在小学和中学阶段会变得日益稳定。到7岁的时候，大多数儿童都会形成一个整体的自尊感，它来自实际经历和他人提供的信息。为了发展高自尊，儿童需要在自己看重的领域取得成功，并且得到父母、老师，以及同学的鼓励。

尝试　　　　　　　　　　　　　　**奥尔波特的特质理论**

下列哪些词适合描述你、你的母亲和父亲？

用奥尔波特的话说，你在描述你或他们的中心特质：

果断、有趣、智慧、杂乱无章、害羞、可怕、妒忌、有节制、有责任感、刻板、外向、羞怯、虔诚、大胆、忠诚、好胜、开明、友好、强迫、敏捷、慷慨、马虎、懒散、叛逆、冷静、善良、紧张、严肃、谦逊、懒惰、勤奋、虚伪、有合作精神、鲁莽、悲伤、诚实、快乐、自私、有条不紊、安静。

特质理论

特质是个人的属性或特征，它使我们能够面对各种情境并应对不可预见的情况。例如，"坚持"这种特质就能帮助我们克服困难。特质理论试图从稳定人格特征的角度来解释人格和差异。

早期的特质理论　　11.7 早期的特质理论家都提出了些什么观点？

早期的特质理论家戈登·奥尔波特（1897—1967）主张，每个人都继承了生成某些特质所需的独特原料，这些原料通过经历得以塑造。首要特质在生活中非常普遍和突出，几乎每个行为都会受到它的影响。首要特质是人格中非常重要的一部分，我们就是通过这个特质来了解这个人。例如，当你听到"爱因斯坦"的时候会想到什么？你很有可能会将这个名字与天才联系在一起；事实上，爱因斯坦就是天才的代名词。对爱因斯坦来说，天才就是他的首要特质。中心特质是我们在推荐信中提到的特质。

雷蒙德·卡特尔把人格中可观察到的属性称为表面特质。通过观察和问卷，卡特尔研究了数千人并发现了某些反复出现的表面特质集群。他认为这些集群证明了更深层、更普遍人格因素的存在。他把这些人格因素称为根源特质。人与人之间的差异在于各自拥有的根源特质数量的不同。例如，卡特尔指出，智力是一个根源特质：每个人都有，但拥有的数量却因人而异。

卡特尔在正常个体中发现了 23 个根源特质，他仔细研究了其中的 16 个。卡特尔的 16 种人格因素测验（通常称为 16PF）产生了一个人格剖析图。该人格测验在研究中仍然广泛使用。职业咨询机构、学校和企业常用它来进行人格评估。常常把 16PF 的结果描绘成曲线图（图 11.3）。

你认为埃里克的剖析图与商业主管剖析图的吻合程度怎样？如果埃里克当商业主管，他与其他主管可能发生什么冲突？

基于卡特尔的人格因素，已故英国心理学家汉斯·艾森克（1916—1997）提出了一个三因素的模型，它被称为精神质—外倾—神经质模型。第一个维度是精神质，它是一个连续体，代表了个体与现实的联系。一个极端是"精神病人"，他们生活在幻觉和妄想世界之中。在另一个极端，人们的思维过程与物质世界死板地联系在一起，缺乏一定的创造性。第二个维度是外倾，包含从外向到内向的人。第三个维度是神经质，描述了情感的稳定性：一端是情感高度稳定的人，而另一端是焦虑、易怒的人。

艾森克提出，精神质—外倾—神经质模型的三个维度植根于神经功能。因此，

左边的意义	标准十分制 1 2 3 4 5 6 7 8 9 10	右边的意义
含蓄、不受个人感情的影响、冷漠		热情、乐于助人、关注他人
具体		抽象
反应强烈、情感容易变化		情绪稳定、适应性强、成熟
恭敬、有合作精神、避免冲突		占主导地位、强有力、独断
严肃、保持克制、仔细认真		生动活泼、举止自然
变通、不遵守规则		遵守规则、尽职尽责
害羞、对威胁很敏感、胆小		胆大、有冒险精神、脸皮厚
功利、客观、不动感情		敏感、具有审美趣味、感性
轻信、不怀疑、接受		警觉、多疑、谨慎
脚踏实地、实际、以解决问题为取向		天马行空、想象力丰富、以提出观点为取向
直率、诚恳、朴实		保密、审慎、缄默
自我安慰、不担心、自满		担忧、自我怀疑
传统、固守熟悉的事物		乐于接受变化、不断尝试新事物
以小组为中心、依靠他人		依靠自己、不喜欢交往、个人主义者
容忍混乱、不苛求、灵活		完美主义者、有条理、自律
放松、温和、有耐心		紧张、精力充沛、没有耐心、有紧迫感

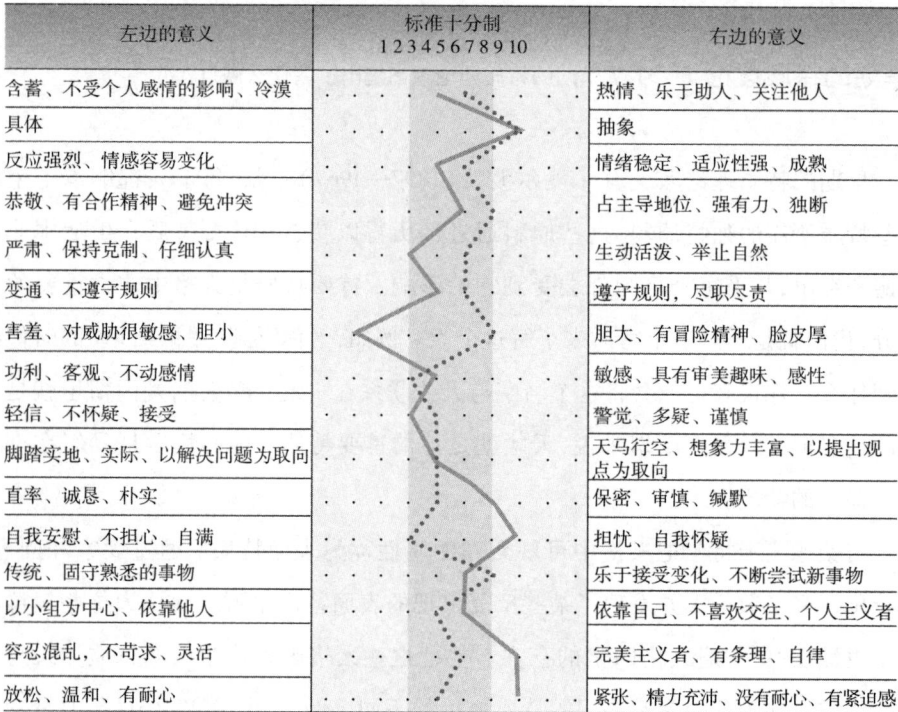

图 11.3　16PF 人格剖析图

实线代表了一位名叫"埃里克"的男性的 16PF 剖析图。虚线代表了商业主管的平均 16PF 剖析图。

他的理论为研究人格的神经机制奠定了基础。例如,研究者发现,大脑的多巴胺活动与外倾有关系。通过脑电图描记法,研究者发现,神经质与脑电波活动的独特模式有关。另外,艾森克开发了一系列的人格测验。现在,这些测验仍然广泛地应用于研究和临床。

五因素模型　11.8 五因素模型是如何描述人格的?

今天我们最常谈论的人格模型是五因素模型。它把人格看成由五个维度组成的,每个维度都由一系列人格特质构成。早在 20 世纪 60 年代早期就有学者主张,解释人格需要五个因素,而不是艾森克提出的三个因素。在过去的 30 年中,五因素模型与罗伯特·麦克雷和保罗·科斯塔的研究最为密切。另一个重要的五因素模型称为"大五"。它是由心理学家刘易斯·戈德堡提出来的,这个模型与麦克雷和科斯塔的模型在测量的因素方面有一些差异。基于这两个模型的研究支持了五个因素能有效描述人格这一假设。

开放性 你渴望尝试新鲜事物和考虑新观点吗？如果是，那么，你可能会在测量开放性的测验中得到高分。得分高的人喜欢寻求各种不同的经历，有想象力和好奇心，心胸开阔；而得分低的人的兴趣范围则较窄。

开放性在适应新环境中也起着重要作用。在一项为期 4 年的研究中，研究者发现，得分高的大一新生比得分低的同学更容易适应大学生活。很明显，开放性高的学生能更好地调整自己的人格特征，以适应大学环境的要求。

尽责性 你每次都会把洗过的衣服叠好之后再放进衣柜吗？在测量尽责性的测验中，得分高的人比得分低的人更注意这些细节。人们常常认为，得分高的人可靠，而得分低的人懒惰、不可靠，但这些人往往比得分高的人更自然。

研究表明，尽责性包括有条理、自控和勤奋。因此，尽责性与健康相关。例如，历时研究表明，在尽责性测验中得分高的小学生，在成年中期不太可能吸烟或变得肥胖。同样，研究表明，尽责性高的中年人往往会保持健康习惯（如避免肥胖）。

尽责性还能预测学习和工作表现。在小学生中，尽责性最高的学生在上中学后成绩往往最好。同样，对本科生和研究生的调查显示，对学生第一年的尽责性评估能预测他们在学习结束后的成绩。最后，不管成年人从事的是什么工作，他们的业绩总与其尽责性相关。

外倾性 如果你晚上有空，会去参加聚会，待在家里看书，还是去看电影？外倾性高的个体喜欢与他人在一起。"聚会中的核心人物"一般都是外倾者，而内倾者喜欢独处。

外倾者或许比内倾者更容易找到工作。研究者发现，外倾者在面试后收到的工作邀请比内倾者多。但外倾者比内倾者更有可能干一些危险的事情（如不安全的性行为）。

随和性 你常常被描述为平易近人吗？随和性高的个体常常受到这样的描述。这一维度由许多特质构成，从同情到敌对。随和性低的人不会平易近人。他们会被描述为不友好、好争辩、冷淡和有报复心。

与尽责性一样，随和性与工作业绩相关。它还与员工的团队合作能力相关。但是，随和性高的人似乎更容易受同事的影响，做一些危险的事情（如酗酒）。

神经质　如果看见一个8盎司的杯子里装了4盎司的水,你认为它是半空还是半满?神经质高的人往往悲观,他们总看到情况的负面——对生活作出"半空"的解释。同时,他们的情感往往不稳定,因为他们对日常生活中的不顺心事往往会作出过度反应,而大多数人是不会把这些事情放在心上的。例如,神经质高的人在排长队时就会极力表现他/她的不满。当我们在电视上看到这样的行为时,我们通常认为它幽默滑稽。但在现实生活中,神经质高的个体很难维持社会关系,而且他们患各种心理障碍的概率也比常人高。

可预测的是,在测量神经质的测验中得分高的个体被同事评价为不善于合作。还有证据表明,神经质高会妨碍学习。这似乎是因为神经质造成的担忧分散了人们的注意力,使他们无法集中精力学习,从而无法将信息从短时记忆转移到长时记忆中去。

五因素的性别差异　在读了对各种特征的讨论后,你可能会揣测,男性和女性在特质上会有什么差异?研究者发现,总的来说,女性在尽责性、随和性和神经质测验中的得分要高于男性,而男性在开放性测验中的得分则高于女性。研究者用激素和社会因素来解释这些差异。但值得注意的是,这五个因素的性别差异很小。另外,正如大多数因素与男性和女性在解剖学上的差异没有直接联系一样,性别内的差异要远远大于性别间的差异。

自然、使然和人格特质

11.9　研究者是如何看待遗传和环境对人格特质的影响的?

五因素模型的批评者指出,尽管该模型能很好地描述人格,但它无法解释个体差异。为此,麦克雷和科斯塔提出了一个行为遗传理论,称为人格五因素理论。这一理论断定,虽然环境因素(如家庭教育和文化)能造成个体的人格差异,但遗传的影响力更大。麦克雷和科斯塔引用双胞胎和收养研究来支持自己的理论。

在一项经典的双胞胎研究中,拉什顿及其同事发现,关爱、同情和自信受到遗传的强烈影响。甚至利他主义和攻击行为这些我们认为是受家庭教育影响的特质,事实上也受到遗传的影响。迈尔斯和凯里的综合分析显示,攻击行为的遗传力是0.50。(在第7章我们已经了解到,遗传力是估计一个特质受基因影响的百分比。遗传力估计值为0.50表明,攻击行为有50%的可能性是受遗传的影响。)

　　许多历时研究表明,遗传在很大程度上造成了"大五"人格维度的个体差异(图 11.4)。这些研究表明,基因对"大五"维度中外倾性和神经质的影响尤为强烈。因此,基因相似性(而不是模仿)解释了为什么成年人的生活方式与各自的父母很相似。

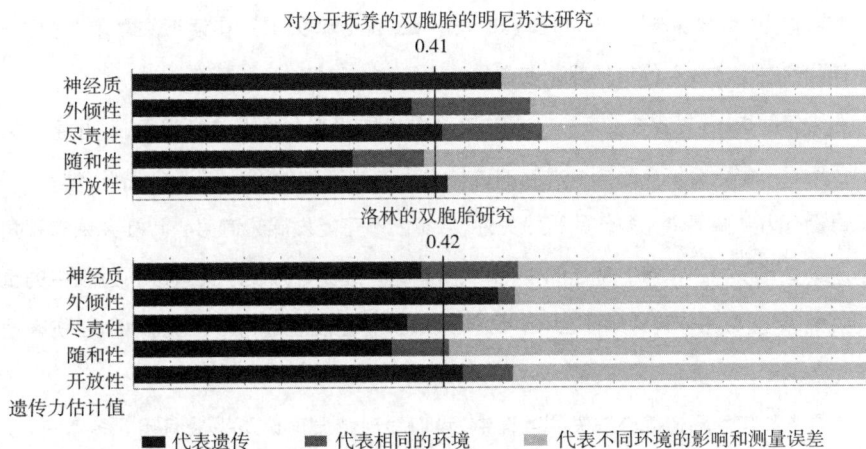

对分开抚养的双胞胎的明尼苏达研究
0.41

神经质
外倾性
尽责性
随和性
开放性

洛林的双胞胎研究
0.42

神经质
外倾性
尽责性
随和性
开放性

遗传力估计值

■ 代表遗传　　■ 代表相同的环境　　■ 代表不同环境的影响和测量误差

图 11.4　遗传和环境对"大五"人格维度的估计影响

　　明尼苏达对分开抚养的双胞胎的研究表明,"大五"人格因素的平均遗传力估计值是 0.41(41%);洛林的双胞胎研究表明,"大五"人格因素的平均遗传力估计值是 0.42(42%)。这两项研究都表明,环境的遗传力估计值是 0.07(7%)。余下的百分比代表了不同环境的影响和测量误差。

　　关于收养的研究也表明,遗传对人格的影响非常强烈。研究者评估了出生后就被收养的 17 岁少年的人格。当研究者将被收养的儿童与这个家庭中的其他儿童作比较时,结果发现,相同的生活环境对这些儿童的人格几乎没有什么影响。在另一项研究中,研究者测量了被收养者在 10 年中的人格变化。结果发现,一般来说,儿童"倾向于朝着他们亲生父母的人格变化"。行为遗传学家普遍认为,相同的环境对人格形成的影响微乎其微,但也有人反对这一观点。

　　很明显,遗传影响人格。但同样明显的是,遗传决定人格的方式不同于决定体貌特征(如眼睛的颜色和血型)的方式。许多心理学家认为,基因限制环境对人格特质的影响方式。例如,天生内向的儿童可以在父母的鼓励下变得更加外向,但这些儿童仍然比天生就外向的儿童更加内向。读下面的"解释",了解特质理论是如何解释道德心缺失的。

解释	为什么一些人没有形成道德心？

你可能还记得匹诺曹的六条腿朋友小蟋蟀杰米尼在他离家的时候告诉他，一定要让道德心引导自己的行为。对大多数人来说，这是一个好建议，但大约1%的人似乎没有道德心，这种情况被称为"精神病态"。人格理论如何解释道德心缺失呢？在读下文之前，考虑一下弗洛伊德和你在本章读到的其他理论家会如何回答这个问题。

弗洛伊德指出，超我在儿童—父母的关系中发展起来。根据这个观点，对儿童—父母关系的任何破坏都可能破坏道德心发展的过程。人本主义理论家反对这个观点，他们认为，如果父母没有为儿童提供无条件的积极关注，儿童就不可能发展起道德心。社会认知视角则强调家庭教育和榜样的作用。奇怪的是，虽然所有这些理论都涉及了儿童成长过程中的重要因素，但它们都没有充分解释为什么一些成年人似乎完全没有道德心，因而他们在伤害他人的时候无法感到内疚。

在寻求如何解释道德心缺失的过程中，我们发现特质理论似乎最有用。多年来，新奥尔良大学的研究者保罗·弗里克及其同事一直在研究儿童的无情特质。具有这些特质的儿童缺少同情心和内疚感。弗里克等人已发现了4岁儿童的无情特质。另外，历时研究表明，这些儿童比正常儿童更有可能伤害他人。

同样，双胞胎研究也表明，无情特质是继承的，而不是受到环境影响的。另外，缺乏道德心的个体更有可能患心理障碍。总的来说，这些发现表明，基因易损性模型能最好地说明道德心缺失问题。根据这个模型，儿童所处的环境因素既能加重也能减轻一种遗传危险。

这些发现是否意味着一些人注定就一生没有道德心？不一定。因为研究已经发现，一些疗法可以帮助这些儿童改变自己的无情特质。如果这些疗法能帮助儿童，那么我们也可能找到一些家庭教育方法，防止这些儿童长大成人后与社会格格不入，甚至遭受牢狱之灾。关键是要认识到，不管是治疗方法还是家庭教育方法，它们都必须适合儿童的情感发展阶段。保罗·弗里克和他的团队正在研究如何进行这样的调整。

人格与文化	11.10 不同文化的人的人格特质有什么不同？

五因素模型的大多数支持者都断定，这五个因素是普遍的，但研究支持这一主张吗？五因素普遍性的证据来自心理学家在这些国家和地区成功测量到这些因素

的:加拿大、芬兰、波兰、德国、俄罗斯、中国香港、克罗地亚、意大利、韩国、中国、墨西哥、苏格兰、印度和新西兰。同样,这五个因素能准确预测美国所有少数族裔的健康状态和其他结果。

然而,研究也暗示,五因素模型可能无法发现文化影响人格的方式。在一项经典研究中,霍夫斯泰德用问卷方式调查了53个国家的100000多名IBM员工的工作价值观。通过因子分析,发现了与文化和人格相关的四个维度。我们主要讨论其中的个体主义/集体主义维度。个体主义文化更加强调个人的成就而不是集体的成就,给予成就卓著的个体以荣誉和威望。而在集体主义文化中,人们往往相互依存并从群体关系的角度定义自己和个体的利益。例如,亚洲是一个集体主义文化,且集体主义与儒家思想(许多亚洲国都有的伦理和哲学体系)相容。事实上,根据儒家价值观,个体是群体的一部分并在相互关系中确定自我。另外,这种相互关系是亚洲人幸福感的重要组成部分。

霍夫斯泰德将这53个国家按照四个维度排序。美国最看重个体主义,其次是澳大利亚、英国、加拿大和荷兰。而最看重集体主义的国依次是:危地马拉、厄瓜多尔、巴拿马、委内瑞拉和哥伦比亚,它们都是拉丁美洲国家。

霍夫斯泰德认为,尽管美国最看重个体主义,但美国的许多少数族裔文化群体却不太看重个体主义。印第安人的数量接近200万,但即使这个相对较小的文化群体都有超过200个不同的部落,而且部落之间没有共同的语言、宗教或文化。但印第安人有许多共有的价值观(集体主义价值观),如重视家庭、社区、合作和慷慨。印第安人慷慨好施的天性可以从他们给予礼物和帮助中看出。这些行为比积累个人财富更能给他们带来荣誉和威望。西班牙裔美国人和非裔美国人也看重集体主义。

值得注意的是,一些心理学家告诫我们,不要过度强调人格的文化差异。例如,康斯坦丁·赛迪基德斯及其同事指出,所有人(不管其的文化背景如何)都有一个共同的目标,即提升自尊。也就是说,即使是在集体主义文化中,遵循文化规范也是出于对个体利益的考虑,即希望获得自尊。因此,至少在某种程度上,个体主义倾向是普遍的。另外,尽管不同文化成员对个体主义哲学的认同程度不尽相同,但自主性(个体感到自己能够控制自己的生活)能预测所有不同文化成员的幸福感。

社会认知理论

尽管五因素模型很有用，但它没有能够全面解释人格的个体差异。例如，为什么最外向的人有时也很安静和沉默？那些没有条理的人，即尽责性低的人，是如何能够完成强调细节的任务（如大学里的研究论文）的？考察学习对人格影响的研究者，为心理学家提供了回答这些问题的一些线索。他们的假设大都来自社会认知理论，它把人格视为通过交往习得的行为集合。

情境—特质之争

11.11 在情境—特质之争中，米歇尔和班杜拉各自的立场分别是什么？

沃尔特·米歇尔是极力批评五因素模型和特质理论的社会认知理论家之一。米歇尔发起了情境—特质这场旷日持久的争论。心理学家争论哪一种因素对于解释行为更加重要，是情境因素，还是人的因素？例如，你可能不会偷商店的钱，但如果你看见一个陌生人无意中掉了5美元，你会怎么做呢？站在米歇尔这一边的人会说，决定你行为的，是这两个情境的特征，而不是某一种特质（如诚实）。偷钱要求精心计划和谨慎实施，而且如果被抓住，你还会面临严厉的惩罚，因此你会选择诚实。但捡起5美元非常容易，而且即使被发现，你最多不过是感到尴尬而已。米歇尔后来修改了他最初的立场，并承认，行为是受个人和情境双重影响的。米歇尔将特质看作特定情境诱发特定行为的条件概率。

有证据表明，内在特质强烈影响跨情境的行为，但情境因素仍然影响人格特质。因此，社会认知理论家艾伯特·班杜拉（你在第5章了解了他的观察学习研究）提出了一个综合的人格理论，把特质和情境因素都考虑了进去。另外，班杜拉的模型把认知因素也融入其中。由于这个模型包括了如此多的因素，并且还系统解释了这些因素之间的相互关系，因此，它产生了大量的研究，帮助心理学家更好地理解人格的一致性和不一致性。

班杜拉提出，个人/认知因素、环境和行为因素相互作用，共同影响人格。他将这种相互作用称为"交互决定论"。意思是，相互影响造成了三个因素的变化（图

11.5）。个人/认知因素包括五因素：信息加工因素（如短时记忆策略），智力的个体差异，认知和社会发展阶段，环境回应行为的习得性期望的方式，生理因素（如神经功能）。环境因素包括信息的社会来源，行为引发的各种后果，以及特定情境的特征。行为因素就是我们实际表现出的行为。

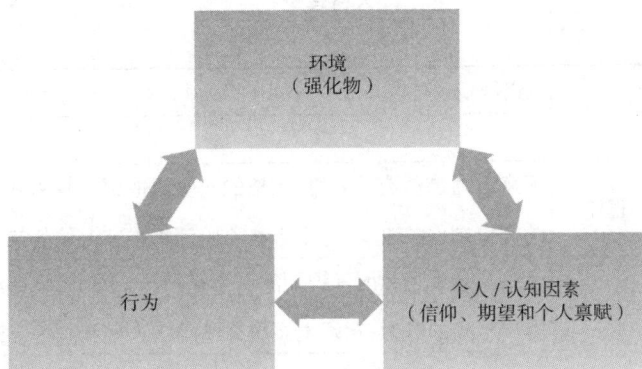

图 11.5　班杜拉的交互决定论

　　班杜拉从社会认知的角度看待人格。他提出，外部环境、个体行为和个人/认知因素（如信仰、期望和个人禀赋）这三个要素相互影响、相互作用，决定人格。

自我效能和控制点　11.12 自我效能和控制点对人格有什么影响？

　　班杜拉描述的一个尤为重要的认知因素是自我效能。自我效能是指，人们感知自己有能力完成自己想做的事情。跨文化研究考察了 25 个国家的自我效能。结果发现，在所有国家中，自我效能都是一个重要的个体差异。班杜拉指出，自我效能高的人能满怀自信地应对新情境，设定高目标，并坚持到底，因为这些人相信，成功是可能的。而自我效能低的人总认为自己会失败，因此，他们会避免挑战，放弃自己认为困难的任务。班杜拉的研究表明，自我效能高的人不太可能抑郁。

　　朱利安·罗特提出，有一种称为控制点的认知因素能影响人格。一些人认为，自己能够掌控自己的行为及其后果。罗特就把这种认识定义为内控制点。另一些人则听天由命，认为自己做什么都不重要，因为"该发生的一定会发生"。这些人表现出的是外控制点。罗特认为，具有外控制点的人不太可能因强化而改变自己的行为，因为这些人不认为强化物与自己的行为有什么联系。具有外控制点的学生往往会拖延，与具有内控制点的学生相比，这些学生不太可能在学业上取得成功。

同样,具有内控制点的建筑工人比具有外控制点的工人更有可能在开始一项危险工程之前就执行安全规程。另外,具有外控制点的人对生活的满意度较低。"总结"概括了各种人格理论。

总结　　　　人格理论

理　　论	主要观点
精神分析理论	
弗洛伊德的人格理论	无意识力量塑造了人格;人格的三个组成部分是本我、自我和超我;防御机制保护自尊;每个人格阶段都集中在身体的某个特定部位上
新弗洛伊德主义	荣格区分了个人无意识和集体无意识;阿德勒强调自卑情结以及获得优越感的努力;霍妮主要研究精神症人格和女性心理学
人本主义理论	
马斯洛和罗杰斯的理论	马斯洛强调自我实现;罗杰斯认为无条件的积极关注有助于个体发挥潜能
自尊	人本主义理论促进了对自尊的研究;自尊在人的一生中是相对稳定的;自尊分为整体自尊和特定领域的自尊
特质理论	
早期的特质理论	奥尔波特提出了首要特质和中心特质;卡特尔开发了 16PF 人格测验以测量根源特质;艾森克的三因素模型包括精神质、外倾和神经质
特质理论	
五因素模型	五因素模型("大五")包括开放性、尽责性、外倾性、随和性和神经质;特质受遗传和环境的共同影响;它们从童年期到成年期都相对稳定并能预测重要结果
社会认知理论	
情境—特质之争	特质理论家认为,特质对行为的影响大于情境;社会认知理论家认为,情境比特质更重要
交互决定论	班杜拉指出,个人/认知因素(特质、思维)、环境(强化)和行为相互作用,共同塑造人格
自我效能和控制点	两个影响人格的认知因素是自我效能(班杜拉)和控制点(罗特)

人格评估

你有没有做过人格测试？你可能在应聘工作时做过。企业常常使用人格评估来帮助它们筛选和雇用员工。临床心理学家、精神病学家和咨询师用各种测量人格的方法来诊断病人，评估治疗的效果。

观察法、访谈法和评定量表

11.13 心理学家是如何使用观察法、访谈法和评定量表的？

心理学家常用观察法来评估人格，他们在很多场景下进行观察，有医院、诊所、学校、工作场所等。行为主义者尤其喜欢使用观察法。通过使用"行为评估"观察法，心理学家能记录某种行为的频率。这种方法常常用于精神病院的行为矫正项目。心理学家用图表的方式，描绘精神病人在减少攻击行为或其他不好行为方面取得的进步。但行为评估既费时又容易被误读。也许这种方法最大的局限性在于，观察者的出现可能会改变被观察者的行为。

临床心理学家和精神病学家采用访谈法来帮助诊断和治疗心理障碍患者。咨询师使用访谈法来筛选申请上大学的学生；雇主使用这种方法来评价应聘者和雇员的表现。访谈者不仅考虑一个人对问题的回答，而且还要考虑他的语调、语言表达方式、举止、手势和整体形象。访谈者常常使用结构化访谈，即访谈者对提问的内容和方式进行精心策划。访谈者尽量不偏离结构式访谈的模式，以便可靠地比较不同的被试。面试是找工作的必要一环，"应用"列举了很多面试技巧，你可以从中受益。

考察者有时也用评定量表来记录访谈或观察的数据。这种量表很有用，因为它们提供了一个标准格式，包括需要进行评价的特质或行为。评定量表有助于把评分者的注意力集中在所有相关的特质上，这样，评分者就不会忽略或过分关注某一种特质。这种量表的局限性是评定的主观性。主观性带来的一个问题就是成见效应，即评分者往往因为被试的一个或几个有利或不利特质而影响他对被试的整体评价。通常，没有包括在评定量表中的特质或属性（如体貌吸引力或与评分者的相似性），会严重影响评分者对被试的评价。为了克服这些问题，常常需要多名评分者同时对个体进行独立评价。

应用

展示你最好的一面

你有没有想过，工作面试就是一个人格评估？它本来就是。面试者不会像心理学家那样测量你的人格，但他/她会评估你是否满足公司的需要以及你是否能融入这个团体。下面是成功面试的一些技巧。

印象管理

面试就是要给你未来的雇主留下深刻的印象。但你不要夸张你的资质或经验，有经验的面试者很善于发现这些夸张之处，而且往往不会看好这些夸大其词的人。

学习

尽可能多地了解你想工作的企业或公司，了解自己的资历是否与公司的要求相符。努力获得这份工作所要求的资质。

准备一份简历

即便你应聘的工作不需要简历，最好还是准备上一份（再复印几份），交给你的面试者。一份好的简历能帮助面试人快速了解你。通过简历，面试者可以了解你的整个工作经历并据此提问。大多数大学都有就业中心，它会教你如何准备简历。

练习

找一个朋友练习回答面试问题。许多大学的就业中心都有一份面试常见问题清单，你还需要自己想一些面试者可能问到的问题。尽量避免说自己不好的方面。记住，持续的目光交流能显示出你的自信。

着装得体

在面试的时候，你的衣着、身体上的装饰（如刺青、首饰）、整洁程度，甚至你的体味都可以传达信息。你的外表向面试者传达了这样一个信息：你了解你希望工作的环境。记住，外表影响自信。研究者发现，应聘者的服装越正式，他们在面试过程中对自己作出的评价就越正面。

准时

当你等别人时，你会不会感到失望？面试者对迟到的情感反应也一样。因此，最好是早到一点。如果你由于无法避免的原因延误了，请打电话重新预约时间。

问候面试者

你的问候在面试过程中也起着重要作用。在美国,你最好直视面试者的眼睛,有力地与他/她握手,准确地说出他/她的名字,且姿势优雅。

后续工作

面试之后,你最好写一封感谢信。如果面试你的人不止一个,给每个人都发一封感谢信,提及在面试过程中你所感兴趣的讨论。这表明你充分参与了讨论,认真聆听了对方的意见,并对面试者就这个职位和公司提供的信息很感兴趣。另外,你还应该表达你对面试者的感谢以及你对这个职位的兴趣。

人格调查清单 11.14MMPI-2、CPI 和 MBTI 是如何揭示人格的?

测量人格的另一种方法与观察法、访谈法和评定量表一样有用,而且还更为客观。这种方法叫调查清单。这是一种纸笔测验,要求个体就自己的思想、感觉和行为作出选择(如判断或多项选择),这种方法能测量人格的多个维度并能按照标准程序算出分数。研究特质的心理学家很喜欢使用人格测验,因为它可以揭示个体在人格多个维度上所处的位置,而且它还可以把人格绘制成剖析图。

应用范围最广的人格测验是明尼苏达多相人格测验(MMPI)或它的修订版(MMPI-2)。该测验是由研究者 J. 查恩利·麦金利和斯塔克·哈撒韦在 20 世纪 30 年代末到 40 年代初研发的。这一测验的最初目的是发现各种精神病倾向。研究者询问了两组被试 1000 多个关于态度、感觉和具体症状的问题。一组被试是明尼苏达大学医院的病人,这些病人被诊断出患有不同类型的精神疾病;另一组被试没有被诊断出患有精神疾病。研究者从中找出了 550 个能区分两组被试的题目。

MMPI-2 在 1989 年推出。第二版保留了原来的大多数题目,也增加了一些涉及酗酒、吸毒、自杀倾向、饮食障碍和 A 类行为模式的新题目。第二版建立了新的常模,以反映全国普查数据并实现更好的地域、种族和文化平衡。

表 11.2 显示了 MMPI-2 的 10 个临床量表。下面是测验中的一些题目样例,请被试回答"是"或"不是"。

我希望我不被性的想法困扰。

在无聊的时候,我想做些刺激的事情。

在走路的时候,我会非常小心地跨过人行道上的裂缝。

要不是有人总和我过不去,我一定会更加成功。

表 11.2　MMPI-2 的 10 个临床量表

量表名称	解　释
1. 疑病症	高分者对自己的身体健康过分关注
2. 抑郁症	高分者通常感到抑郁、沮丧、情感低落
3. 癔症	高分者常常抱怨没有明显器质病因的身体症状
4. 精神病态	高分者无视社会和道德标准
5. 男子气概和女子本性	高分者表现出"传统"的男性或女性态度和价值观
6. 妄想症	高分者极端多疑并感觉自己受到了迫害
7. 精神衰弱	高分者往往高度焦虑、刻板、紧张和担忧
8. 精神分裂症	高分者往往脱离社会,陷入怪异的思考之中
9. 轻度狂躁	高分者通常感情用事、易激动、精力充沛和冲动
10. 社会内向	高分者往往谦逊和害羞

在其中任何一个量表上取得高分,不一定意味着这个人就有这个方面的精神病症状。心理学家要看个体的明尼苏达多相人格测验剖析图,即在所有量表上的得分模式,并将该模式与正常个体和精神病患者的剖析图作比较后才能得出结论。

但如果有人在测验中撒谎以显示自己心理健康,或"假装"自己患有精神疾病,这该怎么办呢? MMPI-2 中的一些问题有助于心理学家评判被试的诚实度。这些问题合在一起构成了 MMPI-2 的效度量表。效度量表所测试的一个因素是"社会赞许性",即被试期望自己的表现符合社会对"好人"的定义。例如,受社会赞许性影响的被试有可能会说自己从未撒过谎。另外,效度量表杜绝了有的人为逃避法律制裁而伪造精神疾病的可能性。它们可以帮助心理学家判断,哪些人是假健康,哪些人是真健康,从而杜绝有的人为了出院而假装健康的可能性。因此,我们要参考效度量表上的得分才能对个体在 MMPI-2 临床量表上的得分作出解释。

MMPI-2 的信度高,便于实施和计分,而且费用也不贵。它在筛查、诊断和临床上描述异常行为中非常有用,但它不能很好地揭示正常人格的差异。这一测验的另一种特殊形式,明尼苏达多相人格测验—A,是专门用来测量青少年人格的。该测验是 1992 年研发出来的。明尼苏达多相人格测验—A 包括一些与青少年有关的题目,如饮食障碍、物质滥用、家庭问题和学校问题。MMPI-2 有超过 115 个正式的翻译版本,广泛用于 60 多个国家。

MMPI-2 是为了评估精神病理学而专门设计的。与之不同的是加州人格测验(CPI)。这是另一个得到高度认可的人格测验,专门用来测量 13 岁及以上的典型个体。CPI 有许多与 MMPI 相同的问题,但它不包括揭示精神疾病的问题。CPI 可以用来预测行为。该测验被赞誉为"技术能力强,研发仔细,可以进行交叉验证和后续研究,使用了大样本,且建立了性别常模"。CPI 在预测中学及以后的学习成绩、领导才能和执政能力、政策有效性、军事人员和实习教师方面尤为有用。

迈尔斯—布里格斯类型指标(MBTI)是另一个能有效测量个体差异的人格测验。这一测验以荣格的人格理论为基础。MBTI 的得分基于以下四个双极维度:

外倾————————内倾

感觉————————直觉

思维————————情感

判断————————知觉

一个人的得分可以位于这四个连续体上的任何一个位置,而且这些分数通常根据人格类型系统加以总结。这四个双极维度可以组合成 16 种人格剖析图。例如,如果一个人的分数靠近外倾、直觉、情感和知觉,他/她的人格类型就会有以下的描述:

更愿意与外部世界交往,不愿意封闭在内部的思想世界中(外倾);更喜欢追求新的可能性,而不喜欢与已知事实和传统方式打交道(直觉);依赖个人的价值观和情感,而不是根据逻辑思考和分析作出决策和解决问题(情感);更喜欢灵活、自然的生活,而不喜欢有计划、有条理的生活(知觉)。

MBTI 越来越受到欢迎,特别是在企业和教育机构中受到欢迎。批评者指出,这一测验没有进行严格的效度研究。而且,没有经验的使用者常常对测验结果进行过度简单的解释。然而,MBTI 的确有完善的解释方法。至今为止,近 500 项研究揭示这一点。许多研究表明,MBTI 中的人格类型与职业选择和工作满意度相关。

例如,选择不同专业(儿科、外科)的医生往往具有不同的 MBTI 类型。因此,MBTI 仍然深受职业咨询师的欢迎。

投射测验	11.15 投射测验是如何揭示人格的?

由于人们对访谈和问卷的作答是有意识的,因此,它们无助于治疗师探索无意识层面。这些治疗师会选择投射测验这种全然不同的方法。投射测验是一种由墨迹、模糊的动物图画或无所谓正误的不完整句子组成的人格测验。人们会把自己的内心想法、感觉、恐惧或冲突投射到这些测验中去。

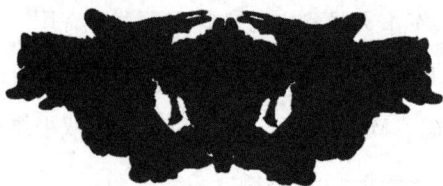

图 11.6 这个墨迹与罗夏墨迹测验中使用的墨迹相似

最古老、最流行的投射测验之一是瑞士精神病学家赫尔曼·罗夏在 1921 年开发的罗夏墨迹测验。该测验由 10 个墨迹组成,要求被试对这 10 个墨迹进行描述(图 11.6)。罗夏在不同群体中实验了数千个墨迹,并发现了 10 个可以用来区分不同群体的墨迹,如躁郁症患者、精神分裂症患者、其他严重精神病患者等群体。这 10 个墨迹(其中 5 个为黑白色,5 个为彩色)都经过了标准化处理,至今仍在广泛使用。

罗夏墨迹测验可以用来描述人格,进行差异诊断,计划和评价治疗方法,以及预测行为。在过去的 20 年中,它仅次于明尼苏达多相人格测验,广泛使用于研究和临床评估。研究者让被试看这 10 个墨迹,让其说出每个墨迹像什么,并记录下被试的回答。然后,测验者再让被试看一遍墨迹,并询问一些问题,以澄清被试的回答。在评分时,测验者会考虑被试在描述中用到的是整个墨迹还是部分墨迹。测验者会问被试:"你的回答是依据墨迹的形状、颜色,还是其他什么东西?"测验者还会考虑被试是否在墨迹中看到了运动、人体形状、动物形状或其他物体。

在 20 世纪 90 年代之前,罗夏墨迹测验的一个主要问题是,结果过度取决于测验者的解释和判断。为了解决这个问题,埃克斯纳研发了一个"综合系统",一个更可靠的评分程序。该系统提供了一些常模数据,这样,就可以把被试的回答与人格特征已知的其他被试的回答进行比较。一些研究者发现,通过使用这个系统,不同评分者对同样的回答作了高度一致的解释,即取得了很高的评分者一致性。其他研究者认为,还需要做更多的研究才能确定综合系统是否能产生有效且可靠的结果。很多的综合分析表明,罗夏墨迹测验具有心理测量学要求的优良性和实用性。

另一种投射测验是主题统觉测验。它是由亨利·默里及其同事在 1935 年研发的。你在第 9 章已经了解到,研究者使用主题统觉测验来研究成就需求。不过,也可以用它来评估人格的其他方面。主题统觉测验由 1 张空白卡片和 19 张在不同场景下模棱两可的黑白人物画卡片组成。假设你正在参加主题统觉测验,你会听到如下的内容:

这个测验旨在测试你的创造型想象力。我给你看一张图,我想让你编一个故事,而这张图就是故事的插图。图画中的人物是什么关系?发生了什么?他们当前的想法和感觉是什么?结果会怎么样?

主题统觉测验费时且很难实施和评分。尽管它在研究中广泛使用,但它也有与其他投射测验相同的问题:①它过度依赖测验人的解释;②它过度反映了一个人暂时的动机和情感状态,而没有揭示人格中更持久的方面。"总结"中概括了三种人格评估方法。

总结　　　　　　　　　　　　　　三种人格评估方法

方　法	例　子	描　述
观察法和评定法	观察 访谈 评定量表	在特定情境中观察行为并基于观察评估人格 在访谈中,被试对问题的回答可以揭示其人格特征 评定量表基于特质、行为或访谈结果给被试评分 评估是主观的,准确性在很大程度上取决于评估者的能力和经验
人格调查清单	MMPI-2 CPI MBTI	被试在纸笔测验中表露自己的信念、感觉、行为和/或观点 评分过程是标准化的,被试的回答与小组常模作比较 用来测量个体差异,它以荣格的人格理论为基础
投射测验	罗夏墨迹测验 主题统觉测验	被试对模糊的测验材料作出反应,通过报告自己在墨迹中看到的物体以及根据可能有冲突的图画所写出的故事来揭示人格

回顾

可靠而有效的人格测量方法有助于心理学家定义和解释人格的个体差异。对此,全面的人格理论也同样有用。精神分析理论强调无意识的力量,而人本主义方法则关注个人为提升自己和获得认可而做出的努力。特质理论从个体在几个普遍维度上的差异来描述人格。社会认知理论断定,人格特质受学习的影响,人格特质的表现形式常常取决于情境因素。每种理论都被用来解释出现心理健康差异的方式和原因。在阅读下一章心理障碍的时候,请你要牢记这一点。

第 12 章

心理障碍

定义心理障碍

心理障碍是造成情感抑郁和功能实质性损坏的心理过程或行为模式。我们首先来看这个问题：什么是异常？

什么是异常行为？ 　　12.1 心理学家判断异常行为的标准是什么？

人类行为是一个连续体，一端是良好行为，另一端是不良行为。那么，异常行为位于连续体的什么位置？下列问题有助于我们确定异常行为：

• 这个行为在这个人所处的文化中被看作奇怪行为吗？在一个文化中看作正常的行为，在另一个文化中可能被看作异常的。在一些文化中，女性在公众场合裸胸是很正常的，但在发达的工业社会里，这就是一种异常行为。

• 这个行为让人抑郁吗？当人们莫名其妙地感到情感抑郁时，很可能就有心理障碍。一些人可能感到悲伤和抑郁；一些人可能感到焦虑；一些人可能感到激动或兴奋；另一些人则可能感到害怕甚至恐惧。

• 这个行为不良吗？一些专家认为，区分正常行为和异常行为的最好办法就是看它是否导致功能损坏。饭前洗手是良好行为，但是，饭前洗 100 次手就是不良行为。

• 这个人对自己或他人构成威胁吗？另一个要考虑的因素是，人们是否会对自己或他人构成威胁。如果一个人患有心理疾病,并对自己或他人构成威胁,那么,我们就应该把他/她送到精神病医院去。

● 这个人是否能对自己的行为负法律责任?尽管我们常用"精神失常"来指那些行为异常的人,但是心理健康专家不用这个词。"精神失常"是一个法律术语,法庭用它来宣布被告可以不负法律责任。你应该还记得,在第 1 章中提到,法律心理学家是专门研究心理学法律层面问题的临床心理学家。有时,被告声称自己在作案时精神失常。法律心理学家负责为被告作证。然而,对精神失常的辩护常常不会成功。杀人狂杰弗里·达莫被判处要对自己的行为负责,但他的行为显然异常。

分类和跟踪心理障碍

12.2 临床医生是如何使用《精神疾病诊断和统计手册》第四版的?

在 1952 年,美国精神病学协会发布了一本手册,它是描述和分类心理障碍的诊断系统。在过去的几十年中,这本手册经过了多次修改。《精神疾病诊断和统计手册》第四版包含了对大约 300 个具体的心理障碍的描述以及诊断为每一种具体障碍的标准。这本手册还把心理障碍分成类别(表 12.1)。使用这本手册的有研究者、治疗师、心理健康工作者,以及大多数保险公司。这一共同语言,使得专业人员在诊断、治疗和研究心理障碍时能顺利交流。另外,《精神疾病诊断和统计手册》第四版还为临床医生提供了一个多维诊断系统。这个系统被称为"多轴系统"(有关描述见表 12.2)。对任何一个病例的完整描述,都包括这五个轴的信息。

表 12.1 《精神疾病诊断和统计手册第四版》中主要的心理疾病类别

类 别	症 状	例 子
精神分裂症和其他精神病性障碍	出现精神病症状,包括幻觉、妄想、说话语无伦次、行为怪异以及丧失与现实的联系	精神分裂症、偏执型精神分裂症、紊乱型精神分裂症、紧张型精神分裂症、妄想障碍、嫉妒型妄想障碍
情感障碍	极度或长期的抑郁和躁狂	重度抑郁症 躁郁症
焦虑障碍	焦虑和回避行为	恐慌症 社交恐惧症 强迫症 创伤后应激障碍

续表

类　别	症　状	例　子
身体症状性障碍	身体症状的出现是因为心理问题而不是身体问题	疑病症 转换障碍
分离性障碍	个体通过忘记重要的个人信息或个人身份，或将创伤或冲突划分成分裂的变更人格来应对应激或冲突	分离失忆症 分离漫游症 多重人格症
人格障碍	早期出现长期、不灵活以及不良的行为模式，使人变得抑郁或使人的社会和职业功能受损	反社会人格障碍 表演型人格障碍 自恋型人格障碍 边缘型人格障碍
物质障碍	不良行为是由于物质的滥用、依赖或中毒造成的	可卡因滥用 大麻依赖 酒精滥用
通常首次出现在婴儿期、童年期或青春期的障碍	这一障碍包括智力迟钝、学习障碍、交流障碍、广泛发育障碍、注意缺陷和破坏行为障碍、抽动障碍和排泄障碍	品行障碍 孤独症 抽动秽语综合征 口吃
饮食障碍	饮食行为的严重失调	神经性厌食症 神经性暴食症

表 12.2　多轴系统

轴	描　述	例　子
Ⅰ	临床障碍	轴 Ⅰ 记录心理障碍或个体看医生的主要原因。临床医生根据需要记录所有的诊断结果或问题，但通常把一个定为主要问题
Ⅱ	人格障碍、智力迟钝	轴 Ⅱ 只包括两类障碍：人格障碍和智力迟钝。这两类障碍是分开的，因为它们需要不同的治疗方法
Ⅲ	普通身体疾病	轴 Ⅲ 记录所有与健康有关的疾病。临床医生也会记录个体心理问题背后的身体原因

续表

轴	描　述	例　子
IV	心理社会、环境问题	轴 IV 记录可能与治疗有关的生活问题,如紧张的夫妻关系、失业或缺少社会支持
V	功能的整体评价	轴 V 通常包括"整体功能"评分,从 0～100。这一分数描述了个体心理问题对自身生活的影响程度

这一手册的广泛使用,使得公共健康官员能够像跟踪生理疾病一样,跟踪各类心理障碍出现的频率。官员们发现,心理障碍比生理疾病更为常见。例如,在美国,每年有不到 1% 的成年人(大约 150 万)被诊断为患有癌症。与之形成鲜明对照的是,有 26% 的成年人(超过 4400 万)被诊断为患有某种心理障碍。

思考某种疾病出现频率的另一种方式,就是考察一个人在一生中被诊断为患有这种疾病的可能性。在美国,癌症的终生发病率为 30%。换句话说,有 30% 的美国人可能在一生中被诊断为患有癌症。心理障碍更加普遍,它的终生发病率为 50%。图 12.1 显示了一些心理障碍的终生发病率。很明显,心理障碍在很大程度上造成了个人的痛苦和社会生产力的损失。因此,对心理障碍的研究和对生理疾病的研究一样重要。

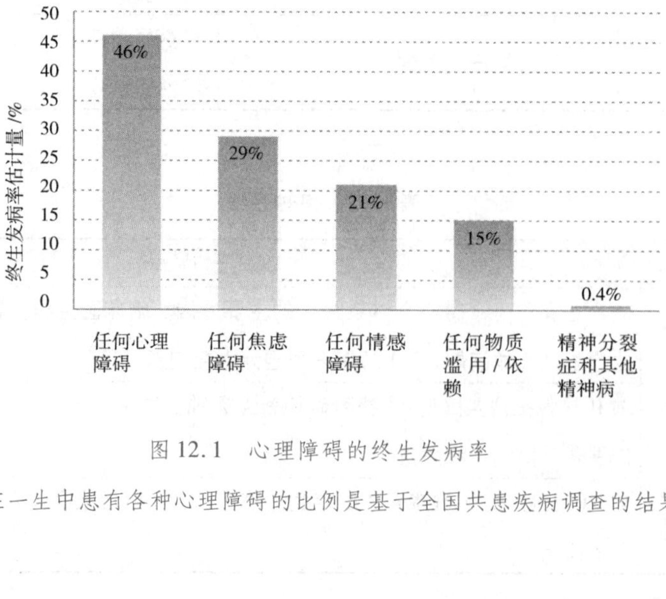

图 12.1　心理障碍的终生发病率

美国人在一生中患有各种心理障碍的比例是基于全国共患疾病调查的结果。

解释心理障碍　　12.3 心理学家用来解释心理障碍的五个理论视角是什么？

　　是什么造成了心理障碍？如何治疗这些障碍？心理学家从五个理论视角来回答这些问题。每个理论视角在心理障碍的描述、分析和治疗中都有一席之地。

　　生物学视角认为，异常行为是由生理因素（如基因遗传、大脑的生化异常/失衡或结构异常、感染）引起的。支持者主张用药物治疗异常行为。

　　生物心理社会视角同意生理因素的重要性，但同时也承认心理和社会因素在研究、发现和治疗心理障碍中的作用。生物心理社会心理学家主张用药物治疗和心理治疗相结合的方法治疗异常行为。

　　最初由弗洛伊德提出的心理动力学视角认为，心理障碍来自童年早期的经历和未解决的无意识冲突（通常以性或攻击性为本质）。它主张的治疗方法是精神分析法，这是由弗洛伊德提出来的旨在发现和解决无意识冲突的方法。

　　根据学习视角，心理障碍与其他行为一样，都是习得的。表现出异常行为的人要么是错误学习的受害者，要么是没有学会正确的思考和做事方式。行为治疗师用经典和操作条件反射原理来消除不良行为，塑造新的正确行为。

　　认知视角建议，错误的思考或扭曲的感知造成了一些心理障碍。基于这一视角的治疗是，通过改变思维来改变行为。

　　"总结"概括了每种理论视角的主要观点和治疗方法。你在第1章已经了解到，许多心理学家更喜欢用折中疗法。心理健康专家常常使用自己认为对病人最有用的理论视角和治疗方法。

总结　　　　　　　　　　　**心理障碍的五个理论视角**

理论视角	导致心理障碍的原因	治疗方法
生物学视角	心理障碍是潜在的身体疾病的症状，而身体疾病又是由大脑结构或生化异常、基因遗传或感染导致的	诊断和治疗方法与身体疾病的诊断和治疗方法一样 药物、电休克疗法或精神外科手术

续表

理论视角	导致心理障碍的原因	治疗方法
生物、心理、社会视角	心理障碍是由生物、心理和社会因素共同造成的	折中疗法,包括药物和心理疗法
心理动力学视角	心理障碍来自童年早期的经历和未解决的无意识冲突或攻击性冲突	将被抑制的内容带入意识,帮助病人解决无意识冲突 精神分析法
学习视角	异常的思维、感觉和行为与其他行为一样都是习得的,或是因为没能学会正确的行为	用经典和操作条件反射原理和榜样来消除异常行为,塑造良好行为 行为疗法 行为矫正
认知视角	错误的思考和扭曲的感知造成了心理障碍	改变错误、非理性和/或消极的思维 贝克的认知疗法 合理情感疗法

焦虑障碍

如果你成为一名职业表演艺术家的梦想实现了,你会怎么做? 毫无疑问,你会非常高兴,但如果严重的怯场剥夺了你的喜悦并使你无法抓住表演机会你会怎么办呢? 奇怪的是,这就是许多非常有天赋,也非常成功的表演艺术家所面临的问题。例如,怯场使芭芭拉·史翠珊在长达 27 年的时间里无法在观众面前表演。女演员斯嘉丽·约翰逊在 8 岁的时候就首次登台,但她十几岁的时候患上了严重的怯场症,害怕自己再也不能在观众面前表演了。尽管她的电影表演很成功,但她还是委婉拒绝了许多舞台表演的邀请。直到 2010 年,她才克服了怯场,在百老汇的一场歌剧中扮演了主角。但不是所有的怯场都是由于害怕面对观众造成的。影星休·格兰特说,他常常一看到摄像机就怯场,导致很多尴尬和拍摄延误。

怯场是恐惧心理状态的一种表现形式,心理学家称之为"焦虑"。当焦虑过于严重以至于妨碍到个人的教育或职业功能时,就会造成严重的心理障碍。焦虑障碍是最常见的一类心理障碍。据统计,在美国,每年有 400 多万人患有这种障碍。

惊恐发作、广场恐惧症和恐慌症

12.4 惊恐发作、广场恐惧症和恐慌症各有什么特征?

感到着急是一个很常见的经历。着急,甚至没有原因或没有理性的着急,不是心理障碍。但两类着急要寻求医生的帮助。这两类着急分别是惊恐发作和广场恐惧症。

惊恐发作 惊恐发作是突然感到害怕,心跳加快、身体颤抖,个体感到快要窒息了。有已知线索的惊恐感常常被看作学习的结果,而不是心理障碍的迹象,如一个人开车经过他/她以前出车祸的十字路口时的反应。相反,无线索的惊恐感更有可能是心理障碍的症状。

无线索的惊恐发作,似乎是由于自主神经系统的战逃系统的功能失调造成的;这时,大脑把身体机能的正常变化误解为危险信号。例如,一个人在饮用了含有咖啡因的饮料后会心跳加快,这是很正常的。但不知怎么回事儿,惊恐发作患者的大脑将这一正常变化当成了危险信号,这使得交感神经系统激活自主系统。接下来,这个人的高级认知功能开始工作:“我心脏病犯了,我要死了!”这样就进一步加剧了危险感。这些认知解释使副交感神经系统无法抵消交感神经系统对生理功能的影响,从而延长了发作的时间。医生会训练惊恐发作患者,教患者控制自己对发作感觉的认知反应。

广场恐惧症 广场恐惧症患者害怕处于一个当自己感到焦虑时无法立即脱身或获得帮助的场景。在一些情况下,一个人一生都在考虑如何避免这些场景,如繁华的街道、拥挤的商店、饭馆和/或公共交通工具等。除非有朋友或家人的陪伴,否则,许多人是不会出门的。在严重情况下,即使有朋友或家人的陪伴,患者也不会出门。

尽管广场恐惧症不一定同时伴有惊恐发作,但这种情况常常出现在成年早期,并伴有不断的惊恐发作。特别害怕遭受下一次惊恐发作使得个体竭力避免前几次发作发生的地点或场景。尽管广场恐惧症本身并不是心理障碍,但是,当它严重到妨碍个体的日常生活时,它就是损害身心健康症状之一的焦虑障碍。

恐慌症　　不断出现惊恐发作的人可能患有恐慌症。恐慌症患者必须应对不断出现的发作以及随之而来的焦虑。这种焦虑能导致广场恐惧症。广场恐惧症的出现加大了医生治疗恐慌症的难度，因为患者必须首先勇敢面对可能引发惊恐发作的场景。显然，医生很难让广场恐惧症患者接受这一挑战。出于这个原因，伴有广场恐惧症的恐慌症是最能损害身心健康的症状之一。但大多数恐慌症患者都能积极配合药物和心理治疗。

解释恐慌症　　你在第 5 章已经了解到，负强化增加了我们避免不了愉快事物的行为。每当恐慌症患者的行为成功防止或中断惊恐发作的时候，患者的行为就得到强化，因为该行为避免了患者的不愉快感觉，如心跳加快、呼吸加快、感觉要死了等。久而久之，回避行为的次数就逐渐增加，个体只有在万不得已的时候才会出门，如果惊恐发作出现，个体会突然返回家中，哪怕是要去做一件非常重要的事情（如去看病）。结果，焦虑—回避—逃离这一循环就建立起来，控制了恐慌症患者的生活。

为了打破这个循环，大多数治疗师都会鼓励恐慌症患者勇敢地去面对可能引发惊恐发作的场景。当恐慌症患者这么做时会发现，惊恐发作带给自己的焦虑最终会自然消退。因此，要避免焦虑成为强化物，就要鼓励患者勇敢地去面对引发焦虑的场景，而不是一味地去避免这些场景。

广泛焦虑障碍与恐惧症

12.5 广泛焦虑障碍、社交恐惧症和对象特定恐惧症有什么区别？

在前面，我们已经了解了许多表演艺术家与怯场作斗争的情况。与这些艺术家一样，成千上万的人都在与焦虑障碍作斗争。

广泛焦虑障碍　　广泛焦虑障碍是指长达 6 个月或更长时间的过度担忧。广泛焦虑障碍患者总认为最坏的事情会发生；这些人的担忧要么是没有根据的，要么是夸大了的，因此很难控制。这些人的过度焦虑使自己感到紧张、疲惫、易怒，而且难以集中精力和入睡。其他症状包括发抖、心悸、出汗、头晕、恶心、腹泻和尿频等。患有这一障碍的女性是男性的两倍，而且该障碍会导致严重的抑郁症和功能损坏。

社交恐惧症　　恐惧症是对某种并没有危险（或它们的危险被夸大）的物体、情境或活动的持续性和非理性害怕。大多数人都意识到自己的恐惧是非理性的，但还是会感到害怕。患有社交恐惧症的人非常害怕任何社交或表演情境,这些人会颤抖、脸红、出汗,或看上去笨拙、愚蠢、无能,因而常在众人面前丢丑。社交恐惧症以"表现焦虑"的形式出现。大约有 1/3 的社交恐惧症患者只害怕在公众面前说话。如果你也害怕在公众面前说话,那就请阅读"应用",以克服你的这种恐惧感。

社交恐惧症是一种可以致废的疾病。严重的社交恐惧症能影响个体的工作,妨碍个体的晋升或深造,还会限制个体的社交生活。社交恐惧症患者有时会喝酒或服用镇定剂以减轻自己在社会情境中的焦虑。

对象特定恐惧症 对象特定恐惧症是对特定的物体或情境的恐惧。这是指除广场恐惧症和社交恐惧症之外的一切恐惧症。当面对令自己害怕的物体或情境时,对象特定恐惧症患者会经历强烈的焦虑感,甚至开始发抖或尖叫。按照出现频率,对象特定恐惧症可分为:①情境恐惧症(害怕电梯、飞机、封闭的场所、高处、隧道或桥梁);②自然环境恐惧症(害怕暴风雨或水);③动物恐惧症(害怕狗、蛇、昆虫或老鼠);④血液恐惧症(害怕见血、受伤或输血)。幽闭恐惧症和恐高症这两类情境恐惧症是最常见的恐惧症。

解释广泛焦虑障碍与恐惧症 心理学家蒂莫西·布朗在 2007 年指出,广泛焦虑障碍与社交恐惧症是"大五"人格特质中神经质的体现。你在第 11 章中已经了解到,神经质高的人对生活持消极态度,而且这些人的情感往往不稳定。也就是说,这些人对应激源的反应与常人一样,但反应更为强烈和极端。例如,每个人在参加重要考试之前都会感到焦虑。但神经质高的人会睡不着吃不下,而且还会不断地对周围的人说自己有多么紧张,令他人感到厌烦。布朗的研究表明,这些反应可以发展为广泛焦虑障碍和/或社交恐惧症。他还发现,神经质高的患者的治疗效果没有神经质低的患者的治疗效果那么明显。

应用　　　　　克服当众讲话的恐惧

当不得不在众人面前讲话时,你会不会出冷汗并开始发抖? 如果会,那就请你振作起来;不是你一个人,调查显示,害怕当众讲话是美国人的头号恐惧。与坐飞机、生病甚至死亡相比,更多人害怕当众讲话!

是什么造成的?

害怕当众讲话是表现焦虑这种常见社交恐惧症的一种表现形式。在很大程度上,害怕当众讲话是因为害怕尴尬或得到他人的负面评价。一些人应对这种恐惧的方法是,尽量避免需要当众讲话的场合。一个更实用的方法是:检查导致这一恐惧的不正确观念,采取适当措施加以克服。下面是对当众讲话的一些不正确认识:

- 为了成功,讲话人必须表现得完美无缺。(错误,观众不会期待完美。)

- 一个好的演讲者应该尽可能多地陈述事实和细节。(错误,你只需要讲两三个要点)

- 如果听众没有认真听,演讲者就需要做点什么。(错误,你无法取悦每个人,而且取悦每个人完全是在浪费时间)

你能做些什么?

你可以采取一些措施来克服自己对于当众演讲的恐惧。其中一些措施教你如何在听众面前表现自己;还有一些措施教你如何做好内心准备。下面是来自国际演讲协会这一致力于帮助人们提高公众演讲技能的组织的建议:

- 熟悉你的讲稿。演练你的讲稿并作出必要的修改。

- 设想你演讲的情境。想象你正在充满自信、一字一句地发表你的演讲。

- 放松。深呼吸或做放松运动以消除紧张。

- 熟悉你将演讲的场所。提前到达演讲的地点,熟悉麦克风或你要使用的其他设备。

- 与听众建立联系。与先来的听众打招呼;开始演讲时,把这些人当成你的朋友。

- 通过姿态传递自信。站姿或坐姿要充满自信,保持微笑并与听众有眼神沟通。

- 关注你的讲稿,不要关注你自己。不要太关注你的紧张,关注你演讲的目的:向听众传达信息。

- 记住,听众并不期待你的完美表现。不要为你演讲中的任何问题道歉,做好你自己。

如果采取了这些简单的措施,你就能克服紧张而自信地演讲,哪怕是即兴演讲。

神经质也是造成对象特定恐惧症的危险因素,但经典条件反射(建立中性刺激与引发恐惧的场景或物体之间的联系)也会造成特定对象恐惧症。举个简单的例子,一条狗对着3岁的波比恶狠狠地大叫(引发恐惧的场景);波比将所有的狗(中性刺激)都与这个经历联系起来。结果,每次看见狗他都会哭着跑开。人们常用学习原理来治疗对象特定恐惧症。治疗师用经典条件反射原理,训练恐惧症患者把愉快的情感与令自己害怕的物体或场景联系起来。例如,治疗师把怕狗的孩子领进有狗的房间,并给孩子一支冰激凌。通过让恐惧症患者接触自己害怕的刺激来获得强化,这也是一种很有用的行为矫正方法。观察榜样是另一个有效的治疗方

法,即让恐惧症患者观察其他人如何面不改色心不跳地应对那些令自己胆战心惊的物体或场景。

强迫症	12.6 强迫症有哪些症状?

你是否每次出门后都担心没锁门,不得不一次又一次地返回来检查? 强迫症就是这样的一种焦虑障碍。

意念强迫与行为强迫 意念强迫是持续不断且不由自主的想法、表象或冲动,它们侵入人的意识,使人痛苦不已。有意念强迫的人成天担忧被细菌污染,或没有做某件事(如关煤气或锁门)。其他类型的意念强迫以攻击、宗教或性为中心。

有行为强迫的人感到有一种持续的、无法抵抗的、非理性的冲动要去重复做一件事。患者自己也知道做这些事是愚蠢的,但如果不做自己就会感到无比焦虑,只有做了之后才能缓解这种焦虑感。我们中的许多人都有不同程度的行为强迫,如跨过人行道上的裂缝,数楼梯的台阶数,或不时地做一些小庆典活动。只有当一种行为无法抵制,需要个体花费大量时间去做它而且妨碍个体的正常活动以及与他人的正常关系时,这个行为才会成为心理障碍。

强迫症患者表现出的强迫行为常常是清洗、数数、检查、触摸物体、藏东藏西,以及过度整理东西。在接受治疗的强迫症患者中,有75%的具有清洗和检查强迫行为。强迫症患者能意识到自己行为的不正常,但就是无法控制自己,就像下面的例子。

麦克是一名32岁的强迫症患者。他具有检查强迫行为。每次开车出去的时候,他都会时不时地停下车来检查自己是否撞到了人,尤其是婴儿。在冲厕所之前,他总要检查有没有昆虫掉到厕所里,因为他不想杀死任何一个生命。在家里,他不断检查门窗是否锁好,煤气电灯是否关闭……麦克每天平均要花4个小时来检查这些事情。

解释强迫症 强迫症的一个重要特征是,一般人不愿意接触的东西使强迫症患者感到害怕或恶心。这些人的强迫行为是一般人行为的夸大形式。换句话说,我们大多数人都爱干净,而且大多数人都会时不时地检查电器是否关闭。但强迫症的问题是将正常的厌恶发挥到了极端。实验(让强迫症患者和正常人接触同样令人厌恶和可能诱发焦虑的刺激）也证明了这一点。

但强迫症患者的这一极端反应从何而来呢？研究表明，早期的自身免疫系统疾病、早期的链球菌感染、由感染引发的大脑病变，都容易使人患上强迫症。一些双胞胎和家庭研究表明，基因也会导致强迫症。破坏 5-羟色胺功能的基因使一些人患上强迫症，作为患者只有通过服用抗抑郁药物来增加大脑中 5-羟色胺的含量。

情绪障碍

演员金·凯瑞以他夸张幽默的面部表情和闹剧幽默而闻名，但很少有人知道，在成功的背后，金经历了巨大的悲伤。足以影响工作的悲伤就是情绪障碍，这些障碍以极端和无根据的情感困扰为特征。每个人都会经历情绪的起伏，但真正构成情感障碍的是那些达到异常变化程度的情感。换句话说，情感障碍患者的症状足以妨碍患者的正常生活。

重度抑郁症　　12.7 重度抑郁症的特征是什么？

患有重度抑郁症的人感到极度的悲伤和绝望，这些人常常无法感到快乐。这些人的胃口、体重或睡眠都有所改变；这些人失去了能量，很难思考或集中注意力。重度抑郁症的主要症状是精神运动障碍。例如，患者的身体运动、反应时间和说话速度都会减慢，似乎是在表演慢动作。有的人则正好相反，这部分人不断运动，烦躁不安，扭动双手，来回踱步。严重的抑郁症会使人产生幻觉和妄想，这些都是精神病抑郁的症状。一个人抑郁的时间越长，程度越深，这个人参加社会活动的时间就越少。

根据美国精神病协会的报道，在首次被诊断出重度抑郁症的一年之后，40%的患者的症状消失；还有 40%的患者仍然患病；其余 20%患者的抑郁程度减轻，不构成重度抑郁症。在住院治疗的患者当中，完全康复的人不到一半。对很多人来说，康复就是靠抗抑郁药物的帮助。一些研究表明，心理治疗也很有用。一些人的重度抑郁症只会发作一次，有 50%～60%的人都会复发。女性和抑郁症首次发病在

15 岁以前的人,复发的风险最大。复发可能频繁发生,也可能不频繁发生。对 20%~35% 的抑郁症患者来说,发作是慢性的,可能持续两年或者更长的时间。因此,找到防止复发的办法是抑郁症研究的重点。大多数研究者建议,药物、心理治疗、社会支持,甚至身体锻炼,对防止抑郁症的复发都能起一定的作用。

躁郁症	12.8 躁郁症患者要经历什么样的情绪变化?

躁郁症是指个体经历了躁狂发作和重度抑郁这两种截然不同的情绪,通常在这两种情绪之间是相对的正常期。躁狂发作的特征是:过度兴奋、自尊膨胀、过于乐观,以及活动过度。处于躁狂状态的人暂时忘记了现实,极度兴奋常常使人产生妄想。这些人把大笔的钱浪费在快速致富的计划上。如果家人或朋友试图阻止患者的行为,患者就会心生敌意,勃然大怒,甚至做出危险的举动。通常,个体在躁狂发作的时候必须送进医院,以保护患者自己和他人不受伤害。

躁郁症比重度抑郁要少见,只有 1% 的美国人患有躁郁症,而且男性和女性患躁郁症的终生发病率大致相同。躁郁症往往出现在青少年后期或成年早期。大约有 90% 的患者会复发,大约有 50% 的人会在治愈后的一年之内复发。好消息是,有 70%~80% 的人会恢复到情绪稳定的状态,虽然轻度认知缺陷(如很难做出计划)仍然会伴随患者。在很多情况下,患者在药物(如双丙茂酸)的帮助下能控制自己的症状,过上正常人的生活。另外,心理治疗也能帮助患者应对生活的压力。

解释情绪障碍	12.9 造成情绪障碍的因素有哪些?

许多因素造成了情绪障碍,生物因素似乎是最主要的,但个体的生活环境也很重要,还有文化因素和性别角色。

情绪障碍的神经机制 正电子发射层析扫描揭示了情绪障碍患者异常的大脑活动模式。研究者找到了引起重度抑郁症患者悲伤和引起躁郁症患者躁狂的大脑区域。前额皮质底部[鼻梁后的 2~3 英寸(5~7 厘米处)一块顶针大小的大脑组织],在重度抑郁症患者的大脑中的面积比常人的要小 40%~50%。早期研究发现,这一区域在情感控制中发挥着重要作用。另外,神经质人格特质以及抑郁症与大脑的 5-羟色胺含量异常有关。研究表明,5-羟色胺含量异常与抑郁症和自杀念头有密切关系。因此,神经质高的个体更易患抑郁症或产生自杀念头。

研究者还发现,情感障碍患者的多巴胺、γ-氨基丁酸和去甲肾上腺素的产生、运输和再吸收模式都与常人不同。神经递质异常反映了遗传变异,有助于解释为什么情绪障碍的遗传率会这么高。

遗传　有充分证据支持,躁郁症是由遗传造成的。在一项双胞胎研究中,研究者发现,在躁郁症患者生下的同卵双胞胎中患情绪障碍症的比例是 50%,而异卵双胞胎中的这一比例仅有 7%。大量证据表明,躁郁症的遗传和神经机制与精神分裂症更相似,而与重度抑郁症不太相似。这些发现可以解释为什么躁郁症患者的亲属可能患上各种心理障碍,而重度抑郁症患者的亲属只可能患上重度抑郁症。

应激源　生活应激也能造成抑郁症。抑郁症的首次发作大都是在重大生活应激之后。对哈佛大学研究生所做的历时 40 年的纵向研究表明,负面生活事件和家族史在情绪障碍的形成中起着重要作用。这对女性来说尤为如此。她们在抑郁症发作之前更有可能经历了负面的生活事件。但是,抑郁症的复发却很少与重大生活应激联系在一起。

文化　由于我们在定义异常时必须考虑文化背景,那么,如何才能研究不同文化的抑郁症或其他心理障碍呢? 的确,我们很难设计出在不同文化中都有效的调查问卷或测量心理障碍的其他工具。但研究者还是获得了一些有关抑郁症文化差异的数据。尽管数据有限,但对我们的研究非常有启迪。一项涉及来自 10 个国家被试的大型研究表明,患抑郁症的概率在世界范围内的差异很大(图 12.2)。亚洲(中国台湾和韩国)的情绪障碍比率很低。研究者认为,这些差异是由不同文化的理想情感状态差异造成的。亚洲文化以外的人对抑郁的体验似乎受到自身文化观念(即人们应该如何感觉)的影响。心理学家丹尼尔·吉尔伯特认为,这种现象是造成个体不同幸福感的重要因素(见"解释")。

性别　在大多数的国家,女性患抑郁症的比率大约是男性的两倍(世界组织 2010 年数据)。进入青春期之前,男孩比女孩更容易抑郁,但到青春期以后,女孩就比男孩更容易抑郁。女性不仅比男性更容易患抑郁症,而且她们还更容易受到由此造成的负面后果的影响。重度抑郁症的早期发作不利于女性获得高学历和权力,而对男性则没有什么影响。"女性与抑郁全国特别工作组"暗示,女性患抑郁症的比率较高,这是由社会和文化因素造成的。为了完成她的诸多角色——母亲、妻子、爱人、朋友、女儿、邻居——女性很容易把他人的需求置于自己的需求之上。

解释　　**理想情感状态的文化信念是如何导致抑郁症的?**

跨文化研究者断定,"人们应该如何感觉"这一文化信念的差异,会导致不同文化中抑郁症比例的差异。人们用本文化中的理想情感状态来衡量自己的情感状态,这是如何导致抑郁症的。例如,图 12.2 显示,在中国台湾和韩国,抑郁症的比例要低于欧洲、北美和新西兰。一些研究者认为,这是因为西方人认为,自己应该在大部分的时间里都是快乐的。这些文化中的人很难应对生活中的不愉快情感状态,所以很容易患抑郁症。另外,生活在西方文化中的人致力于追求那些自认为能在将来给自己带来快乐的事物。与之相反,生活在东亚文化中的人(如中国台湾和韩国)更注意保持积极情感状态和消极情感状态之间的平衡。这一信念使东亚人把更多的精力花在维持在自己抑郁时能给自己提供支持的社会关系上,而不是花在追求幸福上。

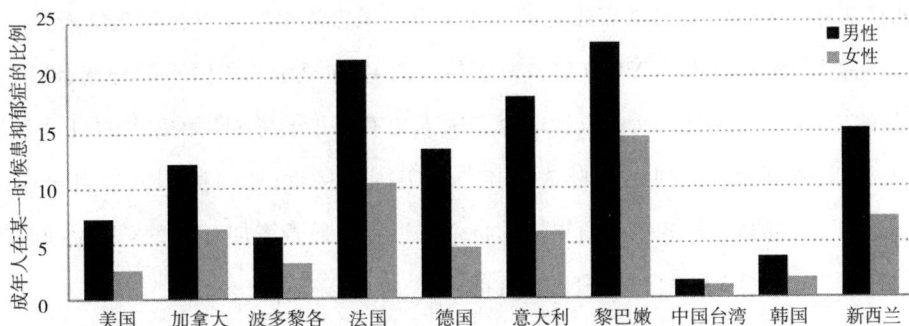

图 12.2　10 个国家和地区抑郁症的终生发病率

通过调查 10 个国家和地区 38000 位男性和女性的抑郁症终生发病率,研究者发现,在世界范围内,女性更容易患抑郁症。

心理学家丹尼尔·吉尔伯特在他那本《撞上幸福》(*Stumbling on Happiness*)的书中提供了支持这一观点的证据,即西方人常常将自己的生活目标建立在获得持久幸福的信念之上。他指出,这些社会中的个体常常失望,因为个体的决策是基于过于乐观的预测。例如,肥皂剧、电影甚至情人节卡片和大餐的广告,所有这些都会使人们相信,如果找到了人生伴侣,自己的生活就完美无缺了。在寻找另一半的过程中,许多人会约会、结婚、生孩子、离婚、再次约会、再次结婚,周而复始。为什么会这样呢? 因为,人们期待每个阶段所能带给自己的完美情感,最后都没有实现。结果,人们就会无休止地预测,"下一次婚姻是完美的"。

不切实际期望的另一面是,高估了想象出来的失去情感的冲击。正如有些人为了寻找完美伴侣而不断结婚离婚一样,还有一些人忍受着不愉快的关系,因为这些人害怕孤独带给自己的情感创伤。这种思维模式会使人避免冒险。这些人一生都不快乐的原因:一是选择保持不愉快的关系;二是担心结束这段关系给自己带来的后果。吉尔伯特认为,人们维持理想情感状态的信念是自己思维的根本错误。

自杀与种族、性别和年龄   12.10 自杀都有哪些危险因素?

有些抑郁症患者会选择自杀。情感障碍、精神分裂症和物质滥用是造成所有年龄群体自杀的主要因素。当人们面对重大生活应激源(如配偶的暴死)时,自杀的风险就会增加。也有证据表明,自杀行为有家族遗传性。在患有严重情感障碍(如躁郁症)的人中,有自杀家族史的人比没有自杀家族史的人更有可能自杀。

在美国,每年有大约 23000 例自杀事件。图 12.3 显示了美国不同种族、性别和年龄的自杀率。如图所示,白人比非裔美国人更有可能自杀;印第安人的自杀率与白人相似;西班牙裔美国人的自杀率与非裔美国人接近;亚裔美国人的自杀率最低。由于未知的原因,老年亚裔男性的自杀率近年来显著增加,但 65 岁以上亚裔男性的自杀率(17/100000)只有白人男性的一半。

你可能已经注意到,白人和非裔美国女性的自杀率显著地低于男性。但研究表明,女性的自杀率是男性的 4 倍。男性自杀死亡率高于女性的原因在于男性自杀的方法与女性不同。急救中心的记录表明,开枪自杀未遂和自杀死亡的男性是女性的 10 倍,而女性更多的是通过服毒或过量服用药物来自杀。因此,男性自杀的死亡率要高于女性。

在过去几年中,尽管青少年和成年人的自杀率有所增加,但老年人还是比年轻人更容易自杀。85 岁及以上的白人男性的自杀率最高,为 51/100000,几乎是全国平均水平 11/100000 的 5 倍。健康状况差、身患重病、丧偶所带来的孤独和社会经济地位下降,使很多老年人,尤其是 75 岁以上的老年人寻求自杀。

大约 90% 的自杀者都留有线索。这些人可能想传达这样的信息:"你们再也见不到我了。"这些人也许会留下行为线索,如送走自己最珍爱的物品;脱离家人、朋友和同事;做不必要的冒险;性格改变;行为和表情沮丧;对喜欢的活动丧失兴趣等。这些信号应该得到认真对待。如果你怀疑你的朋友要自杀,最好鼓励他/她去寻求专业人士的帮助。美国有24小时自杀救助热线,打一个电话就可能挽救一条生命。

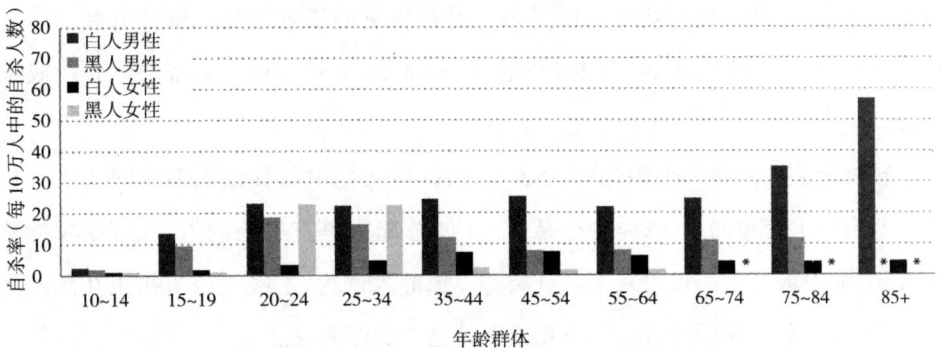

图 12.3 不同种族、性别和年龄的自杀率差异

在每个年龄群体中,白人男性的自杀率最高,其次是非裔美国男性。一般性结论是:男性比女性更有可能自杀,而且白人比非裔美国人更有可能自杀。*表示自杀率过低而不具有统计可靠性。

学生常常惊讶地发现,成年后期的自杀率高于青少年期和成年早期。为什么会这样呢?你认为社会更在意早期的自杀而不是晚期的自杀吗?如果是这样,为什么?

精神分裂症

中学毕业后,特蕾西·摩尔进入了明尼阿波利斯市的音乐学院,以实现自己成为职业歌手的梦想。入学后不久,摩尔就开始听到奇怪的声音,确信外星人试图占有她的身体。这种状况就是所谓的"精神病"。医生确定,她患有与现实脱离联系的严重心理障碍——精神分裂症。药物减轻了摩尔的症状,她终于又可以在2003年的《美国偶像》中唱歌了。今天,摩尔仍然在唱歌,她还致力于提高公众对精神分裂症的意识,并想告诉公众,精神分裂症患者具有极强的复原能力。

精神分裂症　　12.11 精神分裂症都有哪些阳性症状和阴性症状?

精神分裂症的阳性症状是患者所表现出的异常行为。一个最明确的阳性症状是幻觉。在环境中没有任何刺激的情况下,精神分裂症患者也可以看见、听见、感觉到、尝到或闻到奇怪的物体。听见声音是最常见的幻觉类型。精神分裂症患者还会体验到极其可怕和痛苦的身体感觉,他们感觉到自己正在被打、被烧或被性侵。

精神分裂症的另一个阳性症状是妄想,即该文化中的其他人不认同的错误想法。具有夸大妄想的人,认为自己是名人(如总统),是有权势的人,或者是掌握某种知识、能力或权力的重要人士。有被害妄想的人认为,某些人或机构正在试图骚扰、欺骗、监视、密谋反对、伤害、杀死或以其他方式谋害自己。

另一个阳性症状是联想散漫。精神分裂症患者在说话或写作时没有思想主线,而是基于模糊关联,从一个话题跳到另一个话题。严重紊乱的行为是精神分裂症的另一个阳性症状,包括孩子般的幼稚、不适当的性行为(在公共场合手淫)、衣着不整、着装怪异。此外,还包括无法预测的躁动(如大叫和诅咒),异常或不适当的动作行为(如奇怪的手势、面部表情或姿势)。精神分裂症患者的情感表达也有问题。患者的面部表情、语音语调和手势都不适合当时的情境。例如,看喜剧片时大哭,而看车祸时大笑。

精神分裂症的阴性症状是,正常想法和行为的缺失。阴性症状包括不合群、情感淡漠、没有动机、缺少有目的的活动、寡言少语、行动缓慢、不爱整洁、解决问题的能力差,以及时间感扭曲。许多人还无法形成新记忆。一些患者还有另一种阴性症状——情感贫乏,即几乎没有情感反应,尽管患者常常声称自己能感觉到这种情感。这些患者语调平淡,没有面部表情,行为举止与机器人无异。

并不是所有的精神分裂症患者都有阴性症状,但是,阴性症状的结果最坏。阴性症状预示着全部社会功能和职业功能的损坏。具有阴性症状的人往往远离社会,躲进自己的世界里。这些人很难与人交流,而且也无法工作,甚至无法照顾自己。

精神分裂症的类型　　12.12 精神分裂症的四个类型是什么?

精神分裂症患者具有不同的症状,但某些特征可以区分不同类型的精神分裂症。例如,患有偏执型精神分裂症的人常常有夸大妄想或被害妄想。这些人确信自己有另外一个身份——总统或上帝,或拥有超能力或天赋。这些人感觉自己掌管一家医院,或者是政府派来执行特殊任务的人员,常常表现出夸大的愤怒和怀疑。如果这些人有被害妄想并感到自己被骚扰或威胁时,这些人就会变得暴力,以保护自己不受"迫害者"的伤害。通常,偏执型精神分裂症患者的行为没有紊乱型精神分裂症或紧张型精神分裂症患者的行为严重,而且也更容易康复。

紊乱型精神分裂症是最严重的类型。它出现的年龄阶段最早,特点是极度不合群、幻觉、妄想、愚蠢、不适当的大笑、扮鬼脸、举止奇怪。患者的情感贫乏或不当,常常表现出下流的行为(公开手淫)。紊乱型精神分裂症能导致最严重的人格分裂,而且患者最不容易康复。

紧张型精神分裂症患者常常一动不动、身体木僵,或极度兴奋和躁动。患者经常在两种状态之间频繁转变,常常保持一种奇怪的姿势,几个小时一动不动。未定型精神分裂症用来指不符合以上三种类型或兼具几种类型的精神分裂症。

解释精神分裂症　　12.13 什么因素增加了患精神分裂症的危险?

尽管研究者对精神分裂症做了 100 多年的研究,但还是不能确定造成精神分裂症的原因。根据精神分裂症主要研究者伊莱恩·沃克及其同事的观点,近期研究的核心假定是,精神分裂症不是由一个原因造成的。各种危险因素以复杂的方式相互作用,如有些人可能具有所有的危险因素,但却没有患上精神分裂症。沃克的模型由几个部分构成(图 12.4),总结如下。

体质脆弱性　体质脆弱性是指个体患精神分裂症的先天风险可以归因于个体自身的因素。一个因素是性别。也就是说,男性比女性更有可能患精神分裂症。另外,科学家已经知道,遗传也会造成精神分裂症。图 12.5 显示,个体与精神分裂症患者的血缘关系越近,他/她患精神分裂症的概率就越大。但研究者还不确定,易感人群继承的到底是什么。可能导致精神分裂症的基因影响了胎儿的脑发育。

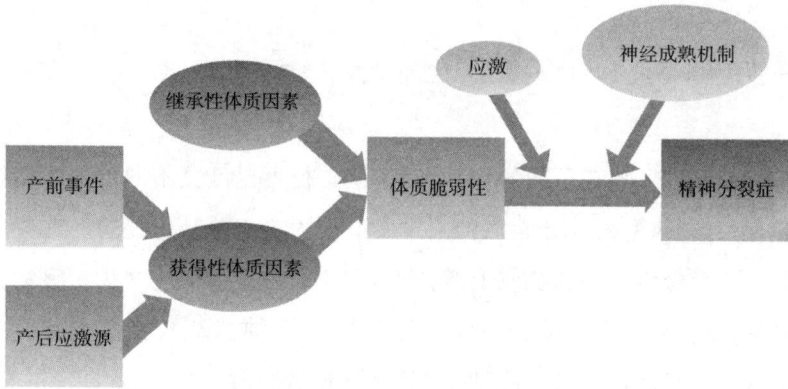

图 12.4 危险因素是如何导致精神分裂症的

这张图显示了今天研究者认为能导致精神分裂症的诸多危险因素。中心概念是"体质脆弱性",来自遗传和环境的产前和产后因素导致一些人生下来就对应激更敏感。应激和神经成熟机制与体质脆弱性相互作用,造成了精神分裂症。

另一方面,这些基因可能影响大脑后来的发育过程或终生影响大脑神经递质(如多巴胺)的活动。基因也影响精神分裂症患者服用抗精神病药物的效果。

体质脆弱性部分是由产前和/或产后经历造成的,包括胎儿接触母亲的应激激素和母亲摄入的酒精或药物,还包括胎儿从母体中获得的营养以及进入胎盘的病毒和细菌。产后应激源包括分娩创伤以及在分娩过程之中或之后婴儿受到的其他伤害。

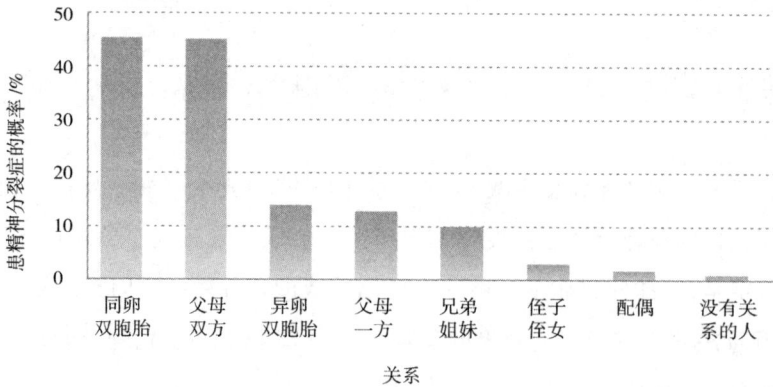

图 12.5 基因相似性与患精神分裂症的概率

研究有力表明,遗传因素与精神分裂症有关。同卵双胞胎有同样的基因,如果其中一个患了精神分裂症,另一个也患精神分裂症的概率达 46%。对异卵双胞胎来说,这一概率只有 14%。如果父母中有一人患有精神分裂症,那么子女患精神分裂症的概率是 13%;如果父母双方都患有精神分裂症,那么子女患精神分裂症的概率就是 46%。

研究者还考察了微生物对体质脆弱性的影响。例如,精神分裂症与流感病毒有关。最近的研究表明,流感病毒激活了休眠在人体内的一组被称为"人类内源性逆转录病毒—W"的病毒。这组病毒继而诱发大脑炎症,最终导致精神分裂症。很多研究表明,携带巨细胞病毒(一种疱疹病毒)和患有弓形体病(一种由猫粪中的寄生虫所引起的疾病)的人更容易患精神分裂症。

应激 沃克及其同事在 2008 年发表的研究结果中指出,没有证据表明精神分裂症患者所经历的应激多于正常人。相反,研究者认为,体质因素使一些人在应激面前更加脆弱。应激能造成精神分裂症,但只是对体质脆弱的人来说是这样的。研究者假设,精神分裂症患者的体质脆弱性使他们对应激造成的生化改变非常敏感。

神经成熟机制 沃克报告说,许多研究都表明,精神分裂症患者的大脑结构和功能都与正常人不同。例如,精神分裂症患者大脑中额叶的神经活动程度要低于正常人。许多精神分裂症患者大脑皮层和边缘系统的神经回路有缺陷。另外,精神分裂症患者左右脑半球之间的交流也较慢。

由于精神分裂症通常是在 18～20 岁出头这段时间诊断出来的,因此,图 12.4 中的理论模型假设,精神分裂症的神经关联与发生在青少年后期的神经成熟机制相关。一旦精神分裂症出现,愈来愈严重的神经功能恶化也会导致大脑的变化。这些变化包括大脑灰质的减少(图 12.6)和大脑体积的缩小,还有大脑皮层和海马功能的恶化。

沃克及其同事指出,对死亡后精神分裂症患者的大脑研究表明,该疾病与神经元的损坏相关。大部分被损坏的神经元都是构成大脑神经递质系统的神经元。(关于大脑神经递质系统,请参考第 2 章。)一些研究者指出,这种损坏会导致大脑中情感和智力区域之间的交流受损。其他研究者认为,这些被损坏的神经元不能有效地协调大脑的多个功能子系统。

许多研究表明,多巴胺能造成精神分裂症;这主要是因为作用于多巴胺的药物在治疗精神病中非常有用。但由于大脑神经递质的本质,单个神经递质的缺失、过量或功能障碍,不可能完全解释精神分裂症的复杂特征。沃克指出,许多其他神经递质,特别是谷氨酸和 γ-氨基丁酸,也可能造成精神分裂症。

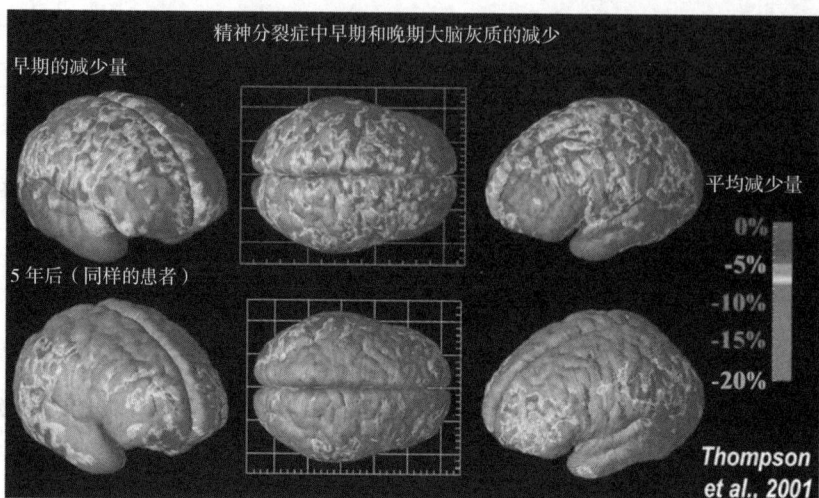

图 12.6　患有精神分裂症的青少年大脑中灰质的减少

这张图描述了精神分裂症对灰质的损坏。第一排显示了 15 个年龄在 12～15 岁的精神分裂症患者的大脑灰质的平均量。第二排显示了 5 年后这些患者所丧失的灰质量。

其他心理障碍

2005 年 8 月,一个记不起自己是谁也记不起自己怎么来到这个地方的流浪汉请求芝加哥警方帮助他确定自己的身份。他只知道自己的名字叫杰伊·托尔,除此之外他什么也不知道。警方将他的指纹送到联邦调查局,但没有任何结果。数月之后,一个与托尔居住在同一个收留所的人在 2006 年 2 月的一档电视节目中认出了他。他的真名叫雷·鲍尔,是纽约的一名律师,在 2005 年 8 月 1 日失踪。很明显,鲍尔患了一种叫作"分离漫游症"的失忆症。该病症就是本节要介绍的一种心理障碍。

身体症状性障碍　　12.14 什么是身体症状性障碍?

你听说过"身心症"这个词吗? 普通人使用这个词是指由心理原因引起的身体疾病。在《精神疾病诊断和统计手册》(第五版)中,用"身体症状性障碍"来指称这种疾病。身体症状性障碍指由心理疾病造成的身体疾病。尽管病人的症状植根于"内心",但患者确信,自己的症状是由身体疾病造成的。患身体症状性障碍的人会无意识地装病,以避免工作或其他活动。

患疑病症的人过于担心自己的健康,害怕自己的身体症状是某种严重疾病的征兆。这些人看到一颗痣就会想到自己是不是得了皮肤癌,读到有关莱姆病的文章就会想到自己的疲惫感是不是就是莱姆病的先兆。但这些症状与身体疾病并不总是一致的,即使医学检查表明没有问题,但疑病症患者仍然不相信。疑病症患者会不断地看医生,以证实自己的担忧。不幸的是,疑病症不容易治疗,而且康复率也很低。

如果一个人身体某个部分丧失了运动或感觉功能,它不是由身体原因造成的,但它能解决问题,那么这个人就患了转换障碍。例如,开车引发的头痛为患开车恐惧症的人提供了一个社会可以接受的不开车的理由。一个人可能变瞎、变聋,无法说话,或身体的一部分变得麻痹无力。弗洛伊德的许多病人都患有转换障碍。弗洛伊德认为,这种身体无能的出现是为了帮助患者解决无意识的性冲突或攻击冲突。

研究表明,造成疑病症的神经缺陷与造成强迫症和抑郁症的神经缺陷一样。专家指出,很难将疑病症与广泛焦虑障碍区别开来。另外,对强迫症和抑郁症有效的药物,也常常对疑病症有效,这也证实了这些障碍是同源这一假设。

同样,转换障碍与焦虑障碍也有重合之处。心理学家认为,转化障碍可以作为一种无意识的防御机制,使个体避免无法忍受的焦虑情境。例如,害怕上战场的士兵会出现肢体麻痹或其他身体无能症状以逃避焦虑。这其中的一个原因是,患有转换障碍的人对自己的症状无动于衷,这种态度称为"泰然漠视"。另外,许多人似乎很享受无能带给自己的关注、同情和关心。

分离性障碍　　12.15 分离性障碍是如何影响行为的?

想象一下,如果你无法认出自己的腿,会是什么样子? 在《单脚站立》(*A Leg to Stand on*)一书中,神经学家奥利弗·萨克斯记述了一个住院病人无法感觉到甚至无法认出自己的腿。这个病人坚持认为,这条腿没有与他的身体连接,并试图把这条腿扔出去。结果,他却三番五次地跌倒。这个不幸的人患有严重的身体和心理分离症。心理健康专家将这种疾病称为"分离"症,患者会丧失把身体的所有部分整合为一体的能力。在这种情况下,病人的分离是由身体原因造成的。在很多其他情况下,分离则是由心理原因造成的。

在无法承受的应激之下,一些人会患上分离性障碍,丧失了有意识整合自己身份的能力。这些人的意识与自己的身份和/或对重要个人事件的记忆相分离。例如,分离失忆症是完全或部分丧失回忆个人信息或确定过去经历的能力。这种失忆不是普通的遗忘,也不是药物造成的,而常常是由创伤性经历(如心理打击)或极其焦虑的情境造成的。所以,个体想通过"遗忘"来逃避创伤。

比分离失忆症更令人困惑的是分离漫游症。本节开始提到的雷·鲍尔就患有这种病。在漫游状态下,人们不仅忘记了自己的身份,而且还会离家出走。一些人改变了自己的身份,新身份更加外向和不羁。漫游状态可能持续数小时、数天,甚至数月。漫游通常是个体对一些严重心理应激(如自然灾难、家庭争吵、被人排斥或战争经历)的反应。幸运的是,大多数分离漫游症患者都能很快康复,但就是记不起导致自己漫游状态的应激源。从漫游症中恢复过来后,人们往往记不起自己漫游时所发生的事情。

多重人格症是指两个或多个不同的人格出现在同一个人身上,而且个体记不得关于这些人格的个人信息。在50%的情况下,个体身上会出现10种不同的人格。人格之间的转变常常突然发生,而且常常在应激的作用下发生的主要控制身体的人格叫"主体人格"。其他人格叫"交替人格",这些人格在智力、语言、口音、词汇、姿势、身体语言、发型、穿衣品位、举止行为,甚至书写和性倾向方面都有很大的差异。在80%的多重人格症病例中,主体人格不知道交替人格的存在,但交替人格却能意识到彼此的存在。主体人格和交替人格通常对某一时段或重要的生活事件(毕业或结婚)表现出失忆症。患者经常抱怨"丢失的时间"——由于某种人格在某一时刻没有控制身体,因此它就没有记忆。

多重人格症常常发生在童年早期,但通常要到青春期才会被诊断出来。在寻求治疗的患者中,大约90%都是女性,而且有超过95%的病人都自称早期受到过严重的身体和/或性虐待。但虐待和多重人格症之间的关系还不确定。也就是说,虐待不一定会导致多重人格症,而且多重人格症患者也并非都有虐待史。另外,多重人格症可以得到治疗（通常是心理治疗），一些证据表明，治疗的效果很好。

性障碍　12.16 各种性障碍的特征是什么？

大多数心理学家把"性障碍"定义为与性或性功能相联系的行为模式，这些模式是破坏性的，能引发内疚感和焦虑感；这些模式也是强迫性的，会对一方或双方造成不适或伤害。

也许最常见的性障碍就是性功能障碍，这种障碍涉及性欲望、性唤起、性快感或性高潮（见第9章）。药物治疗性功能障碍对男女都有效。对男性来说，枸橼酸西地那非片（伟哥）对恢复勃起功能非常有效。对女性的性高潮障碍和其他性功能障碍的治疗常用激素脱氢表雄酮。但性功能障碍专家指出，尽管药物治疗能恢复或提升生理功能，但还需要其他干预（如个体疗法和夫妻疗法）来改进夫妻之间的亲密关系。

治疗的另一个重要方面涉及抑郁症和性功能障碍之间的关系。抑郁症既能导致性功能障碍，又是性功能障碍的后果。因此研究者建议，医生要诊断性功能障碍患者是否得了抑郁症。但抗抑郁的药物常常会增加患性功能障碍的概率。因此，专家建议把药物治疗和心理干预结合起来，帮助抑郁症患者调节情感，改善性功能。

性反常行为是指个体经历反复的性冲动、性幻想；与儿童、陌生人、非人类发生性行为；个体或其伴侣遭受痛苦和羞辱。如果个体被诊断出有性反常行为，他/她一定遭受了巨大的心里痛苦或性功能损坏。

性别认同障碍是指个体无法接受自己作为男性或女性的身份。在童年期，患有性别认同障碍的人希望或坚称自己是另一种性别。这些人非常喜欢异性的衣服、游戏、爱好和玩伴。在成年期，这些人非常希望自己成为另一种性别的人，有些甚至会做变性手术。双胞胎研究表明，基因在很大程度上造成了性别认同障碍。

人格障碍　12.17 各种人格障碍之间有些什么相似之处和相异之处？

有些人无法与他人相处，而且总把自己的问题归咎于别人。这样的人就患了人格障碍,这是一种长期的、不灵活的不良行为模式和交往方式,常常出现在童年早期或青春期。人格障碍是最常见的心理障碍之一;《精神疾病诊断和统计手册》(第五版)中表明,有10%～15%的北美人患有一种或多种人格障碍。患有其他心理障碍,特别是情感障碍的人,常常也患有人格障碍。造成大多数人格障碍的原因还不清楚。

人格障碍患者很难与他人相处,而且总把自己的问题归咎于别人。因此,大多数人的工作和社会关系都不很稳定。由于药物对治疗人格障碍的效果并不佳,因此,选择药物治疗的人也寥寥无几。毕竟,想要从治疗中获益,个体就必须意识到自己的问题,配合治疗师的治疗。

人格障碍有几种类型,用来区别这些类型的标准在很大程度上重合。出于这个原因,《精神疾病诊断和统计手册》(第五版)把人格障碍归为群集(表12.3)。每个群集中的人格障碍都有相似之处。例如,群集 A 中的所有障碍都有怪异行为(像极端多疑)这个共同特征。

群集 B 中的障碍包括古怪和过于夸张的行为。如果感到自己被营业员怠慢,具有群集 B 障碍的人就会在商店里大声抱怨。患这种障碍的人最容易自杀。患有边缘型人格障碍的人尤其容易产生自杀和自残的念头。许多人在童年时期都受到过虐待,因此成年后非常害怕被伴侣抛弃。

群集 B 中的另一种障碍是反社会人格障碍。关押在美国监狱里的犯人中有超过20%的人患有这种障碍。大多数患者撒谎、欺骗、残暴,这些行为模式都是在童年期形成的。具有群集 B 障碍的人往往缺少同情心。许多专家认为,这一特征使这些人更容易表现出反社会行为。

群集 C 中的障碍共有的特征是强烈的焦虑感。例如,如果强迫症患者的常规被打乱,那么患者就会感到极其痛苦。回避型人格障碍患者或依赖型人格障碍患者的焦虑都集中在社会关系上。

尽管具有严重的预后性,但研究表明,人格障碍特征会随着时间而变化。在一项历时研究中(被试在青春期被诊断出患有人格障碍),研究者发现,平均来说,这些诊断结果在10年时间之内是相当稳定的。但后续研究表明,许多被试不再满足人格障碍的诊断条件。当然,这些被试有可能在当时就被误诊。但研究也发现,这些障碍的某些特征(如人格障碍患者中神经质的出现比例很高)呈下降趋势。这一趋势支持了这一观点:在一些人身上,导致人格障碍的心理和行为因素可以在一定程度上得到解决或减轻。

由于人格障碍的特征与正常人格很相近,因此我们在判断一个人是否患有人格障碍时需要记住本章前面谈到的判断异常行为的标准。如果你的一个朋友怀疑邻居毒死了他的猫,而且你认为这种怀疑不合理,不要马上就得出他患有偏执型人格障碍的结论。多疑可能只是你朋友的一种人格特质。

表 12.3　人格障碍类型

人格障碍	症　状
群集 A:怪异行为 偏执型 分裂型	个体非常多疑、不信任他人、警惕性强、高度敏感、很容易被轻视、缺乏情感、记仇 个体很孤僻、似乎无法形成情感依恋;行为与孤独症儿童无异 个体的着装非常怪异;缺乏社交能力;想法奇怪,类似精神分裂症的妄想
群集 B:古怪和过于夸张的行为 自恋型 表演型 边缘型 反社会型	个体有夸大的自我重要感和权利感;以自我为中心、自大、苛刻、具有掠夺性格、嫉妒心强、渴望得到关注和钦佩;缺少同情心 个体寻求注意和赞许;行为夸张、以自我为中心、肤浅、苛刻、喜欢操纵别人、容易感到乏味、易受影响;渴望兴奋;性感、有吸引力 个体的情感、行为、自我形象和社会关系很不稳定;非常害怕被抛弃;表现出冲动和鲁莽的行为和没有理由的愤怒;有自杀倾向和自残行为 个体无视他人的权利和感受;喜欢操纵别人、冲动、自私、攻击性强、不负责任、鲁莽、愿意违反法律、撒谎、欺骗、损人利己、不知懊悔、工作干不长
群集 C:焦虑感 强迫症 回避型 依赖型	个体很在意以"正确"的方式做事,而且通常是完美主义者;与他人的关系很淡 个体害怕批评和排斥;回避社会场合以避免被他人评论 个体过分依赖他人的建议和赞许;过分依恋朋友和恋人;害怕被抛弃

回顾

在本章,你可能发现自己的行为与心理障碍的症状有相似之处,这种现象叫"实习生综合征",在刚刚接触心理学的学生中很常见。在本章开始部分,你读到了心理健康专家用以定义异常行为的标准。你知道,除非你的行为妨碍到一些重要的功能领域(如学校、工作、关系等),否则该行为就不是心理障碍。如果你或你的朋友的确患上了某种障碍,请不要灰心。因为,心理障碍是可以恢复的,而且世界上成千上万的人都和你一样,许多患者不仅活了下来,而且还变得更加坚强。

【第 13 章】

心理疗法

顿悟疗法

你还记得在第 5 章中学到的"顿悟"学习法吗？这种学习是许多心理疗法的基础。心理疗法是用心理方法而非生物方法来治疗情感和行为障碍的过程。这些方法总称为"顿悟疗法"。这些疗法假定，心理健康取决于自我理解，即理解自己的想法、情感、动机、行为和应对机制。

心理动力疗法试图揭示被抑制的童年经历，认为这些经历可以解释委托人当前的心理困境。最早的心理动力疗法弗洛伊德精神分析法，现在的一些心理动力治疗师仍然在使用。其中的一个方法就是自由联想。使用时，分析师让病人把自己的想法、感觉和意象都说出来，不管它们多么琐碎、尴尬或可怕。然后，分析师把这些联想整合起来，解释它们的意义，帮助病人了解困扰自己的想法和行为。在自由联想过程中，一些人可能会回避某些痛苦或令人尴尬的想法，弗洛伊德称这种现象为"抵抗"。抵抗的形式有多种，如突然中断自由联想，"忘记"与分析师的约定，或者迟到。

梦境分析是精神分析师使用的另一种方法。弗洛伊德认为，在清醒时被抑制的情感关注有时会在梦境中以象征的形式表现出来。他认为,病人的行为也具有象征意义。弗洛伊德说,在精神分析的过程中,病人对分析师的感觉与对各自父母的感觉一样,病人的这种感觉称为移情。弗洛伊德认为,鼓励病人实现移情是心理疗法的重要部分。他指出,移情使病人和作为父母替代品的分析师一起,从过去的痛苦中解脱出来,从而解决任何隐藏在深处的冲突。

客体关系治疗师代表了一种与传统精神分析不同的观点。这类治疗师认为,人格的主要目标是形成自我(主体)和环境中他者(关系客体)之间的功能联系。客体关系治疗方法所基于的理念是,早期关系中的情感特征会成为未来关系的蓝图。如果我们在早期关系中受到虐待,那么,我们在成人关系中就会沿用这一行为模式。如果病人正处于破坏性的关系之中,那么,治疗师就需要让病人找出自己早期关系的行为模式。另外,客体关系治疗师还会帮助病人改变那些起源于早期关系,而且在当前关系中继续沿用的不良行为模式。

今天,许多治疗师都进行短期的心理动力疗法。治疗师和病人一开始就确定要探索的问题,而不是等着病人进入治疗状态后才来找问题。在整个治疗过程中,治疗师起着更积极的作用。这个治疗更强调当前。短期心理动力疗法只需要病人每周治疗1~2次,坚持12~20周即可。在对11项研究的综合分析中,研究者发现,短期心理动力疗法和其他心理疗法一样有效。近期的研究也表明,在治疗效果上,短期心理动力疗法与其他形式的心理疗法不相上下。短期心理动力疗法对于那些没有多重心理障碍、没有严重社会关系问题和认为这种疗法有效的病人最为有效。

人际关系疗法是一种短期心理动力疗法,对治疗抑郁症和躁郁症非常有效。人际关系疗法可以以个体为单位,也可以以小组为单位。人际关系疗法主要是帮助病人理解并应对造成抑郁症的下列四种人际关系问题。

1. 对丧偶的强烈或不寻常反应。治疗师和病人一起,讨论病人与其配偶的关系以及可能与配偶死亡有关的感情(如负罪感)。

2. 人际关系纠纷。治疗师帮助病人理解他人的观点并寻求改变人际关系的方法。

3. 难以适应角色转变,如离婚、职业改变和退休。治疗法帮助病人把转变视为可以利用的挑战和发展机会,而不是威胁。

4. 人际交往技能欠缺。通过角色扮演和分析病人的交往方式,治疗师试图帮助病人发展起建立和维持关系所必需的人际交往技能。

人际关系疗法相对短暂,只有12~16周。美国全国心理卫生研究院所做的大型研究表明,人际关系疗法对严重抑郁症很有效,而且病人中途退出治疗的比例也很低。研究还表明,如果每月坚持人际关系治疗,从重度抑郁症中康复的病人的复发间隔时间就会更长。

人本主义疗法　13.2 人本主义疗法的目的是什么?

人本主义疗法假定,人有能力和自由来过理性生活和作出理性选择。人本主义疗法的一个创新之处是,避免使用"病人"而使用"委托人"来指称接受心理治疗服务的个体对象。人本主义治疗师认为,"病人"一词会使人联想起患有某种疾病的人,他们希望找到一个具有自己所不具备专门知识的医生,以治愈自己的疾病。与病人不同的是,"委托人"与人本主义疗法的目的(即帮助个体学会更好地促进自己发展)更加吻合。

人本主义方法的创建者之一卡尔·罗杰斯创建了人本治疗法,也叫委托人中心治疗法。这是人本主义疗法中最常用的方法之一。罗杰斯认为,人性本善,如果让人自然发展,那么,人就会朝着自我实现的方向发展,即朝着实现自己潜能的方向发展。人本主义理论指出,当朝着自我实现方向发展的自然趋势被自己或他人阻碍时,个体的心理障碍就会出现。在20世纪40—50年代,人本疗法在心理学家中大受欢迎。

人本治疗师试图以无条件积极关注(见第11章)为基础,为委托人营造一个可以接受的氛围。治疗师还必须移情于委托人的关注和情感。为了传达这种移情,罗杰斯主张,治疗师必须采取平等或真诚的态度,也就是愿意与委托人平等对话而不是以权威人士的身份对委托人作出评判或给出建议。在委托人说话的时候,治疗师需要尊重他/她的话,或者,说出自己的观点和感受。这种策略就叫"积极倾听"。通过使用这些方法,治疗师就让委托人自己控制了治疗的方向。罗杰斯反对把治疗师当作专家,而把委托人当作希望治疗师开药"治病"的病人。因此,这种以委托人为中心的人本治疗法也叫"非引导性疗法"。

格式塔疗法　　13.3 格式塔疗法主要强调的是什么？

　　格式塔疗法是由弗里茨·皮尔斯创造的一种心理治疗方法。该疗法强调，委托人在此时此刻要充分体验自己的感觉、想法和行动，并对这些负责，这非常重要。格式塔疗法的目标是：帮助委托人整合自我，接受自我，使自己变得更加真实。另外，委托人还要学会对自己的行为负责，而不是谴责社会，谴责过去，谴责父母或他人。

　　格式塔疗法是"引导性疗法"。在治疗过程中，治疗师起主导作用，决定治疗的过程并为委托人提供解答和建议。"触摸你的感觉"是格式塔疗法的主要目标。皮尔斯曾经暗示，那些需要心理治疗的人，都背负着沉重的未了之事这样的负担。这些未了之事可能是对父母、兄弟姐妹、爱人、老板或他人的怨恨，或者是与这些人之间的冲突。如果这些冲突没有得到解决，它们就会进入我们当前的关系中。解决这些未了之事的一个方法是"空椅"法，即让委托人面对一张空椅子而坐，同时想象空椅上坐着的是自己的妻子、丈夫、父亲或母亲。然后，委托人向空椅诉说自己对这个人的真实感受。最后，委托人自己坐到空椅子上，扮演对方的角色，想象对方会如何回答。

关系疗法

　　顿悟疗法关注的是自我。有些时候，这种方法并不是解决心理问题的最好方法。关系疗法不仅关注个体的内心斗争，而且还关注个体的人际关系。有些疗法还会为人们创建新的关系，以帮助人们解决自己的问题。

家庭疗法和夫妻疗法　　13.4 家庭疗法和夫妻疗法的目标是什么？

　　一些治疗师专门治疗出现问题的家庭。在家庭疗法中，父母和孩子要一起接受治疗。治疗师关注的是家庭的动态情况，即家庭成员之间是如何交流的，是如何对待和看待对方的。治疗师的目标是,帮助家庭成员就某些变化达成一致意见,这有助于愈合家庭创伤和成员之间改善的交流模式,使家庭成员相互理解、和睦相处。

夫妻疗法可以在亲密关系的任何一个阶段展开。它的关注点可以是行为的变化或/和夫妻之间的情感反应。例如,婚前治疗可以帮助双方为以后的生活做好准备。打算离婚的夫妻常常也寻求治疗师的帮助,其目的是双方达成某种让步或减少离婚对孩子的影响。实验研究表明,夫妻疗法能有效提升双方对夫妻关系的满意度。

除了提升满意度外,夫妻疗法和家庭疗法似乎还有助于治疗多种心理障碍和临床疾病。夫妻疗法有助于治疗性功能障碍。家庭疗法配合药物治疗能有效治疗精神分裂症,而且还能降低精神分裂症的复发率。

集体疗法　　13.5 集体疗法有哪些优点?

集体疗法是指几个委托人(通常 7 ~ 10 个)与一个或多个治疗师定期聚在一起来解决个人问题的方法。集体疗法不仅比个体疗法更便宜,而且还能给个体一种归属感和表达情感、获得反馈以及给予和接受帮助和情感支持的机会。了解到他人也有同样的问题能使人感到不那么孤独和羞愧。有些研究比较了参加集体疗法和没有参加集体疗法的囚犯。对这些研究的综合分析发现,集体疗法有助于解决多种问题,如焦虑、抑郁和自卑。

集体疗法的另一种形式是"自助小组"。美国大约有 1200 万人参加了大约 50 万个自助小组。大多数自助小组都只关注一个问题,如物质滥用或抑郁症。自助小组通常不由专业治疗师引导,仅仅是具有相同问题的人聚在一起相互支持而已。

最古老也是最著名的自助小组是匿名戒酒互助会。该互助会在全世界有 150 万成员。还有许多模仿匿名戒酒互助会的互助小组,它们旨在帮助人们戒掉各种上瘾行为,如暴食(匿名暴食互助会)和赌博(匿名赌博互助会)。一项研究表明,具有焦虑问题的人从"打败焦虑"自助小组中获得了帮助。在 176 名参加者中,62 名说自己有显著改善,40 名说自己有一些改善。

行为疗法

一些人寻求心理健康专家的帮助,因为自己想改掉一些坏习惯,或者想以更好的方式应对生活中的具体情境。在这种情况下,心理治疗师就会使用行为疗法。

行为疗法是一种与心理障碍的学习视角(即认为异常行为是习得的)相一致的治疗方法。行为疗法不是把不良行为看作深层心理障碍的症状,而是把不良行为本身看作障碍。如果有人害怕坐飞机,那么,就把这种害怕看作问题。行为疗法使用学习原理来消除不当或不良行为,并用良好行为取代不当或不良行为。这种方法叫"行为矫正",其目的是改变不良行为,而不是改变个体的人格结构,也不是寻找不良行为的根源。

基于操作条件反射的行为矫正法

13.6 行为治疗师是如何矫正委托人的不良行为的?

基于操作条件反射的行为矫正法试图控制行为造成的后果。消除不良行为就是终止对不良行为的强化。行为治疗师还试图强化好行为以增加其出现的频次。学校、医院、监狱之类的社会机构环境,很适合使用行为矫正法。因为,这些机构提供了一个限制性的环境。在这种环境里,行为的后果是可以严格控制的。

一些机构采用了代币行为矫正法,通过使用扑克筹码、假币或金星等代币来奖励良好行为。这些代币日后可以用来换取物品(糖果、口香糖、香烟)和/或特权(自由时间或参加自己想参加的活动)。有时,人们会因为不良行为而被罚代币。几十年来,精神病院成功地使用代币行为矫正法来提高病人的自我照顾能力。类似的干预还可用来鼓励物质滥用者戒除自己的物质上瘾习惯。

基于操作条件反射的其他行为矫正方法也能有效矫正一些困扰人们的行为。尽管这些方法不能治疗精神分裂症、孤独症或智力迟钝,但它们能增加良好行为的频次,减少不良行为的频次。例如,患有孤独症的儿童会表现出自残行为,如撞头或抓挠自己的皮肤。治疗师用操作条件反射法减少了这类行为的频次。这样一来,孤独症孩子的家人就能更好地接受和照顾这些孩子。

消除(尤其是儿童和青少年的)不良行为的另一种有效方法是"暂停"法。事先告诉儿童,如果他们表现出某种不良行为,他们就将被"驱逐出局",让他们在一个没有强化物的地方(没有电视、图书、玩具、朋友等)待上一段时间(通常不超过15分钟)。从理论上讲,如果没有受到关注或没有得到强化,不良行为就会停止。

想要改掉坏习惯(如戒烟和暴食)和养成好习惯(如定期锻炼)的人,就可以使用行为矫正法。如果你想矫正自己的行为,首先设立一个好行为的奖励机制,记住塑造的原理,奖励朝着你的最终目标做出的每一个小小的改变。如果你想养成良好的饮食习惯,不要指望一次就能改掉多年养成的坏习惯,要从小处着手,一步一步地慢慢来,如先把冰淇淋改成酸奶。每周设立几个自己可以达到的目标。

基于其他学习理论的行为治疗法

13.7 什么行为疗法是基于经典条件反射和社会认知理论的?

基于经典条件反射的行为疗法可以用来消除人们的恐惧和其他不良行为。这些疗法让病人接触那些令自己害怕的物体、场景或诱发不良行为(如物质滥用)的刺激。近期研究暗示,除了用标准方式进行治疗之外,治疗师还可以让病人在虚拟环境中接触这些刺激。这类疗法包括系统脱敏疗法、涌进疗法、暴露和反应预防及厌恶疗法。

根据经典条件反射方法进行治疗的先驱之一是精神病学家约瑟夫·沃尔普。他认为,如果能让人在一想到那些就令自己害怕的物体、人、地点或场景时保持放松,那么,这些人就能征服恐惧。沃尔普的疗法被称为系统脱敏疗法。在实施过程中,委托人首先要学会深度肌肉放松。然后,委托人将面对一个存在于现实或想象之中的恐惧层级,一个能引发焦虑的渐进式场景序列,直到委托人能在最恐惧的场景面前仍然保持放松为止。这种方法可以用来治疗任何恐惧,如动物恐惧症、幽闭恐惧症、社交恐惧症和其他场景恐惧症。"尝试",会让你尝试建立一个这样的层级。

尝试   恐惧层级

用系统脱敏疗法的知识建立一个恐惧层级,帮助人们克服考试恐惧症。这个人的恐惧层级从阅读考试大纲开始,一直到最后参加考试。请填写中间的几个步骤。

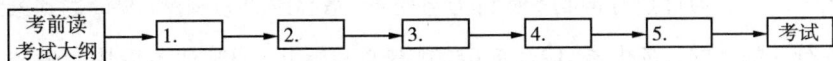

```
┌──────┐    ┌────┐    ┌────┐    ┌────┐    ┌────┐    ┌────┐    ┌──────┐
│考前读 │ →  │ 1. │ →  │ 2. │ →  │ 3. │ →  │ 4. │ →  │ 5. │ →  │ 考试 │
│考试大纲│    └────┘    └────┘    └────┘    └────┘    └────┘    └──────┘
└──────┘
```

参考答案:(1)做好课前预习,阅读布置的资料并完成作业。(2)按时上课并记录考试要点。(3)每节课结束后复习本节课的笔记。(4)在考试前一周复习所有的资料。(5)考试前一天背诵关键信息。(5)睡个好觉,提前来到考场。

许多实验、演示和案例报告都证实,系统脱敏疗法能在短时间内成功消除害怕和恐惧症。该方法对一些具体问题也很有效,如对考试焦虑、怯场和与性障碍相关的焦虑。

涌进疗法 是一种用来治疗恐惧症的行为疗法。它让委托人长时间地接触(或想象)那些令自己恐惧的物体或事件,直到委托人的焦虑消退为止。使用涌进疗法时,委托人要一次性地接触各种恐惧刺激,而不是像系统脱敏疗法那样渐渐接触这些刺激。例如,恐高症患者必须爬到大楼的顶部,并在那里待到他/她的恐惧消退为止。

涌进疗法一般要持续30分钟到2个小时,直到委托人的恐惧程度明显减轻为止。涌进疗法要进行多次,直到委托人的恐惧感完全消退或降到一个可接受的水平为止。一般来说,委托人只需要接受6次涌进疗法就可以了。现实的经历要比想象的经历起效更快。例如,真正坐一次飞机要比想象坐飞机能更有效地消除人们对坐飞机的恐惧。

暴露和反应预防 能成功治疗强迫症。第一步是暴露,把委托人暴露在那些自己一直在避免的物体或场景之中;委托人之所以避免它们,是因为它们会诱发强迫意念和强迫行为。第二步是反应预防。委托人同意在一段时间内不去做强迫性的习惯动作,而且这个时间段会逐渐增长。

首先,治疗师找出诱发强迫行为的想法、物体或场景。例如,触摸门把手、未洗的水果或垃圾桶,都会使害怕被污染的人立即冲到卫生间去洗手。委托人渐渐接触那些让自己越来越厌恶和引发自己焦虑的刺激;委托人必须同意,在一段时间内不去做那些强迫性的习惯动作,如洗手、洗澡等。一个疗程(由持续3~7周的10个治疗阶段组成)就能有效改善60%~70%病人的强迫症。而且,接受暴露和反应预防的病人比仅仅接受药物治疗的病人更不容易在治疗结束后复发。暴露和反应预防也能有效治疗创伤后的应激障碍。

厌恶疗法 通过把有害或不良行为与痛苦、恶心或厌恶刺激配对,达到最终制止这些行为的目的。使电击、催吐剂(导致恶心和呕吐)或其他不愉快刺激与不良行为不断配对出现,导致最后人们对这个行为形成强烈的负面联想,不再去做它。治疗要一直持续到不良行为渐渐失宠,而且开始与痛苦和不适感联系在一起时为止。厌恶疗法是一个有争议的疗法,因为它会对委托人造成故意伤害。

有时,给酗酒者一种引起恶心的物质(如戒酒硫),该物质会和酒精发生剧烈反应,从而使人反胃呕吐直到把胃吐空为止。不过,对大多数的问题,厌恶疗法没有必要这么强烈,非要把人弄病不可。对治疗长期咬指甲问题的对比研究表明,温和的厌恶疗法就能有效地解决这个问题,如在指甲上涂些苦味物质即可。

源自班杜拉观察学习的疗法所基于的信念是,人们能通过榜样的力量来克服自己的恐惧并习得社交能力。一个最有效的疗法是参与者榜样疗法。在这一疗法中,榜样不仅要示范恰当的行为,委托人也要在治疗师的鼓励和支持下努力模仿榜样。三四个小时的榜样疗法就可以消除大多数的特定恐惧症。例如,参与者榜样可以用来帮助人们克服对狗的恐惧。开始的时候,委托人看其他人与狗嬉戏。随着委托人的胆子变得越来越大,治疗师就可以鼓励他/她参与其中。或者,可以先让委托人看一段人与狗嬉戏的录像,然后在治疗师的鼓励下再与狗嬉戏。

认知行为疗法

认知行为疗法假定,不良行为是由非理性的想法、信念和观点造成的,治疗师的目的就是改变这些想法。这种疗法能有效治疗多种问题,包括焦虑障碍、心理药物依赖和情感障碍等。最著名的两个认知行为疗法分别是阿尔伯特·艾利斯的理性情感行为疗法和艾伦·贝克的认知疗法。

理性情感行为疗法　　13.8 理性情感行为疗法的目的是什么?

已故临床心理学家阿尔伯特·艾利斯(1913—2007)在20世纪50年代创造了理性情感行为疗法。艾利斯声称创造了一种能治疗自己焦虑问题的方法。这种疗法是基于艾利斯的ABC理论的。其中,A指的是诱发性事件,B指的是对事件的信念,C指的是情感后果。艾利斯指出,导致情感后果的不是事件本身,而是个体对事件的信念。换句话说,A 不会导致 C,B 才会导致 C。如果信念是非理性的,那么情感后果就会非常痛苦(图 13.1)。

理性情感行为疗法是一种引导性心理疗法,旨在改变委托人对自己和他人的非理性信念。委托人与理性情感行为治疗师单独见面,一周一次,总共 5 ~ 50 个疗程。在艾利斯看来,委托人是不会从温暖、支持性的治疗方法中受益的,这些方法只会帮助病人感觉好一些,而不会改变造成病人问题的非理性想法。他指出,随着委托人开始用理性观念取代非理性信念,委托人的情感反应就会更适当,痛苦就会更少,好的行为就会产生。例如,委托人告诉治疗师,他自己焦虑和抑郁的原因是上司提出了不合理的要求。治疗师会帮助委托人区分上司的要求与委托人自己对要求的情感反应,目的是帮助委托人了解导致他焦虑和抑郁的原因是他对上司要求的反应,而不是要求本身。最终,治疗师会帮助委托人得出这样的结论:尽管委托人无法改变上司的要求,但他能改变自己对要求的情感反应。一旦委托人改变了自己看问题的方式,治疗师就可以教给他控制情感反应的行为策略,如放松策略。研究表明,接受理性情感行为疗法的个体要比没有接受治疗或接受安慰剂治疗的个体表现得更好。

哈利的观点:莎莉的拒绝伤了他的心。A 导致 C

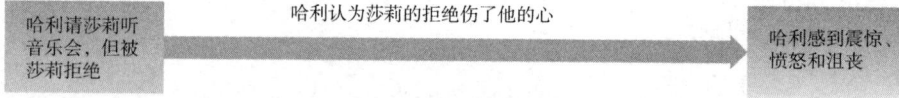

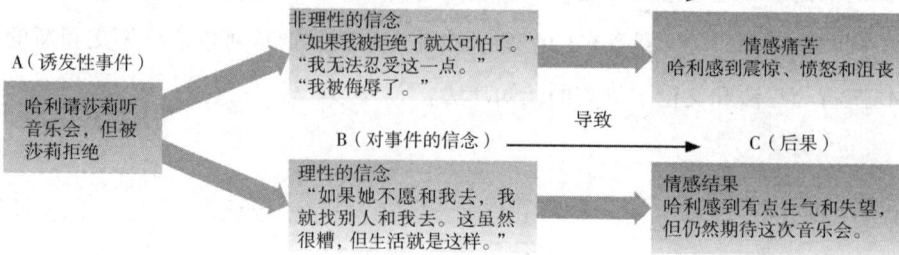

图 13.1 理性情感行为疗法的 ABC 理论

理性情感行为疗法告诉委托人,造成沮丧后果(C)的不是诱发性事件(A),而是委托人自己关于诱发性事件的信念(B)。艾利斯认为,非理性的信念造成了情感痛苦。理性情感行为治疗师的工作,就是帮助委托人发现自己的非理性信念,并用理性信念取而代之。

你如何应用艾利斯的模型解决另一个诱发性事件,如考试没有及格或没有找到工作?

贝克的认知疗法　　13.9 贝克的认知疗法是如何治疗心理障碍的?

精神病学家艾伦·贝克主张,一个患抑郁和焦虑的人所经历的很多痛苦,都可以追溯到自主思想上,这种思想并不合理但却未受质疑,且控制了一个人的生活("为了高兴,我必须要让每个人都喜欢我";"如果人们不同意我的观点,这就表明他们不喜欢我")。贝克认为,抑郁的人持有对现在、过去和将来的消极观点。这些人只看到负面的和不愉快的事物,匆匆下一个令人苦恼的结论。

贝克认知疗法的目标,就是帮助委托人克服这种认知错误(详见表13.1)对情感和行为的影响。这种方法的设计就是为了纠正这些错误想法,并用更客观的想法取而代之。在找出并纠正了委托人的非理性想法之后,治疗师会制订一个计划,从而让患者自己的亲身经历成为驳倒自己错误想法的现实证据。治疗师会给委托人布置一些作业(图13.2),如跟踪记录自己的自主思想以及由此产生的感觉,然后用更理性的想法替代这些错误的想法。

认知疗法很短暂,通常只持续10~20个疗程。这种疗法受到了广泛研究。据报道,这种疗法能有效治疗轻度到中度的抑郁症。与接受抗抑郁药物治疗的人相比,接受认知疗法治疗的人复发的可能性更小。

认知疗法还能有效治疗恐慌症。通过教会委托人改变对自己症状的灾难性解读,认知疗法有效预防了这些症状升级为惊恐发作。研究表明,在接受3个月的认知疗法治疗之后,大约有90%的恐慌症患者远离了惊恐发作。

表13.1　认知错误

错　误	定　义	例　子
极端思维	委托人只看到两种选择	"如果我上不了哈佛大学,我就不上大学了"
灾变恐惧(算命)	委托人预测最坏的结果	"如果我在大学毕业之时还找不到女朋友,我就要孤独一生了"
忽视积极面	委托人将好的结果归因于自己所无法控制的外在因素	"我考试通过了,这是因为我运气好"
感情用事	委托人相信感觉,而不相信事实	"即使他一直没有给我打电话,但感觉告诉我,我们一定会在一起的"

续表

错　误	定　义	例　子
乱贴标签	委托人给自己或他人乱贴标签,而全然不顾这个标签是否与事实相符	"她太高傲了,是不会与像我这样的失败者约会的"
随意夸大或缩小	委托人夸大消极因素或缩小积极因素	"既然我今天缺课了,我再努力也没有用了。老师不会让我及格的,因为他发现我是一个不负责任的人"
心理滤除	委托人过于关注某个细节而忽略了整体	"我今天不去参加面试了,因为我找不到搭配我黑西装的皮鞋"
心灵感应	委托人认为自己知道对方在想什么	"我说了'在任何时候都可以给我打电话',他可能认为我疯了"
过度概括	委托人基于一个情境或事件就对自己下结论	"我在那场面试中没有发挥好。我想我不是'有人缘的'"
个人大包大揽	委托人认为自己应该为他人的行为负责	"老师几乎夺门而去了。他一定认为我的问题太傻了"
不恰当地使用"应该"和"必须"	委托人刻板地认为自己或他人应该如此这般地行事	"一个'好'女儿应该每天给妈妈打电话,并报告她在过去 24 小时中的全部所作所为"
视野狭隘	委托人只看到事物消极的一面	"这是我最糟糕的一学期了。我不知道该怎么办。我可能毁了我的平均级点"

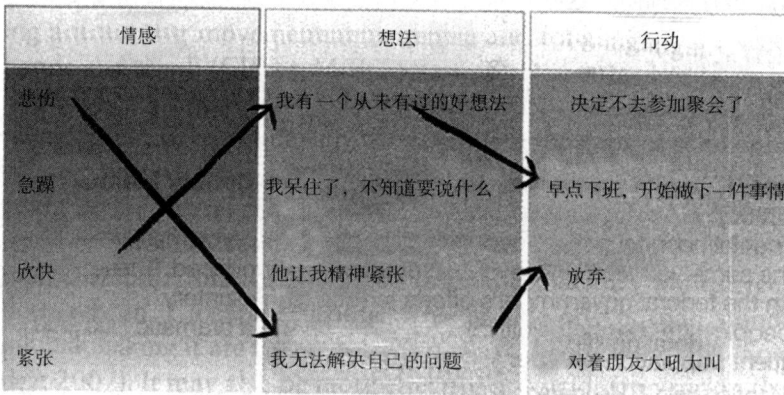

图 13.2　认知疗法作业

　　认知治疗师常常会布置作业,目的是帮助躁郁症患者控制自己的行为。治疗师让委托人把每个情感与该情感在抑郁期和躁狂期所引发的想法和行动用线连起来。

生物医学疗法

你知道有人服用医生或精神病学家开的药物以治疗某种心理障碍吗？你可能知道,因为世界上有数百万人出于心理原因而服用各种药物。药物治疗是生物治疗的基石。支持生物治疗的专家也许会认为,心理障碍只是肉体疾病的症状,因此他们会首选生物医学疗法。三种主要的生物疗法是:药物疗法、电击疗法和精神外科手术。

药物疗法　13.10 用药物治疗心理障碍有什么优缺点?

最常用的生物疗法是药物疗法。心理健康专家为心理障碍患者开的药物符合第4章对精神药物的定义。也就是说,通过对大脑神经递质的作用,这些药物能改变情感、知觉和思维。事实上,正如我们在"解释"中指出的那样,一些研究者认为,当心理障碍患者发现精神活性物质(如尼古丁)能缓解自己的症状时,他们就会转向自我治疗。因此,物质使用和滥用常常是与心理障碍一起出现的。

由于药物治疗的突破和联邦政府为降低非自主住院人数做出的努力,美国精神病院的住院人数从1955年的560000下降到1990年的100000(图13.3);这个数据在20世纪90年代还在不断下降。另外,病人住院的天数也大大缩短,通常不过几天到几十天而已。

抗精神病药物　抗精神病药物"精神安定剂"主要用来治疗精神分裂症。你可能听说过这些药物的品牌名称:冬眠灵、斯特拉嗪、康哌嗪、唛拉瑞尔。这些药物的目的是控制幻觉、妄想、胡言乱语以及紊乱行为。精神安定剂的主要作用是抑制神经递质多巴胺的活动。抗精神病药物对大约50%的病人都有良好的效果。但对另一些病人,尤其是精神分裂症早期发作的病人,抗精神病药物并没有效果;对于其他病人,也只有微弱的效果。长期服用抗精神病药物的人可能会受到药物副作用的强烈影响而患上迟发性运动障碍:面部和舌头会不间断地抽搐和痉挛,手和肢体会不断蠕动。

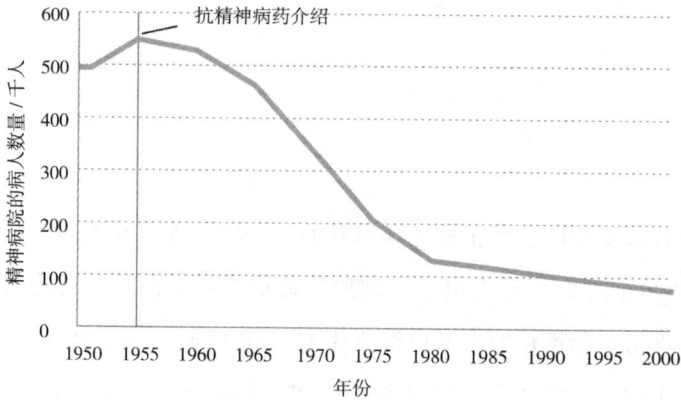

图 13.3　州和县精神病院下降的病人数量(1950—2000)

州和县精神病院病人的数量在 1955 年达到顶峰(将近 560000 人)。也就在这一年,抗精神病的药物问世。由于这些药物的出现和联邦政府为降低非自主住院人数做出的努力,病人的数量在 2000 年降到 100000 人以下。

新的抗精神病药物"非典型精神安定剂"(氯氮平、利培酮和奥氮平)不仅能治疗精神分裂症的阳性症状,还能治疗其阴性症状,从而显著改善病人的生活质量。"非典型精神安定剂"作用于多巴胺和 5-羟色胺受体。在服用氯氮平的病人中,有约 10% 的病人效果非常好,感觉自己好像获得了重生似的。氯氮平的副作用比一般精神安定剂的要小,而且服用后也不容易患上迟发性运动障碍。此外,它还比其他药物能更有效地预防自杀。不过,服用药物的病人必须定期检查各种肝酶和其他物质的水平。

抗抑郁药物　抗抑郁药物可以调节严重抑郁症患者的情感,还有助于治疗有些焦虑障碍。在服用抗抑郁药物的人中,65% ~ 75% 的人有明显改善,40% ~ 50% 的人完全恢复。值得注意的是,大多数抗抑郁药物研究的被试都患有严重抑郁症,这些人最有可能在治疗后表现出显著改善。因此,这些研究结果不适用于轻度抑郁症患者。研究还表明,被试对安慰剂治疗的反应与对药物治疗的反应一样。对接受安慰剂治疗被试的脑电图研究表明,尽管与接受药物治疗被试的脑神经变化不同,但被试的脑神经变化也能改善情感。从第 1 章中我们了解到,安慰剂效应可归因于"某种治疗是有效的"这个信念。许多研究者认为,一些人对抗抑郁药物的反应来自两方面的共同作用。一方面是药物对大脑的生理作用,另一方面是自己对药效的信心。

| 解释 | 为什么精神分裂症患者的吸烟率非常高？ |

研究表明，有 58% ～88% 的精神分裂症患者吸烟。有没有这种可能：在正式确诊之前，许多患者在吸烟的时候偶然发现吸烟能缓解自己的症状，因此就养成了吸烟的习惯？在心理学研究者中，这个观点称为"自我治疗假设"。根据这个观点，尼古丁的提神功效有助于精神分裂症患者解决自己的注意、思维和记忆缺陷问题。研究表明，尼古丁能增加患者大脑中这些功能区域的活性，还可以降低抗精神病药物的副作用。自我治疗假设的支持者还指出，总的来说，精神分裂症患者吸烟更厉害。尽管大众的吸烟率已经降低，但精神分裂症患者的吸烟率一直没有变化。

自我治疗假设的批评者认为，精神分裂症患者之所以吸烟率高，是因为吸烟增加了患病的危险。在第 12 章我们了解到，研究者认为，精神分裂症是由基因、发育和环境因素之间的复杂作用造成的。尼古丁可能是造成精神分裂症的因素之一。研究表明，大多数吸烟的精神分裂症患者早在首次发病之前就已经开始吸烟了。这些研究都支持了上述观点。因此，患者是不可能为了缓解症状才养成吸烟习惯的。

尽管现在关于自我治疗假设尚未得出明确的结论，但有一件事是可以确定的：吸烟会损害精神分裂症患者的身体健康。精神分裂症患者死于吸烟相关疾病（如肺癌）的比率和患慢性疾病（如肺气肿）的比率都远远高于一般人群的平均水平。尽管研究者对自我治疗假设持有不同观点，但大多数研究者和医生都同意，戒烟对精神分裂症患者来说非常重要。另外，精神分裂症患者也可能和正常人一样想戒烟。

尽管都想戒烟，但精神分裂症患者戒烟的难度更大。一方面，抗精神病药物似乎加剧了戒除尼古丁后的不适感。另一方面，尼古丁降低了抗精神病药物的效果，使戒烟的患者不得不服用大剂量的抗精神病药物。因此，医生并不鼓励精神分裂症患者完全戒烟。医生说，需要服用尼古丁替代品以确保患者安全度过戒烟期并成功戒烟。但是，不要因为尼古丁能缓解精神分裂症患者的症状，就不去劝告患者戒烟。

第一代抗抑郁药物是三环抗抑郁药（阿米替林和丙咪嗪）。三环抗抑郁药通过阻断轴突终末对去甲肾上腺素和 5-羟色胺的再摄取，提高了这些神经递质在突触中的活动，从而达到抗抑郁的效果。但三环抗抑郁药会产生副作用，如镇静、头晕、紧张、疲惫、口干、健忘、体重增加等。体重的持续增加（平均增加 20 磅）是人们停

注意：用药请遵医嘱。

止服用三环抗抑郁药的主要原因,尽管这些药物能改善患者的症状。

　　第二代抗抑郁药物是选择性5-羟色胺再摄取抑制剂。该药物能阻断神经递质5-羟色胺的再摄取,从而能提高大脑突触中该神经递质的含量。选择性5-羟色胺再摄取抑制剂(氟西汀和氯丙咪嗪)的副作用更小,而且即使服用过量也比三环抗抑郁药更为安全。选择性5-羟色胺再摄取抑制剂对治疗很多种障碍都有效。目前,美国食品和药品管理局批准,选择性5-羟色胺再摄取抑制剂可以用来治疗抑郁症、强迫症、暴食症和恐慌症。值得注意的是,美国食品和药品管理局建议,18岁以下的人服用选择性5-羟色胺再摄取抑制剂时,最初几周需要在医生和父母的监控下进行。因为一些研究表明,这种药物会增加儿童和青少年自杀的概率。

　　有关选择性5-羟色胺再摄取抑制剂(尤其是氟西汀)能增加成年人自杀概率的说法,目前还没有得到证实。但是,选择性5-羟色胺再摄取抑制剂能造成性功能障碍,不过停药之后性功能就会恢复。研究表明,新药5-羟色胺和去甲肾上腺素再摄取抑制剂比选择性5-羟色胺再摄取抑制剂更加有效,而且副作用还更小。

　　治疗抑郁症的另一个方法是使用单胺氧化酶抑制剂。该抑制剂的商品名有苯乙肼、反苯环丙胺、马普兰,它能降低分解突触中去甲肾上腺素和5-羟色胺的酶的活性,从而增加了这两种神经递质的含量。对于服用其他抗抑郁药物没有效果的病人来说,医生通常会开单胺氧化酶抑制剂。这种抑制剂也能有效治疗恐慌症和社交恐惧症。但是,单胺氧化酶抑制剂也有许多和三环抗抑郁药一样的副作用,而且服用单胺氧化酶抑制剂的人还必须忌吃某些食物,否则会有中风的危险。

　　锂和抗惊厥药物　锂是一种自然盐,被认为是治疗躁郁症的奇效药,对40%～50%的患者很有效。据说,该药可以在5～10天内使躁狂状态平静下来。这非常了不起,因为如果不加治疗,躁狂发作的平均持续时间是3～4个月。维持剂量的锂可以缩短抑郁症和躁狂症的发作期。研究表明,锂治疗抑郁症和躁郁症的临床效果是无与伦比的。但服用维持剂量的人中,有40%～60%的人会复发。同时,有必要每2～6个月监控一次病人血液中的锂含量,以防止锂中毒和锂对神经系统的永久性损害。

　　近期研究表明,抗惊厥药物(如双丙戊酸)也能有效治疗躁郁症,而且副作用还很小。另外,许多躁郁症患者,尤其是那些伴有精神病症状的人,在服用抗精神病药物的同时也应该服用抗惊厥药物。

　　抗抑郁药物　抗抑郁药物可以调节严重抑郁症患者的情感,还有助于治疗有些焦虑障碍。在服用抗抑郁药物的人中,65%～75%的人有明显改善,40%～50%的人完全恢复。值得注意的是,大多数抗抑郁药物研究的被试都患有严重抑郁症,这些人最有可能在治疗后表现出显著改善。因此,这些研究结果不适用于轻度抑郁症患者。研究还表明,被试对安慰剂治疗的反应与对药物治疗的反应一样。对接受安慰剂治疗被试的脑电图研究表明,尽管与接受药物治疗被试的脑神经变化不同,但被试的脑神经变化也能改善情感。从第1章中我们了解到,安慰剂效应可归因于"某种治疗是有效的"这个信念。许多研究者认为,一些人对抗抑郁药物的反应来自两方面的共同作用。一方面是药物对大脑的生理作用,另一方面是自己对药效的信心。

抗焦虑药物　被称为苯二氮平类药物的温和镇定剂家族包括安定、利眠宁和新药阿普唑仑。这类药物主要用来治疗焦虑症,是医生最常开的精神药物。这些药可以有效治疗恐慌症和广泛焦虑障碍。

阿普唑仑是销量最大的精神治疗药物,该药对缓解焦虑症和抑郁症尤为有效。当用来治疗恐慌症时,阿普唑仑比其他抗抑郁药起效更快,副作用更小。但是,如果停止服药,复发就可能出现。阿普唑仑也有不好的一面,许多人不再经历惊恐发作后发现,自己已经无法停止服药,因为停药要经历轻度到重度的戒断症状,其中包括极度焦虑。安定治疗恐慌症的效果和阿普唑仑一样好,而且安定更容易戒断。尽管苯二氮平类药物会使人上瘾,但滥用和上瘾的概率还是很低的。在"总结"中,我们概括了治疗心理障碍的多种药物。

总结　　　　　　　　　**治疗心理障碍的药物**

药　　物	商标名称	治疗的症状
精神安定剂	冬眠灵、斯特拉嗪、康哌嗪、唛拉瑞尔	幻觉、妄想
非典型精神安定剂	氯氮平、利培酮、奥氮平	幻觉、妄想
三环抗抑郁药	阿米替林、丙咪嗪	抑郁的情感/焦虑
选择性5-羟色胺再摄取抑制剂	西酞普兰、帕罗西汀、百忧解、左洛复	抑郁的情感/焦虑

续表

药　物	商标名称	治疗的症状
5-羟色胺和去甲肾上腺素再摄取抑制剂	文拉法辛、去甲文拉法辛、瑞美隆	抑郁的情感/焦虑
单胺氧化酶抑制剂	苯乙肼、反苯环丙胺、马普兰	抑郁的情感/焦虑
锂	碳酸锂制剂	狂躁症
抗惊厥药物	双丙戊酸、丙戊酸、2-丙基戊酸	狂躁症
苯二氮平类药物	安定、利眠宁、阿普唑仑	焦虑

药物疗法的缺点　除了副作用之外,药物疗法的另一个缺点是很难确定合适的剂量。值得注意的是,药物不能治愈心理障碍。服药者通常在停药后会复发。抗抑郁药物的维持剂量会降低复发的危险。焦虑障碍患者也需要服用维持剂量,否则症状就有可能复发。另外,一些研究表明,由于抗精神病药物和其他精神治疗药物的出现,因此非自主住院的人数有所降低,而无家可归的慢性精神疾病(如精神分裂症)患者的人数有所增多。不幸的是,从精神病院出院之后,许多精神分裂症患者没有得到足够的后续治疗。一些人停止服药后又倒退回精神病状态,无法养活自己。最重要的是,药物疗法的批评者指出,药物常常使心理障碍患者无法接受其他方式的治疗,而这些治疗可能代替或减少药物治疗。

电击疗法　13.11 电击疗法的用途是什么?

抗抑郁药物起效很慢。患有严重抑郁症的人需要至少2~6周的治疗才能得到缓解,而且药物治疗对30%的严重抑郁症患者不起作用。这种情况对有自杀倾向的人来说危险太大。因此,对于这种情况,常常使用电击疗法,让电流通过患者的大脑右半球以进行生物治疗。电击疗法臭名昭著,因为它在20世纪40年代和50年代被误用和滥用。但如果使用恰当,电击疗法对治疗重度抑郁症是非常有效的。

多年以来,电击疗法是让电流通过两个大脑半球,这种方法叫双侧电击疗法。今天,把电流只通过右半球的方法叫单侧电击疗法。研究表明,单侧电击疗法与更强烈的双侧电击疗法一样有效,而且前者的副作用更小。今天,接受电击疗法治疗的病人需要被麻醉、输氧和进行肌肉放松。

专家认为,电击疗法能改变大脑中的生化平衡,从而消除抑郁症。在电击疗法起作用的时候,前额皮质的脑血流量会减少,出现 δ 波(通常与慢波睡眠联系在一起)。一些精神病学家和神经学家反对使用电击疗法,认为它会对大脑造成大面积的损伤和记忆丧失。但电击疗法的支持者指出,反对者的观点是基于动物实验的,而用于动物的电击剂量远远高于用于人的剂量。迄今为止,比较治疗前后的大脑结构,核磁共振成像和电脑断层扫描研究均没有发现电击疗法对大脑的损伤。

20 世纪末的时候,一种新的大脑刺激疗法被研制出来。这种疗法就是快速经颅磁刺激。这种磁疗法完全没有创伤,病人不需要麻醉,既不会造成癫痫和记忆丧失,也没有副作用。这种治疗方法的价值和电击疗法一样,而且它更容易被公众接受。

精神外科手术　　13.12 精神外科手术的用途是什么?

比电击疗法更激进的方法是精神外科手术,这是一种用来消除严重心理障碍(如严重抑郁症、严重焦虑症或强迫症)或减轻无法忍受的慢性疼痛的大脑手术。1935 年,葡萄牙神经学家埃加斯·莫尼斯首次在人身上试验脑外科手术——前脑叶白质切除术——以治疗严重恐惧症、焦虑症和强迫症。前脑叶白质切除术就是切断额叶与更深层的大脑情感中心之间的神经连接,但不切除任何的大脑组织。最初,研究者认为,这个手术为人类作出了巨大的贡献,莫尼斯也由此在 1949 年获得了诺贝尔医学奖。但研究者渐渐发现,这个手术会给病人造成伤害。回忆一下第 6 章所谈到的 H. M. 案例。由于做了这种手术,H. M. 丧失了形成新记忆的能力。

现代精神外科手术对智力的损害越来越小,这是因为外科医生不是使用传统手术,而是让电流通过电极摧毁一个更小的局部脑组织。在扣带回切断术中,医生用电极摧毁扣带这一连接皮质与大脑情感中心的神经束。很多精神外科手术(包括扣带回切断术)都能有效治疗严重的强迫症。但这种手术的结果仍然不可预测,而且结果,不论好坏,都是不可逆转的。出于这个原因,精神外科手术治疗方法仍然处于试验阶段,不到万不得已不会使用。

心理疗法在实践中的一些问题

如果你决定要和某人谈恋爱,你会打开电话号码簿随便选个名字吗?当然不会。诚然,选择治疗师不会像选择终身伴侣那么谨慎。但不管选择什么,你都需要掌握一些相关信息。熟悉不同类型的治疗师是非常重要的一步。你应该考虑,如果与一名在性别和文化上都与你不同的治疗师相处,你是否会感到不舒服。最后你还想知道,哪种治疗方式最有效。

选择治疗师　　13.13 不同类型的治疗师之间有些什么异同?

也许你和成千上万的人一样想寻求网上治疗。如果是这样的话,你会发现"应用"中的建议非常有用。不管你采取哪种治疗途径,是网络、电话,还是见面,选择合适的治疗师都非常重要。表13.2列出了各种类型的心理健康专家。这些专家之间的一个重要区别是:心理学家的学位更高,通常具有心理学博士学位;精神病学家是医生。一直以来,只有精神病学家才能实施药物治疗。但目前,在美国正在发起一项势头强大的运动:允许受过精神药理学专业训练的心理学家实施药物治疗。到目前为止,只有在美国军队和少数几个州,才批准心理学家实施药物治疗。

所有治疗师,不管其专业如何,都要受到专业组织和(在多数情况下)州法律制定的伦理标准的制约。每个职业都有自己的伦理标准,但一些标准是相同的,而且已体现在美国心理协会的伦理准则之中。美国心理协会伦理准则的所有伦理标准都以这一原则为指导:治疗师必须采取合理的步骤以确保委托人的健康和权利,并避免给委托人造成任何即时或长期的危害。服务于这些目标的一个重要标准是:知情同意。在治疗之前,治疗师必须告知委托人治疗的费用和预计持续的时间。另外,还必须告知委托人保密的法律限制。例如,如果委托人告诉治疗师自己犯了罪,在大多数情况下,治疗师有义务向当局报告这一情况。另外,一些保险公司也要求查询治疗师的记录。

表 13.2 心理健康专家

职 业	教育背景	提供的服务
精神病学家	医学博士;在精神病院有实习经历	心理治疗;药物治疗;收治严重心理障碍患者住院
精神分析学家	医学博士、哲学博士或心理学博士学位;外加精神分析方面的专门训练	心理动力治疗
临床心理学家	哲学博士学位或心理学博士学位;做过临床心理学实习	诊断和治疗心理障碍;在受过额外培训后可以开处方;心理测验
咨询心理学家	博士学位或教育学博士学位;在咨询心理学方面有实习经历	评估和治疗生活中的正常问题(如离婚);心理测验
学校心理学家	博士学位、教育学博士学位或硕士学位;在学校心理学方面有实习经历	评估和治疗儿童及青少年的学习问题;心理测验
临床或精神病社会工作者	硕士学位;有精神病社会工作的经历	诊断和治疗心理障碍;找到支持性的社区服务
执业专业咨询师	硕士学位;在咨询方面有实习经历	评估和治疗生活中的正常问题;做一些心理测验工作
执业婚姻和家庭治疗师	硕士学位;在夫妻疗法和家庭疗法方面有实习经历	评估和治疗关系问题
执业药物依赖咨询师	各州对学历的要求不同	物质滥用问题的治疗和教育

　　治疗关系的性质也受到伦理标准的制约。不允许治疗师与委托人或委托人的亲友建立任何形式的亲密关系,也不允许治疗师向以前的情人提供治疗服务。当终止治疗关系时,治疗师必须告知委托人终止治疗的原因,并向委托人提供其他治疗方案。

　　如果要使用测验,治疗师必须使用具有高信度和高效度的测验。在每次使用测验之前,治疗师还必须接受关于这一测验实施、评分和评价方面的培训。治疗师还必须向委托人说明测验的目的,并及时且以保密形式告知委托人测验的结果。

文化敏感疗法   13.14 文化敏感疗法的特征是什么？

大多数心理治疗师都逐渐意识到,在诊断和治疗心理障碍时有必要考虑文化因素。美国心理协会发布了指南以帮助心理学家更加关注文化问题。研究者指出,文化环境能极大地影响心理症状的意义、结果以及患者对治疗的反应。治疗师和委托人之间的文化差异可能会破坏治疗联盟这一治疗师和委托人之间的纽带,从而影响治疗的效果。因此,许多专家都提倡文化敏感疗法,即治疗师在委托人的文化背景指导下选择治疗方案。

文化敏感治疗师意识到,治疗师和委托人之间的语言差异会造成一些问题。例如,如果治疗师用英语跟一个母语是西班牙语而第二语言是英语的委托人交流,该委托人的表述就会显得犹豫不决,断断续续。这样一来,治疗师就可能误以为委托人的思维混乱,因为说话犹豫不决且断断续续是精神分裂症患者常常表现出的症状。这种语言差异还可能影响标准测验的结果。在一项经常被引用的研究中,研究者发现,当用英语做主题统觉测验时,波多黎各人的停顿和选词都被错误地解读为心理障碍的标志。在用某种语言对委托人进行访谈和测验之前,文化敏感治疗师会先了解委托人说这种语言的流利程度。

在面对近期才移民到美国的委托人时,文化敏感治疗师会考虑移民经历对思想和情感的影响。一些研究者在研究了近期亚洲移民者对心理疗法的反应后建议,在诊断和治疗之前,心理治疗师应该鼓励委托人谈论自己离开本土文化的伤感以及适应新文化过程中的焦虑。使用这一策略,治疗师就能够把移民经历所产生的抑郁和焦虑与真正的心理疾病区分开。

文化敏感疗法的支持者指出,文化习俗也可以用于治疗。例如,传统印第安人的"治疗圈"就被许多心理治疗师用来治疗印第安人的心理障碍。治疗圈中的成员都有责任促进彼此的身体、心理、情感,以及精神健康。治疗圈的成员通常参与由一个成员引导的讨论、冥想和祈祷这样的活动。一些更有组织的治疗圈有一名德高望重的印第安治疗师,该治疗师引导群体参加传统的治疗仪式。

文化敏感治疗师还试图解决能影响治疗效果的群体差异。例如,许多研究发现,与患有心理障碍的美国白人相比,患有心理障碍的非裔美国人不太可能遵循医嘱。治疗师需要理解亲属关系网络和社区关系在非裔美国文化中的重要性,这样才能解决这个问题。治疗师可以让非裔美国患者参加支持小组(这个小组中的其他非裔美国人都有同样的问题而且都服用同样的药物),从而敦促患者遵循医嘱。另外,研究者和有经验的治疗师建议,美国白人治疗师和非裔美国患者应该在治疗之前就开诚布公地讨论各自不同的种族观点。

应用　　　　　　　　　　网上治疗是否适合你?

如果你正在努力戒除物质上瘾或正在经历丧偶之痛,你会寻求网上互助小组的帮助吗?一些研究表明,网络提供的治疗非常有效。在科学研究证明这些治疗有效之前,成千上万的人已经开始寻求网上治疗了,即在网上与受过专业训练的治疗师交流。网上治疗方式包括,在一段时间(几天或几小时)内与治疗师进行邮件交流、视频交流和电话交谈。另外,治疗师已经开始尝试用一种与"第二人生"虚拟游戏类似的虚拟环境。在这些虚拟环境中,治疗师和委托人操纵替身(虚拟的网络身份)在场景中进行互动。治疗师还创设情境,让委托人运用自己在面对面或网上治疗中学到的应对技能。

网上治疗的优点

与面对面治疗相比,网上治疗能使委托人放得更开,而且网上治疗还比传统治疗更便宜。另一个优点是:治疗师和委托人不必同时处在同一个地方。委托人可以随时给治疗师写邮件并记录下每一次交流的内容,以便日后参考。治疗师也可以记录每次与委托人的交流情况,而且还可以在不方便打电话的时候回答委托人的问题,从而使治疗效率更高。研究者发现,网上治疗对下列人群尤为有效:

- 常出差或工作忙的人群。
- 支付不起传统治疗费用的人群。
- 由于居住在农村而无法获得心理健康服务的人群。
- 残疾人群。
- 由于太害羞或尴尬而无法与心理治疗师约见的人群。
- 擅长笔头表达自己的想法和感觉的人群。

网上治疗的缺点

网络交流的匿名性使得假扮心理治疗师很容易。目前还没有一个监管或审批网上治疗师的体系。另外,网上治疗也有一些伦理问题,如违背保密性原则。但与所有好的治疗师一样,好的网上治疗师也会尽其所能保护委托人的隐私,除非治疗师感到委托人有可能伤害自己或他人。网上治疗最大的缺点是：治疗师无法看见委托人，因此无法凭借视觉和听觉线索来判断这个人是否正在变得焦虑或沮丧。这会降低治疗的有效性。

网上治疗的另一个局限性是：它不适合诊断和治疗严重的心理障碍，如精神分裂症和躁郁症。另外，网上治疗不适合处于严重危机中的人。这些人可以寻求更好的帮助，如自杀热线。

找到网上治疗师

如果你想找一位网上治疗师，最好的地方是 metanoia 网站。该网站列出的网上治疗师的资质都是受到心理健康网审查过的，因此比较可靠。该网站提供了治疗师所在的地方、所提供的服务，以及收费方式等信息。

在选择治疗师时，你一定要做以下几件事：

- 确定治疗师的资质是被第三方审查过的。
- 拿到真实的联系方式。
- 确定你将收到对你信息的私人回复。
- 提前问清楚治疗师的收费是多少。

如果你决定联系网上治疗师，请记住：尽管网上治疗也许是一个好的开始，但如果你的问题很顽固，从长远的角度看，你最好还是寻求传统的面对面心理治疗。

性别敏感疗法　13.15 为什么性别敏感疗法很重要？

许多心理治疗师都注意到了性别敏感疗法的重要性。这种疗法考虑了性别对治疗师和委托人行为的影响。为了实施性别敏感疗法，治疗师必须审视自己的性别偏见。例如，治疗师可能认为男人理性而女人感性。这些固化的看法可能是基于治疗师的社会化背景，或是基于对性别差异研究的了解。

性别敏感疗法的支持者指出，了解两性的真正差异对性别敏感疗法非常重要。例如，由于男性角色的社会化，关注情感表达的治疗对男性就没有对女性那么有用。另外，男性会认为，寻求心理治疗是弱者的表现，或者有损于自己的阳刚形象。研究者建议，治疗师不要在男性委托人中营造这种防御心理，一定不要把研究结果当作对男女固化看法的基础。治疗师必须记住，性别内的差异要大于性别间的差异。因此，每位男性或女性都应该被视为一个独立的个体。

由于过分强调性别问题,一些关注性别问题的治疗师误解了委托人的问题。例如,在一项研究中,研究者发现,治疗师认为在非传统领域工作的人(如女工程师和男护士)更有可能患心理问题,治疗师会认为,这些委托人的问题源自自己本人的性别角色冲突。但事实上,这些问题可能与性别角色完全无关。

评价各种疗法 13.16 研究对心理疗法的效果作何评价?

如果看一下对各种心理疗法的总结(见"总结"),你就会注意到,这些疗法有很多共同点。例如,很多疗法都帮助委托人反思自己的想法和/或情感。对代表不同观点疗法的分析表明,不管持有哪一种观点,治疗师都采用了一套核心疗法;而且,每种疗法都有区别于其他疗法的独特之处。

但是,各种疗法在有效性方面有何差异呢?在一项测量疗法有效性的经典研究中,斯密斯和及其同事分析了 475 个研究结果(涉及 25000 名被试)。他们的发现表明,接受心理治疗比不接受心理治疗要好,但没有哪种疗法特别有用。汉斯·艾森克对同一数据的重新分析表明,行为疗法比其他疗法稍有优势。霍伦等人的研究发现,对抑郁症患者来说,认知和人际关系疗法比心理动力疗法更为有效。另外,社会经济地位和其他个人因素与委托人的问题相互作用,而且这些相互作用能影响治疗效果。例如,对生活富足的人有效的办法,可能对生活贫困的人就无效。判断任何疗法有效性的最重要因素,是看它是否适合委托人的特定问题以及他/她的生活境况。

委托人自己是如何评价治疗的效果呢?为了回答这个问题,《消费者报告》(1995 年)就委托人对心理疗法的态度做了一次大规模的调查。该调查的顾问马丁·塞利格曼总结出了以下几点:

• 总的来说,委托人相信,自己能从心理治疗中获益。

• 委托人似乎对自己获得的治疗都同样满意,不管这个治疗是心理学家、精神病学家还是社会工作者提供的。

• 坚持治疗 6 个月以上的委托人要明显地好于其他人。总的来说,治疗时间越长,效果越好。

• 服用百忧解或阿普唑仑的委托人相信,这些药物能帮助他们。但总的来说,单独使用心理疗法的效果似乎与使用心理疗法加药物治疗的效果差不多。

总结   **对各种疗法的总结和比较**

疗法类型	造成原因	治疗目的	治疗方法	障碍或症状
顿悟疗法				
心理动力疗法	无意识性和攻击性冲动或冲突;固着;弱我;客体关系;生活应激	帮助病人将困扰和压抑的想法带入意识并解决无意识冲突;加强自我功能	精神分析师释梦、自由联想、抵抗、移情和过去的关系	不幸福感;童年时期未解决的问题
人本主义疗法	朝着自我实现的正常发展趋势被阻碍;真实自我与理想自我的不一致;过于依赖别人的积极关注	增加自我接受和自我理解;帮助委托人变得更有主见;增强真实自我与理想自我的一致性;促进个体发展	治疗师表现出同情、无条件的积极关注和真诚,反馈委托人表达的感情	不幸福感;人际关系
格式塔疗法	责怪社会、过去、父母或他人	帮助委托人更好地整合自我和接受自我	引导性疗法;空椅法;角色扮演	抑郁症
关系疗法				
家庭疗法和夫妻疗法	错误的交流方式、不合理的角色期待、药物和/或酒精滥用等	增加家庭成员之间的理解和和谐;改进交流方式;愈合家庭关系的创伤	治疗师单独会见一个家庭成员或同时会见几个家庭成员并探究交流方式、权力斗争以及不合理的要求和期待	家庭问题(如婚姻和关系问题)、困惑或惹人讨厌的青少年、虐待关系、药物或酒精问题、患有精神分裂症的家庭成员
集体疗法	无	给委托人归属感、表达情感和相互给予帮助的机会	7～10名委托人定期与一名或多名治疗师见面来解决个人问题	焦虑、抑郁、低自尊

续表

疗法类型	造成原因	治疗目的	治疗方法	障碍或症状
行为疗法				
行为疗法	学会不良行为或没有学会良好行为	消除不良行为或用良好行为取代它;帮助委托人学会所需的社交技能	治疗师使用的方法基于经典条件反射、操作条件反射和榜样作用,它包括系统脱敏疗法、涌进疗法、暴露和反应预防、厌恶疗法	害怕、恐惧症、恐慌症、强迫症、坏习惯
认知行为疗法				
认知行为疗法	对自己和他人持有非理性和消极的想法和观点	改变错误、非理性和/或消极的想法	治疗师帮助委托人发现非理性和消极的想法并用理性的想法替代它们	抑郁症、焦虑、恐慌症、不幸福感
生物医学疗法				
生物医学疗法	大脑结构异常或生化异常导致的身体疾病;基因遗传	消除或控制造成异常行为的生物因素;恢复神经递质的平衡	抗精神病药、抗抑郁药、锂和抗惊厥药物、抗焦虑药物;电击疗法;精神外科手术	精神分裂症、抑郁症、躁郁症、焦虑障碍

回顾

现在,你已经了解了各种心理疗法和治疗关系中的几个重要方面,如果需要心理治疗,你会寻求哪种疗法呢?记住,心理动力疗法会让你探究过去的关系,而人本主义疗法会试图帮助你实现自我价值。如果你想改变与家庭成员当前的交流方式,最好是寻求家庭疗法和夫妻疗法。行为疗法能帮助你矫正不良的行为模式,而认知行为疗法则会帮助你矫正不良的思维模式。表 13.2 中列出的所有专家都可以实施任何一种疗法。事实上,大多数治疗师都擅长使用多个疗法,只是他们各有侧重而已。最后要指出的一点是,在治疗之前,你要想一想文化和性别问题将会如何影响治疗的过程。你在本章所学到的知识会帮助你更好地接受心理治疗。

第 14 章

社会心理学

第一印象和思考自己与他人行为的方式是社会心理学研究中的两个重要课题。社会心理学是一个试图解释真实或虚构他人如何影响我们的思维、感觉和行为的心理学领域。社会心理学家感兴趣的话题非常广,包括判断、吸引力、从众、服从、顺从、群体影响、态度和帮助、伤害他人的动机等。

社会认知

当我们对他人作出判断时,我们会使用前面几章提到的所有认知过程,就如同我们加工物质世界的信息一样来加工社会世界的信息。这些认知过程包括知觉(第 3 章)、记忆(第 6 章)和思考(第 7 章)。社会认知是注意、解释和记住自己和他人信息的过程。社会认知研究的一个领域是,探讨我们如何形成对他人的印象并管理他人对我们的印象。另一个领域是归因,即对人类行为的原因进行推论的过程。

印象形成和印象管理

14.1 我们是如何形成对他人的印象并管理他人对我们的印象的?

印象形成是对他人作出判断的心理过程。当我们第一次见到一个人时,就立即开始形成对这个人的印象,当然这个人也忙着形成对我们的印象。自然,我们首先注意到的是那些明显的属性,像性别、种族、年龄、穿着和外表吸引力(或不具吸引力的地方）。这些属性与个体的言语和非言语行为一起,共同决定我们对他人的第一印象。

很多研究都表明,对他人的整体印象更多地受到第一印象的影响。例如,心理学家斯蒂芬妮·布克特及其同事发现,学生在期末时对老师的评分与学生在这学期前两周对老师的评分并没有什么差异。这种现象叫首因效应。印象一旦形成,它就成为我们解释后来信息的框架。与第一印象一致的信息更容易被接受,从而进一步强化了第一印象。而与第一印象不一致的信息则更容易被排斥。记住,在需要列出你个人特质的任何时候,一定要将你最优秀的特质放在最前面,这对你有好处。

我们大多数人都意识到第一印象很重要,因此,我们会有意识地去影响第一印象。这个过程叫印象管理。例如,在美国,有力握手和目光接触能形成良好的第一印象,因此人们初次见面总会这么做。在接触能为我们提供帮助(如给我们一份工作)的人时,印象管理就更加重要。因此,社会心理学家建议,面试官要采取措施,减少求职者的印象管理策略对面试的影响。

在认为他人对我们作出的判断不正确时,我们也会采取印象管理策略。举个例子,假设一名学生想让老师多给他一些时间来完成论文。经验告诉这位学生,如果老师认为他是好学生,他的要求就更容易得到满足。如果他的行为让老师认为他不是好学生,他就会采取印象管理策略以改变老师的看法。他可能向老师解释说,他没有成为好学生的原因是生活困难,同时向老师提出论文延期的要求。

我们竭力确保他人对我们形成正确印象的另一个原因是,当他人对我们的印象与我们对自己的印象相一致时,我们感觉最自在。因此,在社会关系的发展中,实现他人对我们的印象与自我概念之间的一致非常重要。例如,如果一个人认为自己是电脑专家,他就会经常在他人面前谈论电脑方面的话题或讲述多次帮朋友修电脑的经历,以此让他人知道自己对电脑的兴趣和自己的电脑技术。研究者还发现,近年来,网络身份在年轻人的印象管理中起着重要作用。如果成为"电脑专家"是个人自我概念的重要部分,那年轻人就会把自己在电脑上工作的照片放到网上并链接到讨论电脑问题的网站上,或在自己的社交网站上写关于电脑方面的博客。

有趣的是,印象管理还会影响我们对自己的看法。我们通过印象管理从他人那里获得的反馈,有助于肯定和修正我们的自我概念。因此,学生在努力向老师解释自己为什么不是一个好学生的同时,也更现实地认识了自己。如果"电脑专家"没有修好朋友的电脑,他"电脑专家"的自我概念也会改变。

归因	14.2 我们是如何解释我们自己的行为和他人的行为的?

人们为什么要以这种方式做事?要回答这个问题,就要进行归因,也就是用原因来说明造成他人或自己行为的过程。有一种归因叫情境归因,这是一种外部归因,是把行为归咎于在情境中起作用的某种外部原因。考试失败后,你可能会说,"这个考试不公平"或"老师没有给我们足够的时间"。或许,你可能会做出个人归因(内部归因),把某个行为归咎于内部原因(如个人特质、动机或态度)。例如,你可能会把自己的考试失败归咎于缺乏能力或记忆力差。在某种程度上,归因要受到那些我们通过观察以及与他人互动而形成的非正式心理学理论的影响。其中一种非正式理论可能是:儿童的行为主要受家庭教育的影响。影响我们做出情境或个人归因的,还有许多其他因素。

人们对自己行为的归因往往不同于对别人行为的归因。人们往往将自己的成功归因于自我因素,而把自己的失败归因于情境因素。这种倾向叫作"自我服务偏向"。例如,表现出自我服务偏向的学生会将好成绩归因于自己的努力(自我),将坏成绩归因于考试题目太难(情境)。一些心理学家指出,自我服务偏向源自我们对自我概念的保护,它有助于我们管理自己不愉快的情感(如失望)。研究表明,心理障碍患者(如抑郁症患者)很少表现出自我服务偏向。

当对他人作出判断时,人们往往会表现出"行为者—观察者效应",即倾向于把他人的行为归因于性格因素。"行为者—观察者"暗示,当我们是行为者时,我们作出一种归因;当我们是观察者时,我们就作出另一种归因。当我们是行为者时,我们更关注情境因素;当我们是观察者时,我们更关注性格因素。因此,在一场车祸中,我们很有可能将对方司机的行为归因于性格因素(如人格和物质滥用),而将我们自己的行为归因于情境因素(如交通状况)。但研究表明,一个人对自己和他人行为的了解程度会影响行为者—观察者效应。也就是说,司机会将这场事故归因于交通状况,因为他了解自己过去的安全驾驶记录。同样,对交通状况的了解也会使他不急于将对方司机的行为归因于性格因素,直到他掌握了更多的信息之后才会作出这样的归因。

人们有时会表现出基本归因错误的偏向,这是人们过分关注性格因素的另一种归因倾向。例如,许多人不假思索就认为,超重的人一定暴饮暴食。换句话说,这些人把他人的超重归因为缺乏自控(这是一种性格因素),即使自己一点儿也不了解造成这个人超重的情境因素。同样,许多人将无家可归的人自动归因于性格因素,如不负责任、心理疾病或物质滥用。

社会心理学家指出,当面对不了解或没有亲身经历的情境时,人们最有可能犯基本归因错误。例如,我们都会为自己的错误找借口。你听同学说过,"我没有复习心理学考试,因为我将生物考试和心理学考试的时间搞混了"吗? 如果听说过,你不太可能会指责他,你反而会同情他,而且你能理解,这种错误是很容易发生的。与之相反,当罪犯解释自己犯罪的原因时,大多数人都会认为罪犯是在找借口。亲友们不但不会帮助罪犯作出必要的改变(如改变当前的情境因素),而且还会说,"除非他不再为自己的所作所为找借口,并开始为之承担责任,否则他永远都不会成功"。尽管罪犯的确在逃避责任,但这些话反映出了亲友们的基本归因错误,因为这些人过分强调性格是造成罪犯行为的原因,也是阻碍罪犯未来成功的绊脚石。事实上,罪犯未来的成功更有可能取决于情境因素(如他是否能抓住机会深造),而不取决于他是否能改变自己的性格。

文化明显会影响归因偏向。在一系列的研究中,研究者比较了韩国人和美国人对良好行为和不良行为的情境和个人归因。他们发现,平均来说,韩国人更倾向于情境归因,不管这个行为是什么。研究者认为这些差异的原因是,韩国人在归因之前比美国人考虑的因素更多。

吸引力

想一想你的朋友。为什么你会喜欢甚至爱上他/她?

影响吸引力的因素　　14.3 什么因素影响吸引力？

有几个因素能影响吸引力。一个因素是邻近性，即身体或地理位置上的接近程度。很明显，我们很容易与离自己近的人交朋友。邻近因素重要的一个原因是"仅仅暴露效应"，这是一种由于频繁暴露在一个刺激之中而对这个刺激产生亲密感的倾向。人、食物、歌曲、衣着风格等，都可以随着暴露的增多而被我们所接受。广告商就是利用这一点来增加人们对产品甚至政治竞选人的喜爱。

我们的情感，不管是消极的还是积极的，都能影响他人对于我们的吸引力。如果某个人与好事一起出现，我们就会对他/她产生好感；相反，如果某个人与坏事一起出现，我们就会对他/她产生厌恶感。另外，我们往往喜欢那些也喜欢我们（或我们认为喜欢我们）的人，这个现象叫"互惠"或"相互喜欢"。

从小学开始，人们一生都更喜欢结交与自己年龄、性别、种族和社会经济地位相同的人。我们往往选择在重要事情上与我们有相似看法的人做朋友和爱人。相似的兴趣爱好以及对休闲活动相似的态度使人们聚在一起，共度休闲时光。

也许没有什么因素对吸引力的影响能超过外表的吸引力。所有年龄段的人都更喜欢外表有吸引力的人，甚至6个月大的婴儿在看到有吸引力和没有吸引力的男性、女性或婴儿的照片时，也会长时间地注视有吸引力的面孔。人们的行为方式，特别是微笑的方式，影响我们对其吸引力的感知。但是，外表本身也很重要。

对称的面孔和身型更具吸引力和更加性感。在一份综合分析11项吸引力跨文化研究的报告中，朗格卢瓦及其同仁（2000年）发现，不同文化中的男性和女性对异性的外表吸引力有着相似的看法。有报告称，亚裔、西班牙裔和白人男生对亚裔、西班牙裔、非裔和白人女生吸引力的评价分数高度相关（0.93）。当非裔男性和白人男性评价非裔女性的照片时，他们对面部特征的看法也有很高的一致性（0.94）。进化论心理学家指出，这种文化相似性存在的原因是，人们都有寻找健康配偶这种自然选择决定的倾向。

为什么外表的吸引力很重要？当人们具有我们喜欢或讨厌的某种特质时，我们就常常认为这些人还具有其他积极或消极特质，这种现象叫成见效应。研究者发现，人们常常认为，那些有吸引力的人还具有其他好的特质。人们认为，有吸引力的人比没有吸引力的人更加令人激动,更有风度,更引人关注,更符合社会的期望。因此,面试官更有可能接受有吸引力的人。同样,当研究者要求被试就职业成功的可能性给一组女性照片评分时,被试给瘦人的分数要高于给胖人的分数。

这是否意味着不具吸引力的人就没有机会了呢? 不是。易格丽及其同事暗示,外表吸引力的冲击对陌生人来说最强。一旦我们开始了解了对方,其他品质也就变得更加重要了。事实上,随着我们对他人好感的增强,我们就会觉得对方越发具有吸引力;同时,具有不良人格特征的人也会越发失去吸引力。

亲密关系　　14.4 什么因素影响亲密关系的形成和保持?

大多数影响吸引力的因素(如外表吸引力)也会影响浪漫吸引力。但爱情呢? 你将会了解到,爱情会影响亲密伴侣之间的恋爱关系。

浪漫吸引力　你可能听说过互补的人会彼此吸引,但这是真的吗? 相配假说指出,我们更有可能和自己在外表吸引力和其他方面相似的人结为夫妻,而吸引力不相配的一对更容易分手。我们会评估自己的社会资本并期望能找到与我们的资本大致相同的人。害怕被拒绝使很多人不敢去追求比自己更具吸引力的人。但一旦建立了关系,男性和女性都能够屏蔽掉其他可选对象的吸引力。虽然持续关注对方的吸引力对维持恋爱关系非常重要,但是,忽视其他可选对象的吸引力对维持稳定和长久的关系也至关重要。

大多数的研究都表明,需求的相似性才是对方吸引我们的主要原因。在人格、体貌特质、学识能力、教育水平、宗教信仰、种族、社会经济地位以及态度方面的相似性都与择偶有关。需求的相似性和人格的相似性似乎与择偶和婚姻的成功都有关系。相似性经久耐用。如果你要选一位终身伴侣,他/她的什么特征会吸引你呢? 完成下面的"尝试",评价一下自己的偏爱特征。

比较一下你自己的排序与 33 个国家五大岛的人的排序。总的来说,这些文化中的人认为最重要的四个特征分别是:①相互吸引/喜欢;②可靠的个性;③情感的稳定和成熟;④令人愉悦的性格倾向。除了这四个首选特征之外,男性和女性偏爱的特征略有差异。根据进化论心理学家大卫·巴斯的观点,男性更喜欢漂亮的女性,而女性则更喜欢社会地位高、经济实力雄厚的男性。他进一步主张,这些偏爱是由人类的进化历程决定的。对男性来说,漂亮和年轻就代表健康和有生育能力——能将他的基因传递给下一代;对女性来说,经济实力和社会地位能给她和孩子带来安全。正如第9章中所述,社会角色理论家坚持认为,择偶的性别差异受经济、社会和进化因素的影响。

斯滕伯格的爱情三角理论　在西方文化中,情感是大多数关系(包括友谊)中最重要的部分。爱上某人是建立长期恋爱关系的最重要因素。但什么是爱情呢?罗伯特·斯滕伯格(第7章中我们已经讨论过他提出的智力三元论)提出了一个爱情三角理论。该理论的三个要素分别是亲密、激情、承诺。亲密是恋爱关系中的一种感觉,它能提升亲近感、寄托感以及心灵相通感。激情是恋爱关系的助推器,它能够通向浪漫、外表吸引力和性爱。承诺由短期承诺和长期承诺两部分组成。短期承诺是一个人爱另一个人的决定,长期承诺是维持爱情的承诺。

斯滕伯格提出,这三个要素,或单独出现或以各种方式组合出现,可以产生七种不同的爱情(图14.1)。

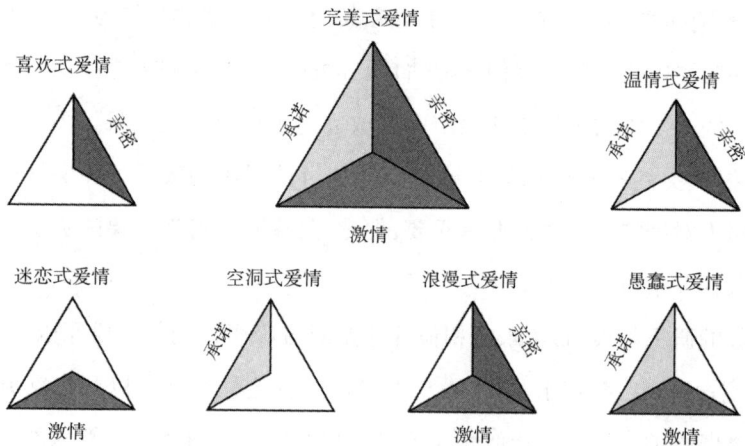

图 14.1　斯滕伯格的爱情三角理论

斯滕伯格提出了爱情的三要素——激情、亲密和承诺,展示了这三个要素如何单独和以各种方式组合而形成七种不同的爱情。完美式爱情是爱情的最完整形式,它具备爱情的所有要素。

尝试　　　　　　　　　　　　**选择终身伴侣**

在你选择终身伴侣的过程中,哪些特征最重要,哪些最不重要? 把下列18个特征按照最重要到最不重要排序。

——有抱负且勤奋　　　　　　——好身体

——贞洁(没有与他人发生过性关系)　　——好相貌

——想要家和孩子　　　　　——相似的教育程度

——受过良好教育且聪明　　——令人愉悦的性格倾向

——情绪稳定和成熟　　　　——优雅/整洁

——社会地位高　　　　　　——善于交际

——厨艺好且擅长家务　　　——良好的经济前景

——相似的政治背景　　　　——可靠的个性

——相似的宗教背景　　　　——相互吸引/喜欢

1.喜欢式爱情。这只包括一个要素——亲密。这种喜欢不是微不足道的。斯滕伯格说,这种亲密喜欢是真正友谊的特征。在这种友谊中,人们有一种寄托感、温暖感和亲近感,但这不是强烈的激情,也不是长期的承诺。

2.迷恋式爱情。这只包括激情,通常是"一见钟情"。由于没有亲密和承诺,迷恋式爱情会突然间消失。

3.空洞式爱情。这只包括承诺。有时,强烈的爱情会变成空洞式的爱情。这种爱情只有承诺,而没有亲密和激情。在包办婚姻中,恋爱关系就常常以空洞式爱情开始。

4.浪漫式爱情。由亲密和激情组成。爱人靠情感(和喜欢式爱情一样)和性爱结合在一起。

5.愚蠢式爱情。由激情和承诺组成。这种爱情的体现是闪电般的恋爱和结婚,承诺主要是靠激情作出的,缺乏亲密的稳定作用。

6.温情式爱情。由亲密和承诺组成。在这种爱情中,激情常常淡出,留下的只是深厚的感情和承诺。

7.完美式爱情。这是唯一的三要素全部具备的爱情。完美式爱情是爱情的最完整形式,它代表了许多人梦寐以求但很少能得到的完美爱情。斯滕伯格指出,维持完美爱情甚至比得到它更难。他强调把爱情的要素转化为行动的重要性。他警告说,"如果不表达出来,即使最伟大的爱情也会死亡"。

从众、服从、顺从

你认为自己具有独立思考的能力吗？大多数人都有这种能力。西方文化尤为重视个性和独立思考能力。但上次你在某人的说服下做了你不想做的事，你的独立思考能力到哪里去了呢？经验告诉你，我们每个人都以某种方式受制于社会的影响。

从众　14.5 阿施在其经典从众实验中发现了什么？

从众是为了与群体的社会规范或其他人的期望一致而对自己行为或态度作出改变或调整。社会规范是特定群体期望自己的成员所应具有的行为和态度。如果我们要想生活在一个社会之中，那么，一定的从众就是必需的。我们不能随心所欲地在公路上开车。我们必须符合他人的期望以获得他人的尊重或赞许、友谊或爱情，甚至陪伴。

标准线

```
 │    │    │    │
 │    │    │    │
 │    │         │
 │    │         │
 1    2    3
```

图 14.2　阿施的经典从众研究

假设你是阿施实验中的 8 名被试之一，如果让你在线段 1、2、3 中选出与标准线段一样长的一条，你会选择哪一条？如果其他被试全部选择了线段 3，你也会选择线段 3 吗？

最著名的从众实验是所罗门·阿施在 1955 做的，图 14.2 显示了他所设计的那项简单测验。测验中，8 名男性被试围坐在桌子旁边并依次告诉实验者，哪一条线与标准线段一样长。但这 8 个人当中，只有 1 个人才是真正的被试，其他人都是实验助手。每个人都要做 18 次尝试，即把 18 条不同的线段与标准线段相比较。其中，在 12 次尝试中，实验助手都一致地给出了错误的答案，这当然使真正的被试困惑不已。阿施发现，5% 的被试始终随大流，选择不正确的答案；70% 的被试有时随大流；25% 的被试能完全保持独立思考，不受群体的影响。

　　阿施用人数不同的小组做了不同的实验。结果发现,随大流的倾向非常强。即使在一个只有 4 个人的小组中,如果 3 名实验助手给出了错误答案,那么真正的被试就会随大流。奇怪的是,在 15 名实验助手一致给出错误答案的情况下所产生的从众率并不比只有 3 名实验助手的实验更高。阿施还发现,如果有一个人说出了不同观点,从众倾向就没有这么强了。如果一名实验助手不同意大多数人的错误答案,被试的错误率就会从 32% 骤降至 10.4%。

　　关于从众和"大五"人格维度的研究表明,与神经质高但随和性和尽责性低的人相比,神经质低但随和性和尽责性高的人更容易从众。但与传统看法相反的是,女性并不比男性更容易从众。如果一个人认为影响来源于自己的群体,那这个人就更容易从众。即使如此,如果少数派能提出有条理且清晰的观点,而且非常坚持自己的观点,那么他们也能改变大多数人的观点。

服从　　14.6 米尔格拉姆关于服从的经典研究揭示了什么?

　　你能想象这样一个世界吗:在这个世界里,每个人都随心所欲地做自己想做的事情,丝毫都不尊重规则或权威? 我们不闯红灯,只因为我们不想闯,或者因为我们不是很着急。有人喜欢你的车,于是就把你的车开走了。更糟糕的是有人要杀你,因为他/她喜欢上了你的女/男朋友。

　　显然,服从,即按照规则和权威的命令行事,有助于确保社会的存续和平稳运行。但是,不加质疑的服从也会使人做出骇人听闻的事情。人类历史最黑暗的一章就是由纳粹德国官员的服从构成的。这些官员执行希特勒的命令,杀害了无数的犹太人和其他"异己分子"。

　　社会心理学家斯坦利·米尔格拉姆很想弄明白,到底是什么驱使着纳粹集中营的卫兵服从长官的命令,于是,他在 20 世纪 60 年代初期做了一项在心理学史上最骇人听闻的实验。他在康涅狄格州纽黑文市的各大报纸上刊登广告说,"耶鲁大学招聘志愿者做记忆和学习实验"。很多人响应了这则广告,于是他从中筛选出了 40 名年龄在 20 到 50 岁之间的男性志愿者。但这不是记忆实验,而是一幕精心策划的戏剧。其中的角色是:

- 实验者：一名 31 岁的高中生物教师，身穿灰色实验服，表情严肃
- 学生：一名中年人（演员，实验者的助手）
- 老师：其中的一名志愿者

实验者把老师和学生领进一个房间，把学生捆绑在一张电椅上。实验者对老师进行了一次 45 伏的电击，假装是在测试设备，实际上是让老师知道学生遭受电击的感觉。接下来，按照脚本，学生说自己有心脏病，希望电击不会太痛苦。实验者承认，强大的电击确实会造成伤害，但马上又补充道，"尽管电击可能很痛苦，但它不会造成永久性的伤害"。

然后，实验者把老师带到隔壁的一个房间，让他坐在一个电击控制器面前。这个控制器上从左到右有 30 个杠杆开关。实验者告知老师，左边第一个开关只会发送 15 伏的电击，后面每一个开关所发送的电击都比前一个高 15 伏，最后一个开关能发送 450 伏的电击。控制器上的开关标有说明，从"微弱电击"到"危险：极限电击"。实验者让老师对着学生朗读一些单词配对，然后测试学生的记忆。每个单词配对会念出四个单词选项让学生作答。如果学生回答正确，老师就读下一组单词配对。如果回答错误，老师就要打开开关对学生实施电击，顺序是从左到右，学生每答错一个问题就增加 15 伏。

开始的时候，学生回答得很好，但后来就开始频繁出错，每四个问题就有三个答错。老师开始实施电击。当老师犹豫的时候，实验者就会敦促他继续。如果他仍然犹豫，实验者就会说，"实验要求你继续"，或更严厉地说，"你没有其他选择，必须继续"。在第 20 次电击（300 伏）的时候，脚本要求学生重击墙壁并大叫，"让我出去，让我出去，我的心脏受不了了，让我出去！"从这个时候开始，学生就不再回答问题了。如果老师表示出担心或想退出实验，实验者就会说，"不管学生喜不喜欢，你都必须继续下去"。在打开下一个开关（即 315 伏）时，老师只听见学生的呻吟声。如果老师表示不想再继续下去了，实验者就会再次说，"你没有选择，你必须继续下去"。如果老师坚持要退出实验，实验者也允许他退出。

你认为在这 40 名被试中，有多少人会遵从实验者的命令一直到最后（即打开 450 伏电击开关）呢？令人惊讶的是，没有任何一名被试在第 20 次电击（300 伏，学生开始重击墙壁）之前停止（图 14.3）。奇怪的是，其中的 26 名被试（占 65%）一直服从实验者的命令，直到打开最后一个开关才停止。但对被试来说，这次试验是一

段痛苦的经历。被试出汗、颤抖、结巴、咬嘴唇、呻吟、掐自己,这些是被试对实验的共同反应。另外,为了避免实施更强烈的电击,一些老师祈求学生回答正确。奇怪的是,随着实验的继续,学生越来越痛,一些被试开始大笑。在少数被试中,这种大笑变成了抽搐。米尔格拉姆指出,被试的心理痛苦是由不想伤害他人的愿望和服从权威的需要之间的冲突引起的。

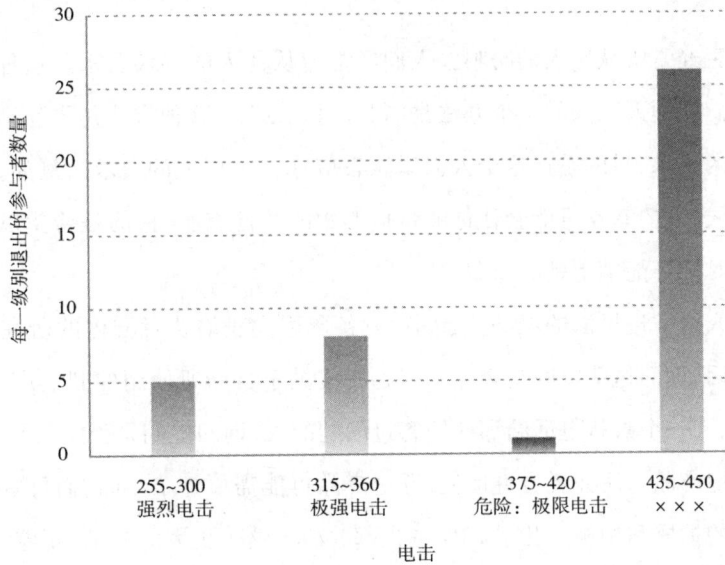

图 14.3　米尔格拉姆的服从实验

在米尔格拉姆实验中,有65%的"老师"认为,自己正在向"学生"实施最大强度的电击。

今天,米尔格拉姆这样的实验是不允许做了,因为这样的实验违反了美国心理协会的伦理准则。不过,欺骗一直是社会心理学家研究的一个部分。为了欺骗被试,研究者常常需要使用一名或多名实验助手,这些助手要在心理学实验中假装被试,但事实上是协助研究者完成实验,就像米尔格拉姆实验中的学生一样。真正的被试就像米尔格拉姆实验中的老师一样,是同意参加实验的人,但这些人不知道自己被欺骗。

欺骗是米尔格拉姆后续研究(探讨服从的限度问题)的关键因素。在一项研究中,米尔格拉姆改变了原始实验:每个实验包含了3名老师,其中2名是实验助手,一名是真实的被试。一名实验助手在实施150伏电击后拒绝再继续下去;另一名实验助手在实施210伏电击时候拒绝再继续下去。在这种情况下,36名被试(90%)

拒绝服从实验者,而在原始实验中,这一比例只有 14%。在米尔格拉姆的实验和阿施的从众实验中,如果有一个人拒绝服从权威或拒绝随大流,那么被试就更有勇气反抗权威。

顺从　　14.7 人们使用什么样的办法来使他人顺从?

你是否经常听从别人的吩咐?人们经常遵从他人的直接要求。这种行为就是顺从。人们使他人顺从的一个办法是"得寸进尺法"。这种方法是先让别人答应你一个小小的要求,目的是让这个人以后能答应你一个更大的要求。例如,当你去洗衣服的时候,你的室友可能会让你顺带捎上她的几件衣服,目的是希望以后你每次洗衣服的时候都能捎上她的衣服。

在研究得寸进尺法的经典实验中,一名自称代表消费者群体的研究者给许多家庭打电话,询问这些家庭是否介意回答一些关于自己所使用的肥皂产品的问题。几天之后,同一个人打电话给那些回答过问题的人,询问他们是否能派 5～6 个助手上门来登记产品。研究者告诉他们,登记产品可能需要 2 个小时,而且登记小组会翻遍所有的抽屉和橱柜。几乎 53% 的人都答应了这个更大的要求,而控制组(直接向他们提出这个要求的组)中只有 22% 的人答应了这个要求。

如果你的朋友找你借 50 元钱,你会如何回答?假设你说你没有这么多钱借给他,然后他将数额降低到 20 元。如果你同意借给他,他的目的就达到了。他使用的是"吃闭门羹法"。"吃闭门羹法"是先提出一个很大、很无理的要求,料到这个人肯定会拒绝,然后再提出一个更小的要求,这个人就更有可能答应了。在吃闭门羹法的经典研究中,研究者以大学生为研究对象,询问学生是否愿意无偿为少年犯做辅导,每周 2 小时,至少做两年。如你所料,没有一个人愿意做。然后,研究者提出一个更小的要求,询问大学生是否愿意花 2 个小时带少年犯去动物园。一半的学生都同意了,这是一个很高的顺从率。当研究者直接询问控制组的大学生是否愿意花 2 小时带少年犯去动物园时,只有 17% 的学生同意。

另一个使人顺从的方法是"虚报低价法"。首先给出一个诱人的条件使人做某件事,然后再改变条件,使之不再诱人。例如,假设你收到一张代金券,可以在一家高级餐厅免费用餐。当你赶到那个餐厅的时候,你得知必须听 1 小时的推销宣讲后才能用餐。你就掉进了虚报低价法的圈套之中。

在虚报低价法的经典研究中,研究者让大学生选一门实验课,学生可以在这门课上获得学分。在学生同意选择这门课后,研究者告知学生,这门课是早上 7 点开始的。控制组的被试首先就被告知了上课时间。结果,实验组的学生有超过半数同意选这门课,而控制组的学生中却只有 25% 同意选。

群体影响

你有没有曾经陪朋友去看一场你不感兴趣的电影?或者,在你想待在家里的时候却陪朋友去了海边?作为群体的一员,常常意味着要放弃一点个性。但得到的回报是:群体的支持和友情。很明显,我们在群体(不论大小)中的行为方式差异很大。当我们所属的群体是由一群陌生人组成的时候该怎么办?这样的群体也会影响我们的行为吗?

社会助长和社会惰性　　14.8 社会助长和社会惰性如何影响人们的表现?

在某些情况下,他人的在场能帮助或阻碍个体的表现。"社会助长"指的就是他人的在场对个体表现的积极或消极影响。对社会助长现象的研究主要关注两类影响:①观众影响,即旁观者对表现的影响;②相互影响,即做同样工作的人之间的相互影响。

诺曼·特里普利特在 1898 年最早考察了相互影响。他从官方记录中观察到,自行车选手在赛场上你追我赶时的速度比在平时训练中独自骑车时的速度更快。这种行为模式是只限于竞技自行车比赛,还是一种普遍现象,即有他人在场时人们就工作得更快、更努力?特里普利特设计了一个实验,他让 40 名儿童在两种情况下以最快的速度绕鱼线:①单独;②和其他儿童一起。他发现,儿童在第二种情况下绕鱼线的速度更快。但对社会助长的后续研究发现,他人的在场提高了做简单任务的速度,但降低了做复杂任务的速度(图 14.4)。

你有没有曾经被老师指派到一个小组中与其他人共同完成一个项目,在这个

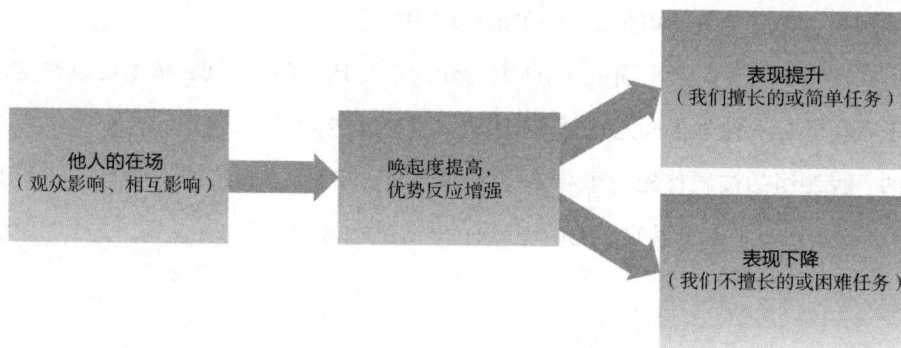

图 14.4　社会助长:他人在场时的表现

他人的在场(不管他是观众还是做同一任务的人)会对个体的表现产生促进和阻碍这两种截然不同的影响。这是为什么呢? 首先,他人的在场会提高个体的唤起度。其次,唤起度的提高能使个体更好地完成他/她所擅长的任务,而更糟地完成对他/她来说困难的任务。项目结束的时候你发觉,自己做的工作比其他组员多? 这种感觉很常见。研究者比布·拉塔尼用"社会惰性"来指:人们在小组工作时付出的努力要少于独自完成任务时所付出的努力这种倾向。社会惰性出现在这样的情境中:不能区分每个人对小组所作的贡献,个体既不因做得好而受到表扬,也不因做得不好而受到批评。社会惰性在很多工作(尤其是员工可以无限制上网的工作)中都是一个问题。然而,"大五"人格维度中尽责性高的个体不太可能出现社会惰性。

成就动机也会影响社会惰性。研究者先测试了被试的成就动机,然后将被试两两配对。要求每对尽可能多地写出刀的用法。成就动机低的被试表现出的努力程度取决于对方的努力程度。如果对方非常努力,这些人就不怎么努力了。也就是说,成就动机低的被试表现出了社会惰性。但是,如果对方不努力,这些人就只能努力。与之相反,成就动机高的被试自始至终都非常努力,不管对方是否努力。

在不同文化中,研究者做了80多项社会惰性实验。这些文化包括日本、泰国、印度、中国和美国的。所有文化都表现出了不同程度的社会惰性,但社会惰性在个人主义盛行的西方文化(如美国)中更为常见。

群体决策　14.9 群体是如何影响个体决策的?

我们通常认为,群体作出的决策往往比个体作出的决策更温和。但研究表明,群体讨论常常使成员的立场变得极端。因为在这个讨论中,其他成员都坚定地支持他们。这种现象就叫"群体极化"。举个例子,假设你还没有完全决定是否支持死刑,但你倾向于支持死刑。有关群体极化的研究表明,与坚决支持死刑的人讨论会使你更坚定地支持死刑。相反,如果你还没决定是否反对死刑,但你倾向于反对死刑,这种情况下与坚决反对死刑的人讨论会使你更加坚定地反对死刑。

在一项经典研究中,迈尔斯和毕晓普在1970年发现,由于群体极化的影响,对种族问题的群体讨论既能增加,也能减少偏见,这取决于这一群体在讨论开始时的平均"倾向"。但研究也表明,如果这个群体中的两方势均力敌,这个群体的极化程度就会更低。另外,如果一个群体包括了两个或多个强烈支持反方观点的分支或亚群体,妥协就更有可能出现。

"群体思维"是由社会心理学家欧文·贾尼斯提出来的,是指由组织紧密的群体作出的决策。例如,在大学联谊会一些成员或客人穿的服装令少数族裔的人非常反感。社会心理学家会说,群体思维在联谊会的决策过程中起着重要的作用。在群体成员策划联谊会时,大多数人都认为这个主意很不错。有的成员可能意识到这个主意不妥,而且可能会冒犯他人。但是,这些成员没有把自己的想法说出来,以免破坏与群体成员的关系;换句话说,这些成员不愿被视为扫兴的人。

一些社会心理学家认为,在伊拉克战争的第一年,虐待关押在阿布格莱布监狱中囚犯的军官和士兵就形成了这样的一个群体。当组织紧密的群体极力维护群体的一致性而不允许成员在决策中客观评价所有方案时,群体成员就不太可能提出任何异议。反对群体意见的成员就可能面临群体的报复(见"解释")。这种群体也会诋毁来自外界的反对观点,认为自己是不可能犯错的。

为了防止群体思维的出现,贾尼斯建议,我们应该鼓励公开讨论各种方案,允许表达反对意见,允许提出质疑。他还进一步建议,外界专家应该介入并挑战群体的观点。在作决策的时候,至少应该有一位成员来充当反对者的角色。为了防止群体思维在工作中发生,在成员商量解决办法和作决策的时候,管理者应该先不发表自己的观点。

在有些情况下,群体决策似乎要胜过个体决策。在一项研究中,研究者在四种实验条件下测量了大学生对危险行为(如酒后驾车)的态度。这四种实验条件分别是:①独自喝酒;②在群体中喝酒;③独自喝安慰剂;④在群体中喝安慰剂。结果,独自喝酒的学生最有可能做出危险的举动。于是研究者得出结论:在群体中喝酒能给喝酒者提供一些保护,使喝酒者免受自己错误决策导致的危险行为的伤害。

解释　　为什么群体思维不会在每个组织紧密的群体中都出现?

假设一群高二女生作出承诺,她们永远都是好朋友。为了确保她们永远在一起,这些女生发誓要上同一所大学。这是一种群体思维吗? 为了确定这一点,请预测一下,如果其中的一个女生上了不同的大学会怎么样? 你认为其他女生会报复这位女生吗?

你的预测可能是,其他女生会很失望,但不会真的报复这位女生。群体思维通常只出现在这样的群体中,群体成员在人际关系的压力,甚至威胁下服从群体。另外,出现群体思维的群体往往都有一个权威领导,这位领导时常提醒成员要忠诚。一旦群体思维建立,成员对自己群体的忠诚,要超过对自己或社会道德价值观的忠诚。没有做到这一点的成员就会受到群体的惩罚和报复。有很多真实案例讲述了个体遭受群体报复的经过:

- 乔·达比:报告了伊拉克阿布格莱布监狱的狱警虐待囚犯的行为。
- 谢伦·沃特金斯:揭露了掩盖安然公司财务亏损的财务作假行为。
- 卡西·哈里斯:报告了亚特兰大哈兹菲尔德机场对非裔美国人的种族定性行为。
- 马克·霍德勒:揭露了盐城在竞标 2002 年冬奥会时向国际奥委会的行贿行为。
- 杰弗瑞·威根:揭露了他所在的烟草公司增加香烟的上瘾功效并掩盖关于吸烟和肺病研究报告的行为。
- 弗兰克·塞尔皮科:揭露了纽约警方收受罪犯贿赂的行为。
- 约翰·迪安:他是尼克松总统的一名工作人员,他揭露了白宫办事人员和总统"水门事件"中的所作所为。

研究上述案例会让你进一步了解群体思维的成因以及群体思维对群体成员的影响;揭露群体思维需要多大的勇气。上面提到的每个人都后悔伤害了自己的朋友和同事并害怕报复。另外,这些人中的每个人都受到了不同程度的报复,但这些人并不后悔自己的行为,因为他们知道,做正确的事要比忠于群体更为重要。

社会角色　　14.10 社会角色是如何影响个体行为的?

社会角色是社会所赋予的行为,是特定群体中处于某一地位的人应该表现出的行为。有些时候,这些角色能快速地、戏剧性地塑造我们的行为。心理学家菲利普·津巴多在 1972 年做了一个模拟监狱经历的经典实验——斯坦福监狱实验。实验把大学生志愿者随机指定为狱警和囚犯。狱警穿着制服,带着警棍,严格执行规章制度;囚犯被剥光衣服,搜身,去虱子。然后,囚犯领到一套囚服、被编号,并关进一间四壁空空的小牢房里。狱警很快适应了自己的新角色,有的甚至变得冷酷无情。一名狱警记得自己曾强迫囚犯用手洗马桶:囚犯变得低声下气、俯首帖耳。这个角色扮演变得太过真实,以至于实验不得不在开始 6 天后就终止。

社会心理学家用"去个体化"这个概念来说明津巴多的实验结果。去个体化,就是个体由于对某一群体的认同而丧失了自我身份感。许多社会心理学家认为,去个体化可以解释趁乱打劫现象,即在一个大群体中,人们更容易违反自己一个人时会遵守的规范。

英国心理学家亚历山大·哈斯拉姆和斯蒂芬·赖歇尔质疑去个体化这个假设。他们提出,斯坦福监狱实验的结果是由社会身份造成的。社会身份是一种与他人一起建构的群体身份,它能保护个体成员不受应激源的影响。他们指出,斯坦福监狱实验中的被试受到应激源的强烈影响,这个应激源来自津巴多给充当监狱"管理者"的指示。津巴多指示狱警不惜一切代价(包括伤害囚犯),让囚犯坚信自己是无能为力的。

赖歇尔和哈斯拉姆做了一个类似的实验:BBC 监狱实验。在这一实验中,实验者既不站在狱警这一边,也不站在囚犯这一边。狱警可以管理和监控囚犯的生活环境和日常作息表。但研究者并没有指示狱警和囚犯应该怎样对待对方。在这种条件下,狱警并没有虐待囚犯。当被问及为什么人性化地对待囚犯时,狱警解释道,当有机会虐待囚犯的时候,自己就会想生活中的权威(如父母)会如何评判自己的行为。想到这里,自己就不会虐待囚犯了。

BBC 监狱实验中囚犯的行为与斯坦福监狱实验中囚犯的行为也不相同。实验进行几天之后,研究者引入了一名有过工会谈判经历的新囚犯。这个新囚犯带来了新观点,改变了囚犯对自己(相对于狱警)地位的认识。另外,这名新囚犯还教会其他囚犯运用集体谈判策略来说服狱警以满足自己的要求。实验产生了出乎意外的结果:狱警感到自己受到了囚犯的欺负,而且狱警感到的压力更大。

BBC 监狱实验的研究结果,质疑了斯坦福监狱实验的研究结果。BBC 监狱实验研究结果还表明,个体承担某种社会角色后是否会出现"去个体化",这取决于群体的领导。另外,在有些情况下,对群体的认同也是件好事。例如,在 BBC 监狱实验研究中,囚犯就学会了如何进行群体谈判。

值得注意的是,社会角色也能对行为产生积极影响。在一项考察青少年学习困难的经典研究中,佩林斯卡和布朗在 1984 年报告,学生的学习行为受到各自角色(老师或学生)的强烈影响。与扮演学生角色的被试相比,扮演老师角色的被试能更有效地总结文章大意,而且从阅读中学到的东西也更多。

态度和态度变化

在日常生活中,我们经常使用"态度"这个词。例如,我们说某人的"态度不好"。但到底什么是态度呢?

态度　14.11 构成态度的三要素是什么?

从本质上讲,态度是对于人、物体、情境或事件的相对稳定的评价,该评价位于积极到消极这个连续体上。大多数态度由三个要素构成:①认知要素,由对态度对象的看法和观念组成;②情感要素,由对态度对象的感觉组成;③行为要素,由对态度对象的行为倾向组成(图 14.5)。态度使我们能够评估人、物体和情境,在社会环境中为我们提供一个结构和一致性。态度能帮助我们加工社会信息,指引我们的行为,影响我们的社会判断和决策。

有些态度通过与人、物体、情境和事件的直接接触获得,还有一些通过间接接触获得。例如,孩子从父母、亲友和老师口中获得对某事或某人的正面或负面态度。大众媒体(包括广告)能影响人们的态度,每年获取数百万美元利润。通过直接经验形成的态度比通过间接经验形成的态度更加牢固,而且更不容易改变。当我们与具有同样态度的人交往时,已经形成的态度就会变得更加牢固。

与他人讨论有争议性的话题(即使他人的观点与我们的相似)有助于我们理性地思考自己的态度。研究者让大学生与另一个学生就一个有争议的话题进行 6 次

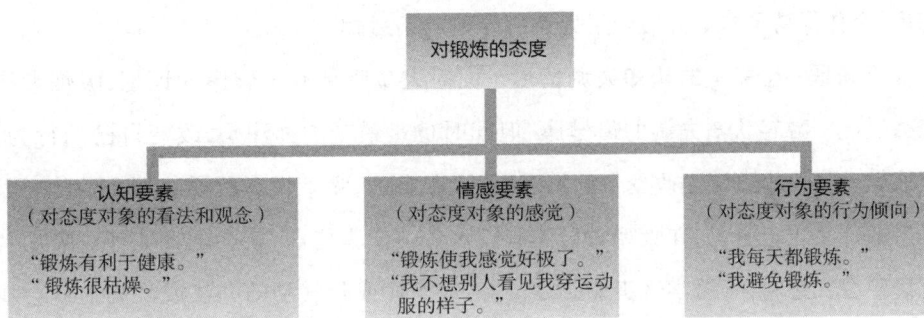

图 14.5 态度的三要素

态度是对于人、物体、情境或事件的相对稳定的评价。大多数态度都有：①认知要素；②情感要素和；③行为要素。

讨论。研究者将被试分配到三种实验条件下。在第一种条件下，所有人都同意被试的观点；在第二种条件下，所有人都不同意被试的观点；在第三种条件下，三个人同意被试的观点，三个人不同意被试的观点。研究者发现，六周之后，在第一种和第三种条件下，被试的批判性思维能力取得了最大的进步。研究者由此推断，只与反对你的人讨论有争议的话题对你的帮助不大，你最好再与同意你的人讨论。尽管我们一直认为老年人最固执，但许多研究都发现，老年人比中年人更容易改变自己的态度。

我们常常听人说，态度变化是行为变化的关键。但 20 世纪中期做的大量研究都表明，态度预测行为的正确率只有 10% 左右。例如，人们可能赞成环境保护和节约自然资源，但未必会作出一些像废物利用或拼车之类的环保举动。但是，如果态度很坚定且容易从记忆中提取，那么，它就能更好地预测行为，并极大地影响态度持有者的兴趣。

认知失调　14.12 影响认知失调的因素是什么？

当人们的态度相互矛盾或态度和行为不一致时会发生什么呢？ 心理学家利昂·费斯廷格认为，如果人们发现自己的一些态度相互冲突，或者自己的态度和行为不一致，那么人们就很有可能经历一种不愉快的状态，它被称作认知失调。心理学家认为，认知失调是由维持自尊的欲望导致的。人们改变自己的行为或态度，或者通过某种解释来消除不一致或把不一致降到最小来减轻这种失调。通过改变

447

态度,个体保持了自尊并减轻了失调所导致的不适感。

吸烟是一个完美的认知失调情境。面对大量吸烟有害健康的证据,吸烟者该怎么做呢?减轻认知失调的最健康,但同时也是最难的办法是,改变自己的行为,即戒烟。另一个方法是改变自己的态度:说服自己,吸烟没有所说的那么危险。吸烟者或许会告诉自己,在吸烟对身体造成永久性伤害之前,就会把烟戒掉。吸烟者或许还会安慰自己,医学进步如此之快,治疗癌症或肺气肿的办法或许马上就会找到。图14.6描述了几种吸烟者用以减轻自己认知失调的办法。

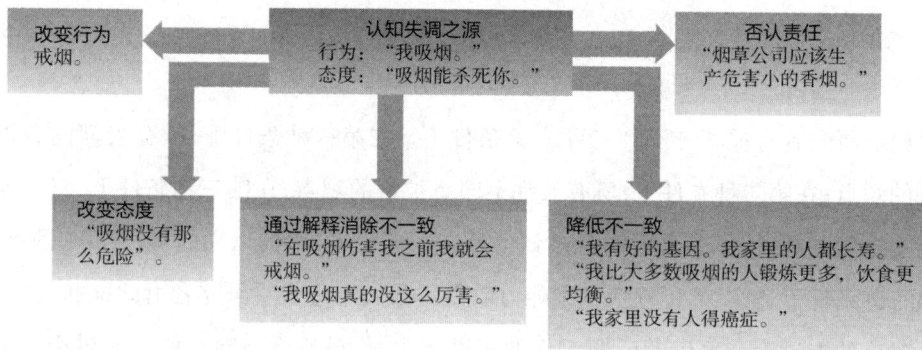

图14.6　减轻认知失调的办法

当人们意识到自己的态度之间或态度和行为之间出现不一致时,认知失调就会发生。人们试图通过下面四种办法来减轻失调:(1)改变行为;(2)改变态度;(3)通过解释消除不一致;(4)降低不一致。这些例子描述了吸烟者如何使用这些办法来减轻由自己的习惯导致的认知失调。

在1959年的一项经典研究中,费斯廷格和卡尔斯密斯把被试单独置于一个房间中,让被试玩一种枯燥的游戏。做完游戏之后,研究者指示被试告诉下一位被试"游戏很有趣"。被试被随机地分派到两个实验组。在遵照研究者指令后,一组会得到1美元,而另一组会得到20美元。费斯廷格和卡尔斯密斯假想,被试的自尊与被试撒谎行为之间的冲突会导致认知失调。被试如何解决这种失调并摆脱撒谎带来的自尊丧失呢?正如费斯廷格和卡尔斯密斯假设的那样,得到1美元的被试通过说服自己这个游戏真的很有趣(改变态度)的方式来解决冲突。与之相反,得到20美元的被试解决冲突的办法是认为自己的行为是正当的,因为相对于撒谎所付出的努力,自己得到了一大笔钱。所以,这些人不认为撒谎会威胁到自己的自尊。

劝说	14.13 劝说有哪些要素?

你是否曾经说服过一个人同意你的政治立场,或者,做你想让他/她做的事情? 劝说是一种试图改变他人的态度和/或行为的刻意努力。在工作、社会甚至家庭中,劝说都很普遍。研究者发现,劝说有四个要素:①交际源(谁在劝说);②听众(被劝说的对象);③信息(劝说的内容);④媒介(信息传达的途径)。

影响交际源(交际者)说服力的因素有可信度、吸引力和可爱度。一个令人可信的交际者具有专业知识(关于交际话题的知识)和诚信(诚实和正直)。其他特征还包括:外表吸引力、名人地位、与观众的相似程度。所有这些,都会影响听众对劝说的反应。

听众特征也会影响对劝说的反应。总的来说,智商低的人要比智商高的人更容易被说服。有证据表明,如果听众对某个问题不了解、智商不高或已经同意了某个观点,那么,片面的信息就会更具有说服力。如果听众对这个问题很了解、智商高或一开始就反对这个观点,那么,全面的信息(兼顾问题的正反两面)就更具说服力。通常,全面的信息比片面的信息更能说服听众。人们往往会更仔细地审查与自己现有观念相左的论断,而且也会花大力气来反驳该论断;人们通常会认为,这些与自己观念相左的论断站不住脚。

信息可能非常理性、有逻辑且不带感情色彩("只摆事实"),也可能非常煽情("使人毛骨悚然");或者二者兼顾。唤起恐惧感似乎能有效说服人们戒烟、定期做胸透、系安全带或者接种流感疫苗。当信息告诉听众避免可怕后果可以采取的具体行动时,唤起恐惧感的劝说才最为有效。而当信息告诉听众改变饮食的好处而不是不良饮食的坏处时,有关营养建议的劝说就会更加有效。

近年来,随着上网查找信息的人越来越多,研究者越来越关注媒体在劝说中的作用。但令人惊讶的是,实验研究表明,电视仍然是传达劝说信息最有效的媒体。另外,网上的文本信息并不比印刷媒体传达的信息更有效。但病毒式的营销策略可能会很快改变这一局面。这种策略会运用网上的弹出式广告、短信、即时信息、社交网站、微博、播客、群发邮件和有针对性的电子邮件(接收者会把它们转发给朋友)快速地发布信息,其速度会超过传统的大众媒体(如电视)。毫不奇怪,研究表明,当营销人员兼用病毒式营销策略和传统方式(如电视广告)时,产品的销售量就会增加。

有趣的是,电子邮件的说服力因性别而异。男性似乎更容易接受电子邮件传递的信息,而女性则更容易接受传递给她们个人的信息。但无论是对男性还是女性而言,通过私人电子邮件传递的信息都比群发的信息更有说服力。

劝说的另一个重要因素是重复。一个产品或观点呈现的次数越多,人们就越有可能购买该产品或接受该观点。很明显,广告商很相信"仅仅接触效应",因为广告商会不厌其烦地重复同一信息。但是,如果信息所包含的生动元素(如动听的语言、吸引眼球的事例)妨碍了信息的内容时,信息的说服力就会大打折扣。

亲社会行为

心理学家将亲社会行为定义为任何有利于他人的行为,如帮助、合作和移情。亲社会行为的事例在日常生活中很常见:在便利店结账的顾客发现缺几毛钱,这时后面的一位顾客马上会把钱递给他;推着婴儿车的母亲艰难地推开沉重的商店大门,一位出门的顾客看见后就帮她把门打开;当灾难发生之后,人们表现出极大的慷慨之心,纷纷捐钱、捐物、献血。可是有些时候,为什么人们又会无视他人的需求呢? 在 1964 年,纽约居民基蒂·吉诺维斯被谋杀,而她的邻居却袖手旁观,无动于衷。2003 年,在一个加油站旁,一名男性被枪杀,倒在车道上,奄奄一息。监控录像显示,过往行人见此情况都无动于衷(CNN 2003 年报道)。有个人甚至还盯着这个受害者看了几分钟,然后,当什么事儿也没发生似的回去加油了。为什么人们有的时候会慷慨相助,而有的时候却如此冷漠呢?

帮助他人的原因　　14.14 人们帮助他人的动机是什么?

亲社会行为的动机来自人生的早期阶段。研究者同意,婴儿(通常在 2 岁之前)就能够对他人的痛苦表现出同情。"利他主义"是指那些旨在帮助他人,需要做出一点自我牺牲而不求回报的行为。巴特森认为,我们出于移情而帮助别人,即出于设身处地为他人着想而帮助别人。

责任是影响利他主义的另一个因素。如果我们感到对某种关系深深地负有责任,我们就更有可能表现出利他行为。利他行为的代价越高,责任的影响就越强烈。例如,你会为家人捐肾,而不会为陌生人捐肾。

社会重视利他主义的程度也能影响利他行为。不同文化有不同的助人规范,即社会责任规范。米勒等人指出,在性命攸关的情况下,美国人感到自己有责任帮助家人、朋友甚至陌生人脱离危险,但在不太危险的情况下,美国人只会帮助自己的家人。与之不同的是,在印度,社会责任规范的涉及面更广。人们会帮助陌生人,哪怕这些陌生人的需求很小。

不管利他主义的动机是什么,经常助人的人自己也会因此受益。一个有趣的益处是:一个人越经常助人,这个人就越喜欢助人。换句话说,利他行为会产生,甚至会提升个人的利他态度。这种态度的转变会使人们更热爱生活。因此,利他行为不仅利他,也利己。

旁观者效应　14.15 心理学家是如何解释旁观者效应的?

各种社会场景都会影响一个人是否会帮助他人。一个例子是旁观者效应:随着事故旁观者人数的增加,受害者获得帮助的概率就会减少,而且受害者通常不会立即获得帮助。心理学家指出,旁观者效应可以解释,为什么基蒂·吉诺维斯的邻居中没有一个人帮助她。

在 1968 年一项经典研究中,达利和拉塔内将一组研究被试依次单独置于一个小房间里,并告诉这些被试,他们将会通过内部通话系统参加一个小组讨论。有的被试被告知他们将与另一个被试讨论;有的被试被告知他们将与另外两个被试讨论;有的被试被告知他们将与另外五个被试讨论。但实际上,研究中没有其他被试,只有研究助手的录音。讨论开始后不久,被试就通过内部通话系统听见了研究助手的呼救声,他癫痫发作了。当被试认为只有自己一个人听见呼救声时,有 85% 的人试图实施帮助。当被试认为还有一个人也听见了呼救声时,则有 62% 的人试图实施帮助。但当被试认为其他 4 个人也听见了呼救声时,只有 31% 的人试图实施帮助。图 14.7 显示了旁观者人数对实施帮助的人数和反应速度的影响。

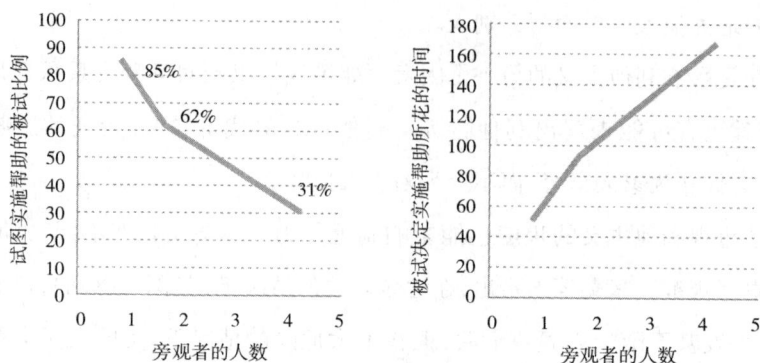

图 14.7 旁观者效应

在内部通话实验中,达利和拉塔内发现,被试感到在场的人越多,他们反应和帮助的速度就越慢。

达利和拉塔内在 1968 年指出,事故旁观者通常感到在场的所有人都有帮助的责任。这个现象叫责任分散。因此,每个人都不太愿意行动,也不太愿意承担责任;每个人都想,"肯定会有人来做这件事的"。旁观者效应的另一个原因是来自看似冷静的旁观者的影响。当其他人看上去很冷静时,我们就会得出结论:没什么严重的,不需要帮助。

具有讽刺意味的是,在灾难(如"9·11"恐怖袭击、2004 年的印度洋海啸和无数袭击美国海岸的飓风)面前,旁观者效应极大地减少了。人们会尽全力帮助灾难中的人。我们注意到,在卡特里娜飓风袭击美国后的短短几天内,美国人的捐款数额就多得无法计算。从无数的个人利他行为中,我们也可以看到这种现象。不在现场的人们通过媒体目睹了灾难,于是纷纷慷慨解囊,向灾区民众捐款。关于公众对大规模灾难反应的研究预测了这种反应。

攻击行为

攻击行为一直是社会心理学家多年来研究的一个热点。攻击行为是有意对他人实施身体或心理伤害的行为。攻击行为有很多种形式,而且可能发生在各种情境之中,如在家里、工作中,甚至在开车的途中。每个人都有被攻击的经历。家庭暴力只是诸多攻击行为中的一种。人们为什么会有意伤害他人呢?

攻击行为的生物因素　14.16 影响攻击行为的生物因素有哪些?

　　弗洛伊德认为,人类都有攻击的本能,一种向内自我毁灭,或者向外攻击他人的本能。尽管许多心理学家都排斥这种观点,但这些心理学家也承认,生物因素确实在攻击行为中起了作用。对24对双胞胎和收养研究的综合分析表明,攻击行为的遗传力估计值为0.50。双胞胎和收养研究还表明,基因与犯罪行为之间有联系。研究者发现,如果被收养儿童的亲生父亲或亲生母亲犯过罪,那么,他/她犯罪的概率是常人的4倍;而如果被收养儿童的养父或养母犯过罪,那么,他/她犯罪的概率是常人的2倍;但如果被收养儿童的亲生父母和养父养母都犯过罪,那么,他/她犯罪的概率是常人的14倍。这表明,先天和后天的共同作用是非常强大的。许多研究者认为,具有攻击基因的个体对环境中的攻击行为榜样更加敏感。

　　与攻击行为紧密相关的一个生物因素是:自主神经系统的低唤醒度。低唤醒度(低心跳率和低反应度)与反社会行为和暴力行为相关。唤醒度低的人往往寻求刺激和兴奋,即使在危险面前也毫不畏惧。

　　男性比女性更倾向于进行身体攻击。研究发现,男性的睾丸素浓度与攻击行为相关。但两者在唤醒度低的人身上关系最为紧密。另外,睾丸素和攻击行为之间的关系也有社会因素在起作用。睾丸素浓度高且倾向于攻击性冒险(如平白无故挑衅他人)的青少年男性,更喜欢与同类人交朋友。研究者推测,冒险行为和攻击行为维持了这些男性体内的睾丸素浓度。另外,暴力行为与神经递质5-羟色胺的低含量相关。大脑损伤、大脑肿瘤和颞叶癫痫都有可能导致攻击行为和暴力行为。

　　酒精常常会导致攻击行为。对30个实验研究的综合分析表明,酒精与攻击行为有关。酒精和其他损害额叶的药物会打乱正常的执行功能,从而导致人类和其他动物的攻击行为。执法人员估计,在酒精和药物作用下的犯罪,大概占了所有暴力犯罪的1/3。

　　"总结"中概括了可能导致攻击行为的生物原因。

总结 可能导致攻击行为的生物原因

原　因	证　据
遗传	如果同卵双胞胎中的一个具有攻击倾向,那么,另一个具有攻击倾向的概率是50%。被收养儿童的攻击倾向与亲生父母的攻击倾向更像
低唤醒度	唤醒度低的人往往寻求刺激和兴奋以提高自己的唤醒度
睾丸素浓度	研究发现,睾丸素浓度与男女的某些攻击行为有关,如家庭暴力
神经功能障碍	大脑肿瘤和其他神经疾病与攻击行为有关
酗酒	谋杀和其他暴力犯罪的凶手大都是醉汉

攻击行为的其他影响因素　14.17 造成攻击行为的还有哪些其他因素?

　　除了生物因素之外,还有什么因素能导致攻击行为? 挫折—攻击假说暗示,挫折会导致攻击行为。如果交通拥堵使你约会迟到,让你感到万分沮丧。这种情况下,你是会猛按喇叭,朝窗外大吼大叫,还是会耐心等待? 挫折未必一定会导致攻击行为,但如果挫折很强烈,而且似乎没有正当理由,它就很有可能导致攻击行为。伯科威茨在1988年指出,即使挫折有正当理由,而且也不针对某个人,但如果它引发了消极情感,它还是会造成攻击行为。

　　攻击行为的对象未必是导致挫折的真正对象。如果真正对象太有威胁性或不在场,攻击行为的对象就会发生移置。例如,如果孩子生父母的气,就会把气撒在弟弟妹妹身上。有时,少数族裔群体和其他无辜对象变成了移置攻击的对象,这种做法叫"寻找替罪羊法"。

　　当人们感到痛苦,听到巨大的噪声,闻到难闻的味道时,常常会变得具有攻击性。很多研究表明,炎热也会导致攻击行为。这些研究支持了伯科威茨提出的认知—新联想模型。他提出,厌恶事件和不愉快情感(如悲伤、抑郁)会导致生气和攻击行为。当生气的人评价厌恶情境并分析使他生气的人的动机时,伯科威茨模型中的认知要素就发挥了作用。由于认知评价的作用,生气的最初反应可能被增强、减弱或抑制。这个认知过程可能使人发动攻击,或抑制攻击。

个人空间是每个人周围的空间,就像一个无形的气泡一样。人们认为这个空间是自我的一个部分,并用它来调节自己与他人交往的亲密程度。个人空间可以保护隐私并调节与他人的亲密关系。空间的大小取决于本人、交往的对象以及交往的本质。当空间被压缩时,攻击行为就可能出现。

拥挤这种经主观判断而得出的一个狭窄空间里人太多的感觉,常常会导致高度的生理唤起,对男性的消极影响比对女性的更大。拥挤的影响因文化和情境的不同而异。研究者研究了拥挤对不同群体(印度的男性家长、美国中产阶级的男女大学生)的影响。这些研究发现,家庭拥挤会导致心理痛苦。另外,对监狱的研究也表明,一间牢房里关押的犯人越多,暴力事件的发生率就越高。但要记住,监狱是一个非典型环境,里面的人普遍都具有攻击倾向。

研究者罗伊和朱蒂·埃德森发现了一些群体信念,这些信念能导致群体成员对外界的攻击行为。群体成员坚信,自己要优于他人,感觉自己最适合做某个任务。群体对外界的不满也会导致攻击行为。如果群体认为自己处于弱势地位,那么就会将攻击行为视为一种正当的防御手段。同样,如果群体认为,外界做出的尊重自己权利的承诺不可信,那么也会做出攻击举动。如果群体认为攻击行为是发泄不满或保护自己的唯一办法,那么也会付诸暴力。群体的领导在助长和消除这些信念的过程中起到非常重要的作用。好的领导能防止群体间攻击行为的发生。

攻击行为的社会学习理论　　14.18 社会学习理论是如何解释攻击行为的?

攻击行为的社会学习理论家坚持认为,人们通过观察攻击行为榜样让自己的攻击行为得到强化,从而学会了攻击行为。众所周知,如果某个群体或亚文化宽恕暴力行为并给予攻击性成员很高的社会地位,那么,这个群体和亚文化的攻击性程度就会很高。班杜拉倡导用社会学习理论来解释攻击行为。他认为,亚文化、家庭和媒体中的攻击行为榜样都增加了社会的攻击性程度。

班杜拉的这个说法有一定的道理。被虐待的儿童一定经历过攻击行为。另外,被虐待的儿童长大后也更有可能虐待自己的孩子。但不管怎么说,基于自己的研究和对60个其他研究的分析,奥利弗得出结论说:在被虐待的人群中,只有1/3的人变成了虐待者,1/3的人没有,1/3的人可能在生活压力大的情况下变成虐待者。

　　尽管被虐待和遗弃的儿童很有可能变成少年犯和罪犯,但大多数人并没有变成这样的人。很多研究者指出,攻击行为不仅取决于虐待的家庭环境,还取决于基因。一些被虐待的儿童没有变得具有暴力倾向和攻击性,而是变得孤僻和不合群。

　　研究证据强有力地支持了暴力电视节目与攻击行为之间的密切关系。对天生就具有暴力倾向的人来说,暴力电视节目产生的消极影响更大。研究者还发现了暴力电子游戏与攻击行为之间的关系。另外,打暴力电子游戏的时间越多,攻击性也越强。荷兰研究者发现,选择暴力电子游戏的男孩往往更具有攻击性,不太聪明,不太亲近社会。攻击行为与电子游戏之间的联系,可能是由具有攻击性的个体更喜欢那些具有攻击元素的娱乐游戏这一倾向造成的。

偏见和歧视

　　你知道偏见和歧视之间的差异吗？偏见由对他人的态度(通常是消极的)组成,这种态度基于他人的性别、宗教、种族或所属群体。偏见包括信念和情感(不是行动),并可以升级为仇恨。歧视则由对他人行为所采取的行动(通常是消极的)组成,这种行动基于他人的性别、宗教、种族或所属群体。许多美国人,包括少数族裔群体(种族歧视)、女性(性别歧视)、老年人(年龄歧视)、残疾人、同性恋、宗教群体等,都经历过偏见和歧视。可是,偏见和歧视的根源是什么呢？

偏见和歧视的根源　　14.19 是什么因素造成了偏见和歧视?

　　社会心理学家提出了很多理论来解释偏见和歧视的心理基础。另外,很多研究也探究了偏见和歧视的根源。

　　对偏见最古老的解释是:不同社会群体之间的竞争(争夺稀有资源:工作、房子、学校等)导致偏见。这个观点叫现实冲突理论。该理论指出,随着竞争的加剧,竞争群体之间的偏见、歧视和仇恨也随之加剧。一些历史证据支持了现实冲突理论。由于美洲殖民者在西进运动中与当地印第安人争夺土地,因此两者之间的偏见和仇恨非常严重。由于经济萧条,在 19 世纪 30 年代和 40 年代进入美国的大批爱尔兰移民和德国移民都感到了美国人的偏见和仇恨。但是,偏见和歧视是非常复杂的态度和行动,无法仅仅用经济冲突和竞争来解释。

偏见也来自人们把世界划分为不同社会类别的"我们对他们"心态。内群体是一个排他的社会群体,群体成员之间有强烈的凝聚力。大学男生联谊会和女生联谊会就是这样的群体。外群体由被内群体排除掉的个体组成。"我们对他们"这样的思维能导致过度的竞争、敌意、偏见、歧视,甚至战争。如果怀有偏见的个体对外人的种族纯洁性有一点怀疑,就不愿意让这个外人加入自己的种族内群体。

谢里夫和谢里夫在 1967 年做的著名实验表明,内群体/外群体冲突能很快升级为偏见和敌意,即使这两个群体非常相似。研究者在罗伯洞穴夏令营中做了这个实验。被试是 22 名聪明且表现良好的 11 ~ 12 岁的中产阶级白人男孩,他们来自俄克拉荷马市。这些男孩被分成两个组,住在两个木屋中。他们每日的活动和游戏都是分开的。在第一周,每个群体都形成了内群体凝聚力、友谊和合作精神。一个群体自称为"响尾蛇",另一个群体自称为"老鹰"。

在实验的第二周,研究者设计了竞争活动。在这些活动中,一组"只有打败另一组"才能取得胜利。两个组都乐于这种竞争,而且两组之间的冲突很快就出现了。先是谩骂,然后是打斗和相互指责。在实验的第三周,研究者试图结束这种敌意,将争斗变为合作。于是,研究者就把两个组聚在一起,吃饭和看电影。但是,这些活动非但没有减少两组之间的冲突,反而为两个组的相互指责和攻击创造了条件……他们在餐桌上相互扔纸和食物,并对骂。

最后,实验制造了一系列的危机,而这些危机只有通过两个组的共同努力和合作才能化解。例如,自来水供应受到破坏,恢复它需要两个组的共同协作和努力。在一周之后,恶性竞争变成了合作交流。友谊开始在两个组之间形成。在实验结束前,两个组重归于好。共同的目标和齐心协力将两组之间的敌意变成了友谊。

根据社会认知理论,人们习得偏见和仇恨态度的方式与习得其他态度的方式一样。如果儿童听见父母、老师、同学和他人公开表达对不同种族、民族或文化群体的偏见,那孩子就会很快习得这种偏见。如果父母、同学和他人为此表扬或奖励孩子(操作条件反射),儿童就会更快地习得这种偏见。研究者指出,人们学会消除偏见的方式也一样。

在本章前面我们讲到,社会认知是人们加工社会信息的方式。我们简化、归类和整理社会世界的方式,与扭曲社会世界的方式是一样的。因此,偏见不仅源自对其他社会群体强烈的消极情感和仇恨,而且还源自决定我们如何思考和加工社会信息的认知过程。

人们简化、归类和整理世界的一个方式是使用刻板印象。刻板印象是关于各种社会群体成员(种族、民族或宗教)特质、态度和行为的共有信念,包括"他们"通常都是相似的这一假定。一旦刻板印象得以形成,人们往往就更加关注那些能证实自己信念的信息,而不关注那些可能否定自己信念的信息。

刻板印象使人们对他人作出快速且自动(不假思索)的判断,并将这种判断用于日常活动中。但怀有偏见的个体未必会刻板地看待一个群体中的所有成员。这些人不太可能刻板地看待与自己有交情的成员,而更有可能刻板地看待陌生人。即使这些人刻板地看待陌生人,这种刻板印象也会被其他相关信息削减或增强。例如,研究者让白人大学生基于人格测验结果来评定一些虚构同学的"可爱程度"。除了人格测验结果,研究者还给被试提供了一些关于这些虚构同学的其他信息,如这些同学的族裔以及他们对种族身份等问题的回答。研究者发现,如果虚构的非裔美国学生和拉美裔学生非常看重自己的种族/民族身份,那么白人大学生被试就最有可能对他们形成消极的第一印象。

一些研究还表明,人们往往能够在自己所属的群体(内群体)中发现更多的多样性或差异性,但人们在其他群体(外群体)中发现的大都是相似性。例如,白人美国人认为他们白人彼此之间的差异很大,而非裔美国人或亚裔美国人都很相似。这种思维趋势也体现在性别、年龄或其他特征上。一项研究表明,由100名年轻大学生组成的群体认为,自己群体的差异性要大于由100名老年人组成的群体;这些年轻人认为,老年人群体很相似。一项涉及老年人的研究表明,老年人群体认为自己群体的差异性大于年轻大学生群体。年龄刻板印象甚至比性别刻板印象更为明显,更加消极。

人们之所以对其他群体的差异性不太敏感,是因为人们往往从自己种族或文化群体的角度来看待其他群体。这种倾向叫"种族中心主义"。在工作中,种族中心主义使我们无法意识到,来自不同文化的同事有时会从全然不同的角度看待同一个问题。例如,研究者发现,非裔美国人比白人更有可能认为,不同种族的上司和员工之间的冲突是种族歧视的表现。更糟糕的是,每个群体的成员都认为这样的观点非对即错。受种族中心主义的影响,白人坚持自己的观点是正确的,非裔美国人也认为自己的观点是正确的。为了解决这个问题,许多机构会培训员工学会理解,不同的观点没有对错之分,每种观点都应该得到尊重。

偏见在减轻吗?　　14.20 什么证据表明偏见和歧视正在减轻?

几乎没有人会承认,自己从来都没有过偏见。偏见研究的领军人物戈登·奥尔波特在1954年说过:"尽管理智战胜了偏见,但情感却输给了偏见。"理智上反对偏见的人也会怀有偏见。但当人们发现自己怀有偏见想法或表现出歧视行为时,大多数人都会感到内疚。

有没有证据表明美国的偏见在减少呢? 一个证据是2008年奥巴马当选为美国总统。奥巴马不仅是美国第一位黑人总统,而且大多数美国人(尤其是非裔美国人)都认为,他的当选极大地改善了种族关系。另外,盖洛普民意调查也揭示,在20世纪的最后几十年中,白人对种族的容忍度有所增强。在1990年,当白人被问及如果非裔美国人搬到你家隔壁,你是否会搬家时,有93%的白人说不会,而这一比例在1965年只有65%。另外,大多数白人和非裔美国人都同意,美国少数族裔所处的境况在过去几十年中得到了改善。但是,不同族裔的人对"种族歧视在美国是否仍将是个问题"持有不同的看法。大约有50%的非裔美国人和40%的西班牙裔美国人认为,种族歧视是教育、就业、住房的一个显著问题,而不到1/3的白人同意这个观点。另外,研究表明,人们说自己不愿意与其他种族交往的一个主要原因仍然是害怕被排斥。

回想一下,态度不一定总能预测行为。在一项研究中,研究者让被试判断一位虚构女性是否能胜任家长—教师组织主席一职。研究者向被试提供了关于这位女性的职业和教育信息。研究者对不同的被试,分别告知该女性具有西班牙、英国或犹太血统。研究者发现,被告知该女性具有西班牙血统的被试,比被告知该女性具有英国和犹太血统的被试更有可能认为该女性不能胜任这一职位。这些研究表明,种族刻板印象仍然在美国存在。不过,我们可以做很多事情来消除种族偏见和歧视(见"应用")。

应用

消除偏见

今天,美国的大学生群体比以往任何时候都更加多元化。少数族裔学生上大学的数量日益增多。世界各地的人都来到美国深造。因此,对许多年轻人来说,大学生活给予了他们与来自不同种族、民族或文化群体的人进行交流的机会。学生如何充分利用这个机会来消除自己带入大学里的偏见呢?

群体间接触

你从罗伯洞穴实验中得知,群体间接触有时会增强刻板印象。但在适当的条件下,群体间接触又能减少偏见。大学能提供这样一个环境,让来自不同文化的大学生在一起学习,参加同样的考试,领悟同样的学校精神,参加各种俱乐部,让来自不同文化的成员发展出一个共同的目标。在适当的条件下,群体间接触能够减少偏见。

拼图法

拼图法在大学课堂上非常有用,它是一种更直接的方法。拼图小组的每个成员手上有一小部分信息,他们要把这个信息传递给其他成员。拼图小组必须整合所有成员手上的信息才能解决一个问题。这种方法增加了成员之间的交流,有助于他们设身处地地为其他族裔的人着想。它还有一个好处,就是让学生学会解决问题的一种新方法。

多元化教育

许多大学为学生和教师举办了多种旨在消除种族歧视的研讨会。在这些研讨会上,参与者能了解不同的种族和文化视角。他们还学会辨认哪些行为可能会被人理解为是种族歧视的表现,即便这些行为不是有意而为。研究者发现,这些项目有助于减少参与者的自动刻板印象。

公开讨论偏见和歧视

也许大学减少偏见和歧视的最大价值在于它的学术氛围。一直以来,与俱乐部聚会、餐馆聚会、咖啡店通宵学习、宿舍夜谈会一样,大学教室提供了讨论各种问题的机会。当我们听见他人激情澎湃地讲述种族歧视、性别歧视和其他不公平现象时,我们也有可能改变自己的态度。

下次当你听见有人发表种族歧视、性别歧视或其他偏见言论的时候,请大声说出来! 你不知道你的观点将会在多大程度上影响他人。

回顾

　　在本章开始的时候你了解到,人们有时不太会评判他人和自己。在本章结尾的时候,你了解了种族偏见和歧视的根源。社会心理学家的大量工作,主要是寻求对这些人类弱点的解释和疗法。例如,米尔格拉姆的经典实验试图理解看似不可理解的大屠杀现象。他的研究和其他社会心理学家的研究表明,社会心理学与真实世界有着密切联系,不管这个世界是由重大的历史事件组成还是由日常生活中的普通事件组成。

图书在版编目(CIP)数据

心理学的世界 /(美)塞缪尔·E.伍德(Samuel E. Wood),(美)艾伦·格林·伍德(Ellen Green Wood),(美)丹尼斯·博伊德(Denise Boyd)著;赵晴译.--重庆:重庆大学出版社,2019.2(2020.5 重印)

(欧美名校通识课)

书名原文:Mastering the World of Psychology
(fourth edition)

ISBN 978-7-5624-9657-1

Ⅰ.①心…　Ⅱ.①塞…　②艾…　③丹…　④赵…　Ⅲ.
①心理学—高等学校—教材　Ⅳ.①B84

中国版本图书馆 CIP 数据核字(2016)第 034802 号

心理学的世界

塞缪尔·E.伍德(Samuel E. Wood)
艾伦·格林·伍德(Ellen Green Wood)
丹尼斯·博伊德(Denise Boyd)　著
赵　晴　译
席仲恩　审校

策划编辑:陈　曦
责任编辑:李桂英
责任校对:关德强
责任印刷:张　策

重庆大学出版社出版发行
出版人:饶帮华
社址:(401331)重庆市沙坪坝区大学城西路 21 号
网址:http://www.cqup.com.cn
重庆市正前方彩色印刷有限公司印刷

开本:787mm×1092mm　1/16　印张:29.75　字数:486 千　插页:16 开 1 页
2019 年 2 月第 1 版　　2020 年 5 月第 2 次印刷
ISBN 978-7-5624-9657-1　定价:78.00 元

版贸核渝字(2012)第 044 号